U0499539

国家社科基金
GUOJIA SHEKE JIJIN HOUQI ZIZHU XIANGMU
后期资助项目

外部知识网络嵌入性、知识搜索与技术创新绩效：制造企业实证

External Knowledge Network Embeddedness, Knowledge Search and Technological Innovation Performance: An Empirical Study of Manufacturing Firms

徐卫星　姜和忠　李　明　著

中国财经出版传媒集团
经济科学出版社
Economic Science Press
北京

图书在版编目（CIP）数据

外部知识网络嵌入性、知识搜索与技术创新绩效：
制造企业实证／徐卫星，姜和忠，李明著. -- 北京：
经济科学出版社，2024.11
国家社科基金后期资助项目
ISBN 978 - 7 - 5218 - 5356 - 8

Ⅰ. ①外… Ⅱ. ①徐… ②姜… ③李… Ⅲ. ①制造工
业 - 经济发展 - 研究 - 中国 Ⅳ. ①F426.4

中国国家版本馆 CIP 数据核字（2023）第 215653 号

责任编辑：杨　洋　杨金月
责任校对：蒋子明
责任印制：范　艳

外部知识网络嵌入性、知识搜索与技术创新绩效：制造企业实证
WAIBU ZHISHI WANGLUO QIANRUXING, ZHISHI SOUSUO
YU JISHU CHUANGXIN JIXIAO: ZHIZAO QIYE SHIZHENG

徐卫星　姜和忠　李　明／著
经济科学出版社出版、发行　新华书店经销
社址：北京市海淀区阜成路甲 28 号　邮编：100142
总编部电话：010 - 88191217　发行部电话：010 - 88191522
网址：www. esp. com. cn
电子邮箱：esp@ esp. com. cn
天猫网店：经济科学出版社旗舰店
网址：http：//jjkxcbs. tmall. com
北京季蜂印刷有限公司印装
710 × 1000　16 开　21 印张　310000 字
2024 年 11 月第 1 版　2024 年 11 月第 1 次印刷
ISBN 978 - 7 - 5218 - 5356 - 8　定价：85.00 元
（图书出现印装问题，本社负责调换。电话：010 - 88191545）
（版权所有　侵权必究　打击盗版　举报热线：010 - 88191661
QQ：2242791300　营销中心电话：010 - 88191537
电子邮箱：dbts@ esp. com. cn）

国家社科基金后期资助项目
出版说明

后期资助项目是国家社科基金设立的一类重要项目，旨在鼓励广大社科研究者潜心治学，支持基础研究多出优秀成果。它是经过严格评审，从接近完成的科研成果中遴选立项的。为扩大后期资助项目的影响，更好地推动学术发展，促进成果转化，全国哲学社会科学工作办公室按照"统一设计、统一标识、统一版式、形成系列"的总体要求，组织出版国家社科基金后期资助项目成果。

全国哲学社会科学工作办公室

前　言

制造企业是我国经济发展中不可或缺的重要经济力量，没有强大的制造业，就没有国家和民族的强盛。同时，全球产业竞争格局正在发生重大调整，发达国家纷纷实施"再工业化"战略，一些发展中国家也积极参与全球产业再分工，我国制造业面临发达国家和其他发展中国家"双向挤压"的严峻挑战。虽然我国制造业规模连续13年全球第一，但"大而不强"的格局仍未彻底改变，在产品研发设计、高端生产装备、先进工艺设计、先进基础材料、高端品牌等方面还存在不少短板，多数企业的技术创新仍面临资金不足、关键核心技术依存度高、知识获取难等诸多困境。因此，如何在全球范围内充分搜寻、获取、整合和利用新知识等创新资源、提升自主创新能力、成为制造业强国是我国制造企业面临的重大现实问题。

遗憾的是，尽管国内与知识网络有关的研究较多，但从微观层面关注其对企业绩效影响的研究明显不足，从外部知识网络的视角研究其对企业绩效作用机理的文献非常缺乏，特别是对外部知识网络嵌入性如何作用于技术创新绩效的内在机理及其具体作用情境展开深入研究的文献就更少了，且已有研究结论仍存在一定分歧。

为此，本书以我国本土制造企业为研究样本，围绕"制造企业外部知识网络嵌入性如何影响企业技术创新绩效"这一基本问题，建立"外部知识网络嵌入性特征—知识搜索—技术创新绩效"的理论框架，遵循"结构—行为—结果"的分析逻辑，层层深入地探析了以下五个逻辑紧密相关的子问题：（1）嵌入性视角下企业外部知识网络特征维度由哪些方面构成？（2）外部知识网络嵌入性对技术创新绩效有何影响？（3）知识搜索是否会对技术创新绩效产生积极的影响？（4）知识搜索是否起到中介作用？（5）知识整合能力和政府创新政策对上述作用机制有何影响？

基于以上问题，本书结合规范分析和实证分析展开如下讨论。

（1）文献述评与理论发展。通过社会网络理论、知识网络理论、嵌入性理论、知识搜索理论等领域相关文献进行了综述，梳理出了与本研究框架相关的理论脉络。

（2）嵌入机制分析。从"嵌入性"视角分析以企业为中心的外部知识网络，探讨企业通过"结构性"和"关系性"嵌入外部知识网络的机制，即通过嵌入知识网络来搜寻、获取、整合和利用外部知识网络的知识资源。

（3）探索性案例研究与理论框架的提出。通过多轮访谈后，选择4家本土制造企业进行探索性案例研究，通过对案例内及案例间的分析，揭示了外部知识网络嵌入性特征对知识搜索行为、技术创新绩效的影响，以及知识搜索行为与技术创新绩效的一般关系，初步形成了外部知识网络嵌入性与技术创新绩效关系的研究框架，提出13个初始研究命题，为后续相关研究提供源于实践的构想。

（4）外部知识网络嵌入性对技术创新绩效作用的理论模型与实证检验。在探索性案例研究基础上，对已有相关理论文献进行了更深层次的理论探讨，分别提出外部知识网络结构嵌入性、关系嵌入性对技术创新绩效作用的概念模型，并对应细化假设。通过对752家本土制造企业的大样本问卷调查，运用描述性统计分析、因子分析、信度与效度检验、相关分析以及多元回归分析等定量统计研究方法对模型和假设进行了实证研究，得出了相关结论。

（5）调节效应的理论模型与实证检验。在上述研究的基础上，引入知识整合能力和政府创新政策两类调节变量，从权变视角深入考察不同情境下制造企业外部知识网络对技术创新绩效的影响机制，通过对752家本土制造企业的问卷调查，运用描述性统计分析、因子分析、信度与效度检验、相关分析以及多元回归分析等定量统计研究方法对模型和假设进行了实证研究，最终形成知识整合能力和政府创新政策影响制造企业外部知识网络嵌入性与技术创新绩效的调节效应模型。

通过上述的研究工作，本书得出如下结论。

（1）外部知识嵌入性对技术创新绩效作用机制的假设大部分成立。其中外部知识网络结构嵌入的企业网络规模、网络中心度、网络异质性和关系嵌入的关系质量对企业技术创新绩效均有显著的提升作用；企业类关系强度与技术创新绩效呈倒"U"型关系。

（2）知识搜索对技术创新绩效存在积极的影响作用，其对技术创新绩效作用的假设均成立。本书引入搜索效率维度，尝试探讨搜索宽度和搜索深度对技术创新绩效作用的平衡问题，但验证结果是搜索宽度与搜索效率、搜索深度与搜索效率之间均不存在正向相关关系，平衡问题需进一步探讨。

（3）外部知识网络嵌入性通过影响知识搜索进而作用于技术创新绩效。实证检验的结果是知识搜索的中介作用大部分成立，其中企业类网络规模、网络中心度、网络异质性通过搜索宽度、搜索效率和搜索深度进而正向影响技术创新绩效，非企业类网络规模通过搜索效率和搜索深度进而正向影响技术创新绩效；企业类关系强度、关系质量通过搜索宽度、搜索效率和搜索深度进而正向影响技术创新绩效，非企业类网络规模通过搜索效率和搜索深度进而正向影响技术创新绩效。

（4）知识整合能力和政府创新政策在制造企业外部知识网络嵌入性影响技术创新绩效的作用机制中发挥部分调节作用。本书引入知识整合能力和政府创新政策两类变量来共同考察制造企业外部知识网络嵌入性对技术创新绩效的权变效应。实证结果显示：知识整合能力越强，网络中心度对企业技术创新绩效的正向影响越显著；知识整合能力越强，关系质量对企业技术创新绩效的正向影响越显著；政府创新政策供给越充裕，非企业类网络规模对企业技术创新绩效的正向影响越显著；政府创新政策供给越充裕，网络异质性对企业技术创新绩效的正向影响越不显著；政府创新政策供给越充裕，关系质量对企业技术创新绩效的正向影响越显著。

总体而言，本书的结论深化和拓展了对"制造企业外部知识网络嵌入性如何影响技术创新绩效"这一基本问题的理解，本书的理论和实证研究成果丰富并完善了开放式创新理论、社会网络理论、知识网络理论和知识搜索理论，在知识资源全球化的开放式创新下，本书为发展中国家制造企业如何构建与管理外部知识网络，更加有效地吸收有价值的知识，提升技术创新绩效提供了一定切实可行的视角与思路。具体来说，包括以下三个方面：（1）探讨了外部知识网络嵌入性作用于企业技术创新绩效的本质过程，一定程度上有效地解决了制造企业的升级困境，对企业创新理论和知识网络理论研究做了重要补充和拓展；（2）揭示了知识搜索对于在全球制造网络中运作的制造企业的深刻内涵与重要作用，进一步深化了对知识搜索理论的认识和理解，并丰富和拓展了现有知识搜索理论；（3）阐释了在不同的知识整合能力与政府创新政策下，制造企业外部知识网络嵌入性对技术创新绩效的影响机制，延伸了现有知识网络和技术创新研究的纵深度，并为制造企业在已有资源能力条件与外部环境特征下选择恰当的外部知识网络模式提供了新的管理思维和实践指导。

目　　录

第1章 导 论

本书从我国制造企业技术创新的现实背景出发，以本土制造企业为研究对象，以外部知识网络嵌入对制造企业技术创新绩效的作用机制为研究的核心内容，探究我国制造企业发展中面临的知识资源搜寻、获取和整合利用问题，在力图丰富知识网络的相关研究、推进企业知识网络相关理论发展的同时，进一步探究我国制造企业技术创新绩效提升的作用和影响机制。本章主要在阐述研究背景和意义、研究问题、研究对象和关键概念界定的基础上，阐明本书运用的研究方法、技术路线、研究的主要内容和研究的主要创新点。

1.1 研究背景

1.1.1 现实背景

1. 开放—协同创新已成为我国制造业实现价值链升级的关键选择

截至 2022 年底，我国共有制造企业法人单位 429631 家，规模以上工业增加值比 2021 年增长 3.6%，制造业增加值增长 3.0%，其中高技术制造业、装备制造业增加值分别增长 7.4%、5.6%，增速分别比规模以上工业快 3.8 个、2.0 个百分点。① 2022 年中国制造业增加值占 GDP 比重为 27.7%，65 家制造业企业入围 2022 年世界 500 强企业榜单，培育的专精特新中小企业达到 7 万多家，全国规模以上工业企业实现利润总额 84038.5 亿元。② 中国

① 资料来源：根据中华人民共和国统计局、工信部网站相关数据测算。
② 国务院新闻办就"加快推进新型工业化 做强做优做大实体经济"举行发布会 [EB/OL]. 中华人民共和国中央人民政府，2023 – 03 – 02.

制造业规模已经连续 13 年居世界首位，[①] 制造业已经成为国民经济先导性、支柱性产业。制造业增加值在我国国内生产总值中仍扮演重要角色，中国的制造业增加值为 4.99 万亿美元，是美国的 178.5%；中国制造业在国民生产总值中的比重是美国的 2.5 倍。[②] 据联合国工业发展组织的最新报告显示，2030 年，中国制造业产值全球占比将进一步上升至 45%，与 2023 年相比，大幅增长约 29%。美国、日本和德国则分别由 2023 年的 12%、6% 和 4% 下降至 11%、5% 和 3%，韩国仍然持续在 3% 左右的水平。[③] 由此可见，制造业在我国得到迅猛发展，我国已成为名副其实的"世界工厂"，制造业在今后很长一段时间，仍然是我国经济发展的主要增长力量。这来自两个方面的原因：一是政府的政策扶持。从 2005 年我国政府提出建设"创新型国家"重大战略到 2015 年《中国制造 2015》行动纲领的提出，各级政府都着力加大对企业创新的扶持力度，鼓励原始创新、引进创新、协同创新和集成创新，并逐步形成了以市场为导向、以企业为主体的协同创新体系；二是制造企业本身也清醒地认识到，要在全球价值链体系中实现升级，必须嵌入全球制造网络当中，竞争与协作、学习与创新已成为本土制造企业赢得全球竞争优势的关键（吴晓波等，2011；贾卫峰等，2018）。制造企业对技术创新所需的技术知识的搜寻、获取变得日益迫切，研发的投入也在逐步增大。同时，在全球制造网络兴起和国际产业分工深化的背景下，技术知识的分解和技术创新的扩散速度明显加快，创新过程也被重新建构，空间集聚效应明显，为发展我国的本土企业提供了接入国际分工体系、实现战略升级的重要机遇（王缉慈，2010；寿柯炎和魏江，2018；岳振明等，2022），我国制造型企业也以低成本的比较优势，参与全球制造网络当中，外部化趋势逐步显现，部分制造业已具备一定的创新能力，能够生产、制造一些具有国际竞争优势的产品。

然而，一个不可否认的事实是：在实现价值链升级的进程中，我国制造企业仍然面临重重困境。首先，跨国企业利用其在制造网络的中心地位，通过总体战略对重大或核心技术、采购和营销进行控制，极大地削弱了本土制造企业的自主技术创新能力。由于技术对外依存度过高，本土制造企业的网络附属性和边缘化迹象依然明显。尽管参与全球制造网络的我

---

① 国务院新闻办就"加快推进新型工业化 做强做优做大实体经济"举行发布会［EB/OL］. 中华人民共和国中央人民政府，2023 - 03 - 02.

② 资料来源：根据中华人民共和国统计局、美国国家统计局网站相关数据测算。

③ 中国制造业产值全球占比达 35%，国外机构：增长空间还有多大？［EB/OL］. 网易，2024 - 11 - 09.

国本土企业凭借低成本优势，获得了制造能力的提高和业务的增长，并实现了部分业务流程的改造和产品升级，但全球制造网络并未给我国制造企业提供互相学习、获取新知识新技术以实现更高层次升级的机会，没有从根本上获取关键技术、提升自主研发能力，因而，也很难实现层次更高的功能升级和跨产业升级（赵树宽等，2021）。其次，制造企业靠低成本优势获取收益已变得十分困难。在融入全球制造网络的初期，我国多数制造企业以劳动密集型、低技术含量、产品价格低廉等低成本优势赢得了企业业务的快速增长，并形成了低成本优势的路径依赖。然而，随着全球化竞争的加剧，技术创新速度加快和复杂程度加深，不仅依靠低成本优势获取收益已经非常困难，而且曾经的低成本优势也使部分制造企业缺乏自主创新动力，最终将导致其在全球制造网络生产、技术、研发的边缘化（洪茹燕，2012）。另外，本土制造企业之间的过度竞争，也给其技术创新能力的提升造成困境。长期以来，地方政府政绩与 GDP 挂钩，形成了粗放式的增长竞争机制，短时间难以改变；加上由于收入不平等等因素造成国内有效需求不足等，导致制造企业相互竞争过度，企业难以有效提升技术创新能力（赵航，2011；赵立龙等，2017）。

因此，在竞争日益激烈的现实背景下，我国制造企业要实现全球价值全面升级，应该从根本上转向创新驱动的发展方式，构建与外部网络的协同创新是一个重要途径。在技术创新速度不断加快、消费者需求偏好不断变化和知识的分布特征逐渐增强的情况下，制造企业仅依靠自身是难以突破技术创新困境的，寻求外部知识源、寻求异质性知识和协作正成为企业增强竞争优势的战略举措（樊霞、任畅翔和刘炜，2013；黄鲁成等，2019），也就是制造企业需主动与外部知识源建立创新协作关系，构建开放—协同的外部知识网络，促进知识创造和技术创新，以实现企业价值增长和创新绩效的提升（Eisingerich，Bell & Tracey，2010；Boschma & Ter Wal，2007；Giuliani，2005）。通过外部知识网络进行协同创新，以提升自主创新能力是我国制造企业实现价值链攀升的重大现实问题。

2. 创新范式网络化、获取外部知识源是本土制造企业技术创新的重要途径

我国制造企业的技术创新活动往往面临资金有限、知识获取困难和管理经验不足等障碍（岳振明等，2020），对于多数制造企业而言，仅依靠企业内部资源进行技术创新，本身也面临技术复杂、资源稀缺、耗时长的困境，所以，很少有企业独自通过内部努力在所有的新技术发展等方面保持领先，获取外部资源是制造企业的必然选择。在当前的竞争环境中，在企业内部进行所有核心活动的传统模式已成为过去（Garzellas et al.，2021），将部分活动转向外部更为专业的合作伙伴，成为越来越多制造企业的选择。全球诸多著名的制造企业纷纷采取协同创新范式，通过外部知识网络，在全球寻求创新资源，如著名的美国国际商用机器公司（IBM）、苹果公司（Apple）、美国朗讯科技公司（Lucent）、施乐公司（Xerox）等，宝洁公司（Procter & Gamble）甚至专门设立了"外部创新主管"职位来管理外部研发团队，其上百种产品、一半以上的创新都来自外部研发团队；同时建立 Innovation. Net 内部网络平台，进行知识共享，联结内外部研发活动，这就是宝洁公司著名的 C&D（Connect and Develop）机制。

制造企业要赢得竞争优势，获取外部知识源变得十分重要。制造企业的外部知识源主要来自同行竞争者、供应商、分销商、政府、研究机构、中介机构和公共服务机构等，技术强大的外溢效应已在他们中间构筑了重要的知识"蓄水池"，这和技术创新活动本身的复杂开放和创新的跨学科知识交叉共融要求密切相关。欧文·史密斯和鲍威尔（Owen – Smith & Powell，2004）对波士顿生物技术企业以及其他学者的实证研究均表明，企业与外部知识网络的联结是他们成功的关键因素。因此，构建相对稳定的外部知识网络，提高吸收、扩散、创造性地探索知识的能力，成为制造企业提升技术创新绩效的必要选择。

综上所述，一方面，经济的全球化为我国制造企业加快技术进步，实现技术追赶与跨越提供了机会和可能；另一方面，在技术创新的现实困境和知识等创新资源在全球范围内分布的情况下，我国制造企业亟须借助外部知识网络，在全球范围搜寻、获取、整合和配置创新资源，以提高技术水平，提升自主创新能力，进而赢得竞争优势，实现价值链的攀升。本书将结合我国制造企业的实际情况，重点考察在开放—协同创新环境下，制造企业如何通过嵌入外部知识网络更有效地搜索企业所需的创新资源、提升自主创新能力，以获取持续竞争优势，对这一命题的探究无疑具有重大的现实意义。

1.1.2 理论背景

1. 创新范式的演变——从封闭到开放—协同

传统的封闭式创新、半封闭式创新中，企业虽然短时期内因拥有知识、技术的专有性，会获得一定的竞争优势，但从长期来看，企业仅依赖于内部知识，缺乏与外部知识源的联系，可能会形成路径依赖，造成技术的因循守旧而导致"熵的死亡"（Cantwell & lammarino，2003；Garzellas et al. , 2021）。

　　尤其是随着经济一体化、知识全球化的不断深入，国与国之间经济和知识的边界正在模糊，技术和知识的外溢效应已超越国界，知识成为全球性的战略资源，开放—协同创新逐渐成为主流的创新认识论。最早提出开放—协同创新概念的是美国加州大学伯克利分校的教授亨利·切斯伯勒（Henry Chesbrough，2003），他提出企业应该打破传统封闭的研发组织疆界，广泛向外界获取创新源泉，吸收、整合内外部创新资源以实现创新。在开放—协同创新的环境下，企业的技术创新活动更加依赖外部知识资源（王志玮，2010；徐露允、曾德明和李建，2017；王韵，2023）。

　　在开放—协同创新的环境下，企业往往选择通过合作网络等与其他企业、大学、科研机构、政府和中介机构等联结，并形成协同创新（Hadjimanolis，1999；张永云，2023），协同创新对企业创新结果有着显著的效应（张红娟，2022），不同的协同方式对企业创新产生不同的效应（Whitley，2002），而与顾客和供应商合作所形成的垂直网络，对企业的产品创新和过程创新的影响更为显著（Whitley，2002）。

　　企业越来越趋向与顾客、供应商、研发机构甚至竞争企业协同合作，在当前知识资源全球化的开放创新环境中，企业应当学会更加有效的吸收与学习，整合内外部知识资源，转化为企业持续的创新能力与核心竞争优势。

2. 知识网络研究的兴起和知识搜索理论的融入

　　知识网络是组织网络化时代背景下知识管理的必然选择，对知识网络的研究呈现出典型的多学科交叉属性，涉及的学科领域非常广泛，涉及计算机科学、生物医学、管理学、经济学、教育学、心理学、信息科学和图书馆学等诸多领域（林栋和雍维薇，2008），与其他学科不同，管理学和经济学将知识网络的研究重点放在知识主体之间的关系和连接上，也就是关系集合上。贝克曼（Beckmann，1993）将知识网络界定为科学知识生产与传播的机构和活动，并构建了知识产出函数，分析认为知识产出是机构自身努力和机构间交流共同作用的结果；小林（Kobayashi，1995）进一步指出企业是知识网络的节点，它通过研发活动实现知识在不同组织间的连接和转移，提高自身知识存量。国内对知识网络的研究文献始于1994年，2009年后呈迅猛增长的态势，从1999年至2023年11月，共有文献2111篇①，成为国内管理学研究的一大热点。

---

　　① 资料来源：中国知网。

无论是国内还是国外学者对知识网络的研究，大体归为两类：一类是关于知识网络本质的探讨，主要集中在社会网络、复杂化网络和知识管理领域，其中代表性的观点认为：知识网络是企业为了实现知识的转移和创造，与各类外部组织机构持续互动而形成的发展共同体（Seufert et al.，1999），该类研究是新制度经济学和新经济社会学中网络理论的延续。另一类是关于知识网络功能的研究。比较多的学者更多地关注知识网络对宏观经济的作用，集中在经济学领域，如研究美国波士顿生物技术产业（Owen-Smith & Powell，2004）、意大利和智利葡萄酒产业（Giuliani，2007）、荷兰高科技产业和生物技术产业（Geenhuizen，2007，2008）、巴西石油产业（Bell，2009）等区域知识网络对产业或区域创新绩效的影响；也有学者关注知识网络对企业创新的影响，如知识网络对中小企业创新影响的分析框架（Huggins & Johnston，2009）、知识网络对企业技术创新能力演化的作用（Nerkar & Paruchuri，2005；党兴华等，2013；岳振明等，2020；黄鲁成等，2019；孙笑明，2023）等，相比前者而言，文献数量较少。

与知识网络对企业技术创新影响相关研究相比，关注知识网络对宏观经济作用的文献要丰富得多，研究方法要相对成熟，从微观层面解析知识网络对企业创新绩效作用机制的研究还没有得到更多的重视，相关的研究也比较少，尤其是对外部知识网络对创新绩效的作用和影响的关注仍然不足。

知识搜索理论的出现为解释上述问题提供了新的思路，知识搜索是对知识进行搜寻、获取的过程（Nelson & Winter，1982），企业通过搜索、获取外部知识源来解决不确定问题（Huber，1991），它赋予组织一种选择优势（Levinthal，1990）。

全球化背景下，企业生存发展的内外环境变数剧增，技术创新过程越来越复杂，企业亟须从外部寻求知识源、获取新知识、新技术、新信息，来解决新问题、适应环境变革，从而提高企业绩效、赢得竞争优势（Dyer & Nobeoka，2000；Culati，1998，1999；Dyer & singh，1998），创新范式的网络化要求企业通过知识搜索过程紧密嵌入不同行动者联结的网络中（Chesbrough，2003；Leao P.，2021）。显然，企业通过与外部合作伙伴如供应商、分销商、政府、研发机构等的交流互动，建构知识网络并有效搜索所需的创新资源，是企业提升技术创新绩效的前提。因此，如何将企业构建的外部知识网络与知识搜索相结合以提升企业的技术创新绩效从实践到理论都具有重要意义。

3. 权变理论的引入

与外部合作伙伴构建的知识网络，有助于企业搜索到更多的信息和知识，促进知识的整合和新技术的创造（Uzzi，1997；Granovetter，1985；Nelson & Winter，1982），企业创新绩效因此得以提升（Kogut，2000）。企业与其他组织的嵌入性联结对其绩效具有重要作用（Zaheer & Bell 2005；Andersson et al.，2002；Gulati et al.，2000；Rowley et al.，2000；Zaheer et al.，1998；Dyer，1996；Powell et al.，1996；Uzzi，1996；Hans et al.，2020）。

随着研究的继续，学者们发现，知识网络嵌入性对创新绩效的作用并非一成不变（Gulati & Higgins，2003），情景不同，影响也有差异（Gulati & Westphal，1999；Podolny & Baron，1997），许多研究从网络角度进行，含有的权变逻辑比较明显（马汀·奇达夫和蔡文彬，2007）。多数实证研究表明，越强的嵌入性联结越好，即强联结可以提升企业的绩效能力（Zaheer & Bell，2005；Gulat & Higgins，2003）；不过，也有学者的研究结论认为强网络联结对企业绩效的作用是负向的（Gargiulo & Benass，2000）；乌兹（Uzzi，1997）则指出，网络嵌入性联结太紧无法解散关系，而太松则不能形成关系，理想的强度应该是处于中间状态。

上述这些观点迥异的现象被学者们称为"嵌入性悖论"，这充分说明了外部知识网络直接作用于企业技术创新绩效的局限性，因此，应该辩证把握，充分探讨在不同情景、边界条件下外部知识网络对技术创新绩效的作用机制，充分考虑企业所处的环境特性（如政府作用）和企业本身的特征（如企业规模、学习能力等）（Boschma & Ter Wal，2007），需进一步引入调节变量，对知识网络与技术创新绩效的关系进行更为细致的分析。

所以，本书不仅探讨和检验外部知识网络、知识搜索对技术创新绩效的影响，还将引入权变理论，探讨和验证这种关系。一定程度上，本书将丰富企业网络理论、知识搜索理论和技术创新理论，具有一定的理论价值。

1.2 问题的提出

1.2.1 现有研究需进一步探讨的问题

1. 国内与知识网络有关的研究较多，但从微观层面关注其对企业绩效影响的研究非常缺乏，尤其从外部知识网络的视角研究其对企业绩效作用机理的文献极少

国内关于知识网络的研究始于 1994 年，自 2007 年以后出现井喷态势，每年发表的文献都在 200 篇以上，从学科领域来看，较多地集中在区域经济学、产业经济学和图书情报学等，研究的对象多以集群产业、区域层面、图书管理为主，产业和区域特征明显。

遗憾的是，从微观层面解析知识网络对企业影响的研究较缺乏。笔者在中国知网用关键词"知识网络"并含"企业"搜索，未设年限，搜索结果为77篇，剔除巧借的、与企业无关的文献6篇，剩余71篇，内容主要涉及国外知识网络研究综述、内部知识整合和共享、知识网络和模型的构建以及知识管理，知识网络与企业绩效直接关联的文献为0篇。知识网络与微观企业相关的研究，目前还停留在内部知识网络层面，从外部视角研究的极少。搜索"外部知识网络"，无其他限制条件，只有4篇文献。

因此，在开放的创新网络化背景下，从微观层面上剖析知识网络对企业创新的影响机制，尤其是从外部知识网络的视角，研究其对企业技术创新绩效的作用机理，从而与国际研究接轨，显得尤为迫切。

2. 现有研究提出企业网络对其绩效具有重要作用，而对作用机理的剖析需进一步探讨，关注知识网络嵌入性对技术创新绩效作用机理的研究明显不足

现有研究主要从企业的社会网络或创新网络的视角，关注其对企业绩效的影响，多数学者就社会网络或创新网络对企业绩效的重要作用已基本达成共识。例如，企业与供应商之间进行信息交换，有利于改善产品传递时间和产品质量，甚至是产品数量与价格；供应商涉入企业的产品设计阶段有利于企业降低产品缺陷；企业与外部知识源的互动水平对企业创新具有影响，企业寻求创新观点的方式各不相同（张红娟等，2022）。但是，现有研究虽然认识到企业社会网络或创新网络与企业绩效之间存在的关系，但该网络到底是如何影响制造企业绩效，研究还有待进一步深入，而从知识网络的视角研究其对技术创新绩效的作用机制的研究更需挖掘。

3. "嵌入性悖论"还在持续，关于网络对企业绩效研究的权变争议仍然在继续，尤其对网络中的重要影响因素——政府创新政策的调节效应的研究几乎没有

企业与其他组织的嵌入性联结对其绩效具有重要作用（Zaheer & Bell，2005；Andersson et al.，2002；Gulati et al.，2000；Rowley et al.，2000；Zaheer et al.，1998；Dyer，1996；Powell et al.，1996；Uzzi，1996；刘思萌等，2019）。网络嵌入性对创新绩效的作用并非一成不变（Gulati & Higgins，2003），情景不同，影响是有差异的（Gulati & Westphal，1999；Podolny & Baron，1997；Burt，1997），诸多关于网络对企业绩效作用的研

究含有权变逻辑，直接作用有明显的局限性。学者们主要从组织和环境的角度引入调节变量，研究企业吸收能力和环境的不确定性在网络对企业绩效作用的调节作用居多，但对网络中的重要影响因素——政府创新政策的调节效应的研究几乎没有。美国硅谷和128公路地区、印度班加罗尔地区等区域的实践经验表明，政府是知识网络中的重要成员，政府创新政策对外部知识网络与企业技术创新绩效关系起着重要的调节作用。尽管对这些地区的研究针对的是集群产业，但其研究成果对从微观层面研究网络对企业绩效的影响是一个很好的借鉴。目前，在网络对企业绩效作用的研究中，将政府创新政策作为权变变量的很少，这是个值得探讨的命题。

1.2.2 本研究的关键问题

基于上述现实背景、理论逻辑和现有研究的不足，本书以制造企业为研究对象，通过借鉴和融合学者们已有的研究成果，围绕在全球化背景下"制造企业外部知识网络嵌入性如何影响其技术创新绩效"这一基本问题展开，解析了外部知识网络嵌入性对制造企业技术创新绩效的影响，为我国制造企业获取竞争优势、提升企业价值提供理论依据，为促进本土制造企业自主创新能力的提升、实现价值链攀升提供实践指导。

本书的基本行文逻辑是：本书将深入探讨解析制造企业从外部知识网络获取资源，通过知识搜索进而影响技术创新绩效的作用机理。为详细揭示其作用机理过程，本书从结构嵌入和关系嵌入两个概念分别解析外部知识网络的嵌入对技术创新绩效的影响，并从搜索宽度、搜索效率和搜索深度三个概念提出知识搜索在外部知识网络和企业技术创新之间的中介作用，构建外部知识网络嵌入（结构）—知识搜索（行为）—技术创新绩效（绩效）的理论逻辑和完整的 S – C – P 范式。同时，引入权变理论，以知识整合能力为组织变量、以政府创新政策为环境变量，研究知识整合能力和政府创新政策在外部知识网络嵌入性对企业技术创新绩效作用的调节效应。具体探讨以下五个问题。

问题一：探讨嵌入性联结视角下的外部知识网络特征维度构成。

现有文献中，关于创新网络和社会网络的维度构成研究较多，而关于知识网络、尤其是外部知识网络的维度构成研究较少，本书通过文献梳理与理论推演，借鉴网络化理论的思想，明确界定外部知识网络是什么？企业是通过哪些方式嵌入外部知识网络的？其包括哪些特征维度？在此基础上提出外部知识网络结构嵌入和关系嵌入的特征维度测量量表。

问题二：考察外部知识网络嵌入与技术创新绩效的关系。

关于制造企业嵌入性联结的外部知识网络特征与其技术创新绩效关系的实证研究比较少。嵌入性联结的外部知识网络的不同维度特征对制造企业的技术创新绩效有没有不同影响？哪些是正向的？哪些是负向的？是否存在倒"U"型关系？本书结合我国制造企业的实际情况，同时结合外部知识网络的结构特征和关系特征分析方法，通过探索性案例研究，建构外部知识网络嵌入性对技术创新绩效作用机制的概念模型，并结合半结构化访谈、规范研究与实证研究，进行进一步的分析和验证。

问题三：考察知识搜索与技术创新绩效的关系。

在对知识搜索理论内涵及相关研究进行综述的基础上，通过半结构化的访谈与进一步理论分析，提出制造企业知识搜索的关键变量与技术创新绩效的假设关系，通过大样本问卷数据，实证检验知识搜索对技术创新绩效的作用，并讨论其理论与实践意义。

问题四：从搜索宽度、搜索效率和搜索深度三个构念来检验知识搜索的中介作用。

已有研究多数限于讨论企业网络与创新绩效两者的直接相关关系，少有从外部网络化视角提出知识网络与企业技术创新绩效关系的分析框架或模型，对有关外部知识网络如何影响知识搜索，以及两者间联结机制、外部知识网络如何作用于技术创新绩效的研究较少，因此，本书在前人研究的基础上，探讨外部知识网络嵌入性对技术创新绩效的内在机制。

问题五：考察知识整合能力和政府创新政策对上述作用机制的影响。

本书基于权变视角，在直接作用模型的基础上引入企业知识整合能力和政府创新政策两类调节变量，全面考察外部知识网络嵌入性影响企业技术创新绩效这种作用机制的适用情境或边界条件。

1.3　研究对象和关键概念

1.3.1　研究对象

本书以我国制造企业为研究对象。依据我国《国民经济行业分类》（GB 4754—2017）①的行业标准分类，制造业属于工业的三大门类之一②，

---

① 《国民经济行业分类》于2017年6月30日颁布、10月1日实施，是目前我国最新的国民经济行业分类，为新中国成立以来的第四次修订版。

② 工业类分为采掘业、制造业和电力、煤气及水的生产和供应业三个门类。

制造业直接体现了一个国家的生产力水平，是工业中占比最高的一个门类。

我国的《国民经济行业分类》由联合国统计委员会颁布的《国际标准产业分类》（international standard industrial classification of all economic activities，ISIC）[①] 派生而来，为适应我国国民经济的实际情况，又做了相应的调整。制造业的分类在《国民经济行业分类》和最新版 ISIC Rev. 4 上有一些差异，《国民经济行业分类》的制造业大类分类比 ISIC Rev. 4 的大类分类更为详细，ISIC Rev. 4 的制造业分为 24 个大类，而《国民经济行业分类》的制造业分为 31 个大类，具体而言，表现在：一是在金属制造和设备制造方面，ISIC Rev. 4 分为三大类，分别是基本金属的制造、金属制品的制造（机械和设备除外）、未另分类的机械和设备制造，《国民经济行业分类》分为五大类，分别是黑色金属冶炼和压延加工业、有色金属冶炼和压延加工业、金属制品业、通用设备制造业和专用设备制造业。二是在化工制造业分类方面，ISIC Rev. 4 分为两大类，分别是化学品及化学制品的制造和药品、药用化学品及植物药材的制造，《国民经济行业分类》分为三大类，分别是化学原料和化学制品制造业、医药制造业、化学纤维制造业。三是在食品饮料制造业分类方面，ISIC Rev. 4 分为三大类，分别是食品的制造、饮料的制造（包括烈酒和葡萄酒的制造）和烟草制品的制造，《国民经济行业分类》分为四大类，分别是农副食品加工业、食品制造业、酒饮料和精制茶制造业和烟草制品业，对酒饮料作了单独划分。

本书的研究对象采用《国民经济行业分类》中关于制造业的分类标准。关于管理研究有个人、群体、组织、项目和社会产品五种分析层次，本研究的分析层次属于组织层面，涉及的因变量是组织层面的绩效，研究对象是具有不同行业类型、不同规模、不同年龄的制造企业。

1.3.2 关键概念

为保证本研究的科学性与严谨性，现对本研究的关键概念界定如下。

1. 外部知识网络

企业外部知识网络是企业根据本身发展需要，以获取整合知识和信息、创造新知识、提升创新能力为目的（安琳，2010；陈雪颂、王志玮和

---

① 《国际标准产业分类》全称为《全部经济活动国际标准产业分类》，是国际上最有影响力的产业分类体系之一，目前的最新版为 ISIC Rev. 4。

陈劲，2016；张永云等，2023），主动构建、管理和维护的与外部知识源（供应商、顾客、同业竞争者、政府、研发机构、中介机构等）之间长期、稳定的直接或间接合作关系的网络联结或关系集合（Beaudry & Swann，2001；Kale，Singh & Perlmutter，2000），是一种动态开放的跨组织知识管理的组织形态（王志玮，2010）和独特的制度安排形式（Powell，1990），是企业具备网络优势的一种重要外部资源（CEECHH，2010）。

2. 外部知识网络嵌入性

企业外部知识网络嵌入性表征了企业在外部知识网络中的位置、地位、开放程度，以及与外部知识网络中其他主体间的关系，企业外部知识网络嵌入性的规模、宽度和深度决定了企业在外部知识网络中所能获取、整合和配置的知识资源，进而影响企业的技术创新绩效。

企业外部知识网络的嵌入是指企业在外部知识网络的结构嵌入和关系嵌入。外部知识网络的结构嵌入是通过企业外部知识网络的规模、位置和异质程度等维度，从横向结构上考察企业外部知识网络对企业创新绩效的影响；外部知识网络的关系嵌入是通过企业外部知识网络联结强度和稳定质量等维度，从纵向结构上考察企业与外部知识网络中其他主体之间的关系程度。

3. 知识搜索

鉴于研究的需要，学者从研究的视角，提出了若干与知识搜索密切关联的概念，如组织搜索、跨界搜索（Rosenkopf & Nerkar，2001）、创新搜索（Nellson & Winter，1982）等，上述概念虽界定视角不同，但本质上都是组织为解决不确定性问题，从外部通道搜寻、获取和利用新知识技术的活动。在具体研究中，这些概念之间并没有清晰的界限，仅源于研究视角的差异，"知识搜索"这一概念更符合本研究内容，因此本书使用"知识搜索"这一概念。

企业知识搜索是指企业根据自身需求，以开发新产品新技术、创造新的业务流程、构筑相应技术管理模式及寻找新市场为目的，从企业外部知识源搜寻、获取新知识、新技术和有效信息，通过对所获取的知识、技术和有效信息重新整合并运用，以解决企业技术创新问题的活动。

本书借鉴格里姆佩和索夫卡（Grimpe & Sofka，2009）、法布里齐奥（Fabrizio，2009）、劳尔森和索尔特（Laursen & Salter，2006）、卡蒂拉和阿胡亚（Katila & Ahuja，2002）等学者的研究，从知识搜索宽度、搜索效率和搜索深度三个维度测量企业在外部知识网络中知识搜索的效果。

4. 技术创新绩效

在国外文献中通常使用以下三个术语:"innovation performance"(Tsai & Wang, 2009;Hagedoom & Cloodt, 2003)、"innovativeness"(Sidhu, Commandeur & Volberda, 2007;Bell, 2005)和"innovation success"(Leiponen & Helfat, 2010;Grimpe & Sofka, 2009)来评价企业技术创新活动的效果和效率。国内学者则大多采用"创新绩效"或"技术创新绩效"来衡量企业技术创新结果,如用新产品数、创新产品的成功率、新产品开发速度、申请的专利数等来表征(彭新敏, 2009;许冠南, 2008;朱晋伟等, 2023)。

结合学者们的研究成果,本书的"技术创新绩效"概念界定为:技术创新绩效是指企业通过外部知识网络搜索企业所需知识以实现有效创新的活动。本书对技术创新绩效的测度隐含产品创新和过程创新两个方面,产品创新体现创新活动的结果,过程创新体现创新活动的内涵。

1.4 研究方案

1.4.1 技术路线

本书以制造企业为研究对象,围绕在开放—协同创新环境下,"外部知识网络嵌入性影响企业技术创新绩效"这一基本问题展开,基于企业知识搜索的视角,逐层剖析制造企业外部知识网络嵌入性、知识搜索和技术创新绩效的关系,并从权变的视角,探讨不同情境下制造企业外部知识网络嵌入性对技术创新绩效的影响机制问题,实证剖析企业知识整合能力和政府创新政策在两者之间的调节作用。本书技术路线如图1.1所示。

本书首先对我国制造企业在全球化背景下实现价值链攀升、转型升级困境、创新范式网络化的演变、知识搜索等越来越重要的现实和理论背景进行了阐述;在此基础上,对社会网络理论、知识网络理论、嵌入性理论和知识搜索理论等相关文献进行梳理和归纳,提出本研究命题,奠定本书论证的基础,并由此展开了以下方面的研究。

(1)基于"嵌入性"的视角分析制造企业根据需求构建的外部知识网络,探讨制造企业通过结构嵌入和关系嵌入企业外部知识网络的机制,即通过嵌入外部知识网络的制度安排,搜寻、整合并利用外部网络的知识

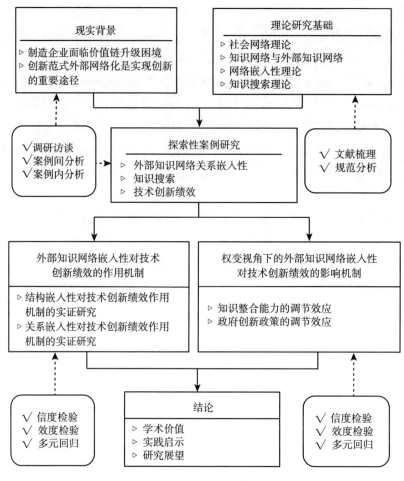

图 1.1 本书的技术路线

资源，经过理论预设、案例选择、数据收集与分析，对 4 家企业进行了探索性案例的研究，形成初步的分析框架，初步探寻外部知识网络嵌入性对技术创新绩效的作用和影响机制，得出初始的具体研究命题。

（2）在探索性案例研究的基础上，进一步地结合实际背景与理论推演，分别构建外部知识网络"结构嵌入性"对制造企业技术创新绩效作用机制的概念模型和外部知识网络"关系嵌入性"对制造企业技术创新绩效作用机制的概念模型，通过对 752 家企业的问卷调研，运用信度和效度分析、因子分析等研究方法，进行实证研究，深入剖析外部知识网络嵌入性通过知识搜索，进而影响技术创新绩效的作用机制。

（3）在上述研究的基础上，引入企业知识整合能力和政府创新政策两类调节变量，从权变视角深入考察不同情境下外部知识网络对技术创新绩效影响的差异性，通过 752 家制造企业的大样本问卷调查，运用相关分析、多元线性回归分析等方法进行实证研究，最终形成企业知识整合能力和政府创新政策影响制造企业外部知识网络与技术创新绩效关系的调节效应模型。

本书最后对制造企业外部知识网络、知识搜索与技术创新绩效的相关研究进行补充完善，为我国制造企业如何在全球化背景下，通过外部知识网络嵌入性促进企业的技术创新绩效并获得竞争优势的管理实践提出了建议。

1.4.2 研究方法

本书将采用实证研究与规范研究相结合、量的研究与质的研究相结合、文献梳理与调研访谈相结合的方法，遵循"文献梳理—理论预设—质性研究（探索性案例研究）—初始预设—提出假设—问卷调研—实证分析—形成结论"的基本逻辑逐步深入，具体研究方法如下所示。

1. 文献研究

为探讨外部知识网络和关键网络维度特征构成对技术创新绩效的作用和影响机制，需对与本书相关的前人研究成果进行系统的大量的收集、整理和阅读分析。在此基础上，清晰界定本书的研究问题，针对本书的研究问题所涉及的关键构念和构念之间的关系进行文献的收集与跟踪工作。笔者曾主持宁波市工业企业重大研究课题《宁波工业自主创新能力提升战略与对策》和浙江省科技计划软科学项目《中小制造企业技术创新网络治理机制研究》，通过广泛查阅涉及技术创新理论、社会网络和知识网络理论、资源观理论、知识基础和知识搜索理论、嵌入性理论、利益相关者理论等的国内外文献，对影响技术创新绩效的外部知识网络进行系统的梳理，基本归纳出外部知识网络的发展脉络。主要通过中文文献数据库中国知网和外文文献库如 EBSCO（ASP 和 BSP）、JSTOR、Elsevier、Web of Science 等管理学顶级期刊如 *AMR*、*AMJ*、*SMJ*、*ASQ*、*S1J*、*SI4S*、*RP*、*OS* 等近 15 年的主要相关文献进行了回顾，并对关键文献进行了深入地阅读与分析，基于此提出与研究问题相关的一系列研究命题与假设。

2. 探索性案例研究

本书根据殷（Yin，2004）、艾森哈特（Eisenhardt，1989）、西格尔科（Siggelkow，2007）等学者的案例研究方法，采用了探索性案例研究。在有针对性的多家制造企业的探索性、半结构化的访谈、收集相关数据资料的基础上，选择 4 家典型制造企业进行探索性案例研究，得出外部知识网络各关键维度特征和外部知识网络、知识搜索与技术创新绩效关系的初步研究构想，在案例内和案例间数据分析的基础上，提出初步的概念模型和研究命题。

3. 问卷调查

在文献研究和探索性案例研究的基础上，形成本研究的调查问卷初稿，通过和相关领域的学术专家、制造业企业高管以及政府相关部门的沟通，进一步通过预测试对题项进行修正，形成完善的调查问卷。问卷发放分两次进行：第一次进行小样本问卷调查，根据调研情况，对初始开发量表进行调整和修正，形成正式的调查问卷；第二次正式发放问卷，获取研究所需数据，用于下一步的统计分析。问卷主要通过笔者直接走访、笔者所指导的 70 多名在读 MBA 学员和学术型研究生、笔者所指导的参加教学实践活动的本科生及其父母亲戚、教育培训机构等进行发放与回收。

4. 统计分析

在问卷调查的基础上，本研究运用统计软件 SPSS 26.0，采用信度与效度分析、因子分析、相关分析、多元回归分析等定量化的实证方法，验证并确立制造企业外部知识网络嵌入性、企业知识搜索对技术创新绩效的作用路径；采用多元线性回归分析等方法，从权变视角探析组织内外部情境变量对上述作用路径的调节效应。

1.4.3 结构安排

依据上述技术路线的逻辑安排，本书的研究共分八个章节，具体章节安排（见图 1.2）及内容如下所示。

第 1 章 导论：本章从现实背景与理论背景出发，针对我国制造企业创新活动的迫切性与技术创新理论、知识网络研究的新趋势提出本书所要解决的主要问题。界定外部知识网络、外部知识网络嵌入性、知识搜索和技术创新绩效的概念，并对研究对象、技术路线、研究方法、结构安排等进行介绍。

第 2 章 理论分析和文献研究：梳理国内外的外部知识网络嵌入性相关理论，包括对企业社会网络、知识网络、外部知识源理论、网络嵌入性理论和知识搜索理论的分析与总结，阐述外部知识网络嵌入性及其在结构与关系维度的特性，对国内外的知识搜索研究进展、前因变量等进行探讨与总结，对国内外技术创新影响因素进行分析探讨与总结。在系统的文献综述基础上，厘清理论发展脉络及其之间的关联；在把握研究发展前沿的基础上，找出现有研究的空缺和不足；明确本书研究的切入点，为全文奠定理论基础。

第3章　外部知识网络嵌入性作用于技术创新绩效的探索性案例：基于第2章的文献梳理所提供的切入点，本章选择4个典型制造企业案例进行深入的探索性案例研究。经过理论预设、案例选择、数据收集、案例内分析与案例间的数据研究，探究关于外部知识网络、知识搜索与技术创新绩效关系的初始假设命题，为后续研究提供源于实践的构想。

第4章　理论假设和概念模型：基于探索性案例研究提出的初始假设，结合已有相关研究与实地访谈情况进行更深层次的理论推演，将外部知识网络嵌入性细化为外部知识网络结构嵌入性与关系嵌入性两个维度，将知识搜索细化为搜索宽度、搜索效率和搜索深度三个维度，分别构建外部知识网络结构嵌入性通过知识搜索作用于技术创新绩效的初始概念模型和外部知识网络关系嵌入性通过知识搜索作用于技术创新绩效的初始概念模型，并通过理论分析论述上述模型的作用机理，提出一系列细化的研究假设。

第5章　研究设计：在本章对调研问卷设计、数据收集、变量刻画及实证分析方法作了相应的说明。在调研问卷设计中，首先说明了调研问卷设计的过程和偏差避免的相关防范措施；其次对自变量、中介变量和因变量的可操作性测量进行了翔实的解释；最后对样本和数据的收集过程、相应的实证工具和方法作了逐一说明。

第6章　实证分析和统计检验：基于第4章所提出的制造企业外部知识网络嵌入性对技术创新绩效的作用机制概念模型与研究假设，通过大样本问卷调查，运用效度与信度检验、因子分析和多元回归等方法对相关的研究假设进行验证与修正，并对实证结果展开深入探讨，揭示外部知识网络嵌入性作用于技术创新绩效的本质过程。

第7章　权变视角下外部知识网络嵌入性对企业技术创新绩效的影响机制：本章重点研究制造企业外部知识网络嵌入性与技术创新绩效的权变，在理论推演与逻辑分析的基础上，引入两个重要的调节变量即知识整合能力与政府创新政策，提出了相应的调节效应模型和研究假设，通过大样本问卷调查和多元回归分析，进一步验证了在不同情境下企业外部知识网络嵌入性对技术创新绩效的影响是存在差异的。

第8章　结论与展望：对本研究的主要结论和创新点进行总结，阐述本书研究的理论贡献与实践意义，分析研究中的不足及有待改进与深入探讨的方向，为后续研究提出建议。

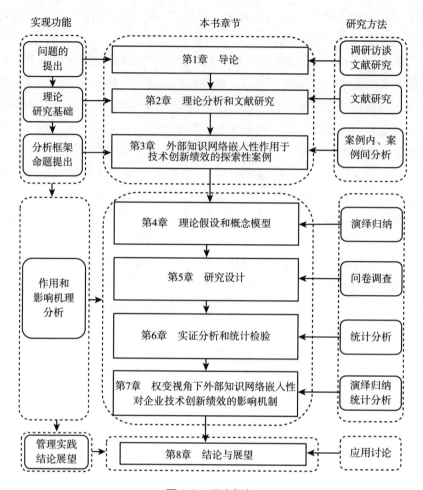

实现功能   本书章节   研究方法

实现功能	本书章节	研究方法
问题的提出	第1章　导论	调研访谈文献研究
理论研究基础	第2章　理论分析和文献研究	文献研究
分析框架命题提出	第3章　外部知识网络嵌入性作用于技术创新绩效的探索性案例	案例内、案例间分析
作用和影响机理分析	第4章　理论假设和概念模型	演绎归纳
	第5章　研究设计	问卷调查
	第6章　实证分析和统计检验	统计分析
	第7章　权变视角下外部知识网络嵌入性对企业技术创新绩效的影响机制	演绎归纳统计分析
管理实践结论展望	第8章　结论与展望	应用讨论

图 1.2　研究框架

第 2 章　理论分析和文献研究

本章将针对第 1 章所提出的研究问题及相关概念，进一步对与本研究相关的理论研究和文献进行梳理和评价，明晰本研究与现有研究之间的逻辑传承和补充拓展关系，明确本研究的理论切入点。基于此，本章将对现有的社会网络理论、知识网络理论、嵌入性理论和知识搜索相关理论进行综述、归纳和评价，从而为本研究奠定理论基础。

2.1　社会网络理论

社会网络理论从属于经济社会学研究领域，主要从社会学的视角来研究社会主体的经济行为和过程。社会网络研究起源于 20 世纪三四十年代，其对经济行为的强大解释力，引起了学者们的高度重视，逐渐延伸到管理学领域，20 世纪 90 年代成为经济学和管理学研究的热点。

2.1.1　社会网络理论发展脉络概述

"网络"的概念最早出现在德国社会学家西美尔（G. Simmel）于 1922 年出版的《群体联系的网络》一书中，他开创了作为社会生活基石的二人群体（dyads）和三人群体（triads）的研究。较早时期的社会网络研究具有影响力的学者有：一是人类学家巴尔内斯（Barnes），他在 1954 年研究挪威某渔村社会结构时，发现正式的社会结构角色（如职业、地位等）不能就渔村的实际运作状况作出较好解释，反而渔民之间的非正式关系网络（如亲朋好友、邻里关系等）能够更好地解读渔村内成员的互动行为；二是英国学者伊丽莎 - 贝丝·博特（Eliza-beth Bott）于 1957 年出版了《家庭与社会网络：城市百姓人家中的角色、规范、外界体系》一书，被认为是英国研究社会网络的范例。

从 20 世纪 30 年代至 20 世纪 60 年代，学者们在社会学、心理学等领域提出了诸如密度、中心势、结构均衡性等各种网络概念，20世纪60年代后期，社会网络概念逐渐运用于经济学与管理学等学科领域。

社会网络理论在20世纪70年代以后得以迅速发展，其中代表性的观点和理论主要有：格拉诺维特（Granovetter，1973，1985）、威尔曼（Wellman，1995）和林（Lin N，1982，1986）等的网络结构观点；哈里森·怀特（Harrison C. White，1981）等的市场网络观点；格拉诺维特（Granovetter，1973，1985，2002）等的弱关系力量（the strength of weak tie）假设观点；林（Lin N，1986）、戴尔和辛格（Dyer & Singh，1998）、古拉蒂（Gulati，1999）、拉维（Lavie，2006）等的社会资源理论；布迪厄（Bourdieu，1985）等的社会资本（social capital）理论；伯特（Burt，1992）等的结构洞理论、卞燕杰（Yanjie Bian）等的强关系力量论，以及格兰诺维特（Granovetter，1985）、乌兹（Uzzi，1996，1997，2003）的嵌入性（embeddedness）理论。国外学者对社会网络理论的研究脉络如表2.1所示。

表2.1　　　　　　　　　关于社会网络理论研究的发展脉络

时间	研究者	代表性理论和观点	观点表述
1922年	西美尔（G. Simmel）	首次使用"网络"概念	开创了对二人群体（dyads）和三人群体（triads）的研究
1954年	巴尔内斯（Barnes）	社会结构	在对挪威某渔村社会结构的研究中，发现非正式关系基础形成的关系网络更具解释力
1970~1980年	格兰诺维特（Granovetter）、霍尔和威尔曼（Hall & Wellman）、林（Lin N.）	网络结构观	人与人、组织与组织之间的纽带关系是一种客观存在的社会结构，任何主体（人或组织）与其他主体的关系都会对主体的行为产生影响
1980年	哈里森·怀特（Harrison C. White）	市场结构观	市场从社会网络而来；处于同一网络中的生产经营者们因相互传递信息从而建立了一种信任关系，共同遵守同一规则
1973年	格兰诺维特（Granovetter）	首次提出"联结强度"，提出弱关系力量假设	联结强度分为强联结和弱联结，强关系维系着群体、组织内部的关系，同质性强，使复杂信息得以传递；弱关系在群体、组织之间建立纽带联系，分布广，便于知识共享
1980年	林（Lin N.）、戴尔和辛格（Dyer & Singh）、古拉蒂（Gulati）、拉维（Lavie）	社会资源理论	社会网络中的社会资源——权力、财富和声望，并不为个人直接占有，而是通过个人的直接或间接的社会关系来获取

时间	研究者	代表性理论和观点	观点表述
1980 ~ 1990 年	布迪厄（Bourdieu）	社会资本理论	社会资本以社会网络为载体，代表了一个组织或个体的社会关系，有利主体行为的生产性资源，能够创造价值，但通过成员资格和网络联系才能获得回报
1992 年	伯特（Burt）	结构洞理论	关系强弱与社会资源、社会资本的多寡没有必然的联系；社会网络中的某个或某些个体与有些个体发生直接联系，与其他个体不发生直接联系，但从网络整体来看好像网络结构中出现了洞穴，称作"结构洞"；竞争优势更主要的是关系优势，而不仅是资源优势，也就是说结构洞多的竞争者，关系优势大，利益获取机会高
1980 ~ 1990 年	格兰诺维特（Granovetter）、乌兹（Uzzi）	嵌入性理论	"嵌入性"概念强调的是信任而不是信息，信任的获得和巩固需要交易双方的长期接触、交流，形成共识，隐含强关系的重要作用

资料来源：笔者根据相关文献整理所得。

在社会网络理论发展的同时，社会网络分析（SNA）作为社会网络的计量分析工具也成为热点。1934 年，美国心理学家莫雷诺对实验性小群体进行了计量学研究，奠定了社会网络研究方法的基础。之后，社会网络分析方法逐步发展。具有代表性的研究有：一是库尔特·勒温（Kurt Lewin）、约科布·莫雷诺（Jocob Moreno）、弗里茨·海德（Fritz Heide）等的图论方法。这些社会计量学者在研究小群体时，通过引入拓扑学、社群图、数学集合论技术，从技术角度推进了图论方法的发展。二是埃尔顿·梅（Elton Mayo）、劳埃德·华纳（W. Lloyd Warner）、乔治·霍曼斯（George Homans）等对派系（cliques）及派系内在结构的研究。这些哈佛学者在 20 世纪 30 年代研究人际关系模式时，首次提出"派系"概念，并开始探究派系的内在结构，试图开创结构分析方法。三是曼彻斯特的人类学家约翰·巴梅斯（John Bames）、克莱德·米切尔（Clyde Mitchell）、伊丽莎白·博特（Elizabeth Bott）等将社会网络分析的形式技术与社会学概念结合起来，促使社会网络分析的框架出现了转折。他们在对部落和乡村的"社区"关系结构进行研究时，将社会网络分析的形式技术和社会学概念进行了结合。社会网络分析方法真正成为一种结构分析的方法、实现重大突破的时期在 20 世纪六七十年代，哈佛学者哈里森·怀特（Harrison C. White）和他的同事、学生们撰写了大量论文，最终确立了社会网络分析的地位。

当前，社会网络分析方法的分析框架主要有两大类：一类是自我中心社会网络。研究以个体为中心所形成的网络结构（ego-centric networks），代表性学者有马克·格兰诺维特（Mark Granovetter）、哈里森·怀特（Harrison White）、林南（Nan Lin）和罗纳德·伯特（Ronald Burt）等，主要分析的是网络结点在网络中的联结强度与网络位置，如强联结（strong ties）、弱联结（weak ties）、中心性（centrality）和结构洞（structural holes）等。另一类是整体社会网络。代表性学者是林顿·弗里曼（Linton Freeman），它以整体网络（the whole network）为分析焦点，关注所有点之间的关系，强调的是社会网络中位置的结构性特征，分析内容包括网络密度、群体中心性、对等性和小团体。

2.1.2 社会网络的内涵和组成单元

国内外文献对于企业与其他合作主体相互联结而构建的网络进行了众多研究，不同学者从不同的角度对企业网络进行了各种定义，创新网络、技术联盟、技术创新网络、研发联盟、战略网络、动态网络、企业网络、网络组织等名称也常被用来指代对企业社会网络的描述，差别仅是研究视角，本质并无显著差异，本书统称"社会网络"。

学者们从心理学、系统科学、经济社会学、管理学等学科领域，从不同研究视角对社会关系网络进行了相应的界定，包括"市场网络视角""网络结构视角""网络功能视角""社会资本视角""社会资源视角"等，从这些视角出发，在网络动机、网络类型、关系模式等方面进行了描述，具体如表2.2所示。

表2.2   社会网络的内涵界定

分析视角	研究者	时间	内涵表述
市场网络	哈里森·怀特（Harrison White）	1981年	市场从社会网络而来；生产经营者相互进行信息传递并建立信任关系
	奈雷利（Thoreli）	1986年	既有企业协调因素，也含有市场交易因素，组织形式介于市场组织和科层制度之间
	鲍威尔（Powell）	1987年	建立在共同经济利益之基础，以信任为保证，无需正式组织机构约束的，介于市场与层级组织之间的相互依赖交易关系

分析视角	研究者	时间	内涵表述
市场网络	哈里洛（Jarillo）	1988 年	更优化的组织模式，不基于科层制，也不严格遵从价格机制，是一种中间组织
	曾（Tsang）	1999 年	为了相互的经济利益，两个或两个以上独立的企业进行商业活动的长期合作协议
	杨瑞龙	2003 年	通过各种正式契约和隐含契约，n(n>2)个独立的企业构成的相互依赖、共担风险的长期合作的组织模式
网络结构	格兰诺维特（Granovetter）	1973 年	是人与人、组织与组织之间基于交流、接触形成的纽带关系
	戈麦斯·卡塞雷斯（Gomes-Casseres）	1994 年	彼此独立的主体通过合作协议连接起来的集合体
	乌兹（Uzzi）	1997 年	为了有效实现组织间的优质信息转移与共同解决问题等目的，基于彼此信任而建立的相互紧密联结的嵌入性互动关系
	波多尔尼和佩奇（Podolny & Page）	1998 年	是两个或两个以上从事重复的、长期性的交易关系的企业的集合体，但没有法律意义上的组织权威对交易中的纠纷进行仲裁
	古拉蒂（Gulati）	1998 年	是企业之间相互交换、共享、联合开发产品、技术及服务的一种自愿安排，有多种形式，跨越了水平和垂直的组织边界
	杜索格（Dussauge）	2000 年	两个或两个以上独立的主体，联合的是必要技能和资源，而非单独行动，也不是要兼并这些业务
	程恩富	2002 年	行动者之间的亲戚、朋友、交流渠道、商业交换或贸易往来的关系
	池仁勇	2005 年	一定区域内的企业与各行为主体在交互式的作用中，建立相对稳定的、能够激发或促进创新的、具有本地根植性的、正式或非正式的关系总和
	张志勇和刘益	2007 年	在经营活动中与供应商、分销商、竞争对手和科研机构等组织产生一系列水平或垂直的交易关系
	彭伟	2017 年	本土网络嵌入与海外网络嵌入的联合均衡以及匹配均衡对海归创业企业绩效都具有显著的正向影响

分析视角	研究者	时间	内涵表述
网络功能	迈尔斯和斯诺 （Miles & Snow）	1986年	是复杂多变的竞争环境下产生的一种新型组织形式，网络成员可以自由组合、重组以适应环境变动
	克洛曼（Coleman）	1988年	企业社会资本的重要部分，它通过人际关系建立起来并增加相应的人力资本
	许冠南	2008年	为了获取更多竞争优势，与其他企业结成的非一次性交易关系的动态组织形态
	李锦玲	2011年	依靠家族等私人关系进行人际互动模式，资源交换与获取除了考虑彼此利益，还需兼顾相应义务
	黄嘉文	2019年	社会网络具有负功能：限制组织成员的创造力；企业会面临"负债"困境；形成市场分割与地方保护主义

资料来源：笔者根据相关文献整理所得。

关于社会网络内涵的界定，概括而言：一是从研究视角看，网络结构视角强调对个体行为的影响，市场网络视角强调社会网络的市场包括交易效应，网络功能视角强调社会网络对企业个体的资本、资源、信息、技术等的获取和利用。二是从网络构成主体看，一般认为网络构成主体包括网络间合作的企业、政府、金融机构、大学、科研院所、中介机构等。三是从关系角度看，强调构成主体间的联系。行为主体的联系有不同形式，包括交易型、关系型等，并具有动态性（Foss，1997；Podolny & Page 1998；Gulati，1998；Tsang，1999；Dussauge et al.，2000）。四是从层面看，社会网络研究有宏观层面和微观层面，宏观层面应用于区域集群研究（Luo，2005），微观层面与个体关联，如职业生涯（Granovetter，1974）等。基于上述分析，社会网络被认为是资源的载体或者是资源获取的通道。

同时，不同视角对社会网络内涵的界定体现了社会网络的以下主要特征：一是独立性。网络构成中的成员均为独立的个体，遵循自愿互利的原则，在信任的基础上进行交往，并共享资源获取利益。二是动态性。市场本身经常处于不确定状态，网络间交流的信息、技术、知识等资源也在不断地变化更新，成员间关系的稳定性也是相对的。三是开放性。网络构成主体面向的是开放环境，资源的交换互补既可以是区域性、本地化，也可以是区域外、全球性的，只要有利于企业创新，都可以成为网络中的一员。四是多层次性。网络间成员的交流是多渠道、多层次的。五是协同性。网络成员具有协同特征，通过正式和非正式关系的信息交换、知识整合利用等，获取协同利益。

关于社会网络的具体组成单元，学者们也进行了多方面的探讨。格蒙登、里特和海德布雷克（Gemunden，Ritter & Heydebreek，1996）提出社会网络组成的具体框架，社会网络的构成主体包括供应商、研发培训机构、竞争者、分销商、顾客、顾问、同行和政府。

因组织环境、制度、技术和市场背景等的特殊性，与其他国家相比，中国企业的社会网络表现出其独有的特征。例如，重视培育与政府的关系，以期获得政府的各种优惠政策、研发方面的项目与经费支持；竞争对手相互之间的合作较少，尽管普遍认为竞争对手是重要的网络成员等。国内学者关于社会网络组成单元的研究，王大洲（2005）的《企业创新网络的进化与治理：一个文献综述》引用率是最高的。参考艾辛格尼奇、贝尔和特蕾西（Eisingerich、Bell & Tracey，2010）、蔡（Tsai，2009）、朱利安尼和贝尔（Giuliani & Bell，2005）、格蒙登、里特和海德布雷克（Gemunden、Ritter & Heydebreck，1996），以及王大洲（2005）、赵睿等（2021）、杨柳（2022）、王传征（2022）等的研究，社会网络的组成单元及基本形式如图2.1所示。

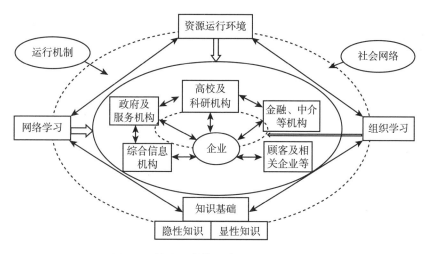

图2.1　社会网络的组成单元及基本形式

注：实双箭头表示双方之间的知识流、资金流和信息流。

资料来源：笔者根据相关文献整理所得。

2.1.3　社会网络形成动因研究

社会网络作为主体间相互联结和合作的制度化的关系网络受到了各研究领域的学者们的关注，基于研究目的和研究视角的不同，学者们分别从资源基础理论、交易费用理论、制度理论、组织间学习理论等分析阐述社会网络形成的动因和意义。

1. 资源基础理论

最早也是最广泛的解释企业为什么会和其他组织形成联结的原因就是资源基础理论（the resource-based theory），该理论从组织资源和能力的角度回答了企业战略管理研究的基本问题：企业的持续竞争优势从何而来，资源基础理论认为企业是资源的集合体，应注重组织异质资源的有效利用和理性识别，源自异质资源、建立在隐性知识基础上的、难以交易、稀缺的且不易模仿的能力是企业获得竞争优势的基础（Pfeffer & Salancik，1978；Barney，1991）。

较早时期的传统资源基础理论是将能带来竞争优势的资源依附在企业上，并且是为企业所拥有或控制的（Lavie，2004；Amit & Schoemaker，1993），这些有价值的、稀缺的资源具有不可模仿性和替代性（Barney，1999；Wernerfelt，1984；Penrose，1959）都应该在企业的边界内。传统资源基础理论的核心是强调获取、利用企业异质资源给企业带来持续竞争优势，但在概念上相对静态，缺乏对企业赢得竞争优势的过程化、动态性的研究，并且将资源限定在企业内部，没有考虑企业外部资源的影响（许冠南，2008）（见图 2.2）。

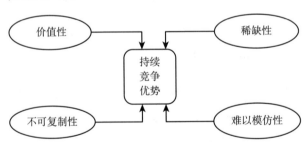

图 2.2　Barney 的资源观分析框架

传统资源基础理论的这些局限性，在 20 世纪 90 年代得以演进，形成了企业核心能力理论。该理论认为，企业需要具备组织、管理、利用资源的能力，这是企业赢得竞争优势的核心能力，只有运用核心能力，通过动态过程才可能最大限度实现资源的潜在价值（Barney，2001；Teece et al.，1997；Prahalad & Hamel，1990）。企业通过核心能力对企业资源的有机整合，不断形成、扩散核心技术，从而产生持续竞争优势（Prahalad & Hamel，1990），但时间长久了，容易形成"核心刚性"，无法快速适应难以预测的环境变化，因此，在不断变化的市场环境中，企业需要拥有迅速整合、组织、重新配置其内外部资源的动态能力（Teece et al.，1997），从而赢得新的竞争优势。

在组织、管理、配置资源方面，除了应具备核心能力、动态能力外，企业的知识结构不容忽视，因为知识是赢得竞争优势的根源。20世纪90年代中期以后，资源理论进一步演进为企业知识理论（the knowledge-based theory）。该理论认为，决定企业竞争优势的是企业所拥有的独特知识，尤其是默会知识及其整合能力，企业知识存量的多少决定了其创新能力，适当的知识存量和合理的知识结构能够促使企业形成独特的竞争优势（Grant，1996；Spender，1996；Kogut & Zander，1992；肖玲诺，2008；李勇，2006）。知识本身也是企业独特的资源，知识理论是传统基础资源理论的延伸，它从知识的角度出发，重新阐释了企业的边界、企业协调等企业理论的核心问题。

多元化的知识环境能够促进企业创造性、提高市场进入和竞争机制新思想（雅各布外部性），而企业间差异有助于创新扩散，社会网络突破了传统资源观的企业边界限定，这种拓展就是资源理论的"网络资源观"（Dyer & Nobeoka，2000；Ahuja，2000；Gulati，1998；Dyer & Singh，1998；刘雪峰，2007）或扩展资源观（extended RBV）（Lavie，2004）。大量实证研究表明，企业网络或联盟伙伴在企业基于资源的竞争优势构建过程中发挥了重要的作用（Afuah，2001；彭新敏，2008），企业建立战略联盟（网络）的倾向取决于网络所带来的机会和公司自身的资源禀赋相互组合和匹配（Aken，2000）。另外，网络租金决定企业基于资源的竞争优势，它包括内部租金、占有的关系租金、溢入租金和溢出租金四种（Lavie，2004），与市场组织和科层组织相比较，网络组织通过网络租金，除了节约交易费用之外，还存在资源互补效应、市场控制放大效应、知识与规模外部效应等。网络资源观把资源理论的研究范畴从企业内部拓展到了企业外部与企业之间，探索了企业如何从外部网络关系带来的资源能力中获取竞争优势。

2. 交易费用理论

科斯（Coase）在1937年首次提出了交易费用理论，该理论主要关注企业与市场的联结交易关系以及企业存在的意义（企业的性质），这种联结交易与关系网络之间存在天然的相容性逻辑（Kilduff & Tasi，2003）。交易费用的测度是企业战略行为决策十分重要的一环，企业依据中间产品市场的不完全性与交易成本最小化来选择自己的战略行为（罗瑕，2012）。而交易费用来自市场交易，如度量、保障产权费用、发现交易对象、讨价还价、订立契约、督促契约条款履行的成本和交易价格等，当市场交易费用较高时，企业内完成可以控制费用的产生，企业变得比市场更有效率；相反地，当在企业内完成的费用高于市场交易费用时，交易就在市场完成。

社会网络的产生和发展是企业提高运行效率、降低交易成本的客观要求（Coase，1937）。关系契约可以解释成员之间网络形成和运行的微观基础。当组织面临不确定性环境影响时，关系契约比市场交易更具有机会（Uzzi，1997），网络成员之间的信任可以降低契约执行费用并有利于实施契约，社会网络能更有效地最小化参与企业的交易费用（Jarillo，1988），当网络成员之间的交易目标契合时，成员之间的信息流、资源流以及相互的承诺、信任关系便会趋于一致，重复交易动机得以驱动，机会主义行为发生的概率将减少（Todeva & Knoke，2005）。当然，关系契约是一种不完全的长期契约，契约方之间的历史关系将影响着契约的长期安排。

事实上，因为外部信息不对称、"契约人"的有限理性和机会主义行为等特征，以及环境不确定、交易情境变化等因素，交易过程可能中断，关系契约因而无效，因此，如何规制"契约人"的行为、降低交易风险，设计恰当的治理机制是必须的。有学者提出治理机制设计的构想：一是设计基于产权均衡的治理机制，这有利于成员间的机会主义行为；二是企业之间的联系沟通能有效降低信息的不对称性（Gomes-Casseres et al.，2006；Gulati，1995），同时，成员间的合作情境也有助于降低交易成本（Williamson，1998）。威廉森（1979，1981，1985）也从交易特性分析出发，分析了治理机制的构建，解释了市场与科层制度间组织形式的选择问题。威廉森认为交易有三个特性：资产专用性、交易不确定性和交易频率，当三大特性的程度均较低时，适用市场交易，当三大特性的程度均较高时，则采用企业科层结构；当内部运营成本与市场成本一样高时，网络组织形式（即市场与科层制度之间的中间组织）就成为有效的治理结构。

总的来看，交易费用理论网络形成和发展的机理，介于市场和科层之间的中间组织是一种有效降低交易成本、减少外部不确定性、提高信息对称性的新的组织形态。但该理论总体而言是静态的，没有全面解释网络组织的功效，忽略了交易主体间的互动关系，对网络嵌入性关系的影响没有作进一步的阐释（Granovetter，1985），社会网络形成的内在动因和优势并不仅局限于企业与其他成员的交易中。

3. 制度理论

组织与组织所处的制度环境之间的动态交互是社会网络形成的又一动因，制度理论对此作了很好的阐释，一定程度上弥补了资源理论、交易费用理论仅从经济理性、资源获取和市场交易方面解释社会网络构建动因的不足。制度理论研究发展分两个阶段：早期制度理论研究和新制度主义（郭毅，2007）。前者发生的阶段从19世纪末到20世纪中期，主要体现在经济学、社会学和政治学的研究中，对组织问题几乎没有涉猎。新制度主义的研究开始于20世纪40年代，组织进入制度研究的范畴，认为制度是规则集合体，组织是技术、制度的产物，制度化了的认知信仰对组织和个人行为均产生影响（Zucker，1977）。

制度理论对微观企业战略管理的研究来自组织社会学，主要体现在三个方面：制度三支柱理论、同构理论、合法性理论。制度是一系列的约束规则，这些约束规则具体包括管制、规范和认知三个支柱（Scott，1995），可见，制度不仅包括外部约束还包括内部约束，可能是显性的、有组织的，也可能是隐性的、自发的，斯科特（Scott）的制度三支柱理论在制度来源、制度层面和约束机制方面细化了对制度的理解，对于微观层面战略与制度互动方面的研究有着重要的指导意义。同构，即组织趋同性，同构理论认为，制度可以减少环境带来的行动不确定性，制度约束导致组织趋同，它包括强制型同构、规范型同构和模仿型同构（DiMaggio，1983），在同构理论看来，组织制定战略时无法按照"理性选择"、假设自由，它受制于组织外部压力和期望或有意模仿。

制度合法性理论认为，组织要获得合法性地位必须服从合法性机制，制度环境中合法性地位的压力会促使企业参与网络中（Washington & Zajac，2005；Oliver，1997）；同时，企业希望通过网络联结寻求社会承认以应对各种环境的制约，谋求更好的生存和发展，通过网络赋予的合法性地位、权利和资格获取企业所需的社会资源。合法性是建立在某些规范、价值、信念、概念构成的社会建构的基础上，对组织行为符合预期、恰当性的感知和假定（Dowling & Pfeffer，1975；周雪光，2003）。企业通过构建自己的联盟网络（Eisenhardt & Schoonhoven，1996），或进入声誉较好的网络，能够竞争性地从环境中获得合法性，这种路径至少给企业带来三个方面的优势：一是通过学习获取外部知识尤其是默会知识、有效信息和技术。网络是将企业个体拥有的信息、知识进行传递的重要工具（Kogut，1988），并且网络形式有利于信息、知识的综合，经过综合的信息、知识在质量方面优于先前以各种形式存在的信息（Podolny & Page，1998）。

二是合法性和社会地位的获得。地位是指主体间认同的个人或组织及其活动在社会系统活动中的排名（Washington & Zajac，2005），它反映了行动者在社会中基于威信、荣誉和尊重的相对地位（Thye，2000）。制度理论认为，企业同具有良好声誉和网络地位的企业组织构建关系网络，对企业个体将产生重大的正向经济效果，如生存机会、长期性投资价值、创新性、财务稳健性等；地位较低的企业通过与地位较高的企业、组织构建关系网络，则更容易获得合法性地位，相应地，网络只有不断地从其内部成员和外部利益相关人那里获得合法性，保证网络始终存在，企业间的网络关系才能够持久。三是促进经济效益。通过网络成员间的持续不断沟通，加强成员企业间的合作，有助于产品质量改进、提高对外部环境变化的应对能力，而这些都是市场机制下无法实现的（Uzzi，1996）。可见，制度理论认为，企业社会网络的形成是企业在制度环境中寻求合法性和改善地位的结果。

4. 组织学习理论

随着知识经济的到来，组织间的学习显得越来越重要，1991 年哈梅尔（Hamel）发表的《国际战略联盟中能力竞争和组织间学习》① 一文代表着组织学习理论的兴起。

在动态的外部环境和复杂而快速变化的技术市场条件下，无论是在静态的经济效率还是动态的创新效率面前，企业创新活动都需要外部的技术、信息和知识。一方面，通过组织间学习，企业可以协调组织内外部环境之间的关系，达到降低发展危机、把握市场机会的功效（Teece et al.，1997；Spender，1996；Dodgson，1993）。企业利用组织间学习的机会，从组织间学习网络中吸收尽可能多的知识，可以增强企业的竞争力和最终增加企业的价值（Mowery et al.，1996；Hamel，1991；Kogut，1988）。另一方面，在沟通良好的组织间学习网络中，无论是通过向组织间其他成员学习，还是与其共同学习，网络的每个成员都将获得收益，因此企业如何与外部组织通过适当的沟通互动，有效地学习并取得所需知识对于网络中的每一位成员都同等重要（Steensma，1996）

同时，知识常常是模糊的而且难以定价，具有复杂性、默会性和专有性的特点，其市场交易和转移的过程充满不确定性，组织间关系为知识交

---

① 哈梅尔（Hamel，1991）的《国际战略联盟中能力竞争和组织间学习》一文被称为组织学习理论的经典之作，论文对 9 个国际战略联盟进行详细的实证考察，研究了伙伴间相互学习的决定因素，并提出由于合作伙伴在学习方面的"熟练（adept）"程度不同而会改变伙伴们"讨价还价"的相对能力，在决定学习效果方面过程比结构更重要。

流提供了有效途径，通过组织间关系，企业可获得更多学习机会，促成组织间关系的形成（Knight，2002），组织间学习，其本质是提高网络中获取、传播和保持新知识的能力（Child et al.，1998），提高绩效，通过组织间正式的合作相互学习，通过组织间相互的"质"和"量"的互动，不仅促进企业学习绩效的提升，而且有助于企业对所获得知识的充分有效地运用（Crossman et al.，1999，2003；Cooper & Rousseau，1999；Doz & Hamel，1998；Teece et al.，1997）。也正因为知识的复杂性、默会性和专有性的特点导致其交易的特殊性，企业也必须将所需的外部知识在组织内进行整合与利用（Grant & Baden-Fuller，1995；March，1991）。

所以，企业通过搜寻、发现并参与、构建恰当的组织学习网络，将存在于网络成员中现实或潜在的知识资源加以整合、利用，成为企业自身的创新能力，是企业提升竞争核心能力的有效而必经的路径，这种建立在信任基础上的组织学习网络的联结将有效促进知识的传递，将为企业带来保持竞争优势的最有价值的资源（Dickson，1997）。

2.2　知识网络理论及研究现状

随着经济全球化、信息化和技术创新的加速，现代经济正由资源经济转向知识经济，在这样的宏观背景下，微观层面的企业管理模式也从"纵向一体化"向"横向一体化"转变，资源的整合方式由内部转向外部，核心竞争力的提升不再局限于企业内部，而向基于知识技术的虚拟战略联盟、虚拟协作团队、越过企业边界的协同创新扩展，网络化的重要性凸显。因此，知识网络的研究显得非常必要，自 20 世纪 90 年代以来，越来越多的学者开始关注知识网络（knowledge network，KN）。结合本研究内容，本节将对知识网络相关研究进行梳理，为下一步研究做理论准备。

2.2.1　知识网络研究的缘起

知识网络的研究最初产生于教育心理学领域，教育心理学将人类通过接受教育掌握的知识分为两类：陈述性知识和程序性知识，两类知识共同构成了人脑中的知识网络；与此同时，情报学从知识、信息的贮藏和传播的视角发现，知识网络是获得知识、拥有知识、驾驭知识的有效工具。知识网络作为知识与知识之间联系的表现形式、贮藏和传播知识的主要技术手段，在心理学、教育学、地理学、情报学和信息科学等领域得到了快速发展。

管理学领域对知识网络的研究，始于20世纪90年代中期，1995年，瑞典工业学界贝克曼（M. J. Beckmann）将知识网络描述为进行科学知识生产、传播的机构和活动，并构建了知识产出函数；同年，小林（Kobayashi）将企业纳入知识网络的范围，视企业为知识网络的节点，研究知识渗透（spillover）对市场结构的影响；哈根和格伦（Hagan & Green，2002）通过对若干加拿大和美国公司的研究，探讨了知识网络的地理因素在知识转移中的不同作用等，自此，知识网络的研究范畴不再局限于知识与知识之间的联系，而是进一步扩展到微观企业和其他知识主体之间的知识合作与交流关系。

关于知识网络的研究，国外学者主要集中在以下四个方面：一是对知识网络的本质研究，从知识网络的内涵、类型、属性等方面揭示"知识网络是什么"（Huggins & Johnston，2009；Giuliani，2007；Davenport，2005；Owen-Smith & Powell，2004；Seufert et al.，2003；Buchel & Raub，2002）。二是关于知识网络的构建研究，从理论和实证的不同视角考察知识网络的功能、作用等（Hagan & Green，2002；Beckmann，1994）。三是关于知识网络的构建模型研究，如知识网络的经济学模型与市场模型构建（Cowan & Jonard，2004；Hansen，1999；Beckmann，1995）、知识网络的结构模型构建。四是关于知识网络中的知识共享研究，从动因、过程、影响因素的视角分析知识网络中的共享问题（Boer et al.，2011；Davenport & Ptusak，2008；Boer et al.，2005；Laperche B.，2016）。

国内学者关于知识网络的研究最早在情报学引入"知识网络"的概念，管理学领域的"知识网络"概念较早见于申光龙的论文《知识管理时代的知识信息网络》，1999年发表于《南开管理评论》，此后，关于知识网络的研究在国内逐渐成为热点。国外关于知识网络的本质研究、网络构建、模型构筑、知识共享等研究，国内学者都有涉及，如席运江和党延忠（2007，2008，2009）、王君等（2009）、姜照华等（2004）、熊德勇和金生（2004）、马德辉和包昌火（2007）、张斌等（2016）、陈培祯等（2019）关于知识网络模型构建及应用、个人及群体知识结构分析等研究；纪慧生和陆强（2007，2010）、张红娟等（2022）关于知识网络的团队研发能力的研究；李健等（2018）关于知识共享的博弈分析；徐金发等（2003）、杨博旭（2019）关于知识转移、知识集成的研究等，另有一些学者从国内外研究综述的视角对知识网络研究进行了梳理，如杜元伟等

（2013）、任慧（2013）、张昆等（2010）、郝云宏等（2007）、肖冬平（2006）、周荣等（2018）。

2.2.2 知识的特质和知识网络的内涵界定

学者们关于"知识是什么"这一问题的回答经常显得模糊而宽泛，传统知识理论认为，知识是绝对的、静态的和非人性化的，有学者则强调知识是"有充分根据的信仰"的本质，是动态的，其中代表性的观点有：知识是系统信息、价值、结构化经验和专家观点的流动综合体，知识提供了评估、整合新经验、新信息的架构；知识是正确与真实的直觉、程序和经验，能引领人们的想法、行为和沟通；也有从广义的角度来界定知识的，认为知识管理的对象是知识，而知识包含了资料、信息和智慧。

关于知识的特质问题，学者们大多认同波拉尼（Polanyi，1958）提出的知识具有"内隐性"和"外显性"两种特征这一观点，之后从不同的视角用不同的术语对知识的特质进行了细化，具体如表2.3所示。

表 2.3   关于知识特质的阐释

研究者及时间	知识特质
波拉尼（Polanyi，1958）	内隐性和外显性
纳尔逊和温特（Nelson & Winter，1982）	复杂性和专用性
里德和迪菲利皮（Reed & Defillippi，1990）	不可言传性、复杂性和专用性
格兰特（Grant，1991）	资源模仿障碍、因果关系模糊、不可转移性和资源复制障碍
彼得拉夫（Peteraf，1993）	异质性、不完全替代性、不完全模仿性和不完全移动性
科古特和赞德（Kogut & Zander，1995）	内隐性、复杂性和路径依赖性
野中和竹内（Nonaka & Takeuchi，1995）	内隐性、外显性
蒂斯（Teece，1996）	不确定性、路径依赖性、技术累积本质、不可回复性、技术关联性、内隐性和不可专有性
西蒙宁（Simonin，1999）	内隐性、专有性、复杂性和经验性

资料来源：笔者根据相关文献整理所得。

综上所述，本书认为知识具有内隐性和外显性的特质，能为企业创造附加价值并提升企业从外部知识网络获取知识的质与量，进而促进企业技术创新，赢得持续竞争优势。

梳理相关文献，可以发现，目前学术界对"知识网络"内涵的界定有以下四种不同分析视角下的代表性观点。

1. 知识资源观

知识资源观这一代表性观点来自可持续发展国际协会（the international institute for sustainable development，IISD），IISD认为企业知识网络天然具备"网络优势"功能，是企业的一种重要资源，有不同层次并具有相对性。知识网络，本质是组织间基于知识资源的合作关系（肖冬平，2009）。知识资源观把企业知识网络看作是企业自身的无形资产、无形资源，能够帮助企业搜寻、获取、整合利用嵌入其中的知识资源，创造个体企业无法获取的协作优势；并且通过知识网络，企业知识基础、专用知识资产和组织学习能力等都能获得螺旋累积增进（任慧，2013），从而提升企业技术创新绩效，赢得核心竞争优势。知识网络就是企业以创造新知识为目的、获取共享嵌入在企业内外社会网络中隐性知识资源的网络资源（安琳，2010；马德辉，2008）。总之，资源观认为，知识网络是一个相互联结的节点网络，是大量复杂的专业技术、经验和积累的知识库，它装载了分散在较大空间中的资源集。

2. 知识通道观

知识通道观认为，知识网络是知识传递的通道，是企业获取外部隐性知识的必要途径。知识网络是沟渠和管道（channel and conduit）（Owen-smith & Powell，2004），所谓沟渠，是具有开放性的通道，它通过网络成员间的"弱联结"关系和显性知识连接在一起，帮助网络成员从通道中获得知识溢出的回报；而管道则指它是相对封闭的通道，是因网络成员间的紧密关系和一致偏好形成的"强联结"，把复杂知识等隐性知识与强关联机制联系在一起，相比沟渠而言，它在企业赢得竞争优势方面显得更为重要。知识网络是这样一种网络结构：创造、转移、吸收和应用知识的行为主体，在知识的传播与交流过程中彼此联结而成，各行为主体是上述网络的节点，行为主体间的知识流动则构成了网络中的线条（汪涛等，2010），通过知识在网络间的流动，将大量的信息和资料记录、包装并传递专业知识给有需求的网络成员，从而进一步简化专业知识在供应链中的传递（蒋恩尧和侯东，2002），知识网络作为有利于知识共享的企业间通道，是一种跨企业界面的组织形态（侯吉刚等，2008）。总的来说，知识网络是知识参与者包括个人、团体和组织间与其内部进行信息合作与交流的载体，是个人和企业间知识的传达者（Augier & Kreiner，1999）。

3. 知识管理工具观

知识管理工具观把知识网络看作是一种类似于管理信息系统的知识管理工具，偏向技术层面，侧重于从信息技术视角看待知识的传递与交流，关注知识与知识之间的关系链接。知识管理工具观最早来源于布鲁克斯（Brookes B. C.）在 20 世纪 80 年代初发表的一组论文，在这一组论文中，他首次提出了关于知识网络的"认识地图"（cognitive maps）的概念，"知识地图"由此产生，所谓知识地图是指利用构造地图的方法将各类知识资源中的事关联起来，使之成为一个知识网络图。之后，这种思想延伸到管理学科。知识管理工具观认为知识网络是一种整合知识片段和分布式知识的有效工具，它不仅是一批组件工具，而且是以问题解决框架的方式，通过信息交流技术、组织工具与方法相结合的结构设计，和知识生产过程连接在一起（盛小平，2004），尤其群件技术研发与知识创建的交流与合作，应该包含社会关系中所应用的工具集（tool-set），以改进基于群件的知识生产过程的数据仓库。组织间的知识网络是组织为支持获取、衡量、丰富组织知识存量而设计的知识管理平台（赵蓉英和邱均平，2007）。所以，知识网络的目标是把技术与人联结起来（李妹兰，2005），正式的企业知识网络应设置专门机构，由专家组成，就解决某一个共同关注的问题而协同工作，为实现决策人的目标而提出解决方案等（IISD，1999）。

4. 社会网络观

社会网络观认为企业知识网络是知识参与者间的是一种社会网络（Seufert et al.，1999），是为积累和使用知识而组合在一起的人、资源及其关系，具体而言，知识网络是个体与个体间、企业与供应商、客户及其他企业、高校、科研机构和中介机构之间基于知识交流、知识合作的关系集合。从广义上看，知识网络是由职业同行或共同兴趣者相互关联构成的社会网络（Alle，1997），是知识参与者为实现知识在个人、团体、组织和组织间创造与传递而构建的社会网络（Buchel & Raub，2002；张丽妮，2004）。对于企业而言，知识网络是基于转移创新相关知识，由共同解决问题、技术支持、技术开发等企业间合作关系组成的网络体系（Giuliani，2007），知识网络是为提供知识、信息利用的社会网络（NSF[①]，1998）。

尽管有关企业知识网络内涵的研究存在多个分析视角，但它们都从不同侧面揭示了企业构建知识网络的动因。知识网络概念研究还处于探索中，学者们从不同学科、不同的侧重点对知识网络内涵作了不同的界定和

---

① NSF 为美国国家科学基金会缩写。

解读，从微观企业层面出发，关于知识网络内涵的解读在以下方面达成一定的共识：其一，知识网络是一种基于信任与合作的组织形态，具有动态性、开放性和跨边界的特点；其二，知识网络的主要功效是通过网络的知识传递，形成成员间知识获取、知识交流和知识创造的知识链，借助于这样的知识链，帮助网络成员实现知识流动、知识共享与知识创造，从而提升技术创新绩效；其三，知识网络是企业知识资源的载体和知识管理平台，需借助必要的技术手段，帮助企业搜寻、获取、整合利用嵌入其中的知识资源，创造个体企业无法获取的协作优势；其四，知识网络根植于社会、经济、合同和行政关系等，是基于各种关系集合的社会网络；其五，知识网络是企业借助于网络，通过与外部知识和信息的不断交换，高效获取发展所需外部资源的重要途径。

2.2.3 知识网络的分析框架

知识网络研究视角的不同导致了其类别划分也具有多样性，目前学术界关于知识网络的分析大体有以下四种。

1. 基于层次划分的视角

知识网络划分为个人的、团队的、组织的和组织之间的四个层次（Mentzas et al.，2001），个人的知识网络关注个人能力、经验、竞争力和发展问题；团队和组织层次上的知识网络既包括正式组织网络组织，也包括组织内部非正式网络和自组织网络；组织之间的知识网络是指企业与供应商、顾客、同行竞争者、中介机构和其他合作者基于核心竞争力的形成和外部资源的获取而形成的关系网络和价值网络。赵蓉英（2007）将知识网络总结为个体知识网络、组织知识网络、社会知识网络，任慧（2013）从企业节点的视角，认为知识网络有行业内企业间知识网络、跨行业企业间知识网络、跨区域同行知识网络和跨区域跨行业知识网络四大基本层次结构。也有学者从宏观和微观层面上划分知识网络：将知识网络视为吸纳、创造、转移、交易和交流知识的社会网络是基于宏观视角；而将知识网络视为企业基于外部知识和信息交换所构建的网络系统则是从微观视角看（纪慧生和卢凤君，2008）。

2. 基于结点形态的视角

基于该视角，知识网络被划分为三类："主体—主体"网络、"主体—知识"网络和"知识—知识"网络，其中，"主体—主体"网络关注不同主体之间知识的流动或传播，"主体—知识"网络把人与观念、知识和信仰等联结起来，"知识—知识"网络则是以知识为结点，在知识分类或语义分类的基础上，建立知识之间的分类网络；席运江和党延忠（2009）进一步将其中的"主体—知识"网络延伸为另外两种网络之间的映射关系网络，把知识与知识之间的网络、组织成员之间的网络和存储知识的物质载体之间的网络分别称为 K－K 知识网络、P－P 知识网络和 M－M 知识网络，这 3 种知识网络构成"网络之网络"，即知识超网络—KSN 网络。

3. 基于知识转化的视角

从知识转化的视角，知识网络被划分为经验网络、具体化网络、系统化网络和学习网络，其中，经验网络关注隐性知识在主体间的流动；具体化网络强调网络的实际操作功能，关注隐性知识的显性化；系统化网络则关注网络的存储功能，旨在促进显性知识流动的存储利用；学习网络是综合性的动态特色网络，旨在促进显性知识向隐性知识转换。

4. 基于网络覆盖范围的视角

肖玲诺（2008）从知识网络覆盖范围的视角将企业知识网络分为内部知识网络和外部知识网络，其中企业内部知识网络是由企业内部员工与员工之间、员工与组织之间、组织各部门之间的基于知识共享和交流构成的网络；企业外部知识网络是指企业基于与企业外部交换知识、信息、技术的目的，与供应商、顾客、分销商、研究中介机构、政府等相关利益者共同构建的知识网络，无论是企业内部知识网络还是外部知识网络，都包含着科学知识、管理知识、资本运营知识、市场知识等各类知识的传递和学习，通过企业内外部知识网络帮助企业实现个人、企业、产业、社会等不同层次的知识转移、分享和创新。

另外，苏弗特等（Seufert et al.，1999）从知识网络演化的角度将知识网络分为两类：自然网络和人工网络；知识网络按交换特征被划分为知识社区网络、知识链网络、知识供给网络、知识市场网络（Buchel & Raub，2002；Mentzas et al.，2006）；也有学者从管理模式等视角划分知识网络。

结合本研究内容，参考上述学者的成果，本书从网络覆盖的视角出发，以企业的组织边界为界限，企业的知识网络划分为企业内部知识网络与企业外部知识网络，本书关注的对象是制造企业的外部知识网络。

2.2.4　知识网络的结构

将知识网络视为由知识节点或知识元素和节点链接（知识关联）构成的一种网状结构是学术界的普遍观点，知识网络结构的现有研究，归纳起来分为三类：第一类侧重于分析其构成要素；第二类侧重于网络组成成分的分析；第三类侧重于探究其结构特点。

关于知识网络结构的构成要素，按照哈坎松（Hakansson，1987）的观点，知识网络是参与网络活动（主动或被动）的行为主体，通过资源交流，彼此间形成的各种关系，由三个基本要素组成：行为主体、活动和资源（见图 2.3），其中，行为主体包括个人、企业、政府、高等院校、科研机构和中介服务机构等；活动泛指网络内外知识、技术和信息等的传递、交易活动，也包括其他资源和生产要素的流动等相关活动；而资源则是指网络中可共享的知识资源、人力资源和保障知识网络运作的相关资源。苏弗特等（Seufert et al.，1999）则认为知识网络框架的组成包括三个要素：行为主体（包括个人、小组、组织）、行为主体之间的关系、各行为主体在它们关系中所运用的资源和制度特性。也有学者从产业集群的角度，认为知识网络由知识、知识单元和知识活动三大要素构成，其中，"知识"是指集群企业和其他网络成员在网络互动过程中所形成的经验、技术、信息和认知等；"知识单元"是指在产业集群中的网络主体，包括厂商、分销商、供应商、消费者、政府、中介机构、教育培训组织等；"知识活动"是指知识单元的知识行为，包括知识的学习、整合、扩散和创造（成伟，2006）。郝云宏和李文博（2007）从知识网络的节点视角出发，认为其构成要素大体上可以列举如下：高校、科研院所、政府、金融机构、中介机构、供应商、客商和其他企业等。从学者们对知识网络的构成要素分析，可以看出知识网络的构成要素大体包括：知识主体、知识资源、知识活动、知识活动情境和环境等。

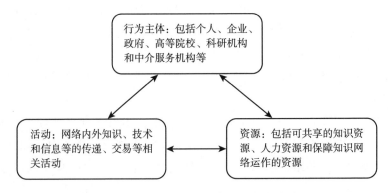

图 2.3　哈坎森（Hakansson，1987）的企业知识网络构成要素

关于知识网络结构的组成成分，苏弗特等（Seufert et al.，1999）认为，知识网络由物理实现层、知识运作过程层和环境条件层组成，其中物理实现层指的是构建知识网络中社会关系的各种工具，如组织工具、信息交流工具等；知识运作过程层是指个人或组织中显性知识、隐性知识的动态转化、螺旋上升的过程；环境条件层是对知识的创造、转移产生影响的环境。马德辉和包昌火（2008）认为，知识网络由核心层、中间层和外围层构成，其中，核心层是由具有共同兴趣或是任务的员工或团队组成，成员间属"强联结"，知识活动家处于核心层的核心部分，负责联络、沟通知识网络其他层次的成员；企业内部其他小组、团队或部门的部分成员组成中间层；客户、供应商、分销商、政府部门、科研院校和竞争对手等是知识网络的外围层，与核心层之间构成"弱联结"。

关于知识网络的结构特点，主要是应用认知地图或知识图谱等思想分析知识网络的表现形式，结构类型包括：星形、树形、环形、辐射结构、综合结构、单向关系网络、多向交叉复合关系网络等（Xie Y. P. et al.，2011；Tang F. et al.，2008；段万春等，2016）。任何知识网络都由多个知识节点和节点之间的关系连线构成，节点数量表示网络的大小，节点间的距离、连线密度或粗细表示节点间的关联强度，从任何一个知识节点出发向外延伸，便可形成一个知识链，从多个知识单元出发向外延伸便可形成一个知识网络（文庭孝等，2009）。另有学者集中研究了知识网络结构对知识流动的影响，如仿真实验发现：区域间的网络结构对预期收益不同的创新行为会产生不同的影响（张兵和王文平，2011；周荣等，2018）；通过分析网络结构和扩散效果之间的关系，考恩和乔纳德（Cowan & Jonard，2004）得出的研究结论是：当网络结构具有小世界特性时，均衡网络知识水平能够达到最大值。

总体而言，现有研究基于不同视角对知识网络的内涵进行了界定并提出其构成要素；或通过演绎推理方法分析知识网络组成成分及其相互关系，又或是通过实验技术探索其不同的结构特点对知识流动的不同影响，这些成果揭示了知识网络的特质，得出了较多有价值的研究结论，但在应用可行性方面仍值得进一步深化研究。

2.2.5 知识外源化与外部知识网络

1. 创新源理论与知识外源化

创新是一个复杂的过程，其中的重要环节就是搜寻、收集并整理各种创造性想法或创新信息（Michael & David，2004），而这些创新性想法或创新信息被称为"创新源"。创新源理论研究开始于 20 世纪 70 年代，其代表性学者是麻省理工学院的从希佩尔（Von Hippel），该理论试图揭示创新信息的可能渠道、创新决策的动力机制，为创新政策和创新活动提供决策支持。关于创新源的来源，霍布德（Hobday，1995）认为，发展中国家可以采用多种方法来获取国外技术创新源，如设备购买、技术许可、国外直接投资、分包等；也可以来源于国际社区、国内社区和企业层面的内部活动（Kim，1997）；各种创新源为企业提供了不同的创新知识搜索途径，有效利用外部创新源和技术的能力成为企业创造价值的重要来源（陈劲等，2006）。

在当前技术日益复杂多变、市场不确定性因素日益增加的背景下，知识已经成为企业最重要的战略性资源，最大限度地掌握和利用知识是提高企业核心竞争力的关键，而知识的外源化战略成为企业获取竞争优势的重要选择。企业的知识来源包括内部知识源和外部知识源两类，内部知识源包括企业内部的显性知识和还未挖掘、尚待整理的内部公共知识、隐性知识等，非常显然，在当前背景下，仅依靠企业内部知识进行知识创造和技术创新已经受到了很大的局限和挑战，借助知识网络，在外部知识源中搜寻、获取企业所需知识和信息，通过企业内部的探索性学习，吸收、整合、利用所获取的新知识，进一步进行知识创造，是企业提升自身核心能力、提高技术创新绩效的有效路径。内部知识和外部知识的结合成为企业最有效的知识创造和技术创新方式（Laursen & Salter，2006；张昆等，2010；张保胜，2007；李飞等，2019）。

企业通过与其外部的其他组织、机构的联系，不仅可能获取大量有用的知识，而且可能通过知识的共享与转移来提高企业创造价值的能力，外部知识给企业带来的价值是多方面的，不仅能够降低新产品的开发时间、成本，提高新产品的开发速度，而且促使企业突破由于专业化知识积累所带来的创新刚性，引发企业创新和对创新能力的选择（李江，2008）。与外部知识源联系紧密的企业的竞争力更强（李勇等，2006）。这就要求企业必须与其他组织建立稳定的联系，即外部知识网络。外部知识网络作为介于市场和企业之间的协调机制，使企业既能保持原有的专业化优势，又具有足够的开放性，企业内部与外部越来越多的组织联结，构建外部知识网络成为企业获取新知识的重要路径。

2. 外部知识的来源、学习与搜索特征

本研究关于外部知识的来源分类主要依据来自经济合作与发展组织（OECD）在 2005 年出版的奥斯陆手册（Oslo Manual）第三版的分类方式，其分类包括外部市场类知识源、公共机构类知识源和综合类信息知识源三大类 18 小类。OECD 外部知识源的分类情况及各类知识源的内涵和创新意义简要解读如表 2.4 所示。

表 2.4 外部知识源分类及创新意义解析

大类	小类	内涵或创新意义解析
外部市场类知识源	用户或分销商	用户通过表达自身产品需求、使用感或偏好态度，反馈给企业创新灵感、产品改进的意见或建议；分销商收集整理产品销售行情、顾客的反馈信息，传递至企业创新部门
	设备、原材料或元件供应商	供应商通过参与制造商的新产品开发，分担部分产品模块的创新改进任务，为制造商提供涉及产品模块的互补性创新知识及相关领域的前沿信息，加速企业的创新步伐
	行业内竞争者或其他企业	与行业内的差异化竞争者、互补品生产商、供应商与经销商等形成战略联盟，共同应对外部市场竞争
	管理咨询、会计法律等咨询顾问	咨询顾问提供知识密集型服务，降低创新风险
	商业实验室或研发型企业	承担企业外包的部分产品创新业务，缩短研发周期，降低企业独立研发的创新成本与风险
公共机构类知识源	大学或其他高等教育	提供基础知识、应用知识、技术、研发人才、教育培训、信息咨询等，通过共同研究、委托研究形成科研成果、项目经验和知识
	公共研究部门、非营利性研究机构	提供创新信息、创新成果、专利技术等知识产权、研发技术经验、技术人才等创新资源，引导关注政策及国际市场机遇，部分起协调中介作用
	公共创新服务机构	促进产学研之间的技术交易、技术扩散和技术孵化等，为企业提供科技信息服务和具有专业技术内涵的延伸服务
综合类信息知识源	专业论坛、学术会议	提供行业前沿技术信息，搭建企业高级研发人员与研究专家学者相互交流技术经验、共同处理技术难题的平台
	专利信息、著作刊物、数据库	较为全面地提供有关领域的知识与信息
	交易会、博览会	了解行业内其他企业的技术发展情况和行业前沿信息，展示企业最新知识技术
	行业协会或其他协会组织	提供行业内组织的创新交流平台、共同处理行业共性问题，促进企业间的相互了解与学习，帮助企业更好地与政府沟通
	非正式关系网络	通过非正式人际关系网获取信息支持与协助，加快知识信息的流动与扩散
	标准、公共规章制度	提供技术上共同遵守的依据和各项标准，帮助企业规范自身的经营活动，为追随企业的创新发展提供学习机会

资料来源：笔者根据相关文献整理所得。

企业与各类外部知识源之间的知识学习受到诸多因素的影响，如知识自身的显性化或隐性化、知识参与者之间知识基础的异质性与互补性、知识发送方传递知识的意愿和能力、知识接收方的获取吸收能力、知识网络的情境因素等（李勇，2006；杜玉申等，2021），尤其是，知识的学习能力受到企业组织文化、知识分享机制、员工个体特质、组织激励机制等因素影响（茅宁莹，2005；李健等，2018）。所以，面对不同情境下不同通道的内外部知识源，企业会基于自身的实际情况，采用不同的知识学习方式，目的是通过不同方式的学习获取企业自身所需的知识、信息与技术，从而获得良好的技术创新绩效。关于知识源、学习与创新的关系，张保胜（2007）认为它们是一种递进关系，具体如表2.5所示。

表2.5　　　　　　　　　　企业知识源、学习方式与创新关系

	知识源	学习方式	创新类型
内部知识源	生产活动	边干边学	工艺/产品创新
	新设备	边用边学	工艺创新
	组织模式	适应性学习	组织结构创新
	组织制度	被动学习	组织制度创新
	研发活动	主动学习	工艺/产品创新
外部知识源	上下游厂商	相互作用的学习	横向产品创新
	同行竞争者	外溢性吸收	纵向产品创新
	高等院校、科研机构	主动吸收性学习	不确定
	政府机构、社会组织	指导性学习	不确定
	未知知识源	搜索式学习	不确定

资料来源：笔者根据相关文献整理所得。

企业与各类知识源通过知识网络形成了不同深度与广度的知识链接，当产品要求技术简单、研发成本低、外部资源丰富、预期市场规模大，而企业本身知识搜索经验也丰富时，企业倾向从知识搜索宽度入手获取更多的外部知识和信息；当技术要求复杂、研发成本高、外部资源稀缺、预期市场规模小时，企业则倾向从知识搜索深度着手、深入挖掘外部知识源（丁树全等，2008；Ehls D. et al.，2020）。同时，企业技术创新阶段不

同，其与外部知识源的连接方式与知识搜索特征也会有差异，如表2.6所示。

表2.6 企业技术创新各阶段外部知识源与知识搜索特征

创新阶段	所需知识	外部知识源学习方式	知识搜索宽度	知识搜索深度
仿制	显性技术知识为主（设备、图纸、生产程序等）	引进设备技术许可外商直接投资	搜索宽度窄，基本限于生产活动	比较弱，一般为一次性市场交易
创造性模仿	半显性的技术知识；市场需求信息	合作研发人才引进客户联系	较宽，包括生产制造、研发活动和市场等的知识搜索	比较深，包括研发合作、人才流动等深入联系
自主创新	技术知识、市场信息、洞察预测	战略联盟系统的知识网络	广泛的知识搜索	深度挖掘、与知识基础较好的组织高密度联结

资料来源：笔者根据相关文献整理所得。

3. 外部知识网络

外部知识嵌入知识网络中，随着企业与各类外部知识源之间的知识传递、交流活动越来越频繁，其与技术资源、知识资源之间的连接和交往越来越密切，形成了不同深度与广度的知识链接，企业与外部知识源之间构成了具有无数节点的外部知识网络（李勇等，2006；赵晓庆，2004；黄鲁成等，2019；张红娟等，2022；张永云等，2023）。外部知识网络是企业外部知识资源存在的方式，也是企业获取所需的外部知识、信息、技术的重要通道，它同样具有动态开放性、多维联结性、结构不均匀、形态模糊性和利益互补性的特征，因此，企业可以根据自身的需求，动态地构建、管理和维护外部知识网络；还可以有选择地采取多种合作方式协调与平衡企业的外部知识网络。

本书关于"外部知识网络"的内涵界定见第1章"关键概念界定"。

结合本书上述内容，本研究外部知识网络与外部知识源关系示意如图2.4所示。

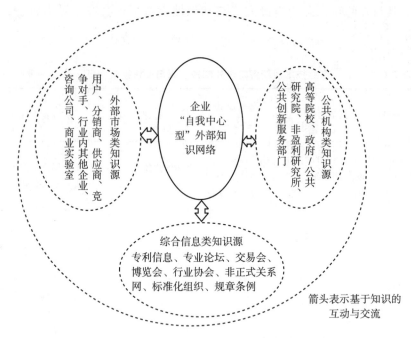

图2.4 企业外部知识网络与外部知识源关系示意
资料来源：笔者在 OECD Oslo Manual（2005）基础上整理所得。

2.3 网络嵌入性理论及研究现状

网络嵌入性理论（network embeddedness）作为新经济社会学领域的三大基本研究主题[1]，是新经济社会学研究领域的核心理论。波兰尼（Polanyi，1944）、格兰诺维特（Granovetter，1985，1992）、李等（Lee et al.，1997，2004）、古拉蒂（Gulati，1998）、乌兹（Uzzi，1996，1997）、波特斯（Portes，1998）、桑德富尔和劳曼（Sanderfur & Laumann，1998）、鲍姆和奥利弗（Baum & Oliver，1992）、安德鲁斯和康克（Andrews & Konke，1999）、巴伯（Barber，1995）、怀特曼和库珀（Whiteman & Cooper，2000）等众多学者对嵌入性理论进行了理论和实证的研究，研究内容涉及管理学科的诸多领域，如知识网络、社会资本、战略管理、市场营销、网络组织、创业和组织适应等，嵌入性概念深受学者们的关注。本节结合本研究内容，从网络嵌入性理论的发展脉络、分析框架、知识的嵌入性原

---

[1] 网络嵌入性理论、社会网络理论、组织制度理论并称新经济社会学的三大基本研究主题。

理、外部知识网络的嵌入性等方面对网络嵌入性理论进行梳理、评述。

2.3.1 网络嵌入性理论的起源和发展

学术界一般认为，"嵌入性"概念最早由经济人类学研究领域中的"实体主义"学派的代表人物波兰尼（Polanyi，1944）在他的代表作《大变革》（*The Great Transformation*）中提出（Uzzi，1997；Barber，1995；Portes & Sensenbrermer，1993；Granovetter，1985），并将此概念运用于经济学领域的研究。波兰尼认为，人类的经济行为嵌入并缠结于经济和非经济的制度之中，宗教、政府非经济因素在经济行为中发挥重要的作用，其作用可能等同货币政策、减轻劳动强度的工具一样；进而，波兰尼将经济活动分为互惠、再分配与交换①三种形式，并以工业革命作为分界线，阐释了在工业革命前与工业革命后、不同制度环境下的嵌入形态：在工业革命前，经济生活以互惠或再分配的方式为主，嵌入社会和文化结构之中，因为此时，非市场经济中，市场交换机制尚未占据统治地位，市场经济尚未形成；在工业革命后，市场经济占据经济生活的统治地位，经济活动以市场价格来衡量，遵循利益最大化原则，所以，此时的经济活动不再嵌入社会结构与文化结构中，这就是波兰尼提出的经济活动的"去嵌入性"观点（许冠南，2008）。波兰尼将经济学、社会学和人类学融合解读了经济制度与社会结构间的内在联系，成为"嵌入性"思想的第一人。

不过，波兰尼所提出的"嵌入性"思想在当时并没有引起学者们的关注，而且他的"去嵌入性"观点也存在很大的局限性，真正将网络嵌入性理论引入一个新的发展阶段的是怀特（White）的学生格兰诺维特（Granovetter），1985年，格兰诺维特在《美国社会学杂志》发表了《经济行动和社会结构：嵌入性问题》② 一文，提出了"社会嵌入（social embeddedness）"思想，扩展了波兰尼提出的嵌入性概念，网络嵌入性理论得以重新发展，而且一发不可收。格兰诺维特的"社会嵌入"与波兰尼的有一定区别，后者主要强调经济行动的制度化过程，前者则认为这个社会

---

① "互惠"是以血亲关系为基础的社会结构特征，广泛存在于经济交易、政治权衡和婚姻关系中；"再分配"指的是一种"支付"与"返还"的连锁系统，意味着存在一个强大的中央机构收集和分配物品，共同体成员向这一强大的中央机构进行财物与服务的义务支付（税收、贡租等），然后由这个中央机构依其某种目标重新分配给共同体成员；"交换"是现代工业化社会的基本特征，是把经济结合到价格制定市场中的手段。

② 该文在以后的20多年间，被引用了近6000次，成为《美国社会学杂志》历史上被引用最多的文章。

过程是人际互动的过程，人际互动产生的信任是组织交易的基础，对交易成本有较大的影响。格兰诺维特（Granovetter，1985）对波兰尼（Polanyi，1944）提出的"嵌入性"思想进行了继承和发展，他否定了波兰尼的"去嵌入性"观点，认为在任何经济社会，嵌入性均存在于经济活动之中，区别仅仅在于，在不同的社会情境下，嵌入经济活动的程度和方式不同；并且，格兰诺维特针对新古典经济学中的"社会化不足"和古典社会学中的"过度社会化"的观点，提出应对上述两种观点进行平衡，在现实的经济社会中，经济主体和他们的经济活动既不可能完全受制于、也不可能完全脱离所处的社会关系和结构，所以应该适度融入（Granovetter，1985；Dacin & Ventresca et al.，1999；Uzzi，1996；Barber，1995）。

之后，众多的学者对格兰诺维特（Granovetter，1985）的网络嵌入性理论进行了进一步的研究和拓展。佐金和迪马乔（Zukin & Dimaggio，1990）将网络嵌入性分为认知嵌入、文化嵌入、结构嵌入和政治嵌入四类，认为企业所融入的网络类型决定了其可能获得的潜在机遇，而企业在网络中的位置和它所维系的企业关系决定了它能否把握这些机会。巴伯（Barber，1995）则对格兰诺维特的嵌入性概念和嵌入性理论的意义作了进一步解析，认为嵌入性理论对经济学和社会学传统观点的修正，是一重大突破。乌兹（Uzzi，1996，1997）在对美国纽约制衣工厂的研究中发现，嵌入性关系与企业绩效呈现倒"U"型关系，即著名的"嵌入性悖论"。不过也有学者对乌兹的这一论断表示质疑：其一，乌兹的研究结论没有对社会关系影响经济行为做很好的解释，理论精确性不够，政策含义不清（刘雪峰，2007）；其二，其研究结论并没有充分挖掘嵌入性概念的内在构成和影响机理（Hagedoom，2006）。于是，哈格杜姆（Hagedoom，2006）提出跨层次嵌入分析模型，分析了国家与产业环境、企业间网络和企业二元关系的嵌入问题。总之，网络嵌入性日益受到连接经济学、社会学、人类学和管理学等学科领域的重视，已成为研究企业网络的重要视角及工具（章威，2009；许冠南，2008；刘思萌等，2019），得到了长足的发展（见表 2.7）。

表 2.7 网络嵌入性理论主要研究问题

研究主题	研究问题	分析视角与观点	代表性学者
网络构成	网络构成主体、企业网络伙伴的选择	社会网络既会阻碍企业发现合作伙伴，同时又为其寻找合作伙伴创造机会	阿斯海姆等（Asheim et al.，2002）；古拉蒂和威斯特法尔（Gulati & Westphal，2002）；科格特（Kogut，1992）

研究主题	研究问题	分析视角与观点	代表性学者
网络演进	网络演进的事前因素、过程因素	网络内发生于跨组织边界的社会、行为、竞争的动荡性；社会网络的出现与发展	麦克维利和马库斯（McEvily & Marcus, 2005）；安德烈亚斯·塞弗特（Andreas Seufert, 1999）；古拉蒂和加奎罗（Gulati & Gargiulo, 1997）；诺里亚和加西亚－蓬特（Nohria & Garcia－Pont, 1991）
网络优势	企业嵌入网络带来的优势	网络关系与网络位置对网络中企业绩效的影响；网络嵌入性影响知识获取、转移；网络嵌入性影响企业能力	古拉蒂等（Gulati et al., 1997）；欧文·史密斯和鲍威尔（Owen－Smith, Powell, 2004）；哈格杜姆等（Hagedoom et al., 2006）；维格勒等（Veugelers et al., 2005）；莱文（Levin, 2004）；麦克维利等（McEvily et al., 2005）
网络劣势	企业嵌入网络带来的劣势	过度的网络嵌入会导致孤岛效应	乌兹（Uzzi, 1997）；博特（Burt, 2000）
网络绩效	网络绩效的测量、影响因素	网络内企业能力的影响因素；网络内企业间关系的影响因素。	戴尔和辛格（Dyer & Singh, 1997）；扎希尔等（Zaheer et al., 1997）；古拉蒂和劳伦斯 Gulati & Lawrence, 1997）
网络治理	治理结构的影响因素	网络嵌入性可减少协调费用从而影响治理结构	古拉蒂和辛格（Gulati & Singh, 1997）

资料来源：笔者根据相关文献整理所得。

2.3.2 网络嵌入性理论的分析框架

在随后的网络嵌入性理论研究中，学者们根据研究主题从不同的视角对网络嵌入性进行了分类，在分类的同时形成了以下几种较为典型的、在后续研究中被大量引用、应用的分析框架。

1. 关系嵌入性与结构嵌入性分析框架

格兰诺维特（Granovetter, 1985）提出了网络嵌入性理论最初始也是最主流的分析框架：关系嵌入性（relational embeddedness）和结构嵌入性（structural embeddedness）框架，并在之后的研究中对上述分析框架展开详细的阐述（Granovetter, 1992），这是网络嵌入性理论最经典的分析框架，被学者们在后续研究中大量引用和实证应用。

关系嵌入性的研究视角集中在基于互惠预期而发生的双向关系上，主要探讨关系要素即网络参与者间基于信任、协作等相互联系的二元交易关系问题，格兰诺维特（1973）最早以互动频率、亲密程度、关系持续时间以及相互服务的内容四类指标将关系嵌入性区分为强连接和弱连接两类：企业间互动频率高、关系亲密、长期稳定、互惠交换频繁的关系称为强联结，反之则为弱联结。关于关系嵌入性研究一直存在以下四种观点：（1）关系强联结比弱联结更具网络优势。这种观点认为关系的强联结有助于增进网络主体间的信任，降低合作的不确定性和风险，更有利于知识尤其是隐性知识的获取、转移、整合、利用，从而帮助网络成员赢得竞争优势（McEvily & Marcus，2005；Levin & Cross，2004；Dyer et al.，2000，1998；Nobeoka，2000；Nelson，1989）。（2）关系弱联结更具网络优势。格兰诺维特在20世纪70年代至80年代连续发表了《弱连接的优势》（*The Strength of Weak Ties*）（1973）、《找工作：关系人与职业生涯的研究》（*Getting a Job：A Study of Contacts and Careers*）（1974）、《弱连接的优势：一个网络理论的回顾》（*The Strength of Weak Ties：A Network Theory Revisited*）（1983）等，阐释弱联结优势观点，并对可能的误区作了解读，之后也有学者持相似观点，认为网络成员基于松散联系的弱联结，更有可能接触、获取具有较高异质性的信息和知识（Granovetter，1973，1974，1983；Krackhardt，1992；Nelson，1989）。（3）关系嵌入性和行为主体绩效之间存在着倒"U"型的关系。强联结优势和弱联结优势都把行为主体的行为和绩效之间的关系看作是线性的，而乌兹（Uzzi，1997）在对纽约的23家服装公司进行实证研究后，得出相反的结论：行为主体的行为和绩效之间的关系是非线性的，关系嵌入性和行为主体绩效之间的关系是倒"U"型，"过度嵌入"或"嵌入不足"都不利于企业绩效的提升，这就是著名的"嵌入性悖论"。（4）权变观点，即关系嵌入性在不同情境下对行为主体的经济行为和绩效影响不同，与联结强弱没有直接关系。学者们认为需要以"权变"的观点来看待两种联结（章威，2009），他们将行业特性、知识特性、网络结构等情境因素作为调节变量来调节关系嵌入与经济行为、绩效之间的关系。（Rowley et al.，2000；Uzzi & Lancaster，2003；Gilsing & Duysters，2008）。

结构嵌入性则用于描述网络的内部结构，主要研究网络成员间的总体结构问题，其重点关注行为主体在网络中的位置、网络密度对其经济行为、经济绩效产生的影响，通常通过网络规模、网络中心度、网络密度、中介度等指标进行描述和衡量（Andersson et al.，2002；Gulati，1998；Burt，1992；Granovetter，1992）。学者们认为，网络中不同节点因不同位置所产生的信息优势会具有差异，中心位置的节点或更大密度的网络能获取更多的信息、知识和资源控制的优势。关于结构嵌入性的分析框架，也存在一个悖论：网络闭合（network closure）和结构洞（structural hole）。网络闭合观认为，网络闭合是社会资本的来源（Coleman，1990），有利于行为主体"搭便车"的高密度联结，促进合作规范的形成，行为主体之间容易互信和合作，克服了关于合作还是竞争的两难选择（Gulati & Gargiulo，1999）；同时共同第三方提供的安全保证既起到强化合作愿景的作用，也有效防范了机会主义行为（Gulati，1995）；这种高密度联结的网络使异常行为的信息会很快扩散并受到制裁，各个行为主体均等地从网络中受益（Bourdieu，1986）。而伯特（Burt，1992）提出的"结构洞"理论①则认为社会资本根源于两个孤立联结之间的中介机会，在于非冗余联结，而不是网络封闭；结构洞可以给行为主体带来累加而非重叠的网络收益，包括信息利益和控制利益；企业在网络中拥有的结构洞数量越多，其在整个信息传递的网络中占据的位置就越有利，占据结构洞位置无疑会获得竞争优势（Burt，1985，1992，1997，2001；Andrew et al.，2006；Marsden & Hurlbert，1988；Lin & Dumin，1986；Campbell et al.，1986；赵凌云，2006；魏江，2003）；盛亚等（2009）则认为，结构洞不仅为了结构洞占据者的某种优势，结构洞占据者的作用是充当一个桥梁的作用，从而促进网络信息、资源流动，提高网络效率，他从利益相关者的角度出发，将结构洞分为共益性结构洞和自益性结构洞两类并作了进一步的阐释和解读，某种程度上对结构洞优势理论作了进一步的补充。与网络闭合观相比，伯特（Burt）的结构洞优势的观点更为流行，尤其集中在美国，美国以外的研究中支持结构洞假设的不多。另外，与结构嵌入相关的，有一定代表性的理论还有弗里曼（Freeman，1984）在他的经典著作《战略管理：利益相关者方法》一书中给出的利益相关者理论，在这本书中，弗里曼给出了一个经典的以企业为中心的利益相关者的星状图谱，企业与利益相关者构成一个多层网络相互嵌入的复杂网络；自弗里曼之后，学者们在其预留的理论空间里展开了大量的研究。

　　总之，作为网络嵌入性理论的经典分析框架，关系嵌入性关注网络关系的特征，结构嵌入性关注关系结构的特征，在与其他理论领域融合中应用最为广泛。

---

　　① 结构洞（structural holes）理论由美国社会学家罗伯特·伯特（Ronald Burt）于 1992 年在其撰写的《结构洞：竞争的社会结构》（*Structural Holes：The Social Structure of Competition*）一书中提出，所谓结构洞，即"社会网络中某个或某些个体和有些个体发生直接联系，但与有些个体不发生直接联系、无直接或关系间断（disconnection）的现象，从网络整体看好像是网络结构中出现了洞穴"。

2. 结构嵌入、认知嵌入、文化嵌入与政治嵌入框架

佐金和迪马乔（Zukin & Dimaggio，1990）对格兰诺维特网络嵌入性分析框架进行了拓展，将嵌入性分析框架划分为：结构嵌入、认知嵌入、文化嵌入与政治嵌入四类，将行为主体的经济纳入更广泛的文化、制度框架之中，并深入探讨了上述四类嵌入性对于网络主体经济行为与经济绩效的影响，拓宽了网络嵌入性分析框架的内涵。

结构嵌入沿袭格兰诺维特（Granovetter，1985）的网络嵌入性的分析框架，涵盖了其结构嵌入性和关系嵌入性的内容，关注网络结构和行为主体间社会联系的质量，认为网络行为主体的经济行为能够被其所处的社会网络结构影响，并应用于分析企业在网络中所处的位置与其经济绩效之间的关系（Uzzi，1996；Zukin，1990）。

认知嵌入主要用于解释行动者受到外部环境、原有思维惯性的限制，从而影响其理性选择行为，主要关注与经济逻辑相关的网络认知过程。佐金和迪马乔（Zukin & Dimaggio）认为，企业组织长期以来形成的默会的群体认知影响着企业的战略选择、执行和日常运营，并且因为认知差异，将对行动主体的经济行为和绩效产生重大的影响（Dutton et al.，1994；Zukin，1990；章威，2009；许冠南，2008）。认知嵌入性观点对古典经济学中的理性假设提出了质疑，并解释了经验形成的固有思维和群体思维惯性在信息不对称情况下对企业决策的影响。

文化嵌入性是指网络行为主体的经济行动受组织价值观、信念等社会文化的约束，会对组织行为、组织结构及组织管理过程产生重要影响（Zukin & Dimaggi，1990）；关注的是促成经济目标的共同信念和价值观。

政治嵌入性主要关注经济能量和激励的制度特征（障碍或者缺失）。网络行为主体的经济行为受政治、法律、政策等制度的约束，企业应根据所处的社会政治情境约束和改善自身行为，努力将其纳入当前的政治环境之中（Zukin，1990；Dacin et al.，1999）。研究发现，政府在公共政策制定与公共信息平台建设方面对经济行为的引导或限制作用非常明显，尤其当区域性政府及其他组织构成强有力的"政治行政系统"时，会阻碍经济主体根据环境所作的行为调整，政治嵌入性可能变成"负债"或"负外部性"（OECD，1999，2004）。

在上述的四类嵌入性中，认知嵌入关注行为主体的个体认知，属于企业微观层次；结构嵌入则关注网络的整体结构特征，属于中观层次；文化嵌入和政治嵌入则属于宏观层面的嵌入（Zukin，1990），因此，这个分析框架涵盖了宏观、中观和微观三个层面，相比格兰诺维特（Granovetter，

1985）的框架而言，显得更为全面。

3. 环境嵌入、组织间嵌入和双边嵌入框架

这是网络嵌入性理论基于跨层次分析的理论框架，哈格杜姆（Hage-doom，2006）提出网络嵌入性的分析框架可以分为环境嵌入性、组织间嵌入性和双边嵌入性三个层次，并分别探讨了这三个层次的嵌入性，以及它们之间的交互作用对企业合作行为的影响。

环境嵌入性（environmental embeddedness）包括宏观环境嵌入和中观环境嵌入两个方面：宏观环境的嵌入指在全球化的环境中，不同国家的经济状况、意识形态、跨文化等的差异性会影响行为主体间的合作关系、合作方式和合作效率（Hagedoom，2006），相对封闭、市场化程度不高国家的企业和市场化相对成熟国家的企业在进行跨国经营时有很大差异，参与合作的倾向会有比较大的差异；中观环境的嵌入从产业的视角出发，认为不同产业特点会影响企业间的合作倾向。哈格杜姆把环境嵌入性划分为宏观层次与中观层次，避免了把环境层次的嵌入看作是一种广阔的、无差别的企业行为的环境或者限制（刘雪峰，2007）。

组织间嵌入性（interorganizational embeddedness）认为行动主体过去参与各类网络所积累的合作经验、合作关系与能力等对行为主体的经济行为会产生重要影响（Hagedoom，2006），这与上述的结构嵌入具有相似的内涵（Granovetter，1992；许冠南，2008）。该观点认为，网络主体间的合作经验更容易建立彼此的信任关系、降低信息不对称，从而可大幅降低交易成本，有助于下一次获得合作机会（Gupta & Govindarajan，2000；Gulati，1999；Dyer，1997），同时，有助于知识传递和合作研发的学习效果。蒂斯等（Teece et al.，1997）也指出，行为主体过去的知识经验会影响到新知识的搜寻、获取，特别是过去在创新过程中的合作经验将直接影响新知识传递、获取、创造，以及合作伙伴的选择。

双边嵌入性（dyadic embeddedness）类似于格兰诺维特（Granovetter）提出的关系嵌入（许冠南，2008），主要关注行为主体间熟悉和信任程度对双方合作关系的持续性与稳定性的影响（Hagedoom，2006；Nooteboom et al.，1997）。信息不对称是市场常态，在这种信息不对称的情况下，企业倾向与已有的、具有稳定关系的合作伙伴进行合作，这种合作关系会给行为主体直接带来相互信任，被学者们称为经济交换的关键要素和"关系基础模块"，被认为是建立和发展长期合作关系的基本要求，因为这样做可以节省相互间的搜索成本和选择成本，降低机会主义行为发生的概念（Chung，singh & Lee，2000；Johnson et al.，1996）。

总之，企业间的熟悉程度对现有合作关系的稳定与持续非常重要（刘雪峰，2007），企业网络嵌入性的三个层次的交互作用对企业新的合作关系的形成同样有着重要的影响作用。网络嵌入性的层次结构如图 2.5 所示。

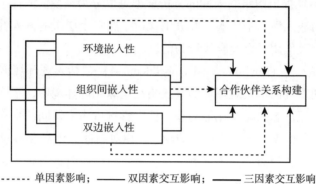

------- 单因素影响； —— 双因素交互影响； —— 三因素交互影响

图 2.5　网络嵌入性的层次结构

资料来源：笔者根据相关文献整理所得。

4. 其他分析框架

除了上述分析框架外，还有一些学者从各自研究领域出发构建了网络嵌入性框架。如安德森等（Andersson et al. ，2002）从企业内部运营和价值链的视角，提出把嵌入性分为业务嵌入性（business embeddedness）与技术嵌入性（technology embeddedness）；杰索普（Jessop，2001）基于对社会关系的深入剖析，将网络嵌入性解构为三个层次：人际嵌入、制度嵌入和社会嵌入（Jessop，2001；黄中伟和王宇露，2007）；赫斯（Hess，2004）将网络嵌入性分为社会嵌入、网络嵌入、空间嵌入三个层次等。这些研究都对本书的研究带来重要的启示。

2.3.3　知识的嵌入性原理与外部知识网络的嵌入

所谓嵌入性（embeddedness）是指行为主体的经济行为和结果受行为人之间的相关关系及其整个关系网络的结构影响（Granovetter，1992），是经济行为在认知、文化、社会结构、政治制度等方面的本质特性（Zukin，1990）。知识的嵌入性（embeddedness of knowledge）已被证明是知识的重要属性之一（Hans et al. ，2020；Szulanski，1996），它不仅嵌入个体，嵌入个体的行动之中，还嵌入企业和企业间的网络结构之中。嵌入在企业内部的人、工具、任务的互动中的知识构成了企业竞争优势的重要来源。企业间通过知识资源的交换形成了知识的流动（见图 2.6），学者们将企业间进行知识交换与流动的渠道称为知识链（李丹等，2002），而由众多的知识链之间交互构成的网状结构即知识网络。

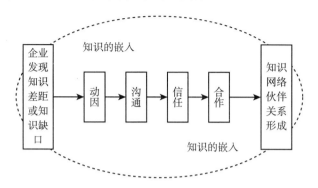

图2.6 基于知识嵌入的合作伙伴的形成
资料来源：笔者根据相关文献整理所得。

实际上，"知识是什么"和"如何获取知识"这些关于知识的本质和来源的问题，自古希腊以来的哲学史就一直在探讨争论，从笛卡尔的真理来源于"思考我"（thingking self）、洛克的惟有经验（即内心运作的知觉才可能提供理念）、到康德认为知识的产生需要唯理主义的逻辑思考和经验主义的感官经验共同作用，争论不断，一直演绎到现代。海德格尔、黑格尔、马克思、萨特等提出行动是认识和了解世界的唯一途径，强调行动和实践对于知识产生的重要性，等等。哲学家们关于知识的本质、知识的来源观点不一，但可以发现他们的争论有一个共性：知识的载体是人，根植个人的价值体系中并嵌入在特定的情境之中，是个人活动和外部环境共同作用的结果。同时，知识的传递和转移具有强烈的情境嵌入性，受到很多因素的影响，如社会规范、文化氛围、价值体系等。对于本土企业而言，知识传递和转移有两大情境因素是不可忽略的：一是中国文化是典型的高语境文化①。与低语境文化中知识传递主要依赖于知识发送者的能力

① 霍尔（Hall，1976）提出语境的概念，所谓语境是指个体在进行有效沟通之前所需要了解和共享的背景知识，所需要具备的共同点，并进一步把文化分为"高语境（high context）文化"和"低语境（low context）文化"。在高语境文化中，绝大部分的信息或存在于物理环境中，或内化在个人身上，信息的传递与沟通很多是通过身体语言、上下文联系、场景等非语言方式进行的，这种沟通的效率往往取决于接收者接受暗示和解码的能力。高语境文化中的人对信息传递者的言辞本身、说话的语气、表情、所处的物理环境、座位的安排等隐形的话语环境都会关注，对方的非语言提示很重要；而低语境文化则恰恰相反，大量的信息存在于编码清晰的外在语言之中，大多数信息是用清晰的符号如语言、文字等表达，这种沟通的效率较少依赖接受者的能力，而主要取决于发送者的能力。这种文化中的成员对于非语言沟通方式不敏感，一般只关注明确编码的文字语言信息，更注意言语交流的内容，他们不太注重过往的关系，交往过程中有明确的目的，与对方建立关系也一般采取正式方式。

不同，高语境文化中，知识的传递和转移效率往往取决于接收者接受暗示和解码的能力，这就决定了中国文化背景下的企业在搜寻和转移知识时更加重视关系因素。二是中国社会结构表现为明显的差序格局①（见图 2.7）。在差序格局中，知识、信息等资源的分配是按照相互关系的远近、感情的亲疏等关系特征来进行的，因此，对于本土企业，其获取知识的效率与知识网络、社会网络、企业的网络位置、网络关系的紧密程度呈现正相关关系，企业获取知识的丰富性也与知识网络的结构和关系特征密切相关。这样的情境因素也决定了本土企业获取知识的渠道会更多地依赖于社会网络或者私人关系，而嵌入特定社会结构的知识难以被编码和文本化，通常是以口碑等非正式的形式传递，并且具有网络边界，同时，企业从公开渠道获得的知识数量较小，同质性较高，将极大制约企业竞争优势的获得。

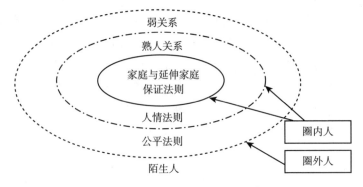

图 2.7　中国社会的伦理格局②

资料来源：Luo J. D. Particulatistic Trust and General Trust：A Network Analysis in Chinese Organizations ［J］．Manage and Organization Review，2005（3）：437.

所以，企业知识是根植企业的价值体系中并嵌入在企业特定的内外部

---

① 费孝通在 1948 年出版的经典专著《乡土中国》提出的差序格局理论概括了中国伦理社会的结构特征。在差序格局中，社会关系是逐渐从个人推出去的，是私人联系的增加，社会范围是一根根私人联系所构成的网络，由此中国社会形成了一个典型的"熟人社会"，关系、面子、人情成为中国社会运行的基本规则。

费孝通．乡土中国［M］．上海：上海人民出版社，2007.

② 中国人的社会关系网络可以用石头丢在水面上形成的同心圆波纹来形容，不同的同心圆中适用不同的交往法则。典型的中国社会网络可以用三个同心圆表示，最里圈是家庭和延伸家庭，包括所有亲属关系的社会关系，适用的是保证法则或者需求法则；外圈是熟人关系，包括朋友和互动频繁的社会关系，这个圈子适用的是人情法则，成员之间经常有互惠行为发生；最外圈是弱关系，包括认识但是不太熟悉的人，适用的是公平法则；尽管个人同最外圈的关系已经是冷淡的原子式联系，但是这仍然不同于同陌生人间的关系，陌生人被划分到最外圈之外，社会是由无数私人关系搭成的网络，这网络的每一层都附着不同的道德要素。由于缺乏一个笼统性的普遍适用的道德法则，中国社会体现出高度特殊主义和关系取向的特征。

情境之中的，企业知识的搜寻和获取受诸多因素的共同影响，如企业内部的组织战略、组织文化、组织架构等，以及外部的市场结构、竞争形势、所处社会的文化和结构特征等。中国本土社会的高语境文化、差序格局的伦理结构决定了社会关系和网络在本土企业技术创新中的关键性作用，以传递、获取和整合利用知识为目的的知识网络成为本土企业获取知识的主要途径。知识嵌入的复杂性也意味着本土制造企业在融入全球制造网络的过程中，要高效搜寻、获取所需知识、技术和信息，必须注意知识网络的关系嵌入和结构嵌入的合理构建。

在上述知识嵌入性与前述网络嵌入性的基础上，本研究重点考察网络成员间形成的知识网络的嵌入性，即外部知识网络的嵌入性。本书将企业外部知识网络嵌入性置于全球化和知识经济的时代背景，结合开放—协同创新和外部知识源的思想，表征企业在外部知识网络中的位置、地位等结构嵌入及其与其他网络成员之间的相互关系。

知识的嵌入性意味着，要获得知识、技术等资源上的优势，只有构建组织间的知识网络，通过组织间的合作与互动，使组织在结构和关系上嵌入其中才能获得嵌入个体、组织和组织间的网络结构之中的知识，使知识得以传递并共享。而只有通过企业外部知识网络的嵌入性才能获取企业在外部知识网络中所能聚集、整合和配置的知识资源，从而影响企业在知识网络中的行为与绩效，进一步影响企业的技术创新绩效。

由于所处的知识网络的关系与结构的不同，企业搜寻、获取知识资源的质量与数量也将不同，从而竞争能力也将有差异（McEvily & Zaheer，1999）。根据格兰诺维特（Granovetter，1985，1992，1997）、古拉蒂（Gulati，1998，1999）、乌兹（Uzzi，1996，1997）等学者的观点，关系嵌入性研究主要探讨网络成员间的关系要素，即他们之间基于互惠预期而发生的相互关系（如信任关系、协作关系等），主要用关系的持久性、关系强度、内容和方向、相互信任、信息共享程度等指标来测度，所以，外部知识网络嵌入性是通过外部知识网络的关系强度、关系持久性和关系质量等维度分析企业与外部知识网络中其他主体之间的互动关系；根据伯特（Burt，1982，1992）、格兰诺维特（Granovetter，1985，1992，1995）、乌兹（Uzzi，1996）、古拉蒂（Gulati，1998）、罗利等（Rowley et al.，2000）等学者的观点，结构嵌入关注的是网络参与者间相互联系的总体性结构，关注企业所在知识网络的密度和规模、企业在网络中的结构和位置等，它通过界定企业在网络中的位置、网络的异质性、网络规模等多个维度的分析，解读网络主体间的关系结构模式，从而阐释其对企业的行为和绩效带来的影响。

企业外部知识网络的本质是基于知识资源获取的知识网络，因此，本书借鉴格兰诺维特（Granovetter，1985，1992，1995）提出的嵌入性的经典分类：结构嵌入性和关系嵌入性两类，把外部知识网络的嵌入性分为结构嵌入性和关系嵌入性。借助网络嵌入性的各个维度来对企业的外部知识网络的嵌入性进行分析与研究。

2.3.4 外部知识网络嵌入性与技术创新绩效

企业外部知识网络嵌入性作用机制研究主要围绕"外部知识网络嵌入性是怎样发挥作用的"或"外部知识网络嵌入性是如何影响创新结果的"这样的问题进行探讨的，目前与此类相关的研究大多集中在社会网络、创新网络、企业网络或技术联盟对创新结果的作用，而真正从外部知识网络嵌入性视角研究的文献很少。笔者对此类研究作了认真分析后发现，无论从社会网络或创新网络还是企业网络和技术联盟的视角，实际上除研究内部网络外，只要涉及网络外部资源的获取问题，就与本书研究高度接近，所以关于此部分的研究成果综述，也部分借鉴了上述研究视角的成果。关于外部知识网络嵌入性对技术创新结果的作用研究受到众多研究者的关注，他们引入双重网络结构、权变理论、中间变量，都力图揭示该作用机制的本质过程，剖析外部网络对企业技术创新绩效的重要影响。

在网络嵌入性的效应机制研究中，关于外部网络嵌入性优势的探讨一直在持续，企业通过嵌入外部网络可以获取各种资源与能力，对企业竞争优势及绩效有积极影响（Gulati et al.，2000；Ahuja，2000；许冠南，2008；刘雪锋，2007；王炯，2006；侯仁勇等，2019；张红娟等，2022）。积累外部网络嵌入性关系是企业获取外部知识、降低成本和风险、获得规模经济、减少新产品开发时间的有效途径（Lawson & Samson，2001）；外部知识网络拓宽了企业从外部环境中获取信息、知识、资本和服务等关键资源的机会，有助于保持并提升企业竞争优势（Gulati et al.，2000）；同时，帮助促进企业间合作学习，促进企业的知识积累（Kraatz，1998）；企业处于成员间关系紧密、合作普遍、信息传递和获取意识强烈的外部知识网络，其创新能力也会因此增强（Powell et al.，1996）。外部知识网络嵌入性可以为网络成员带来其他组织无法复制和模仿的竞争优势（Zaheer，1998），是创造关系性租金的核心要素（Dyer & Singh，1998），企业采用开放式信息搜索策略，通过广泛利用外部知识源帮助其实现并维持创新，拥有广泛而深入外部资源的企业往往具有更好的技术创新绩效（Laursen &

Salte，2006）。

诸多学者也从外部知识网络结构嵌入性角度，探讨了网络密度、网络中心性、结构洞等结构属性对企业竞争优势和绩效的作用。研究认为，网络中不同位置的不同结点会产生信息优势的差异，处于中心位置的结点或密度更高的网络会获得更多的知识、技术、信息和资源控制优势，结构洞更有利于信息的获取（Zaheer & Bell，2005；Tsai，2001；MeEvily & Zaheer，1999；Powell，1998；Burt，1997；Coleman，1988；Yan Y. et al.，2018）。网络结构相对高级更能使企业更好地使用其内部能力，从而提升企业技术创新绩效（Zaheer & Bell，2005）；鲍威尔等（Powell et al.，1998）通过生物高科技产业的实证研究，认为处于网络中心位置的企业能从网络中获取更多的资源或知识、信息，产生更高的绩效；伯特（Burt，1992）的"结构洞"理论认为外部知识网络中的结构空洞有助于企业在网络中获取位置优势，结构洞越多，企业就越容易赢得竞争优势。总之，企业外部知识网络嵌入性正向作用于知识的获取从而促进企业技术创新绩效的提升。

外部知识网络嵌入性对技术创新绩效的影响和作用仍存在诸多争议，例如，强联结与弱联结哪种方式对技术创新的作用更具优势？两者关系的情境影响因素有哪些？如何打开两者关系的中介作用"黑箱"等。争议还在继续，而这些争议给本研究提供了新的研究空间。

2.4　知识搜索理论及研究现状

从上述文献的梳理可以看出，虽然单纯从外部网络嵌入性视角探讨其对技术创新作用的文献不多，但关于知识网络对技术创新作用机制的研究成果已经非常丰富了，并且相关研究的争论和分歧仍然明显存在，说明未来的研究有待进一步揭开知识网络影响企业创新结果作用机制的黑箱，这给本研究提供了一个新的研究视角：构建什么样的知识网络和怎样的知识网络作用机制才能更有效地提高企业的技术创新绩效、赢得全球的竞争优势，综观现有文献，外部知识网络的嵌入性和企业的知识搜索可以为打开知识网络作用机制的"黑箱"提供一个新的研究视角，为解决上述问题带来新的活力。关于外部知识网络嵌入性的相关研究已在前述中综述，本书的以下内容将从协同创新视角对外部知识网络嵌入性、知识搜索与技术创新的关系进行述评。

目前关于"知识搜索"这一术语，研究者们从各自的研究内容、研究视角出发分别用"组织搜索""创新搜索""跨界搜索"等来表述，综观所有文献，涉及管理学科领域研究的"搜索"，都是基于对知识、技术的搜寻与获取，笔者认为，用"知识搜索"这一术语表述其与知识网络和技术创新的关系更为精确，因此，本书采用"知识搜索"这一术语。

2.4.1 知识搜索的内涵与构念维度

西尔特和玛驰（Cyert & March）在其 1963 年出版的《企业行为理论》一书中提出了"组织搜索"这一概念，而纳尔逊和温特（Nelson & Winter）于 1982 年在哈佛大学出版社出版的专著《经济变迁的演化理论》（*An Evolutionary Theory of Economics Change*）则将"组织搜索"或"知识搜索"这一概念进一步明确并引起学术界的广泛关注，之后，关于知识搜索是否在组织演化和环境适应方面起到关键作用、赋予企业一种选择优势成为组织理论、决策理论和演化经济学关注的核心问题（Levinthal，1990；Nelson & Winter，1982）。

知识搜索近年来受到了学者们的高度关注，成为演化经济学、战略管理、组织学习、行为科学和决策理论等诸多学科的核心概念，研究者们纷纷从不同学科领域基于不同的研究目标从不同层面，对知识搜索的内涵和构念维度提出具有差异性的观点，梳理相关文献，综述如下。

1. 知识搜索的内涵

关于知识搜索内涵的界定，经历了两个逻辑层面的演进过程：从狭义的知识搜寻到广义的知识整合创造、从随机附属到清晰有序的概念演进。

早期的研究者们对知识搜索的内涵界定还停留在狭义的认知上，他们将知识搜索的概念仅定义为对知识搜寻和获取的活动与过程，企业通过搜索、获取外部知识源来解决企业不确定性问题（Huber，1991；Nelson & Winter，1982）；随着研究的发展，学者们意识到，除了知识的搜寻与获取外，知识搜索还应包括知识的整合利用以及创造等活动和流程，所以，知识搜索是组织为解决不确定问题，通过外部网络对外部知识源中现有知识和新知识的搜寻、获取、整合与利用的活动过程。所谓知识搜寻，通常是指组织依据自身需要，对外部知识源的数量、地理位置、资源特性等情况进行查找和测评等的活动；知识获取是指组织经过知识搜寻后，对来自各类外部知识源的知识进行捕获与采集的过程；知识整合是指组织将所获取的知识有效转化为内部知识，并与组织内部原有知识实现良好的融合，真正成为组织解决问题所需要的知识；而知识利用是组织将已经整合转化为内部所需的知识有效地运用到解决组织现有问题上，优化工艺流程，促进新产品的开发，提高技术创新绩效（Laursen & Salter，2006；Lane et al.，2006；Katila & Ahuja，2002；王元地等，2015；肖艳红等，2019）。

与此同时，早期研究者们将知识搜索看成是随机的、附属的活动，例如，胡贝尔（Huber，1991）认为，知识搜索是组织学习过程的一部分，具有附属性；知识搜索是一种盲目的、无序的、随机的行为，可能通过知识搜索向复杂动荡的世界开放组织大门而获得随机知识，于是有了随机创新（Cheng & Van deVen，1996；Levitt & March，1988；Robert & Weiss，1988；March，1971，1981）。同样，随着研究的深入，学者认为上述观点是不完整的，技术创新包括搜索和实施两个连续的过程，创新的实施讲究效率、可靠性和组织性，搜索是基于创新实施目标而展开的，并受企业各类资源限制和约束，所以，知识搜索是在界限清晰的框架里有序地发生的，有指向性的（Koput，1997；Day，1994）；知识搜索是企业根据新产品的开发目标，通过整合知识要素来解决问题的活动，它涉及技术构念的创造和知识的重新整合（Katila & Ahuja，2002；Chen X. et al.，2022）；同时，知识搜索是企业面临技术枯竭并要求超越本国市场时搜寻新的知识和机会的行为（Ahuja & Katila，2004），是企业为发现新技术、开发新产品和优化工艺业务流程、寻求新的市场机会，从组织外部知识源中搜寻所需的信息或新知识以解决问题的行为（Commandeur & Volberda，2007；Ehls D. et al.，2020）。

综合以上观点，本研究认为知识搜索是企业根据自身需求，以开发新产品新技术、创造新的业务流程、构筑相应技术管理模式及寻找新市场为目的，从企业外部知识源中搜寻、获取新知识、新技术和有效信息，通过对所获取的知识、技术和有效信息重新整合并运用，以解决企业技术创新问题的活动。

2. 知识搜索的构念维度

研究者们基于各自的研究目的和界定的知识搜索内涵，对知识搜索的构念维度进行了分析并开发了相应的量表加以测度，从早期的单一维度，如对知识搜索行为（March，1991）和知识搜索能力（Stuart & Podolny，1996）等的测量，逐步演化拓展为两维度的划分，少数学者还尝试探讨了对知识搜索的多维度测量。目前主流文献主要依循知识搜索的地域距离、价值链的功能环节、知识学习模式和搜索行为特征等测量知识搜索的构念维度。

（1）不同地理距离的知识搜索——本地搜索和跨界搜索。

本地搜索和跨界搜索是按照知识搜索的不同地理距离划分的两种常见的搜索行为。本地搜索（local seareh）主要在组织现有知识基础附近，搜索熟悉的、成熟的或邻近知识的活动（Martin & Mitehell，1998；Stuart & Podolny，1996；Helfat，1994），又称为路径依赖搜索。由于过去的经验、惯例和路径轨迹，组织更倾向本地化搜索，搜索那些合理的、同以往的知识一致的新观念（Dosi，1982；Nelson & Winter，1982；Cyert & March，1963）。由于环境经常处于模糊和不确定状态，依靠以往的经验是本能的反应方式，在经验基础上积累的信任更有利于增强企业间合作的可预测性和可靠性（Baum et al.，2005；Gulati & Gargiulo 1999），降低合作成本和风险（Atul，2003）；同时更容易夯实企业当前的知识基础（Beckman et al.，2004）。斯图亚特和波多尔尼（Stuart & Podolny，1996）对大型半导体企业的专利活动的研究、赫尔法特（Helfat，1994）对石化企业研发投入的研究等从实证方面也证实了企业的这种本地搜索的倾向。本地搜索使企业在目前的领域内变得更加专业从而培育出"一阶能力"，如果专业性能够超出竞争对手且具有独特性，就能带来竞争优势。

跨界搜索（boundary-spanning search）源于纳尔逊和温特（Nelson & Winter，1982）提出的遥远搜索①（distant search）概念，类似的概念还有非本地搜索（non-local search）等。所谓跨界搜索，是指跨越组织边界的并超越现有知识基础、搜索陌生或远距离知识的活动（Rosenkopf & Nerkar，2001）。跨界搜索有助于企业适应技术和市场环境的快速变化，增加企业知识的异质性和多样性，扩大企业的知识基础并提供更多的备选信息，更有利于帮助企业搜寻新的知识和市场机会，促进突破性创新（Lavie et al.，2011；Katila & Ahuja，2002；Lavie & Rosenkopf，2006；丁道韧等，2016；杨苗苗等，2020），其风险和不确定性高于本地搜索。

显然，企业的这两种搜索行为都有各自的优势，在竞争日益激烈的今天，两种搜索行为可兼顾使用，同时，也要规避过度使用问题，恰当处理好组织资源的分配平衡问题和组织惯例的冲突问题。过度依赖本地搜索，则会出现"核心刚性"（Leonard-Barton，1992）、陷入"能力陷阱"（March et al.，1988，1993）和"创新者窘境"（Christensen，1997）；企业太专注于获取外部的创新机会则容易陷入无尽的"搜索与失败"的恶性循环之中（Levinthal & March，1993）。

（2）不同价值链功能的知识搜索——科学搜索、技术搜索和产品市场搜索。

按照价值链的不同功能环节，知识搜索包括科学研究、技术开发和产

---

① 在中文文献中，经常也被译作"远程搜索"。

品商业化（市场需求）等领域的搜索（Li, Vanhaverbeke & Schoenmakers, 2008）。科学研究是指为了增进知识、整合利用知识去发明新的技术所进行的系统创造性工作，科学搜索与科学的基础研究相关，是为突破技术瓶颈、避免技术枯竭而进行的知识搜寻、获取和整合利用活动，它源于兴趣偏好和好奇心，具有探索性的特点；技术搜索与应用研究相关，是企业为拓展技术与知识基础而展开的、对产品或服务开发的技能与经验进行的搜索活动，其源于解决企业的实际问题。由于受组织自身经验和专业知识的限制，企业倾向技术的本地搜索（Nelson & Winter, 1982；Rosenkopf & Almeida, 2003），这容易形成相关的业务领域并导致相关多元化；而当企业技术创新需要现有知识和新知识的重组时（Kogut & Zander, 1992；余传鹏等, 2020），则需要跨界搜索。市场需求环节的知识搜索同样是企业创新成功的关键（Sidhu et al., 2007；Garzella S. et al., 2021），产品市场搜索是指从与市场关联的顾客、分销商、供应商和竞争对手等搜索产品的市场知识。企业往往通过在已有市场和相关市场上，对市场结构、产品使用与替代方式、顾客偏好与需求等市场知识进行探索和利用，以帮助企业识别潜在的技术开发的市场机会，捕获新产品开发的思想，降低创新风险（Tsai & Wang, 2009；Li & Calantone, 1998；Garzella S. et al., 2021）。

（3）不同学习模式的知识搜索——利用式搜索和探索式搜索。

按照知识学习模式的不同，知识搜索可分为利用式搜索和探索式搜索（Miner et al., 2001）。利用式知识搜索（exploitation knowledge search）是指企业按照已经证明效果良好的常规方向对现有技术、知识和解决方法进行搜寻、获取、整合，从而产生新的技术、知识与解决方法，它侧重于对原有知识进行搜寻、获取并加以整合与利用。这种搜索活动的搜索效率具有短期性，可以在短期内提高企业运作效率、获得良好的绩效，从长期来看，利用式知识搜索所搜寻的知识同质性过强，不利于企业适应动荡的市场环境和激烈的行业竞争。探索式搜索（exploration knowledge search）是组织按照未知的、不确定的新方向对新技术、知识和全新的问题解决方法进行搜寻、获取并加以整合与利用，进而提升组织绩效，它更注重新知识的搜寻与探索。探索式知识搜索意味着对新知识、新技术和未知的新产品开发的投入（Greve, 2007），能帮助企业获得持续竞争优势，但因这种搜索活动的未知性和开创性没有经验可以借鉴，面临的风险将更大。

除了上述知识搜索的构念维度外，还有学者从自身的研究视角进行了较为深入地探讨，例如，西杜、科芒德尔和沃尔伯达（Sidhu, Commandeur & Volberda, 2007）从搜索知识涉及领域的视角将知识搜索划分为供方知识搜索、需方知识搜索与地理知识搜索；内尔卡（Nerkar，2003）将知识搜索划分为认知维度搜索（cognitive search）、时间维度搜索（temporal search）与空间维度搜索（space search）三维搜索；罗森利普夫等（Rosenkopf et al.，2001）考察了跨地域维度和认知维度的搜索；洪茹燕（2012）从创新搜索的搜索质量和搜索速度两个维度探讨了集群企业创新网络和创新搜索之间的关系；张文红等（2011）综合三类知识类型和知识距离的3个维度将知识搜索区分为跨认知知识搜索等9种具体的知识搜索；魏江（2009）从知识搜索渠道的广泛性和搜索的结构化程度两个维度将企业知识搜索划分为冗余搜索、特定问题驱动的搜索、制度化搜索和系统搜索四类；奉小斌、李华华和马晓书（2021）从平行搜索的角度探讨了知识搜索对后发企业协同追赶的影响，等等。

从上述知识搜索构念维度的分类研究中可以看到，学者们根据不同的研究目的将知识搜索划分为相异性维度，为量表开发及实证研究奠定了基础。但划分方法有的彼此间存在一定交叠，容易引起混淆，如本地搜索与利用性搜索等；此外，一些构念维度的划分方法还缺乏理论基础，细化维度容易模糊；二级子维度不在一个水平构面而易于出现测量的子群误差等。未来研究有必要在统一的理论框架指导下，对知识搜索进行严格意义上的完整划分，并且可尝试从不同层面，如更宏观的网络层面、产业层面等细分知识搜索的维度。

（4）知识搜索的宽度和深度。

搜索宽度（breadth）和搜索深度（depth）是知识搜索研究的两个经典构念维度，诸多学者如卡蒂拉和阿胡贾（Katila & Ahuja，2002）、劳森和索尔特（Laursen & Salter，2004，2006）、黄和李（Hwang & Lee，2010）、曼努奇和永（Mannucci P. V. & Yong K.，2018）、丁树全（2007）、吴晓波、彭新敏和丁树全（2008）、高仕忠（2008）等运用这两个维度对知识搜索进行了理论和实证的深入探讨。

知识搜索宽度是指组织通过知识网络搜寻、获取、整合与利用外部知识源的幅度和范围，即组织在知识搜索中，所搜索外部知识领域的宽广程度、所搜索外部知识、所使用外部知识搜索通道的数量水平，侧重于企业在知识搜索活动中利用的外部搜索渠道（如供应商、顾客、分销商、研发机构、中介机构、政府等）的种类和数量，并把每一个搜索渠道都看作是一个单独的搜索空间，不关注渠道内的互动程度（Laursen & Salter，2006），反映了企业利用外部多样化创新源对于内部创新流程的重要性。搜索宽度的加大对企业技术创新具有较为积极的影响：一方面，外部搜索渠道的种类和数量的增加，能够给企业带来更多异质性知识，对企业已有知识结构是一个重要的补充，有利于企业突破技术瓶颈，解决原有知识基础无法解决的问题（March，1991）；另一方面，搜索范围的扩大意味着企业搜寻、获取新知识的途径增多，通过与内部知识的融合、重新整合利用，有利于企业产品的开发，提升技术创新绩效（Fleming & Sorenson，2001；Nelson & Winter，1982；Mannucci P. V. & Yong K.，2018）。

知识搜索深度是指组织通过知识网络搜寻、获取、整合和利用外部知识源的纵深程度，即组织对外部知识的提取、利用的强度，以及所使用外部知识搜索通道和外部知识源的密集程度，它反映了企业深入利用外部关键创新来源对于内部创新流程的重要性。知识搜索深度的增加对企业技术创新有显著的正向影响：一方面，企业通过对已有知识和能力的深度利用，重复使用相同的知识要素，能够帮助企业识别错误，降低成本和创新风险，使搜索变得更为可靠，从而给企业带来稳定的收益和效率（Levinthal & March，1981）；另一方面，重复使用一组给定的、熟悉的概念能够增强组织对这些概念的理解力，从而有能力鉴别知识要素的价值，做到合理利用。

所以，卡蒂拉和阿胡贾（Katila & Ahuja，2002）认为，企业对知识的搜索不仅要关注搜索的宽度（搜索的幅度和范围），而且要关注知识搜索的深度（即现有知识被重复利用或挖掘的程度）。

2.4.2 外部知识网络嵌入性与知识搜索

目前关于知识搜索的相关研究比较多地集中在社会网络或知识网络与知识搜索的关系研究上，而且大多聚焦在网络对知识搜索的影响研究，即知识搜索是被解释变量，是作为网络影响后果的研究。查找相关文献，目前很少有学者明确研究过外部知识网络嵌入性与知识搜索的关系，这给本研究提供了一个新的视角和研究切入点，结合本书前面综述中外部网络嵌入性和知识网络的关系、知识网络和社会网络的关系梳理，本研究将借鉴知识网络和社会网络的部分观点，分析综述外部网络嵌入性对知识搜索的影响。

1. 嵌入性对知识搜索的影响研究

外部知识网络嵌入性对知识搜索的影响研究主要集中在外部网络结构嵌入性、关系嵌入性、嵌入路径长度对知识搜索的影响三个方面。

（1）侧重于结构嵌入性对知识搜索的影响。

卡蒂拉（Katila，2002）较早关注外部网络结构联结的冗余性对知识搜索的影响，他认为当组织在网络结构中存在冗余资源（slack resource），不再受资金、人力等资源限制时，管理者会放松对搜索行为的控制，允许组织拓展搜索宽度、拓宽搜索渠道并深度搜索新知识、新技术，从搜索宽度和搜索深度两个方面着手吸收、储备新知识，激励组织技术创新；企业无法同时从宽度和深度两个方面进行知识搜索，是因为搜索宽度和搜索深度两者之间存在对网络资源的竞争关系，受网络约束容易形成"张力"，而网络联结的冗余性可以有效缓解两者之间的张力，实现组织在微观与总体搜索上的新平衡（March，1991）；同时冗余资源有助于企业高效、大范围、灵活地进行知识搜索，从而促进企业跨越认知、空间与技术边界搜索陌生的、远距离的知识，提升企业知识搜索的深度与宽度水平（Arora & Gambardella，1994）。然而，也有学者认为，组织联结的冗余性并不能够提高组织知识搜索的水平，因为当组织冗余资源丰富时，企业可以将其储备应对外部挑战，而且跨边界的、远距离的搜索有着诸多的不确定性，从稳定的角度出发，管理者反而不愿意搜索新知识进行创新（Nohria & Gulati，1996）；而丹尼尔斯（Danneels，2008）的实证研究结果也表明网络联结的冗余性对知识搜索绩效产生了滞后的倒"U"型影响。

联结冗余性也强调企业的网络中心位置对企业知识搜索行为和搜索效率的影响。处于外部知识网络中心位置的企业因与其他网络成员直接联结，拥有知识网络中的优质信息等资源，相比外部知识网络中的其他成员，知识搜索的成本较低，从而可以提高搜索效率（Cyert & March，1963）；同时会促进跨组织边界默会知识的转移，帮助企业解决问题，但如果不能提供多样化和非冗余信息等资源时，有可能导致相反的效果（Uzzi，1996）；尤其是，当变革发生、需汲取新的不同类型信息跨入新的产业领域或产业转型时，处于网络中心位置的企业可能会增强和现有网络成员的联结，以应对这种变革，而不是寻求多样化的新伙伴构建新的网络关系，出现"网络锁定"现象，这将对此前知识搜索的努力和竞争位置产生消极影响（Koka & Prescott，2008）。

外部知识网络的网络异质性水平与网络中心点特征对企业知识搜索也形成交互影响。当网络异质性高而平均度低时，网络中会存在明显的中心节点，外部知识网络整体表现出中心点特征，形成寡头网络结构，处于绝对中心点的企业就是网络中的寡头企业。这种结构给处于网络中非中心位置企业的知识搜索会带来有利影响：第一，在一定程度上有利于企业间知识有序的传递，降低网络中的中小企业与寡头中心节点间的技术落差；第二，这种结构具有寡头中心节点技术面狭窄和其他企业可连接的节点较少的特点，所以目标企业节点将寻求与寡头中心节点深度合作，对知识进行深度挖掘，有利于目标企业向专有型、配套型企业发展；第三，这种寡头网络结构鲁棒性和脆弱性并存，对网络中的其他中小企业节点高度容错，也就是，其他中小企业进与出，对目标企业知识搜索能力没有实质性影响。但是，当处于绝对中心点的寡头企业一旦衰落时，将对目标企业、甚至整个知识网络的知识搜索造成致命影响。21世纪初的中国互联网泡沫就是这样一个典型的案例：当作为IT产业领头羊的联想、方正、新浪在创新领域停滞不前、呈现衰退迹象时，整个中关村的企业创新能力也整体下降、陷入前所未有的困境（孙永磊等，2019）。

另外，处于外部知识网络结构洞位置的企业，比在网络中的其他成员更早地得到新颖信息，具有领先优势，占据着知识搜索的制高点。他们在具有不同信息内容的网络成员间架起了桥梁，有能力为企业提供将多样化信息和现有知识重组后向市场提供特有产品的整合机会，因其处于知识网络信息十字路口的战略性位置，从而控制了网络内信息的流动与扩散，并通过提供给网络其他成员机会，以获取多样化知识来源，进而创造新的市场和产品（Uzzi，1996）；所以，处于结构洞位置的企业能够拥有更多的网络关系进行更深入、更广泛的知识搜索活动，它可以利用结构洞位置或桥接关系（bridging ties）来搜索更多样化和非冗余的信息（Koka & Prescott，2008）。

事实上，网络异质性、网络中心位置和结构洞位置在不同群体之间或不同情境下，搜索目标和搜索知识的类型也会不同，所以，知识搜索行为将发挥着各自不同的作用（Rowley et al.，2000）。

（2）侧重于关系嵌入性对知识搜索的影响。

知识本身具有复杂性、缄默性和模糊性的特性（Kotabe et al.，2003；Kogut et al.，2003），这些特性对企业知识搜索来说具有挑战性，如何高效、快速搜寻和获取企业所需知识对于处于外部知识网络中的每一位成员都是一个需持续破解的命题，显然，与其他网络成员的关系强度、关系质量和关系的持久程度在此时起着非常重要的作用。

有研究者认为，企业知识搜索的水平取决于关系嵌入的企业间互动水平、信任与互惠程度、网络规模三个方面（Yli-renko et al.，2001）。尤其是外部知识网络关系的强联结与默会知识和优质信息的传递和获取有关（Giuliani & Bell，2005）。由外部知识网络关系强联结生成的信任、亲密情感关系和其他嵌入性成分有利于组织搜索和获取深度的复杂知识，进而对企业的创新具有提升作用（Uzzi，1997），因为相比网络关系弱联结而言，复杂或默会的知识更可能在强联结中被传递（Hansen，1999），强联结为知识传递和交流、解决复杂问题和技术创新提供了一个更好的通道，强联结作为优质信息交换的机制起重要作用（Gulati, 1998; Gtanovertter, 1985）。网络成员间高亲密关系可能增加资源和默会复杂知识的转移，因为亲密关系使合作伙伴更愿意花时间去仔细地解释、详述或聆听崭新的或复杂的创意和思想，古拉蒂（Gulati, 1998）把这种知识搜索行为称为二元关系的"情感嗡嗡（emotional buzz）"。这种"情感嗡嗡"使网络合作伙伴容易专注于某个方向，汲取冗余资源，降低或屏蔽信息噪声，有助于获取某一特定创新的深层次交流和理解。所以，网络成员间高水平的密集互动培育了双方信任关系，对于隐性知识的搜索起着促进作用（Zaheer et al., 1999），较强的关系联结对企业深度知识搜索有着积极的作用。

尽管强联结因高频率的交互作用和资源承诺提高了企业深度知识搜索水平，但也有一定的局限，外部知识网络关系的弱联结可以弥补这些缺陷，也就是弱联结对企业知识搜索同样起着促进作用，其对知识搜索的积极影响体现在：第一，弱联结提供了多样化的和非冗余的信息，有利于企业更为广泛的知识搜索（Koka & Prescott, 2008）；第二，在远程搜索方面，弱联结比强联结更具有优势，更可能搜索到并获得远程的他人所拥有的特有的崭新信息（Granovertter, 1985）；第三，相比于强联结，弱联结受时间和资源的约束较少，其实际维持联结的合作伙伴数量有可能增多，进而容易延伸至不同的市场和技术领域。

因此，外部知识网络关系嵌入的强联结和弱联结对企业知识搜索的深度和广度有不同的优势，强联结有利于深度搜索，而弱联结更有利于企业对多样化知识来源的广泛搜索。

另外，当企业所处的外部知识网络中存在明显的内部联系紧密的"小网络"［即齐美尔（Simmelian）联结］，以及"小网络"与外部联系稀缺的子网络时，会产生"小网络"内部一致性和对外部子网络的抵抗性。这是因为，"小网络"内部处于强联结状态，其节点间容易进行知识搜索，搜索成本相对较低，较容易通过"小网络"搜寻、获取所需知识，企业更愿意通过"内部""小网络"相互之间的强联结，与网络内部成员进行深层次合作、寻求绑定，这种形式有利于企业深度知识搜索。但是，由于与外部子网络关系疏远，联结松散，再随着这种"小网络"的成熟与发展，会出现一些负效应，如"网络锁定"，与外部子网络联系少，而内部由于相互依赖性高，容易造成创新动力不足。

（3）嵌入路径平均长度对知识搜索的影响。

有研究表明，企业知识搜索中信息和知识转移效率与外部知识网络的平均路径成反比。企业所处的外部知识网络中平均路径短意味着网络中技术知识容易快速传播，有利于企业广泛的搜索外部知识，提高搜索效率；同时，较短的平均路径也意味着企业能够以平均较少的边连接到其他节点，从而降低企业宽度搜索的成本。但是，当网络平均路径小到一定程度时，也会出现"知识溢出"的负效应。这是因为短路径引致的知识搜索的高效率、低成本，可能抑制企业技术创新的动力，网络成员容易形成"搭便车"的惯性，这种知识溢出的负效应容易造成企业长期研发资金投入不足，不利于企业技术创新，从长期来看，会直接影响企业知识搜索的能力、成本与效率（刘智，2013）。

此外，情境因素和知识网络所处的外部环境也是影响知识搜索的重要因素，包括可得技术机会的富裕程度、环境动荡程度和同行业中其他企业的搜索活动等（Sidhu et al.，2007；Laursen & Salte，2006；Jansen et al.，2006）。这也进一步说明了外部网络嵌入性对企业知识搜索的重要性。

2. 外部知识网络嵌入性与知识搜索的实证研究

学者们对外部知识网络嵌入性与知识搜索的实证研究主要从结构嵌入性、关系嵌入性的视角，实证考察外部知识网络嵌入性对知识搜索的影响。

（1）侧重考察结构嵌入性对知识搜索的影响。

学者们考察的结构嵌入维度主要包括网络规模、网络中心度、网络异质性、网络开放度和网络多样性等结构嵌入特征。

朱利安尼和贝尔（Giuliani & Bell，2005）通过对智利葡萄酒企业的调查，重点考察了企业网络规模和网络异质性对知识搜索的影响。他们的考察结论显示外部知识网络中不同的外部知识源（如供应商、顾客、分销商、大学、咨询机构和行业协会等）联结的数量和结构对企业搜寻、获取技术和知识等知识搜索活动，以及企业中观层面的学习与创新有显著影响。因为不同的外部知识源在知识等资源能力方面具有异质性，嵌入于开放、大规模和多样化的网络极大提高了企业解决问题的能力，同时促进企业的学习行为。以解决问题为目标的这种知识搜索活动，促进了网络内众多单个企业创新能力的提升。

吉森等（Gilsing et al.，2008）在广泛对汽车制造、化工和制药行业企业的调查中，重点考察了技术联盟网络结构嵌入性的合作技术距离、网络中心性和网络密度三个维度及其交互作用对企业知识搜索，尤其是探索性搜索的影响。研究结论显示：企业的网络中心度与网络密度的交互作用对探索性搜索有显著的正向影响；合作技术距离和企业网络中心性的交互作用对探索性搜索有显著的负向影响；而合作技术距离和网络密度的交互作用对探索性搜索没有显著影响；同时，合作技术距离、企业的网络中心性和网络密度均与探索性搜索呈倒"U"型关系。结论认为，企业需要在更长的技术距离上与伙伴合作，网络中心度和网络密度对知识搜索的作用还需重新考察。

花木等（Hanaki et al.，2010）的研究从宏观层面探讨了研发网络的动态演化，认为网络结构存在显著的循环闭包和优先选择效应，企业在新的研发合作形成过程中，对外部知识源的知识搜索活动受已有知识网络的结构和合作伙伴的影响。他们运用 GN 网络分割算法和回归分析，利用美国 IT 产业 1985~1995 年的专利数据，考察了 IT 行业研发合作网络的演化过程。研究结果认为：企业在搜索外部知识源时，存在显著的网络结构循环闭包和优先选择效应。在新的合作研发过程中，企业从搜寻成本、信任建立的难度和风险，以及联合研发项目成果的专用性等角度出发，往往优先选择与现有合作伙伴作进一步合作，或者与现有合作者作为第三方推荐的企业进行新的合作，这导致了网络的循环闭包；研发网络经过不断的循环运作，将变得更广泛、更聚集，也更加地不均匀，呈现出"卫星型"网络结构；其结果就是，企业的知识搜索活动和研发合作的形成都发生在熟悉的圈子里。

（2）侧重考察关系嵌入性对知识搜索的影响。

学者们考察的关系嵌入维度主要涉及关系强度、关系质量、联系频率、关系持久性等关系嵌入特征。

罗森科普夫和阿尔梅达（Rosenkopf & Almeida，2003）在对半导体企业的实证研究结果表明：与外部知识网络伙伴的密切合作与活跃的发明人员流动能够促进企业跨越空间领域和技术领域的新知识搜索，从而克服本地搜索的限制。企业在搜索新知识的过程中，基于搜索成本的考虑和组织间信息交流、信任关系的约束，构建知识网络时往往选择地理区域邻近、技术相似的领域，也就是倾向本地化搜索，这对企业创新所需的新知识、新技术和新信息是一种限制，不利于在复杂而不断变化的市场环境中进行技术创新。而如何在搜索新知识的过程中摆脱本地化搜索的束缚、超越其现有的地理和技术情境更好地促进企业的技术创新？罗森科普夫和阿尔梅达指出：外部知识联盟和发明人员流动是两种有效途径，它可以克服本地化搜索的束缚，促进企业远程和跨技术领域进行所需新知识的搜索，从而有效弥补本地化情境中新知识搜索的不足，创建新的知识搜索情境。万哈弗贝克等（Vanhaverbeke et al.，2005）通过对汽车制造、化工和生物制药企业的考察，探讨了在技术联盟网络中，网络关系的直接嵌入和间接嵌入对企业探索性搜索和利用性搜索的不同影响。研究结果显示：间接嵌入对探索性搜索和利用性搜索均有显著的正向影响；直接嵌入对探索性搜索和利用性搜索均呈倒"U"型关系；对于两者的交互作用对企业知识搜索影响方面，他们认为可以分别利用网络的不同嵌入性方式，从而有助于使探索性搜索和利用性搜索在组织内达到某种平衡。

弗兰克（Fabrizio，2009）探讨了与外部知识源的关系强度和关系质量对企业知识搜索，尤其是专利发明的影响。通过对药品和生物技术公司面板数据的分析，弗兰克发现：在搜索新发明方面，企业与外部研发机构、科学家的亲密合作关系能产生较好的知识搜索结果，较好的关系质量和关系强度有利于企业对外部研发机构、大学研究成果的消化吸收，为创新方面提供优势；并且，与外部知识源的亲密关系在解决企业具体问题时能提供更快速、更适当的帮助，尤其是外部科学家能更及时地提供所需的科学知识，从而帮助企业提高搜索效率，从而提升技术创新的绩效。他们的研究结论显示：企业的研发活动以及和大学研究联结的关系强度、关系质量对知识搜索的质量和速度有着显著的正向影响，并且当两者同时进行时能产生更高的搜索效率。

还有学者实证研究了关系嵌入的"桥联结（bridge ties）"、强联结等对企业知识搜索的影响。蒂瓦纳（Tiwana，2008）基于对美国企业和其与服务集团等知识网络中的 42 个创新项目联盟的调查分析，深入探讨了创新联盟网络中桥联结和强联结，以及两者之间交互作用对企业知识搜索的影响。他认为，桥联结跨越了结构洞，有利于企业搜寻多样化信息和新颖的知识，进一步挖掘企业创新潜能，但缺乏对所搜寻知识的整合利用能力；而强联结可以帮助企业进行有效的知识整合，但在帮助企业搜寻多样化异质性的新知识方面有局限；虽然网络中关系的桥联结和强联结存在一定张力，但如果形成互补，例如，在提高联盟利益方面，强联结可以很好地补充桥联结，有助于企业将桥联结搜寻获取的新知识进行利用和整合并促进创新的实现。蒂瓦纳的研究结果表明，网络的桥联结和强联结及其互补性对网络知识搜索有着积极的正向影响。同样地，托尔托里洛和克拉克哈特（Tortoriello & Krackhardt，2010）也考察了桥联结对跨界搜索新知识结果的影响。他们在对 276 个研发科学家和工程师的相关数据的分析发现，桥联结对搜索外部知识源的优势，由于受齐美尔（Simmelian）联结［嵌入某一小集团（clique）的联结］的影响，对搜索结果的作用是有差异的。当知识网络中存在齐美尔联结时，强度大的桥联结对搜索的创新结果有着显著影响，因为在齐美尔结构内，共同的第三方在网络关系的纠纷减少和冲突问题的解决方面起了重要作用，它促进了网络成员的共同认知，增加了桥联结的稳定性，从而推进不同外部知识源的高效整合利用；当知识网络中不存在齐美尔联结时，桥联结的强度对搜索的创新结果无显著影响。

比较多的学者较为深入地侧重探讨了外部网络的关系嵌入性对企业知识搜索的影响，例如，乌兹（Uzzi，1996）对纽约服装企业的研究结果表明：由强联结生成的信任等嵌入性成分对获取深度的复杂知识和发现新方法等的搜索有直接的显著影响；魏江（2003）通过对杭州市软件企业的实证研究发现，在企业家、各层管理者和技术开发人员等之间存在的高频率非正式交流网络，为技术和管理知识与信息在集群网络内部流动提供了最有效的路径；陈学光等（2010）通过对浙江高新技术企业的调查研究，探讨了研发团队海外嵌入性对企业知识搜索的影响等。

学者们从不同视角、不同维度较为深入地探讨了外部网络的关系嵌入性和结构嵌入性对企业知识搜索的影响（见表2.8），进一步丰富了外部知识网络嵌入性与知识搜索的关系研究。

表 2.8　　　　　企业外部知识网络嵌入性与知识搜索的代表性实证研究

研究者（时间）	考察对象	考察内容或维度	研究结论	数据与方法
侧重结构嵌入对知识搜索的影响				
朱利安尼和贝尔（Giuliani & Bell，2005）	葡萄酒企业	网络规模网络异质性	外部知识源的数量和结构对企业知识搜索活动以及企业中观层面的学习与创新有显著影响	案例研究
吉森等（Gilsing et al.，2008）	汽车制造、化工和制药企业	技术距离网络中心性网络密度	网络中心度与网络密度的交互作用对探索性搜索有显著的正向影响；合作技术距离和网络中心性的交互作用对探索性搜索有显著的负向影响；而合作技术距离和网络密度的交互作用对探索性搜索没有显著影响；合作技术距离、企业的网络中心性和网络密度均与探索性搜索呈倒"U"型关系	联盟数据泊松回归
花木等（Hanaki et al.，2010）	IT 企业	网络结构循环闭包和优先选择效应	企业优先选择与现有合作伙伴合作或者共同第三方推荐的企业进行新的合作，导致网络的循环闭包进一步呈现"卫星型"网络结构；企业的知识搜索活动局限于熟悉的圈子里	专利数据GN 网络分割法多元回归

研究者 （时间）	考察对象	考察内容 或维度	研究结论	数据与方法
侧重关系嵌入性对知识搜索的影响				
乌兹（Uzzi，1996）	服装企业	强联结和其他嵌入性成分	由强联结生成的信任等嵌入性成分对获取深度的复杂知识和发现新方法等的搜索有直接的显著影响	问卷数据 多元回归
罗森科普夫和阿尔梅达（Rosenkopf & Almeida，2003）	半导体企业	网络成员合作发明人员流动	与外部知识网络伙伴的密切合作与活跃的发明人员流动能够促进企业跨越空间领域和技术领域的新知识搜索，克服本地搜索的限制	专利数据 多元回归
魏江（2003）	软件企业	非正式交流网络	在企业家、各层管理者和技术开发人员等之间存在的高频率非正式交流网络，为技术和管理知识与信息在集群网络内部流动提供了最有效的路径	问卷数据 多元回归
范哈弗贝克等（Vanhaverbeke et al.，2005）	汽车、化工、制药企业	直接联结间接联结	间接联结对探索性搜索和利用性搜索均有显著的正向影响；直接联结对探索性搜索和利用性搜索均呈倒"U"型关系	联盟数据 专利数据 多元回归
法布里奇奥（Fabrizio，2009）	药品、生物技术公司	关系强度关系质量	企业的研发活动以及和大学研究联结的关系强度、关系质量对知识搜索的质量和速度有着显著的正向影响，并且当两者同时进行时能产生更高的搜索效率	专利数据 多元回归
蒂瓦纳（Tiwana，2008）	42个创新项目联盟	桥联结、强联结	网络的桥联结和强联结及其互补性对网络知识搜索有着积极的正向影响	问卷调查 联盟数据 多元回归
托托里埃洛和克拉克哈特（Tortoriello & Krackhardt，2010）	276名研发科学家和工程师	桥联结、齐美尔联结	当网络中存在齐美尔联结时，强度大的桥联结对搜索的创新结果有着显著影响；不存在齐美尔联结时，桥联结的强度对搜索的创新结果无显著影响	问卷调查 档案数据 多元回归
陈学光等（2010）	高新技术企业	关系强度网络数量	关系强度对知识搜索深度具有显著积极影响；网络数量对知识搜索广度具有显著积极影响	问卷调查 结构方程

资料来源：笔者根据相关文献整理所得。

2.4.3 知识搜索与技术创新绩效

知识搜索对技术创新绩效的影响一直是知识搜索理论研究的焦点和热点，研究的内容主要集中在：第一，实证研究方面，学者们从知识搜索的深度和宽度、跨界搜索以及搜索策略组合等方面深入实证考察了知识搜索对技术创新及其绩效的影响，有了较为丰富的成果；第二，尽管对于知识搜索会显著积极影响企业技术创新绩效并赢得竞争优势方面达成了共识（Laursen & Salter，2006；Katila & Ahuja，2002；Rosenkopf & Nerkar，2001），但仍存在一些争议：其一，知识搜索是创新过程还是创新结果？其二，知识搜索如何实现动态平衡？以下将对上述内容作进一步的综述。

1. 考察知识搜索的深度和宽度对企业技术创新及其绩效的影响

卡蒂拉和阿胡贾（Katila & Ahuja，2002）以欧洲、日本与北美机器人行业企业为样本，把知识搜索的深度和宽度以及两者之间的交互作用作为解释变量，将产品创新作为被解释变量，并用研发支出、企业规模、合作频率、产品多样化、企业绩效和经济环境等作为控制变量，通过对行业专利数据的引用分析，考察了知识搜索深度和搜索宽度以及两者交互作用对企业产品创新的影响。研究结果显示：搜索宽度对企业产品创新有显著的正向影响；搜索深度与产品创新呈倒"U"型关系；搜索深度与搜索宽度对产品创新共同作用时存在交互作用，搜索深度是前提。

劳森和索尔特（Laursen & Salter，2006）以英国基于欧共体创新调查数据中的 2707 家符合条件的英国制造企业创新数据为基础，通过对 16 种外部知识源的使用数量和程度的测量，来测度英国制造企业的知识搜索水平，考察知识搜索对企业创新绩效的影响。研究结果表明：知识搜索宽度和搜索深度与企业技术创新绩效均呈倒"U"型关系，搜索的初始努力可以提高企业技术创新绩效，知识搜索越深越有利于企业创新产品的推出，但过度搜索或搜索宽度过宽对企业创新是不利的甚至起妨碍作用。

卡蒂拉和劳森（Katila & Laursen）等学者的研究结果激起了同行的兴致，学者们从不同国别的情境展开对比研究。吴和尚利（Wu & Shanley，2009）对美国电子医疗设备行业 1990~2000 年 10 年的专利数据进行分析研究，分析结果表明：探索性知识搜索宽度与创新绩效之间也存在倒"U"型关系；黄和李（Hwang & Lee，2010）以韩国 123 家信息与通信企业为研究样本进行调查研究，探讨知识搜索对技术创新绩效的影响，结论是：企业知识搜索宽度和渐进式创新绩效同样呈倒"U"型关系。

2. 考察跨边界搜索对企业技术创新及其绩效的影响

罗森科普夫和内尔卡尔（Rosenkopf & Nerkar, 2001）以光盘生产企业为研究样本，利用光盘行业的专利数据，从跨越组织边界、跨越技术边界两个维度区分四种不同类型的知识探索，考察了这四种不同类型的知识搜索对后继技术演进的影响。研究发现：同时跨越组织边界和技术边界的知识搜索对企业后续技术发展的影响最大；跨越组织边界但没有跨越技术边界的知识搜索影响居中；不跨越边界的知识搜索对后续技术演化的影响最小。

阿胡贾和卡蒂拉（Ahuja & Katila, 2004）通过对总部位于美国的全球化工企业的实证调研，从科学搜索和地理搜索两个维度出发，探讨了企业异质性资源的获取及科学搜索和地理搜索对企业技术创新的差异影响。当企业在本地搜索中面临技术耗尽困境或进行本国以外的市场扩张时，往往需要通过跨越组织边界的科学搜索和地理搜索，以获取企业所需的异质性资源，这些搜索路径促进了组织间可持续的绩效差异。研究结论认为，科学搜索的强度和地理搜索的宽度与技术创新均呈倒"U"型曲线关系。

西杜等（Sidhu et al., 2007）从供应维、需求维和空间维三个维度区分不同类型的知识搜索，并引入环境动态性作为情境因素，利用制造业行业数据，考察了跨组织边界的知识搜索对技术创新的影响。研究结果显示：企业处于动态环境中，跨地理区域（非本地）的供应维搜索有助于企业技术创新，跨地理区域（非本地）的需求维搜索不但不利于企业技术创新，而且起危害和妨碍作用；企业处于稳定静态环境中，跨地理区域（非本地）的需求维搜索有利于企业技术创新，跨地理区域（非本地）的供应维搜索则对企业技术创新有损害；跨地理区域（非本地）的空间维搜索对企业技术创新均有显著积极影响。

格里姆佩和索夫卡（Grimpe & Sofka, 2009）以欧洲13个国家4500家企业为样本，实证考察了不同技术企业的知识搜索模式对技术创新绩效的影响，研究认为：基于市场类知识源的知识搜索对低技术企业的技术创新更有帮助；基于技术类知识源的知识搜索有助于高技术企业创新成功，企业应根据自身实际技术水平，对两种知识搜索模式进行平衡。莱波宁和赫尔法特（Leiponen & Helfat, 2010）通过对芬兰制造企业的实地调研，实证研究了跨边界的知识搜索宽度和创新目标对企业技术创新绩效的影响，结论认为：企业知识搜索宽度和创新目标广度对企业技术创新绩效的影响呈显著的正向变动关系。

郭国庆和吴剑峰（2007）通过对电子医疗设备行业专利数据的分析研究，考察了企业跨界技术搜索与技术创新绩效之间的关系，研究发现企业跨界技术搜索的强度对技术创新有直接的显著影响，企业现有知识库对这种影响起调节作用；马如飞（2009）通过对187家本土企业的实地调研，将知识搜索分为跨界技术知识搜索和跨界市场知识搜索两种类型，从认知维跨界搜索和地域维跨界搜索两个维度区分不同类型的知识搜索，探讨知识搜索对企业技术创新的影响，结论表明：认知维跨界技术知识搜索、认知维跨界市场知识搜索、地域维跨界技术知识搜索、地域维跨界市场知识搜索均对企业技术创新绩效有显著的正向影响，其中地域维跨界技术知识搜索、认知维跨界市场知识搜索影响更大。

3. 考察不同知识搜索策略组合对企业技术创新及其绩效的影响

卡蒂拉和阿胡贾（Katila & Ahuja，2002）在对欧洲、日本与北美机器人行业企业的研究发现，随着企业知识搜索深度的提高，知识搜索宽度至少有两种策略与之组合，从而正向积极地影响企业的产品创新：其一，运用增加新颖知识丰富企业知识储备的拓宽搜索宽度策略，与搜索深度相匹配，为解决新问题提供充足选择；其二，通过搜索宽度的扩大再组合，增大企业新产品研发数量，增加企业知识存量，与搜索深度组合，从而提高知识单元成功组合的可能性，促进企业技术创新。

山川等（Yamakawa et al.，2011）通过对美国95家企业8年的纵向数据的分析研究，考察了功能领域的探索性知识搜索和利用性知识搜索及其组合对企业技术创新绩效的影响。其中，探索性知识搜索聚焦价值链中新技术研发和新产品开发领域对新技术、新知识的搜索；利用性知识搜索聚焦价值链中资源利用和市场营销领域对新信息、新知识的搜索。对市场、资源信息和知识的利用性搜索能给企业带来直接即时的收益，而探索性搜索能给企业带来的收益往往是中长期的，并具有不确定性，两者对企业技术创新绩效的提升各具优势，需进行搜索策略的平衡使用。

拉维等（Lavie et al.，2011）通过对软件企业的实证研究发现：企业在职能领域或结构领域任何一个同一领域，追求探索性搜索与利用性搜索的策略平衡往往会损害企业技术创新绩效，这是因为资源分配的权衡和冲突的组织惯例。他们提出，实现搜索领域的分离，即企业在一个领域内进行探索性搜索，而在另一领域内进行利用性搜索，两种搜索策略组合可以克服上述障碍并提高企业技术创新绩效。同时，他们也提出，企业实行跨领域的知识搜索策略能获取利润和市场价值，而扩大企业规模会提高跨领域知识搜索策略平衡的收益。

关于知识搜索与技术创新及其绩效的关系研究，学者们基于不同的研究目标从不同的研究视角进行了较多的探讨，有了较为丰富的研究成果，本书对这方面的代表性研究作了进一步的归纳总结，具体如表2.9所示。

表2.9   知识搜索与企业技术创新关系的实证代表性研究

研究者 （时间）	考察对象	研究问题	研究发现	数据类型
侧重于知识搜索的宽度和深度				
卡蒂拉和阿胡贾 （Katila & Ahuja, 2002）	欧洲、日本和北美机器人企业	知识搜索深度和搜索宽度以及两者交互作用如何对企业产品创新产生影响	搜索宽度对企业产品创新有显著的正向影响；搜索深度与产品创新呈倒"U"型关系；搜索深度与搜索宽度对产品创新共同作用时存在交互作用，搜索深度是前提	专利数据
劳森和索尔特 （Laursen & Salter, 2006）	2707家英国制造企业	搜索水平和搜索策略对创新绩效的影响	知识搜索宽度与搜索深度和企业技术创新绩效均呈倒"U"型关系；过度搜索或搜索宽度过宽对企业创新是不利的甚至起妨碍作用	国家创新调查数据
吴和尚利（Wu & Shanley, 2009）	美国电子医疗设备行业	搜索策略对创新绩效的影响	探索性知识搜索宽度与创新绩效之间存在倒"U"型关系	专利数据
黄和李（Hwang & Lee, 2010）	韩国123家信息与通信企业	知识搜索对渐进式创新的影响	企业知识搜索宽度和渐进式创新绩效呈倒"U"型关系	问卷数据
侧重于跨边界知识搜索				
罗森科普夫和内尔卡尔（Rosenkopf & Nerkar, 2001）	光盘生产企业	不同类型的知识搜索对后继技术演进的影响	同时跨越组织边界和技术边界的知识搜索对企业后续技术发展的影响最大；跨越组织边界但没有跨越技术边界的知识搜索影响居中；不跨越边界的知识搜索对后续技术演化的影响最小	专利数据
阿胡贾和卡蒂拉 （Ahuja & Katila, 2004）	总部位于美国的全球化工企业	企业异质性资源的获取及科学搜索和地理搜索对企业技术创新的差异影响	企业面临技术耗尽或市场扩张时，需进行跨越界的科学搜索和地理搜索；科学搜索的强度和地理搜索的宽度与技术创新均呈倒"U"型关系	专利数据

研究者 （时间）	考察对象	研究问题	研究发现	数据类型
侧重于跨边界知识搜索				
西杜、科芒德尔和沃尔伯达（Sidhu, Commandeur & Volberda, 2007）	制造企业	动态环境下，跨组织边界的知识搜索对技术创新的影响	企业处于动态环境中，跨地理区域（非本地）的供应维搜索有助于企业技术创新，跨地理区域（非本地）的需求维搜索不但不利于企业技术创新，而且起危害和妨碍作用；企业处于稳定静态环境中，跨地理区域（非本地）的需求维搜索有利于企业技术创新，跨地理区域（非本地）的供应维搜索则对企业技术创新有损害；跨地理区域（非本地）的空间维搜索对企业技术创新均有显著积极影响	问卷数据
格里姆佩和索夫卡（Grimpe & Sofka, 2009）	欧洲 13 个国家 4500 家企业	不同技术水平企业的知识搜索模式对技术创新绩效的影响	基于市场类知识源的知识搜索对低技术企业的技术创新更有帮助；基于技术类知识源的知识搜索有助于高技术企业创新成功	问卷数据
莱波宁和赫尔法特（Leiponen & Helfat, 2010）	芬兰制造企业	跨边界的知识搜索宽度和创新目标对企业技术创新绩效的影响	企业知识搜索宽度和创新目标广度对企业技术创新绩效的影响呈显著的正向变动关系	问卷数据
郭国庆和吴剑峰（2007）	电子医疗设备行业	跨界技术搜索对技术创新绩效的影响	企业跨界技术搜索的强度对技术创新有直接的显著影响	专利数据
马如飞（2009）	187 家本土企业	不同类型的知识搜索对企业技术创新的影响	认知维跨界技术知识搜索、认知维跨界市场知识搜索、地域维跨界技术知识搜索、地域维跨界市场知识搜索均对企业技术创新绩效有显著的正向影响，其中地域维跨界技术知识搜索、认知维跨界市场知识搜索影响更大	问卷数据

研究者（时间）	考察对象	研究问题	研究发现	数据类型
		侧重于搜索策略组合和平衡		
卡蒂拉和阿胡贾（Katila & Ahuja, 2002）	欧洲、日本与北美机器人企业	搜索宽度与搜索深度组合策略对创新的影响	运用增加新颖知识丰富企业知识储备的拓宽搜索宽度策略，与搜索深度相匹配；通过搜索宽度的扩大再组合，增大企业新产品研发数量，与搜索深度组合，从而促进企业技术创新	专利数据
山川杨和林（Yamakawa Yang & Lin, 2011）	美国 5 个产业 95 家企业	职能领域的探索性知识搜索和利用性知识搜索及其组合对企业技术创新绩效的影响	对市场、资源信息和知识的利用性搜索能给企业带来直接即时的收益，而探索性搜索能给企业带来的收益往往是中长期的，并具有不确定性，两者对企业技术创新绩效的提升各具优势，需进行搜索策略的平衡使用	8 年纵向数据
拉维·康和罗森科普夫（Lavie Kang & Rosenkopf, 2011）	软件企业	不同领域搜索策略的平衡组合对创新绩效的影响	实现搜索领域的分离，即企业在一个领域内进行探索性搜索，而在另一领域内进行利用性搜索，两种搜索策略组合可以克服同一领域搜索障碍并提高企业技术创新绩效	问卷数据
余传鹏等（2020）	制造型企业	科学型搜索、市场型搜索、供应链型搜索对创新的影响	科学型搜索与探索式管理创新间的关系同时受到风险性认知（负向）、匹配性认知（正向）和复杂性认知（负向）的调节效应影响；市场型搜索与利用式管理创新间的关系仅受到复杂性认知的负向调节效应影响；供应链型搜索与利用式管理创新间的关系同时受到风险性认知（负向）、匹配性认知（正向）和复杂性认知（正向）的调节效应影响，但其与探索式管理创新间的关系仅受到匹配性认知的负向调节效应影响	问卷数据

资料来源：笔者根据相关文献整理所得。

2.5 研究述评

2.5.1 社会网络研究述评

本书通过对社会网络研究发展脉络的梳理、社会网络内涵界定与组成单元分析以及社会网络动因的解读，对本研究给予了重要启示，具体述评如下所示。

1. 社会网络多学科研究视角的总结与述评

从对社会网络研究发展脉络的梳理以及社会网络内涵界定与组成单元分析中，可以看到社会网络相关研究涉及社会学、心理学、经济学、管理学等多个学科，包含了战略管理理论、制度理论、制度经济学理论、资源理论、社会资本理论、组织学习理论等多个领域的知识基础。

从社会学角度看，社会网络是人际关系网络在市场社会的延伸，企业通过人际关系构建社会网络，接受社会规范和文化的影响，增加企业发展和创新所需的人力资本，对经济发展具有重要推动作用。企业网络地位、嵌入网络的结构特征、社会资本、结构洞等要素都会影响企业搜寻、获取、整合和利用知识的机会，进而影响组织的行为和利益、创新绩效和组织核心竞争力等（Zaheer & Bell，2005；Tsai，2001，2002；Burt，1992；Coleman，1988；Bourdieu，1985；Granovetter，1973；黄嘉文，2019）。

从经济学角度看，企业通过与社会网络其他成员的相互联结，形成资源共享，可以降低市场交易费用，减少市场交易的不确定性和交易风险，不仅获得静态的经济效率，如规模经济和范围经济；而且，动态经济效率也会因此得以明显提升，社会网络有助于企业在获取有效信息、整合利用新知识新技术、提高市场渗透力、较为广泛利用资源等方面获得竞争优势（Williamson，1985，2002；Powell，1990；Jarillo，1988；张志勇等，2007；赵睿等，2021；杨柳，2022）。

从管理学角度看，企业社会网络有助于企业培育并提升企业核心能力（Prahalad & Hamel，1990），有助于企业间协同合作创新、提升企业的动态能力（Eisenhardt & Martin，2000；Teece et al.，1997），它是一种资源配置方式，还是一种重要的战略思维方式（许小虎，2006）。而因为嵌入企业社会网络中的社会资本具有稀缺性、价值性、难以模仿性和不可替代性的特点，利用社会网络中的社会资本就是利用企业的异质性资源，能给企业带来持续竞争优势（Ahuja，2000；Gulati，1998，1999；Dyer & Singh，1998）。并且，企业通过社会网络间的相互学习，有利于网络成员间知识的交流、共享，为企业与外部有效沟通、获取外部知识源提供了有效路径，是企业创新的重要来源（Tsai，2001；Spender & Grant，1996；彭伟，2017；王传征，2022）。

综上所述，从社会学、经济学、管理学等不同学科视角，学者们对企业社会网络展开了多方位、多维度的积极探索，就社会网络对企业持续竞争力的提升、创新绩效的提高等方面的研究达成共识：社会网络有助于企业搜寻、获取、整合和利用网络异质性资源，培育提升企业核心能力和动态能力，从而促进企业提升创新绩效，形成企业持续竞争优势。而社会网络如何影响企业创新绩效的过程和作用机制、网络嵌入性与企业创新绩效的关系、什么是最优企业社会网络结构、如何构建等问题仍值得学者们进一步深入探索和研究，上述需进一步深入探讨的问题为本项研究的展开留下了空间。

2. 社会网络形成动因的不同解释机制比较与述评

多个理论学派对社会网络形成动因进行了多角度的解释，包括资源理论、交易费用理论、制度理论和组织学习理论等，具体如图 2.8 所示。

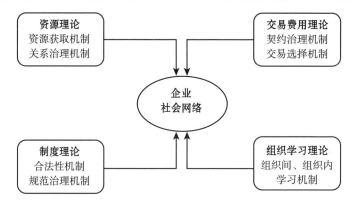

图 2.8　各理论学派对社会网络的解释机制

上述资源理论、交易费用理论、制度理论和组织学习理论从不同视角用不同机制较为深入地解释了企业社会网络形成的动因，在企业社会网络形成的根本动因方面达成了一致：一是基于经济效率和市场地位的提升，促使企业积极参与、设计与构建其所需的社会网络；二是在动态复杂环境下对外部资源的依赖，决定了企业必须与其他网络行动者构建社会网络。

具体到各理论学派对社会网络动因的解释，从各自不同视角的研究都较为深入，但都存在一些需进一步深入探讨的问题：资源理论尽管顺应环境变化进行了多次演进，但从根本来看，主要着眼于企业对外部资源获取的能动性和策略性行为的研究，就企业对资源的内部整合利用稍显欠缺，也忽略了对制度文化和创新效率的研究；交易费用理论主要集中于关系契约形成和交易选择机制的探讨，未对企业与其社会网络成员间的关系治理做出解释（Nooteboom，1992）；制度理论聚焦企业参与构建社会网络过程，获取合法性地位，有其合理性，但略显单薄，无法进一步解释网络联结的形式和差异性；组织学习理论着眼于组织学习的意义、知识获取的过程，对其中作用机理的探讨仍需进一步研究。各理论学派对社会网络动因的阐释如表 2.10 所示。

表 2.10　　　不同理论学派对社会关系网络形成动因的阐释比较

比较内容	资源理论	交易费用理论	制度理论	组织学习理论
	资源获取机制 关系治理机制	契约治理机制 交易选择机制	合法性机制 规范治理机制	组织间、组织内 学习机制
分析单元	资源	交易	制度	知识
因果关系	外部资源、经济效率、市场地位的获取	追求经济效率的动机和交易方式的选择	规范治理、合法性机制、制度环境适应机制	对知识的搜寻、获取、整合、利用的动机
分析焦点	资源获取与控制	市场利益关系	制度环境和组织关系	知识利用
解决问题	持续竞争优势的来源	组织间或个体的差异	组织和个体的驱动性	组织能力的差异

资料来源：笔者在相关文献基础上进行拓展、重构。

上述各学派对社会网络形成动因的解释形成了一定的互补关系，都有合理的解释依据，但都各自为政，彼此缺少关联，无法看到动因解释的清晰主线，这为本书的研究提供了新的启示和切入点，那就是企业与外部知识网络的有效嵌入是获取创新资源的重要路径。

2.5.2　知识网络研究述评

1. 知识网络特质总结与述评

关于知识网络的研究成果比较多地集中在知识网络的内涵、分类和结构分析上，这些研究成果在一定程度上揭示了知识网络的新特征。在开放协同创新和全球化的背景下，本土制造企业的知识网络与全球制造网络是相嵌套的，结合学者们的研究成果和本研究主题，本书对知识网络的特质作如下总结与评述。

第一，动态、开放。本土企业知识网络与全球知识网络相嵌套，企业知识网络具有开放性的特征。企业知识网络天然具备开放性（沈立新等，2005；李健等，2018；杜玉申等，2021），全球经济一体化背景下，企业的竞争对手已从本土延伸到世界各地，竞争日趋激烈，能否有效获取全球知识网络中的关键性技术、知识和资源，积极参与全球价值链中，是企业获取竞争优势的关键；知识网络本身作为一个开放性的耗散结构系统，它通过网络间的互动产生，在互动中不断扩展、演进，并随着网络的形成与扩展，网络主体的联系方式与强弱也在不断变化（李勇等，2006）。知识网络的动态性和开放性能保证技术创新网络与外界保持知识的交流，不断优化和扩大合作伙伴的合作水平和规模，形成竞合网络结构。

第二，多维联系、利益互补。首先，多维联系特质体现在知识网络的边界是动态的，同企业的经济网络和社会网络的关系是复合的（沈立新等，2005；张红娟等，2022；张永云等，2023）。其次，多维联系特质也体现在网络内部，知识网络的核心层内部呈"强联系"，与外围层处于"弱联结"，而位于核心层与外围层之间的中间层处于调节响应状态（马德辉，2008），网络中，个体企业与其他成员的联系也是多向的，即处于多维联系态；在信任基础上形成的知识网络，网络成员通过相互交流、学习，互通有无，提高了资源和知识的协同互补效应，形成和巩固自身的核心竞争力，创新成果也按照网络成员各自的贡献在网络内部成员中进行分配，形成了知识网络的利益互补特质。

第三，结构不均匀。知识网络结构与网络成员的异质性知识基础相关，所谓知识基础是指一系列的信息输入、发明者寻求创新方法时所采用的知识和能力（Dosi，1998），而技术知识的拥有者——企业，是作为一个整体拥有知识，这种知识不可以简单还原为任何个人的知识，也不是所有不同个体、设备和企业员工能力的简单综合（Winter，1982），是内在的、不完全的、复杂的和路径依赖的（Dosi，1997），从而决定了知识的传递过程保持着异质性。网络资源不是均匀或随机在网络系统中流动的，知识网络中关系的数量、密度、方向和行动者之间的联系属性等因素，对网络成员间资源配置和优化也有较大影响（Wellman，1988；孙永磊等，2019），也就意味着网络中知识流动具有不均匀性和选择性，企业在寻求特定问题解决方案时，通常倾向选择具有较强知识基础的、最有可能获得良好解决方案的网络主体（Schrader，1991）。

第四，形态模糊。知识网络的形态表现既可能是松散的，也可能是紧密的；可能是线性的，也可能是星状、网络状，具有模糊性的特征；同时，知识网络形态本身具有灵活性，优劣不一，这就要求企业在知识网络中寻求所需资源时，需拥有很强的协调能力，既能保证低成本维持某些稳定的网络关系，又能及时寻求更具竞争力的知识节点，当某一节点的知识势能不再对企业有帮助时，企业通过寻找更高阶知识势能的节点，进入新一轮更高阶知识源的结网过程，如此不断演化，从而持续提高企业创新能力，获得竞争优势（和金生和詹勇飞，2009）。

总之，企业知识网络具有动态开放性、多维联结性、利益互补性、结构不均匀性和形态模糊性的特征。动态开放性要求企业不断根据环境变化和自身需求，选择、优化与其他网络成员的合作关系，扩大网络规模，适时调整联结方式和强弱关系；多维联结性和利益互补性意味着企业可以主动选择适合企业生存和发展的网络成员，保障自身利益；结构不均匀性强调企业在知识交流与知识创造过程中，根据异质性的知识基础，选择具有较强知识基础的、最有可能获得良好解决方案的网络主体；形态模糊性意味着知识网络的合作可以有多种形态，要求企业注重协调能力的培育，低成本维护稳定网络关系的同时，适时构建符合自身发展所需的新关系。

2. 知识网络与社会网络差异辨析

梳理现有文献可以发现，管理学科领域正在研究的企业技术创新、社会网络分析、知识网络分析、隐形资源显性化、知识转移、全球价值链分析、企业家网络分析等都会涉及知识网络和社会网络的应用问题，从不同视角、不同层面揭示两者之间的联系，并且在诸多文献中，两者往往混同应用，模糊了两者的差异性，而两者之间的比较分析文献又非常缺乏，所以，以下将根据上述关于知识网络与社会网络的相关研究成果，结合本研究主要内容，对知识网络与社会网络作一简要辨析，为下一步研究作一逻辑梳理。

（1）研究对象的差异。

知识网络和社会网络的行为主体没有太大区分，但关注的问题是有区别的，社会网络研究人与人、人与组织、组织与组织之间的社会关系问题，关注的是"谁知道谁"的关系，研究的对象相对宽泛；知识网络研究人与人、人与组织、组织与组织之间的知识关系问题，关注的是"谁知道什么"，这个"什么"与知识、信息、技术高度关联，研究的对象相对专注。

（2）联系方向的差异。

知识网络具有多维联系性和形态模糊性的特征，网络联结呈现多向度的特质，即每一个知识节点与其他知识节点的联结是通过多种多样的形象、属性和关系相连，结构表现可以是线状、星状或网络状，可以紧密，也可以松散，这种多维性来源于构成知识节点的知识单元内在构成元素、结构和外在形态的多元性；而社会网络的联系没有方向要求，联系方向不明显，它主要是基于信息交流而构建的关系网络，类似于"虚拟企业"，由具有一定特征的社会关系连接而成，不具备方向性。

（3）构建目的的差异。

知识网络的构建目的始终是明确的，知识网络的行为主体具有共同的关注，通过知识的传递、分享、交流，为企业创造新知识，实现价值增值，获得竞争优势，赢得组织目标和利益的最大化，其目的就是知识的利用、整合和创造、运用，从而促进技术创新；而社会网络的构建通常没有明确的目的和功利，或者说没有即时的目的，短期功利性不明显，它的目的更多倾向于人与人之间、组织与组织之间为达到将来的或某一时期特定的目的进行信息交流而构建关系。

（4）知识类型的差异。

行为主体在知识网络中期望能同时搜寻隐性知识和显性知识，但网络成员间的知识类型更多呈现的是显性知识，知识网络的功能之一是响应用户的查询要求，返回给用户的是其所需的信息和知识，信息需从静态隐性转为动态显性；而社会网络的知识类型更多以隐性知识来呈现，需要通过专业的工具把个人或组织的隐性知识引导出来，然后编码记录，才可能成为方便交流、共享、运用的显性知识。

（5）知识传递路径的差异。

知识网络中的知识传递主要通过知识链来实现，基于信任的合作关系，以知识搜索、挖掘、发现为基础，最终需通过专有的研究方法，在诸多信息之间建立关联，从而发现有价值的信息、情报或知识；而社会网络的知识传递主要通过人际关系网来实现，依靠人际间的有效沟通，需引入专家，依靠专家的知识与经验，挖掘社会网络中的隐性知识。

（6）网络规模的差异。

知识网络更多关注行为主体间的知识创造与共享，通常网络规模大而松散，适用于研究大型群体之间的知识创造与共享；而社会网络是建立在人际关系网络的基础上，适用于研究小规模、小型群体的人际关系和群体结构。

知识网络与社会网络的差异性辨析归纳如表2.11所示。

表2.11 知识网络与社会网络的差异性辨析

辨析视角	知识网络	社会网络
研究对象	谁知道什么	谁知道谁
联系方向	多向度性	无向

辨析视角	知识网络	社会网络
构建目的	知识的交流、创造与共享	特定目的的信息交流
知识类型	显性知识	隐性知识
知识传递路径	知识链	人际关系
网络规模	大型群体	小型群体

资料来源：笔者根据相关文献整理所得。

知识网络和社会网络具有较明显的差异，同时，也存在较多的重合和交叉，从知识网络的存在形式来看，它既可以依托或嵌套社会网络，即在企业之间、或者企业与其他外部行为主体之间进行商业往来、技术交易时，会同时伴随着知识溢出的发生；也可以独立于社会网络，以社会网络的存在为前提，表现为企业间、不同企业的员工之间、企业与其他行为主体之间发生的非正式的技术、经验交流关系等。

本书的研究将借助知识网络和社会网络研究的重合和交叉内容，充分区别知识网络与社会网络的差异，结合本研究内容，探讨外部知识网络嵌入对技术创新绩效的作用机制问题。

2.5.3　知识搜索研究述评

学者们分别从演化经济学、战略管理、组织学习等视角对知识搜索进行了大量的研究，研究的主要内容包括：知识搜索的内涵界定和测量维度；知识搜索的过程研究；知识搜索的影响因素；知识搜索作为前因和后果的研究，以及知识搜索的动态平衡、未来研究空间等，知识搜索已逐渐成为组织创新分析的主导范式。与本研究契合的主要内容目前集中在以下三个方面。

第一，集中在知识搜索对组织理论意义的阐述。学者们认为，知识搜索是支撑组织解决问题和适应环境变革的基础（Cyert & March，1963），知识搜索在组织演化和环境适应方面起着关键作用，是企业搜寻其所需的信息或新知识，用以解决问题的活动，涉及技术构念的创造和知识的重新整合，通过知识搜索，能使组织更好地适应环境、促进组织学习，减少组织失败的风险（Chen X. et al.，2022；Laursen & Salter，2006；Katila & Ahuja，2002）。特别是，知识搜索有助于企业寻找、获取多样化的外部知识源，为企业选择不同的技术路径提供机会，通过知识的重新整合促进技术开发，为企业提高创新效率和实现持续创新提供了可能（Nelson & Winter，

1982；Ehls D. et al.，2020）。但是，企业在知识搜索的实践过程中会出现两大难题：搜索不足和过度搜索。一方面，由于外部知识网络构建不完善、企业个体拥有的资源受限等原因，会造成知识搜索不足，不利于知识的重新整合，技术创新效率因此受影响；另一方面，为提高使用、整合和创造新知识的能力，企业将持续投入大量的资本、时间及其他资源等用于知识搜索活动，引致知识搜索过度，甚至造成负债，对企业创新将是一种损害（Laursen & Salter，2006）。因此，避免过度搜索或搜索不足的问题对企业而言具有重要意义。劳森和索尔特（Laursen & Salter，2006）、黄和李（Hwang & Lee，2010）认为，适当增加知识搜索的宽度和深度，并对这两维水平进行总体平衡，可以解决这一问题，对企业技术创新绩效带来积极影响，他们把知识搜索的宽度和深度作为衡量创新成功的两个重要指标。如何实现快速而高效的知识搜索成为管理理论和实践研究中的焦点问题。

第二，集中在技术创新领域。很显然，广泛利用外部知识源，通过知识网络搜索具有商业潜能和市场价值的新思想和新知识，帮助企业实现创新，这是企业技术创新过程的核心部分（Garzella S. et al.，2021；Laursen & Salter，2006；Chesbrough，2003a）。因为新产品市场化的成功直接影响企业的创新绩效和可持续发展（Boschma & Ter Wal，2007），而技术创新本身包含着搜寻所需新知识、寻找发明源，试验、生产新产品并投放市场实现商业价值等一系列过程（Knight，1967；王元地等，2015；肖艳红等，2019）。所以，企业技术创新绩效包含对企业过程创新和产品创新的评价，知识搜索对于技术创新的意义也不言而喻，这和本书的研究主题密切相关。

第三，集中在组织与组织间的层面。波特（Porter，1998）等众多学者认为，网络作为介于市场和科层之间的组织形式和制度安排，灵活、高效而且资源丰裕，能极大地推进企业技术创新的产生和扩散。当今，在全球化、信息化背景下，市场竞争日益激烈，对于大多数企业来说，仅仅利用自身独有的知识、资金等资源单独创新几乎不可能，企业与其他组织必然联盟，基于各自需要嵌入亲密互动的网络中，通过知识搜索获取更多知识、技术、资金、信息等资源，以降低创新的市场风险、提高技术创新绩效和新产品的市场适应力（Lin，Yang & Arya，2009；Brown & Duguid，2000；Scott et al.，1999；Uzzi，1997；Mannucci P. V. & Yong K.，2018）。研究表明：跨组织和技术边界的知识搜索对企业的技术演进影响最大，没有跨越组织边界的知识搜索对企业的技术演进影响较小（Rosenkopf et al.，

2001)。显然，基于组织间层面的企业网络对知识搜索有着重要影响。本书研究的是基于组织间的、"自我中心型"外部知识网络，这也契合了本书的研究范畴。

2.5.4 外部知识网络嵌入性、知识搜索与技术创新绩效研究述评

1. 外部知识网络嵌入性与技术创新绩效关系研究的争议述评

实际上，关于外部知识网络嵌入性关系强弱的优势和劣势纷争也一直不断。多数学者认为，外部网络嵌入性的关系强联结能促进网络中企业的信息传递和知识转移（Dyer & Nobeoka，2000；Dyer & Singh，1998；Uzzi，1997），网络成员的联结关系越强，获取的异质性资源会更多，更能促进绩效提升；而格兰诺维特（Granovetter，1973）则认为外部网络嵌入性的弱联结对绩效的作用比强联结更具优势，因为弱联结范围广、信息量充分，比强联结更能充当跨越社会界限获得信息和其他资源的"桥梁"；乌兹（Uzzi，1997）则通过他的研究得出结论：嵌入性对绩效的作用呈倒"U"型，"嵌入性不足"和"过度嵌入"都不利于技术创新绩效的提升。之后有关网络嵌入性的优劣势讨论给现有研究提供了新的活力。伯特（Burt，1998）认为两者并不矛盾，而是针对不同的人群和不同的网络构建目的，扮演着不同的角色，发挥着不同的作用，企业有可能受益于它们的组合，如强联结与弱联结的混合利用（Rowley et al.，2000）。刘雪峰（2007）实证研究探讨了网络嵌入性通过影响企业差异化战略进而影响企业绩效的机制，他的研究结论表明，外部知识网络嵌入性维度的差异，会带来企业对知识资源搜寻、获取与利用程度的差异，从而带来企业战略的构思与实施差异，影响企业技术创新绩效；同样，卡帕尔多（Capaldo，2007）通过对家具制造企业的实证研究，得出的研究结论是：持续竞争优势来自企业对网络结构的动态、有效利用，企业既需要有利于知识创新与创造的弱联结，又需要能促进企业间协作的强联结，管理者应洞悉网络矛盾的二重性并做好选择和平衡。

同时，也有学者从权变的视角认为，外部知识网络嵌入性的优势受情境因素影响，会因其所处的情境变化而改变，情境要素的引入是非常重要的（Gulati & Higgins，2003；Burt，1997；侯仁勇等，2019；张红娟等，2022）。例如，德容和弗里（De Jong & Free，2010）、蔡（Tsai，2009）、博世玛和特瓦尔（Boschma & Ter Wal，2007）等学者引入企业吸收能力这一情境因素，研究不同类型合作伙伴、集群企业知识网络嵌入性对企业技术创新绩效的作用；罗利等（Rowley et al.，2000）则把产业环境作为情

境变量，研究外部知识网络嵌入性与企业技术创新绩效之间的权变关系；维萨和查卡尔（Vissa & Chacar，2009）把战略一致性和团队凝聚力作为结构洞与创新绩效之间的调节变量；沙纳和马兹涅夫斯基（Shaner & Maznevski，2011）则将制度环境作为调节变量，研究跨国公司业务单位的网络嵌入性对其收益的影响。

学者们也一直在尝试打开外部知识网络嵌入性对企业技术创新绩效的中介机制的"黑箱"。例如，王炯（2006）通过对128家中国制造企业的实证调研，研究了企业网络嵌入性通过知识获取从而促进企业绩效提升；刘雪峰（2007）实证研究探讨了网络嵌入性通过企业差异化战略进而影响企业绩效的作用机制；许冠南（2008）实证研究了关系嵌入性透过探索型学习进而影响企业技术创新绩效的作用机制；彭新敏（2009）探讨了企业外部网络通过利用性和探索性学习进而影响企业技术创新绩效的作用机制。

综上对相关文献的梳理，可以发现，对于"外部知识网络嵌入性是如何影响技术创新结果的"这一问题的研究还比较缺乏，且现有的相关研究也存在众多争论，这正为本书的研究提供了一个很好的切入视角。

2. 知识搜索与技术创新关系研究的争议述评

已有的研究对知识搜索会显著影响企业技术创新及其绩效，并有助于企业竞争优势的获取已达成共识（Leiponen & Helfat，2010；Laursen & Salter，2006；Katila & Ahuja，2002；Rosenkopf & Nerkar，2001；郭国庆和吴剑峰，2007；马如飞，2009），但仍存在不少问题亟须破解，有一些问题还存在争议，例如：

（1）知识搜索是创新结果（如专利）还是创新过程？

关于知识搜索的这个问题一直存有争议，当前有两种观点：一种观点认为应把知识搜索看作是创新结果，另一种观点则认为应把知识搜索视作创新过程。

持前一种观点的学者将反映技术创新水平的新发明、新专利和新技术等作为创新结果，知识搜索被视作技术创新的效率或效果，是技术创新结果的反映，在实证研究中直接引用专利数据、公开出版物对知识搜索进行测度（Katila & Ahuja，2002；Sidhu et al.，2007；Laursen & Salter，2006；Rosenkopf & Nerkar，2001）。因为知识搜索是"一个新的想法，一个公式，它可能是一个旧观念的重组，或者是一种被认为是新的独特的方法，可能是一个挑战当前规则秩序的计划"（Van de Ven，1986）。卡蒂拉和阿胡贾（Katila & Ahuja，2002）利用机器人行业企业的专利数据、阿胡贾和卡蒂拉（Ahuja & Katila, 2004）利用化工行业的专利数据、罗森科普夫和内尔卡尔（Rosenkopf & Nerkar, 2001）引用行业的专利数据考察知识搜索对后继技术演进的影响；吉森等（Gilsing et al., 2008）运用专利数据考察企业的知识搜索水平，把5年内没有发挥作用的专利视作探索性专利，以此来测度创新搜索；法布里齐奥（Fabrizio, 2009）运用被引用的专利和新发明之间的时间间隔以及每年企业专利引用的平均数来测量知识搜索的搜索效率；他们在研究最后都提出了这种测度的弊端，因为"大部分专利都没有被商业化，专利引用只能部分反映企业的知识搜索水平"（Laursen & Salte, 2006）。

后一种观点认为，知识搜索是"在某一个体制内由与他人从事交易的人随时所进行的新思想的开发和执行"（VandeVen, 1986），是"一个随时开展并能采取多种形式的感性过程"（Koput, 1997），所以把知识搜索看成是创新过程更合理；而且，创新过程一直被认为分为搜索和实施两个连续的阶段（Zaltman et al., 1973）。并且，在开发新产品、引进新工艺等创新活动中，管理者需要分配资源于知识搜索（Cohen & Levinthal, 1989）。而以专利等创新结果为代表的知识搜索虽然在一定程度上反映企业的技术创新活动，但不可能全面反映企业技术创新的复杂过程（Patel & Pavitt, 1997）。知识搜索作为技术创新活动本身，在企业战略决策时不断需要决策者的精力和注意力（Ocasio, 1997）。因此，把知识搜索看作是创新结果是片面的。

（2）知识搜索深度和宽度的动态平衡问题。

关于知识搜索对技术创新绩效产生倒"U"型影响的问题，学者们深入分析了其内隐机理。例如，有学者认为增加知识搜索的宽度拓展了组织的知识基石，可实现知识的变异与重新组合"变异选择效应"（Katila & Ahuja, 2002）从而提升企业技术创新绩效。但是，企业资源和能力是有限的，现有研究对搜索深度和宽度能否平衡和怎么平衡存在着很多争议。

知识搜索宽度和深度对企业技术创新来说都各具优势，然而各自的缺陷也很明显。搜索宽度虽然可以实现差异化知识的有效利用，但过度扩大搜索范围，会增加企业的知识整合成本，甚至超过企业搜索所获的收益，可靠性也可能降低，对企业创新将构成损害；搜索深度能够给企业带来稳定、可预期的收益和效率，但无法带来可以形成互补的新知识，尤其搜索过深，也可能使企业局限于沿着原有技术轨道改进，无法带来激进的创新，并形成"核心刚性"，堕入创新陷阱（Argyris & Schon, 1978；Dosi, 1988）。搜索宽度和深度的综合决定了企业的创新水平（Mannucci P. V. &

Yong K.，2018），但两者同时竞争企业的稀缺资源。因此现有研究对搜索宽度和深度能否平衡、如何实现平衡存在着很多争议。

有研究者认为搜索宽度和搜索深度的平衡是很困难的，企业或者选择搜索宽度或者选择搜索深度，因为两者之间存在明显的竞争关系，不仅在风险和可能获得的收益等方面有不同的特征，而且组织结构、搜索过程、文化和能力等的匹配度不同。而有些学者持相反的观点，他们的实证研究表明两者是可以同时进行的，是组织学习的两个方面，对企业技术创新而言，缺一不可。如果企业只进行宽度搜索而不进行深度利用，那么实验成本会太高，从而对技术创新将没有任何益处（March，1991）；组织要进行充分的深度利用；通过深度搜索确保当前的生存能力，同时也需要在搜索宽度上投入大量精力，以确保企业未来的可持续发展（Levinthal et al.，1993）。在两者如何平衡的问题上也存在争议，有学者认为企业因资源有限不可能在现有范围内同时挖掘搜索宽度和深度的所有潜力，更好的搜索策略应该是在两者间交替循环（Burgelman，2002）；另有学者则认为两者应该同时进行，搜索宽度和搜索深度的交互作用通过企业的吸收整合能力，可以增加知识重组的独特性，从而促进技术创新（Katila，2002）；而且同时进行深度搜索和宽度搜索，可以催生企业激进性创新（Katila，2000）。

现有的研究对知识搜索宽度和深度是否能平衡使用、如何平衡尚未达成一致，还没有形成完整的框架来实现这一平衡路径。然而有一个事实是客观存在的：全球化背景、市场竞争加剧、技术变革加速是当前的现实背景，在这个背景下，企业经常处于不断快速的变化和非均衡的状态，这是任何一个企业都无法逃避的（Schumpeter，1934），而唯一能给企业带来竞争优势的就是如何有效利用所拥有、获取的知识并快速整合应用新知识（Davenport & Prusak，1998）；所以，在知识搜索中获取的有用信息或新知识能直接、快速、高效地被利用，以引导企业获得更好的结果，并且帮助其避免涉及无价值的领域，降低搜索成本，因此知识搜索的效率同样值得关注（Fabrizio，2009），搜索效率可以帮助企业在搜索宽度和搜索深度之间寻找平衡。

另外，争议还涉及知识搜索的动态研究、情境因素的引入、知识搜索的测度和知识搜索的本土化研究等，这些争议给今后关于知识搜索的研究提供了丰富的探讨空间。

基于上述梳理和讨论，本书把知识搜索的宽度和深度作为知识搜索活动的两个重要方面，并加入搜索效率维度，尝试寻求深度和宽度之间的平衡路径；关于知识搜索是创新结果还是创新过程，本书研究倾向后者，因为把知识搜索看作是创新的核心过程更能体现其理论价值和实际意义，在考察作为创新过程的知识搜索在搜索深度、搜索宽度和搜索效率之间平衡的同时，还可以研究新发明、新技术等创新结果的获取机制。

第3章 外部知识网络嵌入性作用于技术 创新绩效的探索性案例

在第2章文献综述的基础上，本章将针对制造企业外部知识网络嵌入性对技术创新绩效的作用机制问题，选择四家典型性制造企业进行探索性案例研究。经过理论预设、案例选择、数据收集与数据分析，通过案例内和案例间的比较研究，来构造制造企业外部网络嵌入性、知识搜索与企业技术创新绩效研究的初始概念模型与相应的研究命题。

3.1 研究方法和步骤

3.1.1 研究方法

案例研究是管理学、社会学、心理学、政治学、经济学及商业领域等研究中非常重要的一种研究方法，其有效的实证研究方法在社会科学领域得到了广泛的应用。案例研究可以追溯到哈佛商学院所代表的案例学派（case approach）和早期的经验学派（empiricial approach），较早的管理学案例学派的划分出现在孔茨（Harod Koontz）于1961年发表的《管理理论丛林》一文中，之后，在国际顶尖管理学期刊《美国管理学会学报》（*Academy of Management Journal*）发表的学术论文中，案例研究论文数目逐年增长，这一研究证据的呈现充分证明学术界对以案例研究为代表的定性研究给予了越来越高的重视（Eisenhardt，1989）。因为，与问卷调查和试验方法等其他社会科学中的研究方法相比，案例研究更有利于摆脱现有文献和经验的束缚，更适合于构建新理论（Eisenhardt，1989）。

同时，用案例研究方法在复证已有理论时，通常能够对已有的理论产生一些新的观点（项保华和张建东，2005）。案例研究是一种经验主义的研究，当研究的现象和背景的界限不是很明显、很少有控制情境时，此时需使用多种资料源开展实证研究（empirical inquiry），案例研究就成了一种非常有效的研究方法（Yin et al.，2002）。与试验方法和问卷调研只回答"谁""什么""哪里"及"多少"问题不同，案例研究回答的是"怎样"（how）和"为什么"（why）的研究问题，回答"如何"和"为什么"的问题，只有案例研究方法适合（Yin，2002；苏敬勤和李召敏，2011）。案例研究在分析受多种因素影响的复杂的社会经济现象时，可以获取其他研究方法所不能获得的经验，同时它还能满足那些开创性研究的需求，通过案例分析以构建新的理论（Yin，2003）。

案例研究方法按其研究功能或研究目的的不同，至少可分为解释性或因果性案例研究、描述性案例研究、列示性案例研究、试验性案例研究和探索性案例研究五类，各类案例研究方法的研究功能和研究重点描述如表3.1所示。其中，当研究对象的因果关系不明显、因果关系复杂多变时，多运用探索性研究，尤其是在系统的理论体系相对缺乏、相关研究成果有限的情况下，探索性研究可以在有限文献研究的基础上，通过对现有理论的扩展和补充，形成新的理论，实现从案例到理论的升华（苏敬勤和李召敏，2011）。

表3.1 各类案例研究方法的分类描述

分类	研究功能	研究重点
解释性或因果性案例研究	对企业实践或研究发现进行归纳，并最终做出结论，对相关性或因果性的问题进行考察	理论检验或验证
描述性案例研究	详尽准确地描述企业的现实管理实践活动	描述事例或方案
列示性案例研究	阐述企业创造性实践活动或论证企业实践的新趋势	对实践的例证
试验性案例研究	检验或评价企业新管理实践、新技术等执行情况	对实践检验、评价
探索性案例研究	运用新的视角、假设和方法解析、评价社会经济现象	提出新假设，得出新理论或观点

资料来源：笔者根据相关文献整理所得。

根据研究中选择案例数目的多少，案例研究又可以分为单案例（single case）研究和多案例（multiple cases）研究。学者们普遍认为，与单一案例研究相比，多案例研究的结论更可靠、更准确，更容易引致定量分析，增加研究结论的普适性（Leonard-Barton，1990），这源于多案例研究遵从复制法则（replication logic）、较为严谨的研究方法和多案例的分析逻辑，是建立理论的有效方法（Eisenhardt，1991）。多案例研究包括案例内分析

（within case analysis）和跨案例分析（cross-case analysis）两个分析阶段。前一分析阶段把每一个案例看作独立的分析单元，进行全面剖析；后一分析阶段在前一分析阶段的基础上，对所研究的所有案例进行统一的抽象和归纳，从而得出更为有力的解释，它强调理论的构建（李靖华，2011）。所以，当研究目的是解释为什么不同过程产生相同结果时，需采用多案例研究，本研究旨在解答相关构念的深层机制，适合运用多案例研究方法。

在对具体案例研究的可靠性、可信度和可确定性进行检验时，一般使用效度（validity）和信度（reliability）两个指标来考察其在方法运用上的严谨性和规范性（Yin，2002）。效度是指研究中的相关性水平，用于检验研究的真实性和准确性程度，包括建构效度（construct validity）、内在效度（internal validity）和外在效度（external validity）三种（Yin，2004）；信度是指研究中的一致性水平，即不同的研究者、不同的时间、不同的地点，在理论假设所确定的同等研究条件下，同样的研究得出的结论是否一致，与研究结论的可复证性（replicability）相关。案例研究者应该系统搜集资料、严谨分析，使研究设计与过程能够符合所要探讨的问题与概念，满足效度与信度的具体要求（陈晓萍，2008）。案例研究效度和信度检验的策略如表 3.2 所示。

表 3.2　　　　　　案例研究效度和信度检验的研究策略

检验标准	研究策略	运用步骤
建构效度	★采用多元证据来源	资料收集
	★形成证据链	资料收集
	★邀请关键证据提供者检查、核实研究报告草案	撰写报告
内在效度	★进行模式匹配	资料分析
	★进行解释建构	资料分析
	★时间序列分析	资料分析
外在效度	★理论指导单案例研究	研究设计
	★通过复制方法进行多案例研究	研究设计
信度	★采用案例研究计划	资料收集
	★建立、发展案例库	资料收集、分析

资料来源：笔者根据相关文献整理所得。

本章尝试从新的视角来探索制造企业外部知识网络嵌入性作用于其技

术创新绩效的内在机理，从制造企业微观层面考察外部知识网络嵌入性特征，探讨外部知识网络嵌入性、知识搜索和技术创新绩效之间作用的一般关系，即研究企业外部知识网络嵌入性如何通过影响知识搜索进而影响技术创新绩效的问题；同时，该研究领域目前尚缺乏系统的理论体系，需要构建新的理论框架，本研究尝试在实地调研的基础上，通过资料和数据分析，尝试形成能反映上述变量之间作用机制的较为系统的理论框架。因此，需要通过多案例研究来回答本研究中那些"如何"（How）和"为什么"（Why）的问题，即回答"应该是什么"的客观价值判断问题，因而采用探索性的多案例研究方法是比较合适的。

3.1.2 研究步骤

案例研究步骤是指导研究者进行规范严谨研究的重要框架，在案例研究构建理论的步骤方面，运用比较广泛的是林（Yin，2004）和艾森哈特（Eisenhardt，1989）提出的步骤框架。林（2004）认为，多案例研究的研究步骤应包括研究界定与设计、数据收集准备、收集分析数据、跨案例分析及总结四个阶段；而艾森哈特（1989）对多案例研究的步骤作了更为详细的描述，包括三个阶段八个步骤：案例准备→案例选择→测量工具、方法设计与访谈提纲→进入案例现场收集资料→分析数据、资料→形成假设→文献对话→案例结束。对艾森哈特的步骤框架，有学者提出不同的看法，认为其过于烦琐，也忽略了案例研究的情境（Dyer & Wilkins，1989）；也有学者强调研究背景的重要性，将研究步骤分为确定研究问题→理论抽象→收集资料、分析资料→研究结果比较→撰写研究报告等几个阶段（项保华和张建东，2005）。

尽管学者们从不同的研究视角，对案例研究的步骤框架提出不同的操作过程，但从根本上都无法忽略以下的关键环节：研究方案的设计、收集证据、分析证据和构建或复证理论框架，为确保案例研究整个过程的规范性和严谨性，本研究在上述学者林（2004）、艾森哈特（1989）、戴尔和威尔金斯（Dyer & Wilkins，1989）、项保华和张建东（2005）、侯历华（2010）、陈晓萍（2008）以及施特劳斯和科尔宾（Strauss & Corbin，1998）的扎根理论（grounded theory）、迈尔斯和胡贝尔曼（Miles & Huberman，1994）的定性数据分析方法等相关文献的基础上，结合本章的具体命题和情境，将用于理论构建的探索性案例研究的具体步骤归纳如表3.3所示。

表 3. 3   **本案例研究的具体步骤**

研究步骤		具体活动	关键内容	检验
准备阶段	启动	★明晰研究问题	详细了解研究背景	外在效度
		★寻找可能的先验理论框架	理论聚焦、提供概念构想基础	
		★提出初步的理论构想	提出可能的前导观念	
	研究设计	★案例设计	确定案例选择的总体 界定分析单元 遵从多案例的可复制逻辑	外在效度
		★案例背景描述	行业背景、企业规模等的描述 现场研究时间说明 研究对象时间段描述	信度
		★测量工具和方法选择	采用多种数据收集方法 证据三角形验证 定量与定性组合 团队或多人参与	建构信度
执行阶段	数据收集	★收集程序说明	解释数据收集过程	建构效度
		★数据收集、现场笔记和事后分析重叠进行	加快分析过程、调整数据资料	
		★呈现案例研究草案	撰写详尽的研究报告大纲	信度
		★建立研究数据库	及时记录、整理、分析所采集的数据，建立数据库	
	数据分析	★数据处理过程说明	记录数据分析程序并说明分析策略	建构效度
		★数据编码	原始数据编码、现场记录展示	
		★案例内分析	运用相关的分析技术进行案例内分析	内在效度
		★案例间分析	寻找多案例的共性，并形成初步理论	外在效度
		★展示证据链	找出每项证据合乎逻辑的推论	建构效度
		★引用原始证据	充分引用数据库中观察记录、访谈等内容	信度
	命题假设	★构建每一构念多案例的复制逻辑，寻找变量关系背后的原因	明确变量定义； 精炼、拓张理论建立内在效度	内在效度

研究步骤		具体活动	关键内容	检验
完成阶段	文献对话	★与现有文献比较	与冲突文献、相似文献比较，提升理论层次，完善构念定义，提升普适性	内在效度
	撰写研究报告	★撰写、完善最终报告	结束研究	

资料来源：笔者根据相关文献整理所得。

基于上述讨论，本研究在梳理和分析现有相关文献的基础上，形成研究构思、理论预设，并按照表 3.3 归纳的研究步骤，构建制造企业外部知识网络嵌入性、知识搜索和技术创新绩效关系的分析框架，形成初始研究命题，为后续研究作准备。

3.2　研究设计

3.2.1　研究问题与理论预设

我国多数制造企业在全球制造网络的价值链中处于低端已成为一个残酷的现实，传统的低成本、规模化等战略无法为当今的制造企业赢得企业生存发展的竞争优势，只有通过构建有效的开放创新的知识网络并持续学习，才能培育自身的创新能力（Chesbrough，2003b；王辑慈，2010；张红娟等，2022），知识成为获取竞争优势的关键性资源。

企业和其他组织之间构建的以知识为基础的网络已经成为知识经济的一个显著特征，有效利用外部资源成为企业创造价值的重要来源（陈劲和陈钮芬，2006），我国制造企业必须学会充分利用组织外部的创新知识源，将有价值的、普遍适用的外部知识转化为组织内部资源，从狭隘单一的企业内部学习转向全方位利用各类知识通道进行学习，提升企业的技术创新绩效（Laursen & Salter，2006），通过构建管理组织间网络，获取、开发新技术，并获得商机（Vanhaverbeke & Cloodt，2006）。企业与各类外部知识源之间形成的不同宽度与深度的知识连接，构成了企业的外部知识网络（Mannucci P. V. & Yong K.，2018；李勇等，2006；赵晓庆，2004），这是一种独特的制度安排或组织形式（Powell，1990），可以帮助企业获取异质性知识、技术等创新资源，从而达到提升创新绩效、获取持续竞争优势的目的（Eisingericha et al.，2010；Bell & Giuliani，2007；Owen-Smith &

Powell，2004），企业外部知识网络既是企业获取外部知识资源的重要来源，也是企业管理外部知识源的组织方式。

企业嵌入在与其他组织具有社会的、专业的交换关系的网络之中，可以潜在地为企业提供接近和获取知识、技术、信息、资源和市场的机会（Gulati et al.，1998），这就是"网络嵌入性"（network embeddedness），企业作为行动主体，其行为一经嵌入已有的社会经济关系网络之中，就会受到网络成员之间的关系及整个网络属性的影响（Granovetter，1992；Gulati，1998），成为赢取竞争力的源泉。企业外部知识网络嵌入性表征了企业在外部知识网络中的位置、影响力及其与网络其他组织之间的相互关系，企业外部知识网络的嵌入性决定了企业在外部知识网络中所能获取、利用整合和配置的知识资源，影响企业在知识网络中的行为与绩效，进而影响企业的技术创新绩效。

然而，知识网络嵌入性对创新绩效的作用并非一成不变（Gulati & Higgins，2003），不同的嵌入模式对组织战略行为和绩效有着重要的影响（姚小涛和席酉民，2003；刘思萌等，2019），有学者认为嵌入性强联结能提升企业绩效（Zaheer & Bell，2005；Gulati & Higgins，2003）；有学者持相反观点，认为强网络联结对企业绩效是负向的（Gargiulo & Benass，2000）；还有学者指出网络嵌入性联结的理想强度应该是处于中间状态（Uzzi，1997）。"嵌入性悖论"还在持续，外部知识网络嵌入性对企业技术创新绩效作用机制的"黑箱"仍然存在，因此，为打开作用机制的"黑箱"，本研究将继续探索外部知识网络嵌入性对企业技术创新绩效作用的本质过程以及它给企业技术创新绩效带来的影响。

知识搜索是组织学习过程的一部分，是企业为解决不确定世界中的问题，通过从组织外部搜寻、获取新知识、新技术和有效信息，并加以整合利用的活动（Garzella S. et al.，2021；Lane & Pathak，2006；Huber，1991）。随着技术创新过程的复杂化、知识更新速度加快和外部环境不确定因素的增加，企业必须从外部寻求企业发展创新所需的新资源，并获取商机，帮助企业解决不确定性问题，从而提高自身竞争力水平、提升企业技术创新绩效（陈学光，2008），对于企业技术创新而言，及时而可靠的创新搜索活动极为重要（洪茹燕，2012）。

在复杂动态的全球竞争环境中，制造企业的知识搜索只有更具渗透性并深度嵌入不同行动者联结的网络之中，才能更好、更快捷地促进技术创新（Laursen & Salter，2006；Chesbrough，2003），制造企业与其他组织（供应商、顾客、竞争者、政府、研究机构和中介组织等）之间嵌入性的相互交织的网络特征会对其有效搜寻外部创新资源并进行成功创新产生重要影响（Garzella S. et al.，2021；Eisingerich et al.，2010；Boschma & TerWal，2007；Giuliani & Bell，2005）。外部知识网络嵌入性的不同特征与知识搜索有着重要的相关关系。

综上所述，本书以制造企业为研究对象，从组织间知识网络关系角度切入，探讨在全球化背景下，以"制造企业如何管理外部知识网络以促进企业技术创新绩效"为核心问题展开研究，并把"知识搜索"作为中介变量，引入外部知识网络嵌入性影响其技术创新绩效的机制中，考察外部知识网络嵌入性是否通过作用于知识搜索进而影响企业的技术创新绩效（见图3.1）。

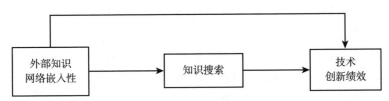

图 3.1　外部知识网络嵌入性对技术创新绩效作用机制的理论预设

外部知识网络的嵌入性分为结构嵌入性和关系嵌入性，结构嵌入性主要考察企业在其外部知识网络横向结构上的行为与表现；关系嵌入性主要考察企业在其外部知识网络纵向关系上的行为与表现。基于此，本研究细化了理论预设，如图3.2所示。

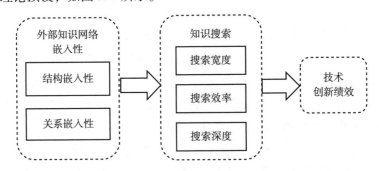

图 3.2　外部知识网络嵌入性对技术创新绩效作用机制的理论预设细化

3.2.2　案例选择

本研究的核心问题是：外部知识网络嵌入性如何作用于知识搜索从而促进制造企业技术创新绩效的提升？目标是探讨制造企业外部知识网络嵌入性促进技术创新绩效提升机理的理论架构，属"过程和机理类"的问题，而多案例研究遵循复制法则，即通过每个案例的逐项复制或差别复制来验证某一研究结论，从而产生新的理论或观点。因此本部分的研究采用多案例研究方法是适合的（Yin，2004；Eisenhardt，1989）。

在多案例研究中，随着案例数目的增加，其外部效度和研究结论的普适性会随之上升（Yin，2004；Johnston et al.，1999；Eisenhardt，1989），可以更全面地反映案例本身，从而形成更完整的理论（Johnston et al.，1999；陈国权和李赞斌，2002）。关于案例数目多少适合做多案例研究，学者们基本认同艾森哈特（1989）的观点，艾森哈特（1989）认为4～10个案例是多案例研究中使用原始案例的理想个数，这个数目可以提供一个良好的分析归纳基础，其结论的信度和效度也会随之得到改善（Glaser，2010）。由于多案例研究不是针对样本总体的发现，而是通过对多个案例的总结与归纳，达到对某一现象的认识，所以案例选择需具有"典型性"，也就是在理论构建的基础上，明确此类现象具有的重要特征，之后在具有此类特征的不同个体中选择个案，这样的个案才能集中体现该现象特征。同时，案例选择是依据理论抽样而非统计概念的抽样（陈晓萍，2008），案例选取与研究所要获知的问题相关，选择的理由也要充分（张霞等，2012）。

基于上述讨论，本部分采用具有典型性的多案例来研究制造企业外部知识网络嵌入性影响其技术创新绩效的作用机制，通过反复验证提高案例研究的效度，并形成初始研究命题。遵从典型性原则，本研究在对10家制造企业多轮深度访谈的基础上，选择4家典型性制造企业为本书探索性案例研究样本，选择标准如下所示。

（1）本研究将案例企业的选取限定在我国本土的制造企业，目的是降低案例研究的外部变异性，避免与其他行业的差异（Yan & Gray，1994）。

（2）为保证案例研究的代表性、增加案例业务背景的多样性（Eisenhardt，2001），本书选取的各案例企业具有一定的行业分散度，根据我国工业企业的分类标准，按大类划分，所选取的案例分别分布于交通运输设备制造业、通信设备计算机及其他电子设备制造业、非金属矿物制品业和金属制品业。

（3）为更好地达到多重验证效果，所选择的案例企业在外部知识网络、知识搜索和技术创新绩效方面的表现具有明显差异性，兼顾了企业的规模与地理区位的多样性，案例企业含上市股份企业、大型民营企业和小型民营企业各1家，中型民营企业1家，小型企业1家。

（4）从案例研究的信息丰裕度、研究成本的角度出发，案例企业的选取过程兼顾了信息的可获得性，而非随机选取。

3.2.3 数据收集

本研究主要采用深度访谈、问卷、实际观察、电话访谈追踪、电子邮件等原始数据，并结合档案、媒体资料、网站等二手数据，进行多种数据源的收集，每次访谈的时间通常是在 2 ~ 4.5 小时。在案例数据收集过程中，本书根据安纳德等（Anand et al.，2007）、殷（Yin，2003）、迈尔斯和胡贝尔曼（Miles & Huberman，1994）等的建议，遵循以下原则。

1. 使用多证据来源收集数据，提高研究效度和信度

在深度访谈前，从案例企业网站或案例企业的百度信息等中，了解案例企业的大致情况和被访谈者的背景资料，熟悉企业概况，便于访谈时顺利沟通；同时，尽可能地获得与本书所要研究问题相关的案例企业详尽的档案数据，包括企业新闻稿、企业的媒体文章、案例企业家在各时期所作的报告资料、政府网站中关于案例企业的科技计划项目或专利申报授予情况等相关信息的披露等，并对熟悉案例企业的受访者（如案例企业家的朋友、政府或行业机构的相关人士进行电话访谈，艾森哈特（2009）认为此类受访者提供的信息往往是高度准确的，也保证了数据来源的多样性。然后通过短信或电话预约被访谈者，征求被访谈者同意并约定具体访谈时间。

结合本书所要研究的问题，深度访谈的主要对象为案例企业的总经理、副总裁、技术总监、营销总监等高层管理人员，以及案例企业技术、采购和销售等部门的主管人员，在每个案例研究中，笔者均对该企业上述人员进行了半结构化的深度访谈（访谈提纲详见附录一），每次的访谈时间在 2 个小时以上，被访人员任职时间要求在三年以上，确保被访人员能够对本企业情况有深度的了解。访谈时征求被访人员同意，通过录音笔与笔记的形式记录在案。

访谈过程中，首先对外部知识网络嵌入性、知识搜索等关键概念进行解释，然后由企业被访谈者介绍其公司基本状况，随后再进行深度访谈和填写问卷。访谈之后，把归纳的信息通过 E-mail 等形式及时反馈给被访谈者，作进一步的求证，发现有不详、缺失或模糊数据时，预约回访，补充所需的数据，并对记录的信息进行整理与核对。另外，在访谈的同时，通过索取企业内部刊物资料、产品介绍资料，以及查阅会议记录、备忘录、总结报告、宣传手册、公文等方式尽可能详尽地收集数据。

2. 建立案例研究数据库，增加研究信度

本书的案例研究数据库包括访谈笔记、录音资料、网站视频、文字资料、相关文献，以及每一阶段对案例企业调研所生成的图表、文字描述和分析材料等。具体包括案例企业在互联网上的相关公开信息、访谈现场的笔记和录音、企业宣传资料、内部相关文档等。在访谈结束后 24 小时内，对上述数据进行整理和分析，并把这些资料统一归档到数据库，进行数据的汇集、分类和编码，为后续研究做准备。

3. 整理案例数据，建立三角形证据链

在案例数据收集、整理的基础上，进行深入分析，进一步考证本研究的理论模型和框架，对研究问题进行进一步的思考，得出结论。

3.2.4 数据分析

数据分析是案例研究中最难、最不易表述的部分（Eisenhardt，1989；陈晓萍，2008），一个典型的案例研究要求先建立起单案例研究，然后进行跨案例的比较，最后构建概念框架（Eisenhardt，1989），即多案例数据分析主要包括两个部分的内容：案例内分析（within-case analysis）和跨案例分析（cross-case analysis）。

案例内分析把每一个案例都当作一个独立整体进行全面分析，为提高研究结论的效度，每一个案例分析有一个总的分析策略：模式匹配（pattern matching）、建构性解释（explanation building）、时序分析（time series analysis）和逻辑模型（logic models）等，并且数据分析与数据收集经常循环交叠进行，上一阶段的数据分析和数据收集得出的发现和假设会为下一阶段的数据收集提供指导（Miles & Huberman，1994），通过这种循环交叠过程，对原始数据进行不断地浓缩和提炼，不断有新的研究发现，实现对数据的精炼，从而构建相关理论对研究问题进行解答。

跨案例分析使用分析归纳方法对案例进行分析（Glaser & Strauss，1967），并遵循复制法则，将对第一个案例数据分析归纳出的新的理论假设或利用已有理论构建变量之间的新的关系演绎到第二个案例，在对第二个案例分析的基础上，对新假设或新关系进行添加、缩减与修正，以此类推。经过多个案例高度重复的比较、分类、归纳和演绎，使新理论假设或新的变量关系逐步趋于稳定（Eisenhardt et al.，2007；Yin，2004）。

根据多案例研究的上述逻辑，首先，本书对每一个案例作独立整体开展案例内分析，在对每个案例企业详细研究的基础上建立文本，依据构念的子类别，对企业的外部知识网络结构嵌入性和关系嵌入性、知识搜索、技术创新绩效等主要变量进行编码，制成表格，便于识别变量特征，同时围绕研究主题将所有数据按照理论预设来进行逻辑归类（Yan & Gray，1994），为后续案例间分析做好准备；其次，在案例内分析中寻找类似的构念和主题进行跨案例分析（Eisenhardt et al.，2007），通过案例之间的匹配来突出异同，用分析归纳法进行案例间比较。遵循复制性逻辑，将第一个案例数据分析形成的构念、主题、构念间的关系，不断回到每一个案例中进行反复比较、验证，循环往复，使理论与案例数据之间得以高度匹配，在这个过程中，不断完善和修改初始模型，直至初始研究假设逐步稳定，并辨识企业外部知识网络结构嵌入性和关系嵌入性、知识搜索和技术创新绩效之间的相关性与因果关系，从而提出本研究的初始研究假设命题。

3.3　案例企业背景介绍*

本书在对 10 多家制造企业多轮深度访谈的基础上，选择了 4 家典型性制造企业为本书探索性案例研究样本，包括上市股份企业、大型民营企业、中型民营企业和小型企业各 1 家。各案例企业的背景介绍如下所示。

3.3.1　案例企业一：敏实集团①

敏实集团是一家汽车零部件企业，创办于 1992 年，总部设在浙江省嘉兴市。前身为宁波敏孚机械有限公司，是一家外商独资（台资）企业。1997 年开始进入中国汽车外饰件领域，其主营业务为：汽车装饰条、装饰件、车身结构件、座椅骨架系统、行李架等汽车零部件的设计、制造和销售。2016 年，宁波敏实汽车电子科技有限公司正式成立，标志着车载摄像头和车载系统的研发。已在全球范围内建立华东一/二区、亚太区、北美区、华东区、华南区、中西区和北方区七大运营区，在全球范围内拥有塑件、金属车身系统、电池盒、新事业四大产品线，是全球最大的铝电池盒供应商，客户遍布全球 30 多个国家，服务 60 多个汽车品牌。现拥有 70 多家生产工厂和 5 家研发中心，主要分布在中国，北美的美国、墨西哥，欧洲的德国、英国和塞尔维亚，亚洲的泰国和日本，拥有全面的生产

---

* 资料来源：案例企业实地调研。
① 公司全称：敏实集团有限公司。

网络；产品面向全球市场，产品供应全球80%的汽车主机制造商，几乎包括全球市场主要知名品牌汽车制造商；已成为中国乘用车零部件市场中汽车装饰条、装饰件、车身结构件的优秀供应商。2005年12月1日，敏实集团在香港证券交易所上市（股票代码：0425），现已跻身于全球汽车零配件百强企业，目前全球员工总数超过2万人，研发人员2000多人。截至2022年12月，总资产规模达296.44亿元，营业额超过173.06亿元，其中国内营业额为82.15亿元，国外营业额为57.17亿元。2020年9月16日，入选由中国机械工业联合会、中国汽车工业协会发布的2019年中国汽车工业零部件30强企业名单，排名第25位。《美国汽车新闻》（*Automotive News*）发布的2022年全球汽车零部件供应商百强榜，敏实集团列82位。

3.3.2 案例企业二：中淳高科①

中淳高科创建于1985年，前身是一家小型水泥制品企业，现为国家高新技术企业，是长三角地区较大的水泥制品设计、研发、生产、技术一体化解决方案服务商之一。公司经营涵盖预制桩及施工技术、地铁管片、装配式建筑、汽车轻量化（电池箱体、下车体总成及车身零部件）等多个领域，拥有预制桩制造与施工服务、铝型材和汽车轻量化三大产业链，涉及水泥制品、PVC塑料异型材、彩色铝合金型材、桩基基础施工等行业，产品包括预应力管桩、竹节桩、复合配筋桩、静钻根植工法、锤压工法、地铁盾构管片、钢模设备设计与制造、铝合金型材等。企业总资产规模约65亿元，2022年主营业务收入为34亿元，现有员工2500人左右，拥有多学科背景的工程技术人员500余人，其中直接参与研发与升级创新人员100人左右。下辖上海、余姚、宁波、台州、温州五大生产基地，目前已形成五地同步推进的沿海"一带一路"的产业格局。企业为中国建材行业20强企业，其中预制桩居国内同行业前三甲，生产基地分布在宁波、上海和温州三地，是预应力管桩国标起草单位，中国建筑材料联合会副会长单位。企业倡导"科技含量高、经济效益好、资源消耗低、员工幸福指数高"的发展理念，意在打造"绿色桩基产业先锋"。中淳高科先后荣获"中国建材百强企业"第12位、"改革开放30年技术进步突出贡献奖""全国建材行业靠新出强优秀企业""全国五一劳动奖状"等荣誉，"浙东"牌预应力混凝土管桩商标荣获"中国驰名商标"。公司自研核心产品静钻

---

① 公司全称：中淳高科股份有限公司。

根植桩，曾获得国家重点新产品、省级工法、全国建材行业技术革新奖一等奖，2022 年，入选国家第七批制造业"单项冠军产品"名录。企业董事长邱兴祝先生长期担任中国水泥制品协会副会长、中国建筑材料工业协会常务理事、浙江省水泥制品协会会长。

3.3.3 案例企业三：韵升弹性元件①

韵升弹性元件的前身为成立于 1996 年的宁波市韵声精机有限公司，是韵升控股集团有限公司与香港汇源集团的合资企业，和宁波韵升股份有限公司同属韵升控股集团②，该集团旗下共有 11 家子公司，韵升弹性元件为其中之一，韵升控股集团为科技部认定的"国家火炬重点高新技术企业"，韵升弹性元件为高新技术企业。

韵升弹性元件专业生产和经营绕管器卷簧、工程类卷簧、汽车安全带发条、汽车活塞环钢带、笔夹钢带，以及其他各类特殊卷簧、钢带等，主要为家用电器公司、工具制造公司、汽车马达公司和园艺工具公司提供配套产品，以小规模定制为主。产品包括自动卷管器发条、启动器启动弹簧、吸尘器卷线盘伸缩发条、汽车马达碳刷弹簧、卷尺伸缩发条、活塞环钢带料、平衡器卷线盘发条、烤箱发条、订书机弹簧、笔夹钢带料、恒力弹簧、风扇定时器发条、玩具发条、钟表发条、束环、金属环、电话线伸缩器弹簧、耳机发条、电熨斗发条、各种带料分条加工等。以国内客户为主，部分产品销往美国、英国、德国、日本等国家，是 AAA 级资信企业。公司早在 2000 年 10 月通过 1SO9001 质量管理体系认证并通过田岛、ITI、徐工重工、ATG、Hozelock、美的、三一重工、莱克、Gardena、Caterpillar 等公司的第三方审核。韵升弹性元件现有员工 300 人左右，其中研发人员 20 多人，2020~2022 年每年研发投入占主营业务收入约 3%。2022 年实现主营业务收入 5000 多万元。

韵升弹性元件的母公司韵升控股集团有限公司成立于 1991 年，拥有上市公司一家（上交所）以及韵升光通信技术有限公司和韵升高新技术研究院等 10 余家制造型公司和研发实体，其主营业务为稀土永磁材料、汽车电机、伺服电机、八音琴、紧密纺装置及智能技术等，为中国制造业500 强企业。韵升弹性元件人事和财务等关键管理权限集中在母公司，本

---

① 公司全称：宁波韵升弹性元件有限公司。

② 注：本书定稿进入出版环节时获知，宁波韵升弹性元件有限公司股权结构发生变更，韵升控股集团有限公司原来持股为 75%，变更为 0%，自然人持股增至 75%，其中控股人为宁波韵升弹性元件有限公司董事长兼总经理周列军。

身的业务未列入母公司的主营业务范畴，业务拓展和产品研发主要由韵升弹性元件独自完成。

3.3.4 案例企业四：复洋光电①

复洋光电成立于 2000 年，正是 LED 产业在国内蓬勃发展的时候，复洋光电专业从事 LED 灯的生产，是 LED 产业链下游封装和应用产品制造厂商。其产品主要包括：LED 数码管、LED 发光管、LED 像素管、LED 平面管、LED 点阵和 LED 贴片等，生产方式大多属于 OEM（original equipment manufacture/original entrusted manufacture，原始设备制造商或原产地委托加工，即"定牌"），ODM（original design manufacture，原始设计制造商或原始设计加工，即"贴牌"）占 20% 左右。复洋光电客户 95% 面向海外市场，分布广泛，主要在欧洲、北美洲、中东和东南亚等许多国家和地区，包括美国、俄罗斯、日本、巴西、阿根廷、波兰、英国等欧洲国家以及东南亚大部分国家。现有员工约 100 人，固定资产规模 3000 万元，2022 年主营业务额约 5000 万元。研发人员共 5 人，主要从事设备维修和少量的设计和研发。近 3 年的研发投入年均占主营业务收入 15% 以上，研发投入主要用于生产设备的引进。

20 世纪 60 年代末，第一只可见红光的 LED 面世，不久，惠普（HP）和孟川都（Monsanto）公司开始批量生产；最初的 LED 主要用在一些昂贵的机电设备上作指示灯；20 世纪 80 年代，高亮氮化物 LED 面世，20 世纪 90 年代开始 LED 广泛取代传统光源和交通信号灯，随着白光 LED 面世，进入照明和光电显示领域。发展至今，LED 主要应用于显示屏、交通信号显示光源、汽车工业、小尺寸背光源、照明光源，其他如儿童闪光鞋等，目前 LED 产业高端市场（上游的外延片；中游的芯片、晶粒）由美国、日本和欧洲企业垄断，美国的 Lumileds、Cree，日本的日亚化学（Nichia）、丰田合成（ToyodaGosei）和德国 Osram 五大厂商掌握该行业的核心技术，代表 LED 产业的全球最高水平，而我国台湾地区的 LED 芯片和封装产量占全球市场 60% 以上，居世界第一，以中低档产品为主。

自我国"十一五"规划把半导体照明产业列入国家重点项目以来，LED 产业发展迅猛，产业链全面发展，但上游外延片、芯片的生产技术距离国际先进水平差距还比较大，国内的 LED 厂商多数集中在产业链下游的封装机应用产品的制造，生产的显示屏、景观照明灯具等 LED 应用产

---

① 公司全称：宁波复洋光电有限公司。

品已大量出口到发达国家和地区，国外 LED 照明灯大部分由中国企业代工生产。目前国内 LED 封装企业数量达到 1750 家，复洋光电即是其中之一，市场竞争非常激烈。

本书中的四家案例企业的基本信息介绍如表 3.4 所示。

表 3.4   案例企业的基本信息

项目	敏实	中淳高科	韵升弹性元件	复洋光电
行业所属类别	交通运输设备及零部件制造业	非金属矿物制品业	金属制品业	其他电子设备制造业
企业规模	大型企业	大型企业	中型企业	小型企业
所有权性质	上市公司	民营独资企业	合资企业	民营独资企业
创立年份	1992 年	1985 年	1996 年	2001 年
员工规模	20000 余人	2500 人左右	300 人左右	100 人左右
研发人员	近 2000 人	100 人左右	20 多人	5 人
2022 年主营业务额	173.06 亿元	34 亿元	5000 多万元	3000 万元
2020~2022 年年均主营业务额	145.64 亿元	32.5 亿元	4400 万元左右	2500 万元
主营业务	汽车装饰条、装饰件、车身结构件、座椅骨架系统、行李架、电池盒及底盘结构件等汽车零部件的设计、制造和销售，并向智能化发展	水泥制品、PVC 塑料异型材、彩色铝合金型材、桩基础施工	碳钢、不锈钢发条、不锈钢线材、高级汽车钢带、笔夹钢带和机械零部件	LED 数码管、LED 发光管、LED 点阵、LED 贴片、LED 平面管和 LED 像素管
2020~2022 年年均研发投入	6%~7%	3%~4%	3% 左右	15% 以上（主要用于引进设备）
产品市场	面向全球市场，产品供应全球 80% 的汽车主机制造商，几乎包括全球市场主要知名品牌的汽车制造商	国内建筑市场	面向全球市场，以国内市场为主，国外市场主要分布在美国、英国、日本等地	国外市场，主要分布在欧洲、美国、南美洲、中东、东南亚等国家和地区

项目	敏实	中淳高科	韵升弹性元件	复洋光电
行业特点	高精度高密度，技术工艺要求高，市场变化快，产品和技术多元化	资本密集型的高耗能、高污染、内需区域型行业，生产具有连续性和季节性特点	产品灵敏度高，市场面广，工艺要求高，是交通运输、日用五金、仪器仪表等的配套产品，根据最终产品要求进行批量定制	上游外延片及中游芯片产业核心技术由日亚化学等五大厂商掌握；下游封装产业国内竞争激烈，普遍规模较小

资料来源：笔者根据访谈记录、企业提供的资料及企业网站信息整理所得。

3.4 案例内数据分析

本部分将对获取的四个制造企业数据逐一进行编码，并根据研究变量进行归类。用定性数据分别描述每个案例中的外部知识网络嵌入性、知识搜索及企业技术创新绩效，并进行初步分析，得出结构化的数据信息，为下一步定量研究奠定基础。

3.4.1 外部知识网络嵌入性

外部知识网络是企业外部知识资源存在的方式，也是企业获取所需的外部知识、信息、技术的重要通道。随着企业与各类外部知识源之间的知识传递、交流活动越来越频繁，其与技术资源、知识资源之间的连接和交往越来越密切，形成了不同深度与广度的知识链接，企业与外部知识源之间构成了具有无数节点的外部知识网络（李勇等，2006；赵晓庆，2004）。企业只有通过嵌入外部知识网络才能获取企业在外部知识网络中所能聚集、整合和配置的知识资源，从而影响企业在知识网络中的行为与绩效，进一步影响企业的技术创新绩效。

外部知识网络嵌入性研究的是知识网络中创新参与者嵌入的关系和结构，代表了网络中知识资源的丰裕程度及可获得的可能性。借鉴波兰尼（Polanyi，1944）、格兰诺维特（Granovetter，1985，1992）、古拉蒂（Gulati，1998）、乌兹（Uzzi，1996，1997）、波特斯（Portes，1998）、桑德富尔和劳曼（Sanderfur & Laumann，1998）、安德鲁斯和康克（Andrews & Konke，1999）、巴伯（Barber，1995）、诺赫里亚和埃克尔斯（Nohria & Eccles，

1992）、怀特曼和库珀（Whiteman & Cooper，2000）、杰克和安德森（Jack & Anderson，2002）、哈格多恩（Hagedoorn，2006）、劳森和索尔特（Laursen & Salter，2006）、艾辛格尼奇、贝尔和特蕾西（Eisingerich，Bell & Tracey，2010）、许冠南（2008）、彭新敏（2009）等学者的研究，本书遵循关系结构位置的网络分析范式，从结构嵌入的网络规模、网络中心度、网络异质性三个方面，以及关系嵌入的关系强度和关系质量来衡量各案例企业外部知识网络嵌入特征。通过多渠道收集案例企业与其网络成员合作创新情况的数据信息，来测度其外部知识网络嵌入的特征，数据结果如下所示。

1. 敏实集团

敏实集团从 1997 年开始进入汽车外饰件领域以来，一直非常重视外部知识网络的构建，已进入多个汽车制造领域的全球采购系统，和世界多数品牌汽车制造商形成战略合作伙伴关系，非常善于从所构建的外部知识网络中搜寻、获取市场和研发资源，已构建相对稳定、相互信任、较为发达的外部知识网络。

敏实集团是目前国内最大车身外饰件供应商，为多数世界知名的国际汽车制造商提供产品，其主要产品为不锈钢饰件、车门框和塑料（或塑胶）饰件，目前它的国外市场份额占其主营业务收入已超过 1/3。敏实集团构建的客户网络规模庞大，几乎遍布全球主要的汽车市场，具有高度的网络开放性；且嵌入关系紧密，与国际主要的汽车制造商形成了全球性的战略同盟。从 1999 年首次和日本三惠结成战略同盟关系以来，在全球汽车制造领域，敏实集团的战略合作伙伴已达 9 个，包括日本三惠、东海兴业、片山工业、ALTIA 桥本、岐阜车体、爱信、德国的 Kittle（已破产）、Dura、泰国 Aapico 等国际知名企业；国内基本与所有合资企业建立了一级配套关系，其重点客户为上海大众、上海通用、广州本田、天津丰田、东风日产、东风本田、东南汽车、海南马自达、长安福特等。国外的主要客户是占全球汽车市场超过 80% 份额的 "6 + 5" 汽车集团，其中囊括了雷诺 - 日产、丰田、福特、通用、戴姆勒 - 克莱斯勒、大众汽车、本田、宝马、标致雪铁龙、现代和三菱。与下游企业的紧密联系帮助敏实集团能敏锐地从客户市场快速获取市场动态信息，并保证其产品在研发与应用领域与国外技术领先企业保持高度的技术同步。敏实集团的客户、产品及市场概况如表 3.5 所示。

客户	配套平台/车型（产品）	市场
通用	Colorade（T/D/S）、Lacrosse（D/S）、Colorade SUV（T）、Chevrolet（D/S）	中国
福特	Focus（T/D/S）、Mazda 2/3/6（T/D/S）、Fiesta（T/S）、S-Max（T/D/S）、Figo（TS）、KUGA（D）、Mondeo（D/S）、ECOS-PORT（T/S）	日本
雷诺－日产	SYLPHY（T/D/S）、Livina（D/S）、SERENA（D）、TEANA（T/S）、X-Trail（D/S）、LEAF（D）、Qashqai（T/D/S）、L02（D）、March（S）、TIIDA（S）、NV200（T/D/S）、Duster（D）	韩国 泰国 印度
丰田	RAV4（S）、CAMRY（T/D）、470L（T）、Corolla（T）、YARIS（T）、642L（T）	俄罗斯 欧盟
本田	Fit（D/S）、ACCORD（D）、CRV（D/S）	南非
宝马	BMW3（T/D/S）、X1（D/S）、BMW1（S）	美国
大众	MQB（S）、Q5（S）	墨西哥
标致	C3（D）、M3/M4（T）	南美
克莱斯勒	Jeep（T/D）	

表3.5　　　　　　　　　　　　敏实集团主要客户、产品及市场

注：T—装饰条；D—装饰件；S—车身结构件。
资料来源：笔者根据敏实集团内部资料整理所得。

　　敏实集团的供应商网络规模也同样强大，并主要面向全球市场，在全球范围内搜寻、获取其所需资源。在原材料的采购供应方面，主要以嵌入客户全球采购系统的方式与供应商保持强联结，从2002年首次进入GM全球采购系统以来，同时与众多著名汽车厂家建立了一级配套关系，已经先后进入GM、FORD、NISSAN、DCX、大众全球采购系统。并且同国内宝钢、首钢等上游供应商企业保持稳定持久的联系。在合作中，供应商经常会给敏实集团提供产品和技术的相关信息，并且主要供应商经常会作为重要的外部技术力量参与敏实集团的研发过程。

　　敏实集团目前拥有两个研发中心，研发人员近2000人，占公司员工人数的10.98%，与知识网络中的战略同盟已进入"同步设计"的合作伙伴关系，并且在东京、慕尼黑、底特律等地建立了销售和设计中心，专门进行前瞻性的技术研发与信息收集。敏实集团还拥有院士工作站和博士后工作站。至此，敏实集团利用国外管理优势、品牌和先进的技术等为自身服务，融入了全球化网络。正如时任集团技术总监康齐正

所说："我们一刻不停地追逐全球市场的脚步，一点也不敢放松。与国际领先汽车制造商的合作，给了我们最前沿的市场信息和最先进的技术知识。而且通过合作，我们既学习了国外先进的管理模式，也收获了本行业的品牌效应。"

同时，敏实集团与西北大学、浙江大学、上海交通大学等国内知名大学建立了合作伙伴关系，共建研发中心；并且，通过在宁波理工学院、嘉兴新河职业教育集团及其他的中等教育机构等创办"模具班"和"品质班"，为敏实集团技术在产品上的实现提供了优秀的操作性人才。敏实集团与政府部门保持着良好的沟通，它在宁波总部的生产基地和生技中心被宁波市重点扶持，2012年荣获"国家火炬计划"项目立项，每年来自宁波市科技局或宁波市北仑区科技局的研发资助在30万~200万元，其他地区的生产基地多数也坐落在"国家火炬计划"的产业基地；敏实集团与生产基地所在的汽车行业协会、金融机构等组织也建立了紧密的联系，对其获取技术、资金、人才等资源和市场方面的信息提供了很大帮助。敏实集团外部知识网络嵌入分析如图3.3所示。

显然，敏实集团的知识网络规模较大，网络成员多样性程度较高，且遍布全球，具有高度的网络开放性；敏实集团与其网络合作伙伴都建立了良好的长期稳定的战略合作关系；在嵌入全球化制造网络中，敏实集团非常注重异质性技术、知识等的获取，与主要竞争对手J企业在产品和重点客户方面的重合度都较低；作为汽车零部件行业的领军者，在行业内外有着很高的声望，相关企业或机构的许多业务或技术上的问题都会联系到敏实集团，与同行企业相比，在敏实集团构建的外部知识网络能交流的技术知识更为丰富且网络联系更为稳固，所以敏实集团在其外部知识网络的位置中心度很高。也就是说，在敏实集团构建的外部知识网络中，网络规模、网络开放度、网络中心度和网络异质性等结构嵌入特征都处于良好状态。

同时，敏实集团和它的战略合作伙伴们的关系，建立在合作共赢的理念基础上，外部知识网络成员在技术或市场的合作中都能信守承诺，相互信任程度较高，与网络成员合作长期而稳定，如其与通用的合作已长达15年；与网络成员在技术研发中能保持密切的技术和市场的信息沟通和交流，并且经常会共同解决技术难题。可以说，敏实集团与其在外部知识网络中的成员保持较好的关系状态，有着较强的关系联结，而且关系质量良好而稳定持久。

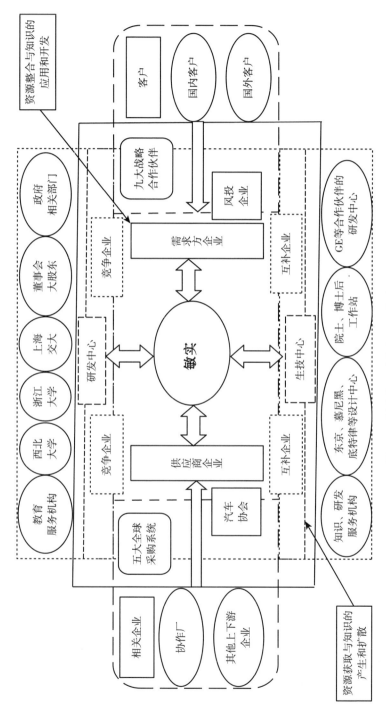

图 3.3 敏实集团外部知识网络嵌入分析

2. 中淳高科

中淳高科的经营范围涵盖预制桩制造与施工服务和铝型材两大产业链，其中预制桩制造与施工服务是其重点主营业务，产品主要有预应力管桩、竹节桩、复合配筋桩、静钻根植工法、锤压工法、地铁盾构管片、钢模设备设计与制造等。中淳高科在市场和技术方面所构建的外部知识网络正在走向成熟。

主动构建外部知识网络，引进专家知识源。集团副总兼技术总监张日红先生本人就是董事长邱兴祝先生从日本引进的浙江省海外高层次"千人计划"人才，他的到来对中淳高科研发团队的构建以及与外部知识源的联结起到了非常关键的作用。在张日红先生的带领下，中淳高科现拥有雄厚的技术研发实力和卓越的研发团队，已建立行业首家覆盖混凝土材料、水泥制品结构、桩基工程技术、岩土工程等多学科的工程研发中心。聘请与其主营业务密切相关的现代高性能混凝土技术、混凝土结构性能与设计领域、桩基与地基处理领域的国内顶级专家清华大学陈肇元院士、浙江大学龚晓南院士为中淳高科的首席技术顾问，陈肇元院士和龚晓南院士不仅为中淳高科研发团队提供了国内最权威的技术指导，而且通过院士本人专业领域的关系网络，为中淳高科搜寻、获取前沿技术和知识构建了更多的通道。不仅如此，在日常的创新研发活动中，中淳高科经常根据研发和市场需要，主动组织技术交流会，邀请业内专家，每年多达十几次，为其获取异质性资源和创新思想起到了较大的推动作用。

致力于产学研合作，引领全面创新。中淳高科从1999年成立集团有限公司以来，一直致力于"产、学、研"相结合的发展路径，先后与国际知名院校日本东京大学、早稻田大学、韩国首尔大学和国内的一流高校清华大学、浙江大学、同济大学以及地方院校宁波大学建立了合作伙伴关系，共同致力于新产品的开发和生产，通过与这些高等院校的专业技术人员密切交流，为其搜寻、获取乃至整合利用新知识和新技术搭建了快速平台，从而为中淳高科的技术创新活动提供了较大的帮助。同时中淳高科设有院士工作站，与浙江省建筑设计院和宁波市各施工设计院也保持着良好关系，为其新技术的市场实现提供了较好的平台。作为专业机构的宁波市信息研究院也是中淳高科经常联系的知识源，通过信息研究院的专家检索，帮助其了解和学习国际最前沿的技术动态和技术知识。另外，中淳高科注重与行业协会的交流，目前是中国建筑材料工业协会副会长单位，而董事长本人邱兴祝先生担任了中国建筑材料工业协会常务理事、中国水泥制品协会副会长、浙江省建材协会和水泥制品协会副会长等职务，利用其在行业协会的关系网络，不断提升中淳高科产品的品牌效应、知名度和美誉度，从而进一步促进中淳高科的技术创新活动。此外，因为中淳高科在业内的良好声誉，提升了其在金融机构的信誉，与金融机构的合作关系良好。

与上下游企业形成伙伴关系，提升业界声誉。中淳高科根据原材料质量、供货速度和价格，每种产品都有 3~5 家稳定的供应商，为保证石英粉、粉煤灰、高炉矿渣粉、砂子、石头（产品的特殊添加材料）等原材料质量能在产品方面更好地实现技术创新成果，研发人员直接参与采购，舍近求远，所以其主营业务的 60%~70% 供应商分布在远距离的福建和广东，而本地原材料供应商比例只占 30% 左右，并且供应商也参与产品的研发，以确保原材料在制成品的技术实现符合产品的技术标准。因其主要产品属内需区域型产品，中淳高科的市场均面向国内的建筑施工客户，目前稳定客户在 100 家以上。为保证引进或自主研发的"轨道管片""根植桩""静钻根植工法"等新产品、新项目在施工中的有效应用，中淳高科和几乎所有客户都建立了良好的合作伙伴关系，售前为客户提供桩基础技术解决方案，包括桩基础优化设计、桩基础性价比方案等系统解决方案；售中为客户提供高效的预应力混凝土预制桩施工服务；售后为客户提供工地现场技术服务；并且经常和客户根据市场的具体环境，共同磋商或共同开发市场所需新产品和新技术。中淳高科与同行的交流也很频繁，每年固定两次派研发人员参加同行的技术交流会，这有助于中淳高科获取异质性资源和最新国内市场信息和技术。中淳高科同时也在跨入国际化市场，与国际同行构建战略同盟，例如，联合日本九州东新工业株式会社、平冈金属工业株式会社成立中日合资企业，共同研发产品，开拓国际市场，经过 5 年多的合作，目前已初步形成以汽车部件、电子电器、机械制造和金属制品为主的产业体系，拥有全球行业一流水平的模具装备，进一步实现了中淳高科的产业链延伸。另外，中淳高科是该行业多项国家标准和行业标准的制定者之一，先后参与制定的标准有：国家标准《钻芯检测离心高强混凝土抗压强度试验方法》（GB/T 19496—2004）、浙江省技术规程《先张法预应力混凝土管桩基础技术规程》（DB 33/1016—2004）、行业标准《先张法预应力混凝土管桩用端板》（JC/T 947—2005）、《预应力高强混凝土管桩用硅砂粉》（JC/T 950—2005）、国家标准《先张法预应力混凝土管桩》（GB 13476—2009）、地方标准图集《先张法预应力混凝土管桩》（2010 浙 G22）、国家建筑标准设计图集《预应力混凝土管桩》（10SG409）、企业标准《静钻根植桩基础技术规程》（Q/141002 —2011（a））、《根植工法用高性能混凝土桩》（Q/NZD001—2012）、浙江省地方标准设计图集《静钻根植先张法预应力混凝土竹节桩》（2012浙G37）、《复合配筋先张法预应力混凝土管桩》（2012浙G36）等，在行业内有着较高的声望。

与政府紧密合作，推进技术与市场延伸。政府对于中淳高科来说，既为中淳高科的各项技术创新提供服务和支持，同时也是中淳高科的大客户。一方面，中淳高科现为国家高新技术企业，是宁波市重点企业，与政府关系联结紧密。多年来，来自政府的肯定性荣誉多项，如中国建材20强企业、浙江省百强民营企业、宁波市百家重点企业、宁波市AAA级资信企业、中国民营企业思想政治工作先进单位、省/市级文明单位、省/市企业党建工作示范点、省思想政治工作创新奖、宁波市首批企业文化建设示范点、宁波市十大慈善企业等，同时，来自政府的科研项目等研发投入，政府对中淳高科技术创新的鼓励支持，帮助其获取和整合利用新知识新技术的同时，也相当于其研发成本的降低。另一方面，中淳高科通过政府的招投标，参与了多项大型的"政府工程"，例如，上海宝钢、上海世博会国家馆、上海浦东/虹桥机场、长兴岛造船基地、沪宁高速公路、宁波轻轨工程、甬台温高速铁路、秦山核电站、浙江镇海发电厂等，这对于中淳高科在业界的声誉和新技术、新产品的市场化应用给予了很大的帮助。

因此，中淳高科构建的外部知识网络较完善，其外部知识网络的嵌入性在同行业处于较高的水平。从外部知识网络结构嵌入性水平看，中淳高科嵌入的外部知识网络规模较大，网络成员多样化程度比较高，其外部知识源包括市场类的上下游企业、同行竞争者和金融机构；公共机构类的大学（专家）、政府相关部门、公共研究院、创新服务机构，以及综合信息类的专业论坛、行业协会、标准化组织和其他非正式关系网络等，与国内清华大学等、国际日本东京大学等的战略合作关系、与日本九州东新工业株式会社等的战略同盟关系、与同行的频繁技术交流等，显示了中淳高科外部知识网络较好的开放度，同时也是其获取异质性网络的重要通道；中淳高科是该行业多项国家标准、地方标准和行业标准的制定者之一，在行业内拥有较高的声望；同时，中淳高科仍在不断学习国内外先进技术，拥有国内最先进的全自动预应力混凝土预制桩生产基地、国内最先进、国际一流的全自动先张法离心成型免压蒸工艺预应力混凝土预制桩生产流水线，所以，中淳高科在其外部知识网络的位置中心度也较高。从中淳高科外部知识网络的关系嵌入看，与国内外大学、研究机构交往频繁，技术总监张日红先生和他的研发团队成员每年都会因技术创新问题的解决赴日本、韩国若干次，与院士们经常以邮件方式进行技术交流；与上下游企业的合作长期稳定，中淳高科通常以战略合作方式直接参与，而供应商和客户基本都能信守承诺，供应商保质保量准时供货，随时告知原材料成分、性能和用途的最新信息以及该行业的动态信息，客户则共同参与技术的市场实现和新产品的研发，可见，中淳高科与合作伙伴的交往频率、联结强度和持久性都很高。因此，中淳高科外部知识网络结构嵌入的网络规模、网络中心性、网络异质性和网络开放度水平，以及关系嵌入的关系频率、关系质量和关系持久性水平都显示了较高的水平。

中淳高科的外部网络嵌入性水平分析如图 3.4 所示。

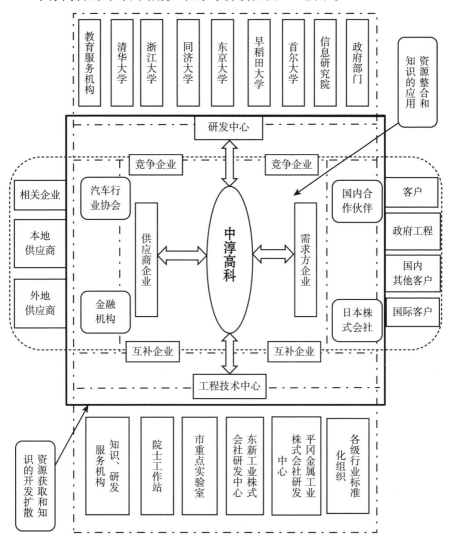

图 3.4　中淳高科外部知识网络嵌入分析

3. 韵升弹性元件

韵升弹性元件的主营业务分两大板块：线材（钢带分条）和平面涡卷弹簧（区别于钢丝弹簧），产品涵盖碳钢、不锈钢发条、汽车钢带、笔夹钢带和机械零部件等。韵升弹性元件的人事和财务等关键管理权限集中在母公司韵升集团控股有限公司，但韵升弹性元件本身的业务未列入母公司的战略性主营业务范畴，市场业务拓展和产品研发主要由韵升弹性元件独自完成。因此，韵升弹性元件外部知识网络的构建与母公司有一定关联，但母公司所起作用总体而言不大，有时基于母公司的战略考虑，对韵升弹性元件外部知识网络的构建有一定制约作用。

韵升弹性元件与上下游企业的关系紧密，处于长期稳定的合作状态。根据原材料的质量、供货速度和价格，每种产品的供应商都稳定在 3～4家，经常与供应商就产品所需材质和原材料的质量要求互相磋商沟通，联系较为频繁。韵升弹性元件的主要客户群集中在家用电器、工具制造、汽车马达和园艺工具等行业领域，产品主要为其做配套，韵升弹性元件的营销执行的是"大客户优先"策略，在其上百家客户群中，前10 名的客户占有其产品销售量的 70%，这前 10 名客户都是各行业领域国内甚至是国际领先、享有较高业界声誉的大企业，例如，国内的上海田岛（日资国内最大的手动工具制造厂）、上海士商（国内领先的生产工具及设备等制造厂商）、安庆 ATG（国内最大的活塞环专业厂）、仪征双环（国内最大的发动机配套厂商）、美的等，以及国外的 Hozelock（园林器械知名厂商）、东芝、Graco（母婴用品知名厂商，如儿童座椅）等客户。与大客户的合作主要以大规模定制为主，韵升弹性元件首先根据客户要求进行新产品研发，研发成功的样品经客户确认肯定后投入小批量试制，再次确认合乎客户要求后投入大规模生产，在这一新产品研发生产的过程中，和客户之间需反复沟通确认，有时客户也参与研发，提供必要的技术支持。在与客户的交流中，给韵升弹性元件也带来了市场最新动态和行业最新信息，是韵升弹性元件搜寻、获取新知识、新技术的主要路径。韵升弹性元件也经常关注同行的市场动态，如江苏太仓科恩利波斯公司、日立金属等企业，但基于市场的差异化和生产工艺的反差，相互的技术、知识交流并不多。

韵升弹性元件一直在为评审市级科技型企业而努力，因此，与本地院校和相关科研机构联结强度较高，互动频繁，宁波工程学院的专家为其在专业技术领域和前沿技术的搜索提供了较大帮助；宁波兵器工业研究所在其新产品研制过程中，提供较为详细的材料分析报告，帮助韵升弹性元件解决技术创新活动难题。因为所处行业较窄，行业协会本身功能和影响不大，所以韵升弹性元件与行业协会（弹簧协会）没有交往。与政府部门、金融机构以及其他外部知识源的联结，主要依托韵升弹性元件的母公司韵升控股有限公司，没有开拓直接联系通道。

总体而言，韵升弹性元件的外部知识网络具有一定规模和开放度，异质性资源的获取相对较为缺乏；但在其小范围的专业领域，目前韵升弹性元件在弹性元件制造领域居国内前列，低成本的钢带精密分条工艺在全国首屈一指，因此，韵升弹性元件在其专业领域虽范围较小，但网络中心度较高。和上下游企业、本地科研院所互动频率高，联结强度高，相互信守承诺，关系质量较好，而且长期稳定；与其他知识源的联结表现一般。韵升弹性元件的外部知识网络嵌入分析如图 3.5 所示。

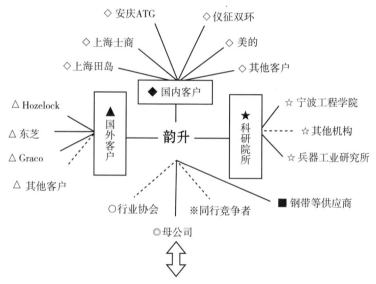

图 3.5　韵升弹性元件外部知识网络嵌入分析

注：虚线表示弱联结；实线表示强联结。

4. 复洋光电

复洋光电非常善于从供应商、客户和各种国际展会获取本行业最新市场信息和技术、知识资源，与上下游企业构建了较为稳定、相互信任的知识联盟模式。

国内 LED 封装所需的金丝、环氧树脂、硅胶、导电胶等原材料和支架、塑封料、封装模具等配件已形成一定规模，所以复洋光电的原材料采购以国内为主，少量采购来自中国台湾和美国。复洋光电的产品主要包括LED 数码管、LED 发光管、LED 像素管、LED 平面管、LED 点阵和 LED 贴片等，每种产品都有稳定的原材料供应商 2~3 家，其设备供应商是总部在中国香港的 ASM 太平洋科技有限公司（ASM Pacific Technology Ltd.，ASMPT），这是全球最大的发光二极管和半导体行业的封装设备供应商，以设备最先进、价格最昂贵著称，一流的生产设备是复洋光电产品质量的重要保证。复洋光电与原材料和设备的供应商关系稳定，相互信守承诺，信任基础较好，但供应商一般只提供样品或说明书，不参与复洋光电产品的改进和生产，研发人员与设备供应商在设备使用和维护上有一定的互动，设备供应商一般不提供其他技术支持。

复洋光电客户 95% 面向海外市场，分布广泛，主要在欧洲、北美洲、中东和东南亚等许多国家和地区，包括美国、俄罗斯、日本、巴西、阿根廷、波兰、英国等欧洲国家以及东南亚大部分国家。复洋光电近 20 年的海外市场营销经验为其积累了大量客户，客户以中低端产品需求为主，复洋光电与客户关系的构建模式是精心培养、直面终端，这种模式让复洋光电减少了营销渠道、节约了营销费用，更少地受制于代理商。复洋光电一直以来认真对待每一批订单，并就订单产品的具体要求与客户反复交流，直至生产出来的产品合乎客户质量要求、客户满意为止，由此，复洋光电在中低端市场赢得了较好的美誉度。

复洋光电经常出席国内外 LED 行业的各种交易会、博览会、展览会，总经理俞寅生先生本人月平均出境、出国次数在 2 次以上，通过这种综合信息类外部知识源，复洋光电搜寻、获取了 LED 行业的最新市场信息和最新技术进展，为拓展新客户、稳定已有客户发挥了比较好的作用。

复洋光电与外部大学、科研机构等基本没有合作，产品或工艺的改进主要依靠企业内部技术人员；与政府的往来主要基于正常的制度管理，很少在知识、技术上有交流，与行业协会等也交流甚少；源于融资，与金融机构有一定的交集。

综合看来，复洋光电的外部知识网络主要是围绕供应链的上下游企业构建的，网络规模不大，网络的异质性较弱，开放性一般，由于产品技术含量低、附加值不高，占领市场主要以低成本的价格优势为主，因此，网络中心度也很低。关系的互动主要集中在与客户的交往，与上下游企业的关系联结较强，关系质量较好并且比较稳定，与其他外部知识源几乎没有技术、知识方面的关系往来。

3.4.2　知识搜索

知识搜索是支撑组织解决问题和适应环境变革的基础（Cyert & March，1963），是企业搜寻其所需的信息或新知识，用以解决问题的活动，涉及技术构念的创造和知识的重新整合（Laursen & Salter，2006；Katila & Ahuja，2002），广泛利用外部知识源，通过知识网络搜索具有商业潜能和市场价值的新思想和新知识，帮助企业实现创新，这是企业技术创新过程的核心部分（Laursen & Salter，2006；Chesbrough，2003a）。搜索宽度和搜索深度是知识搜索研究的两个经典构念维度（Katila & Ahuja，2002；Laursen & Salter，2004，2006；Hwang & Lee，2010；丁树全，2007；吴晓波、彭新敏和丁树全，2008；高仕忠，2008），而搜索效率是平衡搜索深度和搜索宽度资源分布的重要构念。因此，搜索宽度、搜索深度和搜索效率是衡量企业知识搜索行为的三个重要方面，对各案例企业的调研都证实了这一点，各案例企业的访谈调研数据分析结果如下所示。

1. 敏实集团

敏实集团对外部知识源的知识搜索范围较广，搜索宽度的构建较为完善，几乎涵盖了外部市场类、公共机构类和综合信息类的大部分外部知识源。在对知识源的外部市场搜索方面，其搜索的宽度覆盖了供应链的主要节点，在上游的设备及原材料采购环节，敏实集团已进入丰田等五大知名汽车厂商的全球采购系统，同国内宝钢、首钢等上游供应商企业也保持着稳定持久的联系，并且与同行业的日本三惠等知名企业形成了九大战略合作伙伴关系，与下游的上海大众、广州本田等国内以及丰田、通用等国外汽车厂商建立了一级配套关系，完善的全球化供应链为敏实集团在最前沿生产设备、最新原材料，以及最新市场动态的知识、技术和信息的搜寻、获取提供了强有力的支撑；敏实集团本身拥有博士后工作站、院士工作站和国家工程实验室，为外部知识的搜寻、识别和获取提供了高效的保证；集团已在中国香港上市，并设有"风险投资部"，为敏实集团获取充裕资金、资金良性流动和企业产品价值提升搭建了重要平台；同时对同行的主要竞争对手保持紧密关注。在与外部公共机构的联结方面，敏实集团依托西北大学、浙江大学、上海交通大学，以及汽车行业的服务机构，对其解决技术创新、新产品的开发和其他企业问题提供了良好的帮助；敏实集团是宁波市重点发展企业，其与政府部门的良好合作，不但为敏实集团赢得了政府的多项政策支持和优惠，同时，在研发资金的投入和研发激励方面提供了更多的路径，每年仅来自宁波市政府的相关研发项目的资金支持就在 30 万 ~200 万元不等，如敏实集团时任技术总监康齐正先生所言："来自政府的科研项目，为我们的研发提供了更为充裕的资金，实际上也就是降低了研发成本；对发明专利的奖励，每项 3 万元，我们全部返还给了研发工程师，既起到激励作用，还不用额外奖励，双赢啊。"在综合信息类外部知识源的搜索方面，敏实集团是各国际汽车博览会、交易会的常客，可以在最短的时间获得产品信息反馈；与各当地生产基地所在的行业协会的联系帮助其获得了行业最新动态和信息；董事长秦荣华先生及管理层的私人圈子（非正式关系网络）也是敏实集团获取信息的重要通道。较为宽广的搜索范围为敏实集团的知识搜索提供了多个搜索通道，为其资金、人才等资源，以及研发、制造和营销信息、技术和知识获取搭建了重要平台，奠定了扎实的基础。

与上下游关键企业的强联结加深了敏实集团对知识搜索的挖掘力度，有助于敏实集团以最快速度获取可靠信息、富有效率地整合利用所获取的新知识、新技术，从而为其技术创新活动提供有效的帮助。敏实集团在 2002 年与通用合作首次加入汽车领域的全球采购系统以来，先后进入国际主要知名汽车厂商的八大全球采购系统，包括通用全球采购系统、福特全球采购系统、丰田全球采购系统、大众和克莱斯勒全球采购系统，以及宝马、菲亚特及 PSA 全球采购系统等，这意味着在设备和原材料方面向纵深方向跨出了一大步，为敏实集团在获取国际最前沿生产设备、最新原材料的信息、技术方面提供了十分有利的帮助，不仅产品质量因此得以保证，而且为其新产品开发等技术创新活动提供强有力的支撑。敏实集团现拥有院士工作站、博士后工作站和国家工程实验室，通过与国内汽车顶级专家的深度交流，利用专家们的关系网络和专业搜索通道，不仅帮助敏实集团快速搜寻、识别所需知识、技术，而且能在新知识的整合利用、隐性知识显性化等方面提供指导和有效帮助，敏实集团因此在技术创新活动方面能少走弯路，降低创新成本，从而更好地提升技术创新绩效。敏实集团自 1999 年和日本三惠结成战略联盟的伙伴关系以来，已与日本三惠、东海兴业、片山工业、ALTIA 桥本、岐阜车体、爱信、德国的 Kittle（已破产）、Dura、泰国 Aapico 等国际知名企业形成了紧密的战略合作伙伴，为知识的纵深搜索提供了又一通道，这一纵深搜索通道进一步为敏实集团搜寻获取异质性资源、行业的最新技术与有效信息提供了快速而富有效率的搜索模式。面对全球制造白热化竞争的态势，满足顾客需求是赢得竞争优势的关键，敏实集团与国内几乎所有汽车合资企业建立了一级配套关系，包括上海大众、上海通用、广州本田、天津丰田、东风日产、东风本田、东南汽车、海南马自达、长安福特等；与国际汽车知名厂商丰田、福特、通用等的研发中心时刻保持紧密联系，已经实现与其"同步设计"，并且在日本东京、德国慕尼黑和美国底特律等地设立设计中心，这种向市场纵深方向、直至最终客户的深度搜索模式，使敏实集团能在第一时间获知客户需求，及时把握市场动态，并且由于和客户"同步设计"的深度技术交流，使敏实集团能快速地根据客户要求，整合利用新知识新技术并迅速市场化，从而赢得市场竞争优势。

敏实集团通过构建较为完备的搜索宽度和多个搜索的纵深通道，进而大幅提高了其知识搜索的效率。对外部知识源的广泛搜索为敏实集团提供了重要市场信息和新技术知识并补充了资金等资源，而知识搜索的深度挖掘使敏实集团能比竞争对手更快地、更有效率地获取可靠信息和新技术，而且能快速将现有技术和新技术进行整合，及时满足客户需求，把形成的技术构念快速应用到新产品的开发中并迅速市场化。对于敏实集团来说，经常会出现以下情况：客户将最新的技术标准和对汽车饰件等产品的应用需求信息提供给敏实集团，敏实集团会马上通过全球采购系统寻求新产品所需原材料，并与战略合作伙伴交流，在客户研发中心、合作供应商、大学等的配合下进行新产品设计、试验和调整，及时提供新标准的产品样本，经客户证实认证后，快速投入生产。如时任技术总监康齐正先生所说："与跨国公司的合作，我们实现了同步设计，能够在第一时间针对客户需求，与客户联手，迅速进行产品的研发设计并投入生产，这是我们的大多数竞争对手做不到的。"

2. 中淳高科

从知识搜索的宽度衡量，中淳高科几乎涵盖了外部知识源的主要节点，这为其比竞争对手更为广泛搜索企业所需的技术和市场信息、新知识、新技术提供了更多的通道和媒介。与上下游企业的紧密合作、和同行的密集交流为中淳高科新产品的技术实现、市场所需新技术的搜寻和市场其他最新动态的获得提供了直接通道。依托院士工作站和张日红先生本人，引进专家知识源，与清华大学、东京大学等国内外一流高校广泛合作，对中淳高科解决技术创新活动难题、获取国内外前沿知识技术信息，以及整合利用所获新知识新技术应用于新产品、新工艺提供了很大的帮助。与行业标准化组织关系良好，经常参与制定国内各级行业标准；与各级建筑工业行业协会交往频繁，这些使中淳高科能够比竞争对手更快、更准确地获取所在行业研发、制造和市场多方面的知识和信息。而与日本九州东新工业株式会社、日本平冈金属工业株式会社的合作，为其进入国际市场、获取前沿技术打开了另一条通道。政府相关部门的大力支持，不但帮助中淳高科降低了研发成本、提升了业界声誉和产品的品牌效应，而且政府工程使其新技术和新产品能够快速市场化，从而推进下一步研发的继续。中淳高科广泛使用知识、技术和市场的多个通道搜索本企业所需的知识和技术，并有多个合作伙伴可以帮助其解决技术创新活动出现的问题，从而进一步促进其技术创新，提高创新绩效，并比竞争对手赢得更多优势。

从中淳高科知识搜索的深度看，中淳高科充分利用与国内具有本行业学科优势的清华大学、浙江大学、同济大学和国际上具有相关学科优势的日本东京大学、早稻田大学和韩国首尔大学的良好合作关系，能够较好地深度搜索与其主营业务相关的国内和国际前沿技术、信息和知识，技术总监张日红先生及其研发团队每年数次奔赴日本、韩国，与国外研究机构深入探讨并学习本行业的国际先进技术，同时依托院士工作站，与院士深度交流学习，这种深度搜索的通道使中淳高科比竞争对手更快速地将所获取的新知识、新技术与现有技术进行有效整合，应用于新产品的研发。而直接深度参与上游企业的原材料供应和下游企业的现场施工，共同研发，有助于中淳高科更快地推进新产品、新技术的市场化实现，同时随时发现新技术、新产品市场实现存在的问题，反馈于研发部门，进一步促进其技术改进、业务流程再造，缩短新产品和新技术的市场化时间；而作为各级行业标准的制定者之一，以及与各级建筑工业行业协会的频繁交流，帮助敏实集团及时获得行业信息并作出快速反应，比竞争对手更多、更快地将所获取的市场信息和技术知识运用到生产工艺改进和新产品开发之中。中淳高科联合日本九州东新工业株式会社、平冈金属工业株式会社等公司，成立中日合资企业，不但有利于其开拓国际市场、学习新的技术管理模式，而且打通了又一条知识深度搜索通道，为其赢得国际竞争优势奠定了基础。中淳高科与创新合作伙伴的密集交往，对合作伙伴产品研发和市场开拓的密切关注，都助力其技术创新活动。

正如技术总监张日红先生所言："每一次去日本、韩国，每一次和院士们的交流，我们都有收获，不断地受到启发，有新思想的碰撞，这对于我们开发新产品、缩短开发时间是很有帮助的，而我们的实验室是预制桩这一行业最大的，我相信我们不断会有新产品推出，市场空间还会更大。"中淳高科通过广泛的知识搜索和对搜索通道的深度利用，大幅提升了搜索效率。对外部知识源的广泛搜索为中淳高科提供了重要市场信息和新技术知识；新知识、新技术的深度搜索使中淳高科能比竞争对手更快地、更有效率地获取可靠信息和新技术，并快速将现有技术和新技术进行整合应用到新产品的开发并迅速市场化。其搜索效率最后在技术创新和产品市场上都得以体现。

3. 韵升弹性元件

韵升弹性元件的知识搜索范围主要集中在上下游企业和科研院所，它的上游供应商、下游客户、本地院校和科研机构是其获取重要市场信息、技术和知识的主要来源。与上游供应商的合作，有助于韵升弹性元件快速获悉市场原材料等信息及同行竞争的市场动态；和下游重点客户的频繁互动，帮助其获悉前沿技术的发展态势和行业的发展趋势，并且在新产品研发和样品试制过程中能够得到一定的技术支持；通过上下游企业这个搜索通道，韵升弹性元件能更多地获取本行业研发、制造和营销等多方面的知识和信息。而与科研院所的交流，对韵升弹性元件搜寻、检索获取甚至整合利用新技术、新知识等提供有益的帮助。母公司所拥有的外部知识源对韵升弹性元件在关键创新、拓展搜索通道时提供较大支撑。

韵升弹性元件与上游供应商稳定而长期的合作，是韵升弹性元件深度挖掘新技术新知识的重要通道之一，能帮助其第一时间掌握原材料的最新技术和市场并做出快速反应，从而赢得竞争优势。例如，当某些新型钢带原材料问世后，关键供应商会迅速将此信息传递给韵升弹性元件，韵升弹性元件经过认真考察、仔细分析新型钢带原材料，确认适合后及时整合应用到新产品开发中，从而扩大了新产品的种类，提高产品的质量和性能。而与下游各行业领域领先的大客户合作，对于韵升弹性元件来说，是深度搜索企业所需市场和技术最前沿信息的主要通道。例如，客户 T 公司把它的客户反映的线材有毛边的问题及时反馈给了韵升弹性元件，韵升弹性元件快速响应，在供应商和宁波工程学院、兵器工业研究所的协助下，对钢带的切削加工工艺进行改进，改进后，线材毛边问题得以解决，产品更受欢迎。而且因为所合作的客户或者是本领域的最大厂商，或者客户的下游企业是国际领先企业，如安庆 ATG、仪征双环的下游企业就是知名汽车厂商，从客户的客户传递着供应链国际最先进的技术和知识，所以，通过与大客户的亲密互动，拓深了韵升弹性元件的知识搜索深度，能够较早地获悉洞察先进技术，并与客户互相探讨，有时共同研发，快速地将新技术和新知识应用于产品研发和工艺流程改造。而与科研院所的频繁交流，能帮助韵升弹性元件从专业文献角度搜寻、获取国际先进技术和工艺，同时详细的材料分析也帮助韵升弹性元件解决了不少技术创新活动的问题，缩短了研发时间。

由此韵升弹性元件能比竞争对手更快地获取可靠的市场信息和新技

术，并快速将现有技术和新技术进行整合，把形成的技术构念有时共同研发及时应用到新产品开发和样品试制中，进而推动其技术创新的市场化，显示了一定的搜索效率。目前，韵升弹性元件在弹性元件制造领域居国内前列，低成本的钢带精密分条工艺全国首屈一指。

4. 复洋光电

复洋光电的产品制造以 OEM 为主、ODM 为辅，其对知识、技术的搜索通道主要是供应商、客户和各种行业展会，这些通道对技术和市场信息的搜寻、获取，和市场竞争对手一致，所以，不能成为复洋光电获取超额利润的异质性资源；而在需要技术支持时，网络伙伴提供的帮助也不大。

在技术、知识的深度搜索方面，与客户"直面终端、精心培育"的深度交流方式及密集地参与本行业的各种展会，为复洋光电搜寻、获取最新市场动态、最新客户需求和技术进展等信息提供了很大的帮助，并且复洋光电会非常认真琢磨、关注，这使复洋光电能更好地、更有品质保证地服务于客户，赢得一定的竞争优势。例如，复洋光电通过展会了解到最新、最先进的封装设备信息，会马上与客户交流对这种设备市场的产品需求，如客户需要，会联系设备供应商，不惜投入大规模资金马上购买；或者，客户对产品技术或质量提出新要求，复洋光电会根据自身能力，进行必要的技术改造。总经理俞寅生先生表示："我每个月都要出国，不是在美国，就是在欧洲、东南亚，不是去参加展会，就是和客户交谈，没有休息日，家人也抱怨啊，但也没办法。"正是这种深度搜索的方式为复洋光电在竞争非常激烈的 LED 封装行业赢得了一定的生存空间，具备一定的竞争优势。当然，因研发水平、资金等的限制，复洋光电没有构建与中科院半导体所、中科院物理所、北京大学、清华大学、石家庄第十三电子研究所等国内 LED 高水平研发机构的技术、知识搜索通道，更谈不上深度搜索，对于其新产品开发等技术创新活动是一个很大的制约和遗憾。

3.4.3 技术创新绩效

企业的技术创新活动是指从创新思想的产生、研发、试验到制造生产直至投向市场实现商业价值的整体过程，它强调技术或发明的商业应用（Ahuja & Katila, 2001; Knight, 1967; 许庆瑞, 2000; 陈劲, 2001）。创新绩效是对企业技术创新活动效率和效果的评价，研究者们比较多地采用申请专利数量、新产品数量、新产品销售额占销售总额比例等指标来衡量，用这些指标测量企业的技术创新绩效，已有学者提出异议，认为如此衡量过于单一，忽略了创新过程。因此，本书的研究将参考上述学者的观点，从技术创新绩效的产品创新和过程创新两个方面的绩效共同表征，包括与竞争对手相比，新产品的开发速度、开发数量和市场化的程度，以及新设备、新工艺的投入、产品质量和生产效率等。各案例分析结果如下所示。

1. 敏实集团

敏实集团 2022 年的主营收入为 173.06 亿元，主要客户是丰田、通用等占全球汽车市场超过 80% 份额的汽车集团，目前敏实集团占有国内汽车零部件市场超过 30% 的份额，国际市场份额在 15% 以上。现已跻身于全球汽车零部件百强企业。敏实集团拥有全球最优质的客户平台，是全球最大的铝电池盒供应商、最齐全的表面处理供应商。目前，敏实集团在全球范围内拥有塑件、金属车身系统、电池盒、新事业四大产品线，五大研发中心，逾 70 家生产工厂，覆盖中国、美国、墨西哥、德国、英国、法国、塞尔维亚、捷克、波兰、日本、泰国等国家。集团员工近 20000 人，客户遍布全球 30 多个国家，服务 60 多个汽车品牌。近 3 年每年的研发投入在 7 亿~8 亿元，占主营业务收入的比例稳定在 6%~7%，研发人员近 2000人，研发总部 600 余人，其余分布在国内 30 多家生产基地，国外的美国、泰国、墨西哥等生产基地，以及东京、慕尼黑、横滨和底特律的研发设计中心。2022 年，集团新增申报且被受理的专利数为 635 项，其中申报涉外专利 12 项；新获得授权的专利数为 592 项，商标注册证书 194 项。其中85% 以上的专利用于新产品的开发并已投入市场，保持了同行业的领先水平，是汽车门框行业的龙头企业。敏实集团已发展到六大类、200 多个品种、上万个规格的产品，其中自主研发的马自达 J68CC 汽车门框总成被列入 2012 年国家"火炬计划"，自主研发的车辆内水切饰条冲舌模具、带料加工生产线的断料应急装置、车辆门框立柱冲切模具、双点焊电极、汽车密封条贴绒装置等数十种产品达到国际领先水平，其为主机厂提供密封系统装饰条类，门框、行李架等金属构件类，格栅、轮圈盖等注塑类外装零件的工程设计达到与国际汽车厂商同步开发水平；在生产工艺方面，敏实集团引进了大量先进的生产线及生产工艺，包括纯押、复押、滚压成型、弯曲、冲压、注塑、表面处理（包括塑件及金属涂装）、电镀、镀铬、阳极氧化等，采用德国先进的 COPRA FEA Roll form 软件和加拿大 RH95 SIMPLY ROLL DESIGN 软件设计成功开发门框、滑道、导轨、饰条等断面近 3000 个。2022 年，集团新业务承接实现里程碑式跨越。尤其在电池盒业务方面，接连取得重大突破。集团承接了梅赛德斯奔驰一款主要的全球平台车型的电池盒订单，成为其最大的电池盒业务合作伙伴；集团再获

Stellantis 两款平台车型的电池盒订单，巩固了集团在 Stellantis 体系中电池盒核心供应商的地位；集团继续扩大在宝马电池盒业务的份额；此外，在造车新势力客户方面，集团也获取了 Lucid、小鹏汽车和理想汽车的电池盒订单。同时，集团在电池盒复合材料上盖业务方面也有所突破，获取广汽乘用车和亿纬锂能的订单。2005 年，敏实集团通过国家 CNAS 认可（ISO/IEC17025 认证）；2007 年，获浙江省专利示范企业称号；2008 年，成为国家高新技术企业并获浙江省创新型示范企业称号。2023 年，1 项发明专利获工业和信息化部科技司第二十四届中国专利奖推荐项目。

2. 中淳高科

中淳高科目前位列国内预制桩行业前三甲、中国建材企业 20 强，是国家重点高新技术企业，已拥有十大系列 150 多种型号规格品种的产品，综合实力居国内水泥制品前列。中淳高科拥有浙江省海外高层次人才引进"千人计划"入选人员 1 人，入选国家"万人计划"专家 1 人，直接参与研发人员 100 人左右，工程技术人员 500 余人，拥有市级企业工程技术中心、院士工作站的创新工作平台。每年的研发投入占主营业务比例超过 3%。拥有 128 项授权专利，30 项发明专利，39 项标准编制。

中淳高科自主研发的静钻根植工法和新型预制桩产品代表着当今世界桩基技术的先进水平，具有抗震、安全、节能、环保的特性，拥有"无挤土，无泥浆排放，无环境污染；单桩抗压、抗拔、抗水平承载力高；质量稳定，安全可靠；智能化施工，沉桩全程可视、可控"等诸多优势，是国内桩基技术领域一次划时代的创举。中淳高科自主研发的国内最先进、国际一流的全自动先张法离心成型免压蒸工艺预应力混凝土预制桩生产流水线，通过先进的工艺装备和经过专业培训的产业工人，大幅提升人均产值 50% 和降低了工人的劳动强度，相比传统工艺同产量减少 50% 用工量；采用变频技术及免压蒸工艺，相较传统二次压蒸养护工艺节约能源消耗 65% 以上。中淳高科 2005 年生产的 TMMA/UPVC 共挤彩色型材被列入国家"火炬计划"项目并通过认证。

中淳高科拥有"中国驰名商标""浙江省名牌产品""宁波市名牌产品"若干项，其中，"浙东"牌预应力混凝土管桩被授予"中国驰名商标""浙江省名牌产品"等，产品广泛应用于多项建筑项目：如上海宝钢、长兴岛造船基地、上海世博会国家馆、上海浦东/虹桥机场、沪宁高速公路、甬台温高速铁路、宁波轻轨工程、秦山核电站、浙江镇海发电厂等众多项目。

中淳高科参与各级行业标准的制定，包括国家建筑标准设计图集《预应力混凝土管桩》（03SG409）、国家标准《钻芯检测离心高强混凝土抗压强度试验方法》（GB/T 19496—2004）、浙江省技术规程《先张法预应力混凝土管桩基础技术规程》（DB33/1016—2004）、行业标准《先张法预应力混凝土管桩用端板》（JC/T 947—2005）、《预应力高强混凝土管桩用硅砂粉》（JC/T 950—2005）、国家标准《先张法预应力混凝土管桩》（GB 13476—2009）、地方标准图集《先张法预应力混凝土管桩》（2010 浙 G22）、国家建筑标准设计图集《预应力混凝土管桩》（10SG409）、企业标准《静钻根植桩基础技术规程》（Q/141002—2011（a））、《根植工法用高性能混凝土桩》（Q/NZD001—2012）、浙江省地方标准设计图集《静钻根植先张法预应力混凝土竹节桩》（2012 浙 G37）、《复合配筋先张法预应力混凝土管桩》（2012 浙 G36）等。2022 年，公司副总裁、技术总监张日红先生荣获 2021 年度中国混凝土与水泥制品行业"杰出工程师"称号，他主持开发的"非挤土静钻根植桩系列产品制造与施工关键技术"在桩扩头变径技术、端注浆技术等方面领先于国际，使高性能混凝土预制桩在轨道交通、公路、高铁等领域国家重点工程中实现规模化应用，取得显著社会经济环境效益。

中淳高科的创新产品还荣获过"中国水泥混凝土行业改革开放 30 年技术进步奖"和"建筑材料科学技术奖"，中淳高科还拥有"中国建材工业技术创新标榜企业""浙江省工商企业信用 AAA 级守合同重信用单位"等荣誉。

3. 韵升弹性元件

韵升弹性元件取得授权专利 25 项，其中发明专利 12 项，2021 年完成新产品研制 462 款，其中有 311 款样品纳入小批量生产中。2000 年通过 ISO 9001—2000 版质量管理体系认证，先后通过田岛、东芝、Hozelock、Graco、士商、美的和帝伯格茨等公司的第二方审核，现为 AAA 级资信企业。

韵升弹性元件目前在弹性元件制造领域居国内前列，占有该领域市场份额的 40% 以上；多年来坚持差异化战略，尤其是其低成本的钢带精密分条工艺在全国首屈一指，并以低成本的价格优势几乎独占国内线材行业中低端市场。正如韵升弹性元件研发中心主任王庆忠先生说的："日立金属的线材 200 元/千克，我们的线材 80 元/千克，他们使用的是轧机工艺，光设备投入就要 3000 多万元，对于我们这样规模的企业来说，技术没问题，就是成本太高，目前只能运用低成本的钢带精密分条工艺；不过他们占领高端市场，销售额每年可以达到 3 亿多元，我们靠低成本的钢带精密分条工艺占领了国内中低端市场，销售收入不多，只有1000多万元，但也算走差异化之路吧。"显然，研发投入和创新成本高对韵升弹性元件来说是一个制约，其技术创新活动还有待进一步推进。

4. 复洋光电

复洋光电2018年主营业务收入约5000万元，有员工200人左右，属于小型企业。目前研发中心人员共有5人，主要负责设备维护和工艺改造。2020~2022年，复洋光电取得授权专利13项，其中发明专利3项，分别为：一种LED软光条、一种高压背光模组生产用固定装置、一种封装结构。先后引进"全自动固晶机和焊线机"等行业内最先进的设备，2020~2022年，设备投入2800万元。面对竞争激烈的全球化LED封装市场，对于如何比同行赢得更大竞争优势，总经理俞寅生先生是这样说的："我们的研发和国际国内先进水平相比是比较弱的，像我们这样规模的企业能生存下来走到今天，靠的就是产品质量和客户信任。和同行相比，我们比他们更舍得投入，别人的产品用铜丝作原材料，我们用金丝；日本的生产设备也不错，但我们用就用最好的，我们从ASM引进设备，从最好的公司引进最好的设备，价格很高的，但要赢得市场，这是必须的。"这在一定程度上能反映国内小型制造厂商的现状，对于复洋光电而言，2020~2022年，技术创新态势发展良好，但其自主创新之路还需较长时间。

3.5 案例间数据分析

在对上述四个案例描述分析的基础之上，本章根据各案例企业的实际情况对其外部知识网络嵌入性、知识搜索和技术创新绩效等关键变量进行了评判与初步编码，用很高、较高、一般、较低、很低依次从高到低的五个等级，表示案例企业各项指标的水平，并请被采访人员、同业人员、学术专家和行业技术人员再次评判打分，做出审核、修正，案例企业的各关键变量的数据编码结果如表3.6所示。

另外，在案例访谈和调研中发现，所访谈的四家企业，在与外部知识网络各成员的联结，因对象不同显示出了较大的差异，例如，敏实集团十分注重与其具有垂直网络关系的供应商、顾客的关系互动，并希望能够扩大此类网络的范围，以提高市场占有率，对竞争同行业高度关注；同时也努力构建除供应商、顾客、竞争同行外的其他知识网络，但关注程度比前者要弱；中淳高科也存在类似的情况，而韵升弹性元件和复洋光电几乎只关注与其高度关联的供应商、顾客，同时也很关注竞争同行的动态，但与除此之外的其他网络成员几乎没有太多的联结。并且，在对技术创新绩效的作用方面，都一致认同各自的垂直网络成员。在与被采访人员、同业人员、学术专家和行业技术人员认真沟通分析后，认为这两类外部知识网络对技术创新绩效所起的作用确实有比较大的差异，应该分开研究。因此，为进一步认真细致地探讨外部知识网络对技术创新绩效的作用，将网络规模区分为：网络规模1，其网络成员为供应商、顾客和同行竞争者；网络规模2，其网络成员为除供应商、顾客和同行竞争者以外的成员。同样，将关系强度也区分为：关系强度1，其网络成员为供应商、顾客和同行竞争者；关系强度2，其网络成员为除供应商、顾客和同行竞争者以外的成员。

表3.6   案例企业关键变量的数据编码

关键变量		敏实集团	中淳高科	韵升弹性元件	复洋光电
外部知识网络结构嵌入性	网络规模1	很高	很高	较高	一般
	网络规模2	很高	很高	较低	较低
	网络中心度	很高	较高	较高	很低
	网络异质性	很高	较高	较低	很低
外部知识网络关系嵌入性	关系强度1	很高	较高	较高	一般
	关系强度1	很高	较高	较低	较低
	关系质量	很高	较高	较高	较高
知识搜索	搜索宽度	较高	较高	一般	很低
	搜索效率	很高	较高	一般	较低
	搜索深度	很高	较高	一般	一般
技术创新绩效		很高	较高	一般	较低

3.6 进一步讨论与初始假设命题的提出

在对案例企业的各关键变量对比分析的基础上，归纳出制造企业外部知识网络嵌入性、知识搜索与技术创新绩效之间的相关性和因果关系，由此提出本研究的初始假设命题。

3.6.1 外部知识网络嵌入性与技术创新绩效

在本章上述部分的理论预设中，本研究提出的制造企业外部知识网络嵌入性对技术创新绩效的作用如图3.6所示，在四个探索性案例中得到了初步支持和验证。

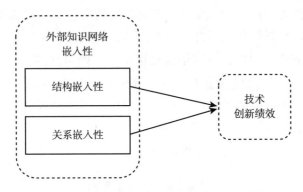

图3.6 外部知识网络嵌入性与技术创新绩效

从表3.7案例企业的编码数据和之前的探索性案例分析，我们可以看到，企业外部知识网络的结构嵌入和关系嵌入有助于提升企业的技术创新绩效。例如，敏实集团和中淳高科外部知识网络的结构嵌入性和关系嵌入性水平都处于很高或较高的状态，其技术创新绩效也呈现很高或较高水平，而复洋光电外部知识网络的结构嵌入性和关系嵌入性水平整体而言较低，其技术创新绩效也呈现低水平，复洋光电与上下游企业的关系质量较好，这为复洋光电赢得了一定的生存空间，但对其整体技术创新绩效影响不大。韵升弹性元件的结构嵌入水平与关系嵌入水平大多处于一般状态，其技术创新绩效也表现一般。基于这些分析，本章提出以下研究命题：

命题1：制造企业外部知识网络的结构嵌入性对技术创新绩效有显著的正向影响，结构嵌入性的测量分为网络规模1、网络规模2、网络中心度和网络异质性四个维度。

命题2：制造企业外部知识网络的关系嵌入性对技术创新绩效有显著的正向影响，关系嵌入性的测量分为关系强度1、关系强度2和关系质量三个维度。

3.6.2 知识搜索与技术创新绩效

在理论预设中，本章提出制造企业的知识搜索对其技术创新绩效有着重要影响，在对四个探索性案例的案例内分析和案例间分析数据中得到了较好的支持与验证，如图 3.7 所示。

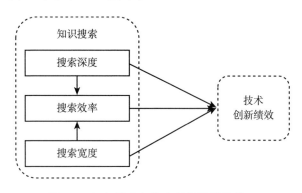

图 3.7　知识搜索与技术创新绩效的关系

1. 搜索宽度、搜索效率、搜索深度与技术创新绩效

　　表 3.7 案例间编码结果显示，制造企业的知识搜索宽度与其技术创新绩效呈正向相关关系。搜索宽度处于很高或较高水平的敏实集团和中淳高科，其技术创新绩效就很高或较高，而搜索宽度一般或较低的韵升弹性元件和复洋光电，其技术创新绩效水平就表现一般或较低。例如，搜索范围几乎涵盖了市场类、公共机构类和综合信息类外部知识源的敏实集团，由于搜索通道众多，能从各种通道搜寻、筛选、获取企业所需的可靠信息和行业最先进的技术和知识，并能在网络伙伴的帮助下整合利用所获取的技术和知识进行新产品开发、工艺流程改造甚至运行先进的技术管理模式，其技术创新绩效就很高；而搜索范围仅仅涉及上下游企业和行业展会的复洋光电，由于搜索范围较窄，很难搜寻到企业所需的研发知识和技术，更不用说 LED 产业的核心技术，所以只能屈居 LED 产业链的下游，只能做 OEM 或少量的 ODM，技术创新绩效显示较低。所以，企业知识搜索范围越宽，搜寻、获取的市场信息和新技术、新知识就越多，解决问题的思路就更开阔，发现新市场和新技术的机会就更多，生产工艺改进和产品创新就更能满足市场需求，因此技术创新绩效就更好。

　　表 3.7 案例间编码结果同时显示，制造企业的知识搜索深度与其技术创新绩效也呈正向相关关系。敏实集团与国外最先进的汽车厂商合作紧密，已形成"同步设计"的格局，同时在生产基地当地建立研发中心，与代表汽车产业最高端厂商的深度密集交流，帮助其深度挖掘、利用本企业所需的研发、制造和营销等新技术、新知识以及最新市场动态，并及时进行新产品开发和工艺流程改造，成为汽车饰件领域的领军者，技术创新绩效很高；中淳高科通过与具有国际国内学科优势的大学、研究机构频繁密

集的合作以及引进院士级专家知识源，对新知识、新技术进行深度搜索、挖掘，成为建材行业的佼佼者，技术创新绩效较高；而复洋光电与供应商和客户交流频繁，但后者并不提供技术支持，无法更深入地搜索到企业所需的知识和技术，技术创新绩效就比较低。所以，对知识、技术的深度搜索不但能让企业搜寻、获取先进技术以及有效市场信息，而且深度合作有助于企业对现有技术和新技术进行有效整合并利用，从而缩短研发时间，提升技术创新绩效。

同样，制造企业的知识搜索效率与其技术创新绩效也呈正向相关关系。搜索效率体现知识搜索的质量和速度。例如，能够快速将获取的可靠市场信息和新技术、新知识应用于新产品开发和工艺流程再造的敏实集团和中淳高科，技术创新绩效就很高或较高；搜索效率一般的韵升弹性元件，其技术创新绩效也一般；而受资源限制、无法及时获取新知识、新技术的复洋光电，体现出的技术创新绩效也较低。所以，制造企业如果能够搜寻、获取可靠信息并对市场环境作出快速响应，把搜寻、获取的重要信息和新知识快速应用于新产品研发与工艺流程改造，那么其技术创新绩效相应也更好。

基于以上分析，本章提出如下命题：

命题3：制造企业知识搜索宽度对技术创新绩效有显著的正向影响；

命题4：制造企业知识搜索深度对技术创新绩效有显著的正向影响；

命题5：制造企业知识搜索效率对技术创新绩效有显著的正向影响。

2. 搜索宽度、搜索深度与搜索效率

从上述四个探索性案例的案例内和案例间的数据分析可以看出，制造企业知识搜索宽度正向影响其搜索效率。能够比竞争对手拥有更多搜索通道进行市场、技术和知识的搜寻，就意味着获取新技术、新知识的机会更多更快，有助于企业在动荡的市场环境中作出快速反应，同时在一定程度上能够保证所搜寻、获取的技术、知识和市场信息的质量。敏实集团和中淳高科拥有较多的搜索通道，能够比竞争对手更快、更稳妥地获取企业所需的技术和知识，获取的资源越多，对市场的反应能力就越强，就越有利于企业对市场作出快速反应，从而促进创新活动，体现较高的搜索效率；而韵升弹性元件和复洋光电的搜索范围相对一般或较窄，搜寻、获取企业所需技术、知识和市场信息的通道不多，搜索效率也就一般或较低。

同样，制造企业知识搜索深度也正向影响其搜索效率。企业能够利用所拥有的搜索通道并进行深度挖掘，挖掘得越深就意味着距离先进甚至国际前沿技术和知识越近，搜索效率就越高，赢得市场和竞争优势的机会也

就越多。敏实集团与知名跨国汽车厂商在产品开发和技术整合上"同步设计"、深度合作，使其获取国际先进技术和知识的速度比竞争对手更快，从而保证了敏实集团稳定的客户群和快速的市场反应速度，推陈出新甚至引领行业市场；中淳高科与院士以及具有学科技术优势的国际名校的深度合作，使其拥有了建材行业国内领先的静钻根植工法，节约了人力资本，并且环保、高效，从而拓展了更大的市场空间。而韵升弹性元件和复洋光电搜索通道有限，并且已有的搜索通道无法做到深度搜索，因而搜索效率一般甚至较低。

基于以上分析，本章提出如下命题：

命题6：制造企业知识搜索宽度对其搜索效率有显著的正向影响；

命题7：制造企业知识搜索深度对其搜索效率有显著的正向影响。

3.6.3 外部知识网络嵌入性与知识搜索

在本章上述部分的理论预设中，本章提出的制造企业外部知识网络嵌入性对知识搜索的影响在四个探索性案例中也得到了初步支持和验证，如图3.8所示。

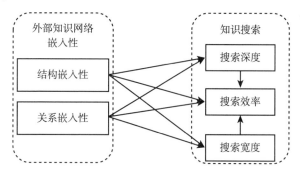

图3.8 外部知识网络嵌入性与知识搜索的关系

1. 外部知识网络的结构嵌入性与知识搜索

从上述四个探索性案例和表3.7案例间编码数据结果可以看出，制造企业外部知识网络的结构嵌入性对知识搜索的宽度、深度和效率均有显著的正向影响。在探索性案例内和案例间的分析，是从网络规模、网络中心度、网络异质性和网络开放度四个维度来考察企业外部知识网络的结构嵌入性的，分析显示，企业在外部知识网络中的结构嵌入性水平越高，其知识搜索的宽度、深度和效率也就越高。

敏实集团和中淳高科均与外部知识网络的供应商、客户、政府相关部门、科研机构、行业协会等诸多外部知识源建立了长期而稳定的合作关系、网络规模较大，网络成员间相互传递并共享行业技术、知识和市场动态，所以也往往能在其外部知识网络中汲取多样化的异质性和互补性技术知识和市场信息；同时，敏实集团和中淳高科都处于外部知识网络中较中心的位置，享有较高的行业声望，同行和关联企业都会在业务或技术上与其联系，所以敏实集团和中淳高科有着更多更好的信息通道来搜寻企业所需的知识和技术，并及时与已有知识进行整合应用于新产品开发等创新活动，因此其搜索的范围比竞争企业更为广泛，比竞争对手更有机会和条件对新技术、新知识和市场信息进行有效的深度挖掘，当然也就比竞争对手更富有搜索效率；而韵升弹性元件构建的外部知识网络规模不是很大，网络成员多样性程度不是很高，但在中低端市场与网络成员有较好的信息和知识技术的交流共享，在相对狭窄的行业范围内有较高的声望，表现了良好的网络中心性，并具有一定的网络开放度，因此其在获取企业所需的多样化信息和知识、技术方面占有一定的优势，在一定程度上也能把所获取的技术知识和非冗余信息应用于精益工艺和产品研发上，有一定的知识搜索宽度和深度，搜索效率在相对较窄的市场上表现也不错；然而，复洋光电的外部知识源主要是供应商、客户和行业展会，网络规模不大，知识源比较单一，很难在外部知识网络中汲取多样化的异质性知识、技术和市场信息；并且在整个LED产业中居于完全从属的地位，网络成员基本不参与其新产品研发和工艺流程改造，虽然具有一定的网络开放度，但整体而言，市场主动性较弱，搜索范围较窄，对知识、技术和市场的挖掘能力有限，搜索效率自然也就不高。

因此，当制造企业构建的外部知识网络具有较大规模、多样化网络成员和高度的网络开放度时，网络中的企业便能够在更大范围、更为广泛并在更深层面上传递与共享技术、知识和市场信息，企业也因此拥有丰富而多样化的网络资源，这也决定了企业能比同行竞争企业搜寻、获取更多的异质性和互补性资源；同时，当制造企业在其外部知识网络中居于较高的中心度时，企业往往能够拥有更多的搜索通道来搜寻、获取网络内自身所需技术、知识和市场信息，能够比竞争对手更为快速地洞察市场机会甚至引发市场需求，并迅速地将所获取的新技术、新知识应用于新产品研发和工艺创新上。所以，制造企业外部知识网络的结构嵌入性水平越高，对知识技术的搜索范围就越宽，深度挖掘知识技术的能力越强，搜索效率也就更高了。

基于以上探讨和分析，本章提出如下命题：

命题8：制造企业外部知识网络的结构嵌入性对知识搜索宽度有显著

的正向影响；结构嵌入性分别为网络规模1、网络规模2、网络中心度和网络异质性四个维度；

命题9：制造企业外部知识网络的结构嵌入性对知识搜索深度有显著的正向影响；结构嵌入性分别为网络规模1、网络规模2、网络中心度和网络异质性四个维度；

命题10：制造企业外部知识网络的结构嵌入性对知识搜索效率有显著的正向影响；结构嵌入性分别为网络规模1、网络规模2、网络中心度和网络异质性四个维度。

2. 外部知识网络的关系嵌入性与知识搜索

从上述表3.7案例间编码数据结果和对四个案例的探索性分析可以看出，制造企业外部知识网络的关系嵌入性对知识搜索的宽度、深度和效率均有显著的正向影响。在对四个案例的探索性探讨和分析中，是从关系强度、关系质量和关系持久性三个维度来考察企业外部知识网络的关系嵌入性的，分析显示，企业在外部知识网络中的关系嵌入性水平越高，其知识搜索的宽度、深度和效率也就越高。

敏实集团加入八大全球采购系统，与同行形成九大战略同盟并与下游客户"同步设计"，同时与国内外著名高校形成战略合作关系，与政府和其他公共机构关系良好，与大多数网络成员紧密合作，共享知识与信息，彼此信守承诺，有着较好的信任基础，遇到技术难题时网络成员共同协作，共同解决敏实集团的技术创新活动问题；中淳高科与权威专家、高学术水平的高校以及上下游企业都处于较强的联结状态，并且长期稳定，所以与同行竞争企业相比，敏实集团和中淳高科能在更大范围、更深层面与网络成员深度合作，能更快速、更广泛地搜寻、获取企业技术创新所需新知识、新技术，并与现有技术知识迅速整合，应用于新产品研发和产品创新；韵升弹性元件与上下游企业联结较强，与其他外部知识源联结较少，整体而言，与同行竞争企业相比，能够在行业领域相对狭窄的分工市场赢得一定的竞争优势，但对整个行业市场来说，没有显著竞争优势，因为其关系嵌入性水平决定了韵升弹性元件对知识技术的搜索宽度一般，挖掘新技术能力不够，搜索效率表现也一般；复洋光电通过与供应商、客户以及行业展会搜寻、获取市场信息和行业技术进展情况，与一般的同行竞争企业没有太多分别，上下游企业也不提供技术支持，缺乏技术帮助，即使获得了一定的技术和市场信息，也很难将其应用于技术创新活动；同时复洋光电与其他外部知识源几乎没有构建关系，联结程度很低，虽然与下游企业交流多且稳定，产品质量稳定，为其赢得一定的生存空间，但主要也仅仅停留于制造的 OEM 阶段，技术难以突破，技术与市场的拓展空间受到很大制约，搜索范围不大，深度搜索技术、知识的通道和能力一般，搜索效率也就较低。

因此，如果制造企业构建的外部知识网络联结强度较高、关系稳定持久，那么网络成员相互之间就能够在更大范围、以更深入的方式进行技术、知识和市场信息的交流，而且，如果网络成员之间相互信守承诺、互信基础好、关系质量高，那么网络成员间更容易相互之间提供更为可靠而重要的知识、技术和市场信息，从而使企业能够获取更多稀缺资源，甚至相互协作，共同解决技术难题，同时也更容易倾向将所获取的可靠知识技术等资源与现有技术、知识整合，应用于新产品研发和创新。所以，企业外部知识网络的关系嵌入水平影响其对知识、技术和市场信息的搜索宽度、搜索深度和搜索效率。

基于以上的探讨和分析，本章提出如下命题：

命题 11：制造企业外部知识网络的关系嵌入性对知识搜索宽度有显著的正向影响；关系嵌入性分别为关系强度 1、关系强度 2 和关系质量三个维度；

命题 12：制造企业外部知识网络的关系嵌入性对知识搜索深度有显著的正向影响；关系嵌入性分别为关系强度 1、关系强度 2 和关系质量三个维度；

命题 13：制造企业外部知识网络的关系嵌入性对知识搜索效率有显著的正向影响；关系嵌入性分别为关系强度 1、关系强度 2 和关系质量三个维度。

第4章 理论假设和概念模型

在第3章探索性案例研究中，本书提出了制造企业外部知识网络嵌入性对技术企业创新绩效作用机制的13个初始假设命题，初步得出了制造企业外部知识网络嵌入性对技术创新绩效有显著的正向影响的结论，进一步提出外部知识网络嵌入性对技术创新绩效作用的初步机制模型：外部知识网络嵌入性通过知识搜索的中介机制作用于企业的技术创新绩效，即外部知识网络嵌入性—知识搜索—技术创新绩效。本章将针对第3章提出的初始假设命题和初步的机制模型，继续梳理相关文献，从更深层次上展开理论探讨，提出制造企业外部知识网络嵌入性对企业技术创新绩效作用机制的细化假设，构建实证概念模型。

4.1 外部知识网络嵌入性与技术创新绩效

在当前全球竞争日益加剧的环境中，随着市场的不确定性和技术创新复杂程度的加深，任何企业都无法做到仅仅依靠企业内部创造并独自获得技术创新所需的所有知识、技术和资源（Teece，1986），企业必须从外部知识源搜寻、获取和整合利用新知识、新技术以及具有市场潜力的信息以帮助企业解决组织问题，适应高不确定性的环境，提高企业技术创新绩效，比竞争对手赢得更大优势（Fabrizio，2009；Laursen & Salter，2006；Giuliani & Bell，2005）。也就是说，企业如果要成功创新，就必须构建企业所需的外部知识网络，并牢牢地嵌入并渗透其中。

在第3章的探索性案例研究中，我们发现，制造企业外部知识网络嵌入性对技术创新绩效具有显著的正向影响。企业通过嵌入外部知识网络可以获取各种技术、知识等资源并提升创新能力，对企业竞争优势及技术绩效有积极影响（Gulati et al.，2000，1999；Ahuja，2000；许冠南，2008；刘雪锋，2007；王炯，2006；方刚等，2019），积累外部网络嵌入性关系是企业获取外部知识、降低成本和风险、获得规模经济、减少新产品开发时间的有效途径（Lawson & Samson，2001）；同时外部知识网络拓宽了企业从外部环境中获取信息、知识、资本和服务等关键资源的机会，有助于保持并提升企业竞争优势（Gulati et al.，2000；吴玉宁等，2021）；拥有广泛而深入外部资源的企业往往具有更好的技术创新绩效（Laursen & Salte，2006；杨红雄等，2022）。

因此，企业根据自身需求，以适当的方式嵌入外部知识网络中，充分搜寻、挖掘、获取并整合利用外部知识网络的知识、技术等资源，将有助于企业技术创新绩效的提升。

本章将援引网络嵌入性理论最主流的分析框架：结构嵌入性和关系嵌入性来考察制造企业外部知识网络嵌入性对技术创新绩效的作用机制。外部知识网络的结构嵌入性通过企业外部知识网络规模、企业在网络中的位置中心度以及网络异质性等维度考察企业外部知识网络的总体结构及其对制造企业行为和技术创新绩效的作用；外部知识网络的关系嵌入性通过外部知识网络成员间的关系强度和关系质量等维度考察企业外部知识网络的成员间互动关系及其对制造企业行为和技术创新绩效的作用。

4.1.1 外部知识网络结构嵌入性与技术创新绩效

外部知识网络结构嵌入性表征的是企业在外部知识网络中的总体结构特性，考察的是企业在其外部知识网络横向结构上的行为和表现，通过企业外部知识网络规模、网络开放度、企业在网络中的位置中心度以及网络异质性等维度考察其总体结构以及对制造企业行为和技术创新绩效的作用。

1. 外部知识网络嵌入的网络规模与技术创新绩效

外部知识网络规模表征的是企业在创新过程中直接联系的不同外部知识源的种类和关系数量（Laursen & Salter，2006；Giuliani & Bell，2005），反映的是企业在技术创新活动中知识来源的多样化程度以及对企业创新的重要程度，这些外部知识源包括外部市场类的供应商、客户、竞争企业等；公共机构类的政府、科研院所、公共服务机构等，以及综合信息类的行业协会、标准化组织、交易会等。

目前学者们关于网络规模和技术创新绩效关系的研究中，主流观点认为，网络规模与企业技术创新绩效之间存在显著的正向相关关系，因为，网络规模越大，网络成员数量越多，其潜在的资源也就越丰富，不但增加了企业创新资源来源的广度，而且增加了企业资源的多样化程度，企业就有更多创新的识别机会，获取更多的异质信息和创新资源，从而促进创新的实现（Burt，2000）。博世玛和沃尔（Boschma & Ter Wal，2007）对意大利南部巴列塔鞋类集群企业的考察、兰德里等（Landry et al.，2002）对加拿大蒙特利尔 440 家制造企业的考察、弗里尔（Freel，2000）对英国中西部 228 家制造企业的考察、鲍威尔等（Powell et al.，1996）对生物技术企业的考察等，都用实证研究支持了这一观点。不同种类的外部知识源包括客户、竞争对手、科研院所和供应商等包含了不同的知识和技术资源，所以与外部知识网络的不同类型成员合作，更容易获取异质性资源，将显著提高企业的创新绩效（Tsai，2009；Lavie，2007）。

还有一些学者的研究并没有对这一观点提供证据支持，他们的研究结论认为：网络规模的大小与企业技术创新没有显著相关性（Beckman & Haunsehild，2002）；外部知识网络规模是否会影响企业技术创新绩效与企业创新的性质有关；甚至实证证明网络规模与企业技术创新绩效之间存在负相关关系（Bat Jargal，2000）。另一些研究认为：网络规模与企业技术创新绩效呈倒"U"型关系，因为外部知识网络规模对企业创新具有积极影响，但如果规模过大，受资源、时间和认知的限制，不但不利于企业创新甚至阻碍创新（Laursen & Salter，2006）。也有研究者在比较企业外部知识网络不同成员对技术创新绩效作用时发现，来自与垂直网络的供应商、顾客以及同行竞争者的关系互动和规模对技术创新绩效的作用要大于由其他成员组成的外部知识网络。

在第 3 章的探索性案例研究中，我们发现，企业外部知识网络规模的大小影响着技术创新绩效。例如，敏实集团和中淳高科构建的外部知识网络几乎涵盖了市场类、机构类和综合类的大部分外部知识源，与这些不同类型的网络成员在技术创新过程中密切合作，注重技术、知识和市场信息的深度交流，利用多种知识源解决创新活动问题，甚至共同研发，所以敏实集团和中淳高科都成为各自行业技术创新的领军企业；而复洋光电外部知识源较为单一，只与供应商、客户、各种展会构建了合作关系，虽然整体技术创新绩效较低，但与垂直网络的直接联结，为其赢得了一定的生存和发展空间。

有学者认为，不同的协同方式对企业创新产生不同的效应（方刚等，2019），而与顾客和供应商合作所形成的垂直网络，对企业的产品创新和过程创新的影响更为显著（Miotti & Sachwald，2003；Whitley，2002）。在案例访谈和调研中也发现，所访谈的四家企业，在与外部知识网络各成员的联结时，因对象不同显示出了较大的差异，例如，敏实集团十分注重与其具有垂直网络关系的供应商、顾客的关系互动，并希望能够扩大此类网络的范围，以提高市场占有率；同时也努力构建除供应商、顾客、竞争同行外的其他知识网络，但关注程度比前者要弱。中淳高科也存在类似的情况，而韵升弹性元件和复洋光电几乎只关注与其高度关联的供应商、顾客，同时也很关注竞争同行的动态，但与除此之外的其他网络成员几乎没有太多的联结。并且，在对技术创新绩效的作用方面，都一致认同各自的垂直网络成员。在与被采访人员、同业人员、学术专家和行业技术人员认真沟通分析后，认为这两类外部知识网络对技术创新绩效所起的作用确实有比较大的差异，应该分开研究。因此，为进一步认真细致地探讨外部知识网络对技术创新绩效的作用，将网络规模区分为：网络规模1，其网络成员为供应商、顾客和同行竞争者；网络规模2，其网络成员为除供应商、顾客和同行竞争者以外的成员。

比较上述外部知识网络规模对技术创新绩效的不同研究结论和本书第3章的探索性案例研究，结合中国制造企业的实际情况，本书的研究倾向于主流观点，即外部知识网络规模1和网络规模2对企业技术创新绩效均有显著的正向相关关系。并且来自供应商、顾客和同行竞争者构成的外部知识网络对技术创新绩效的影响比其他成员间构成的知识网络对绩效的影响更大。因为在全球制造网络中，中国制造企业总体而言，大多数技术创新程度不高，生产方式以低成本和劳动密集型为主，他们亟须寻求多样化的合作伙伴，尽可能地构建对不同外部知识源的搜寻通道，以拓展知识来源、获取所需知识和技术、提升技术创新绩效。

2. 外部知识网络结构嵌入的网络中心度与技术创新绩效

外部知识网络中心度表征的是企业在外部知识网络中占据位置的核心或中心程度，表明企业在外部知识网络中的重要性、业界声誉等，是衡量企业获取资源、掌控资源的难易程度和可能性的一个重要维度。企业在外部知识网络中所处的位置不同，其获取资源的优势会有明显差异。企业处于网络的中心位置，对其所在网络有更全面的掌控，通常有更多、更有效率的通道获取更多技术、知识等，同时在网络中拥有更大的吸引力和较高的非正式权力（Krackhardt，1992；Mannucci P. V. & Yong K.，2018）。

目前多数学者的研究论证支持了企业外部知识网络的网络中心度对技术创新绩效的正向相关关系。研究普遍认为，居于网络中心位置的企业起着联结其他网络成员的作用，更可能得到网络其他成员的支持，增加与其联盟的机会（Wellman，1982）；与网络中非中心位置的企业相比，中心度高的企业有更多通道获取更可靠的技术、知识等资源（Uzzi，1996；

Hoang，1997），因此成功创新的可能性更大，创新绩效更好（Tsai，2001，2006）。同样，网络中拥有桥联结（bridge ties）的企业也因其网络中心度较高而有利于其挖掘创新潜力（Tiwana，2008）。鲍威尔等（Powell et al.，1999）对生物高科技产业的考察、约翰尼斯等（Johanniss et al.，2001）对瑞典 Lammhult 产业区企业的考察、博世玛和沃尔（Boschma & Ter Wal，2007）对意大利制鞋企业的考察等都从实证研究上充分证明支持了这一观点。

当然，也有少部分学者用实证方式论证企业外部知识网络的网络中心度对技术创新绩效并非正向相关关系，而是呈倒"U"型关系。因为居于网络中心位置的企业比其他网络成员有着更高的声望和地位，有更多通道获取更多、更可靠的创新资源，这有利于其技术创新并提高创新绩效，但随着中心度的上升稳固，可能形成齐美尔联结，或因认知原因或信息量太大而无法消化吸收，反而阻碍创新（Ferrian et al.，2009；Gilsing et al.，2008）。

在第 3 章的案例分析中，同样可以发现，企业在外部知识网络中的网络中心度与技术创新绩效呈正向相关关系。敏实集团作为汽车饰件领域的领军者，相关企业或机构的许多业务或技术上的问题都会联系到敏实集团，中淳高科是其行业多项国家标准、地方标准和行业标准的制定者之一，敏实集团和中淳高科在行业内都拥有较高的声望，在各自的外部知识网络中位置中心度很高，与同行企业相比，在其构建的外部知识网络中能交流的技术知识更为丰富，技术创新绩效也很明显；韵升弹性元件虽然网络规模不大，但在其小范围的专业领域——弹性元件制造领域居国内前列，低成本的钢带精密分条工艺全国首屈一指，为其赢得一定的市场生存空间；而复洋光电在其外部知识网络的位置处于附属状态，所以处在 LED 产业链下游的底端，技术创新绩效只能体现在工艺方面引进先进设备而已。

比较上述外部知识网络中心度对技术创新绩效的不同研究结论以及本书第 3 章的探索性案例研究，根据中国多数制造企业仍处于全球价值链低端的实际情况，本书的研究倾向主流观点，即外部知识网络中心度对企业技术创新绩效有显著的正向相关关系。

3. 外部知识网络嵌入的网络异质性与技术创新绩效

网络异质性表征的是企业在外部知识网络中合作伙伴的丰富程度和资源获取的多样化程度，是衡量网络的非冗余度以及网络成员在某种特征上的差异情况的重要维度。不同类型、不同层级的网络成员拥有的技术、知识等资源数量和内容也不相同，类型不同的网络成员越多，整个网络拥有的资源更丰裕、资本量也更大，对于网络成员而言，意味着能够获取的外部资源更多，有助于其技术创新。

大多数学者的研究成果表明：企业外部知识网络的网络异质性与技术创新绩效呈正向相关关系。异质性网络蕴含着很多新颖而不重复的知识、技术以及市场信息等资源，异质性程度越高，新技术、新知识搜寻的范围就越大（辛晴，2011；孙永磊等，2019）；对于外部知识的获得概率也在增加，并丰富企业的创新思想、激活网络成员的创新活力，同时提高新技术与原有技术结合的可能性，从而有利于企业技术创新活动、提升技术创新绩效，网络异质性带给企业非冗余性信息，为企业提供了更多的创新要素，有利于其技术创新绩效的提升（Ozman，2009）。相反，如果外部知识网络成员的丰富程度不够，企业受限于外部知识源的匮乏，将造成技术锁定和创新停滞（Burgelman，2002）。格兰诺维特（Granovetter，1973，1991）、黄和安东西奇（Hoang & Antoncic，2003）等的"弱联结理论"也间接支持了这一观点。

关于企业外部知识网络的网络异质性与技术创新绩效的正向相关关系，也有学者提出异议，因为网络异质性带来的知识、技术和市场等信息的多样化，将大大增加了管理层筛选信息的时间成本，降低对信息的处理速度，不但增加企业运营成本，而且对技术创新绩效可能产生负作用（Cohen & Levinthal，1999）；甚至会导致对知识分享的敌对情绪，降低企业创新动力，还有学者从权变的视角提出网络异质性对技术创新绩效的影响会因企业的战略目标、所处外部环境以及企业发展的变化而变化（Batjarga，2005）。

在第 3 章的探索性案例分析中，同样可以发现，企业在外部知识网络中的网络异质性与技术创新绩效呈正向相关关系。敏实集团和中淳高科较好的技术创新绩效就受益于其外部知识网络众多的异质性资源。中淳高科董事长邱兴祝先生的一席话道出了高技术创新绩效企业的共同心声，他说："我们经常和政府、行业协会、服务机构等打交道，做各种沟通与交流，我们的研发人员经常赴日本、韩国，以及中国的北京、上海等地，和他们一流大学的科研机构作技术交流，和院士的联系也是经常性的，从他们那儿，我们获得了企业创新和市场开拓的各种资源，所以我们在建材行业做得还是很好的，我们不愁没有市场"。

比较上述外部知识网络异质性对技术创新绩效的不同研究结论以及本书第 3 章的探索性案例研究，根据中国多数制造企业仍处于全球价值链低端的实际情况，本书的研究倾向主流观点，即外部知识网络异质性对企业技术创新绩效有显著的正向相关关系。

4. 外部知识网络结构嵌入性对技术创新绩效作用机制的理论假设

根据以上学者们的研究以及本书第 3 章探索性案例分析，本研究提出以下假设：

$M_1 - H_1$：外部知识网络的结构嵌入性对企业技术创新绩效作用的假设，具体描述如下：

$M_1 - H_{1a}$：外部知识网络嵌入的网络规模 1 与企业技术创新绩效正向相关，网络规模 1 越大，越有助于提升企业技术创新绩效；

$M_1 - H_{1b}$：外部知识网络嵌入的网络规模 2 与企业技术创新绩效正向相关，网络规模 2 越大，越有助于提升企业技术创新绩效；

$M_1 - H_{1c}$：外部知识网络嵌入的网络中心度与企业技术创新绩效正向相关，网络位置中心度越高，越有助于提升企业技术创新绩效；

$M_1 - H_{1d}$：外部知识网络嵌入的网络异质性与企业技术创新绩效正向相关，异质性程度越高，越有助于提升企业技术创新绩效。

4.1.2　外部知识网络关系嵌入性与技术创新绩效

外部知识网络的关系嵌入性表征的是网络成员间基于信任、协作等相互联系的二元交易关系问题（Granovetter，1973），考察的是企业在其外部知识网络横向关系上的行为和表现，通过企业外部知识网络关系强度、关系质量以及关系持久性等维度考察其对制造企业行为和技术创新绩效的作用。

1. 外部知识网络嵌入的关系强度与技术创新绩效

外部知识网络关系强度表征的是企业与其外部知识网络成员之间相互联结的强弱程度，可以用企业与其外部知识网络成员之间知识、技术和信息交流互动的频率来测量，当企业与其外部知识网络成员之间的交流频繁、互动频率高时，称为外部知识网络关系嵌入的强联结；反之，则为弱联结（Granovetter，1973，1991）。

学者们关于外部知识网络嵌入性关系强弱对技术创新绩效的作用优势纷争一直不断。有学者认为，外部网络嵌入性的关系强联结更有助于技术创新绩效的提升，因为强联结关系有助于成员间的深度互动，促进网络中企业的资源、信息传递以及默会知识的转移，并提高知识技术的整合利用能力，强联结关系更能促进技术创新绩效的提升（Dyer & Nobeoka，2000；Dyer & Singh，1998；Uzzi，1997；吴晓波和韦影，2005）。罗森科普夫和阿尔梅达（Rosenkopf & Almeida，2003）对半导体产业、弗兰克（Fabrizio，2009）对药品和生物技术企业、艾辛格尼奇等（Eisingerich et al.，2010）对加拿大和奥地利产业集群、陈学光（2008）对浙江高新技术企业、吴晓冰（2009）对浙江嘉兴237家集群企业等的考察论证支持了这一观点。

另有学者的研究认为：外部知识网络成员间关系的弱联结在提升企业技术创新绩效上更具优势。格兰诺维特在20世纪70年代至80年代连续发文阐释弱联结优势观点，认为网络成员基于松散联系的弱联结，能带来新颖和多样化的非冗余信息，更有可能接触、获取具有较高异质性的信息和知识（Granovetter，1973，1974，1983；Krackhardt，1992；Nelson，1989），从而更有利于企业技术创新。科恩和菲尔茨（Cohen & Fields，1999）对硅谷、加卢尼克和莫兰（Galunic & Molan，1999）对财富100强企业、魏江（2002）对杭州市软件企业等的实证考察支持了这一观点。

也有学者从权变的视角，提出关系联结在不同情境下对行为主体的经济行为和技术创新绩效影响不同，与联结强弱没有直接关系，需要以"权变"的观点来看待两种联结（章威，2009），他们将行业特性、知识特性、网络结构等情境因素作为调节变量来调节关系嵌入与经济行为、绩效之间的关系（Rowley et al.，2000；Uzzi & Lancaster，2003；Gilsing & Duysters，2008；戴维奇，2011；周键等，2021）。

还有学者认为外部知识网络的关系强度与企业技术创新绩效之间呈倒"U"型关系。乌兹（Uzzi，1997）在对纽约的23家服装公司进行实证研究后，得出结论：行为主体间的关系强度和绩效之间的关系是非线性的，是倒"U"型关系，"过度嵌入"或"嵌入不足"都不利于企业绩效的提升。

本研究认为，在考察中国制造企业外部知识网络的关系强度和技术创新绩效之间的关系时，应结合中国制造企业的实际情况、中国的高语境文化背景以及全球化的现实综合考虑。中国社会结构表现为明显的差序格局，在差序格局中，知识、信息等资源的分配是按照相互关系的远近、感情的亲疏等关系特征来进行的（费孝通，1948），这样的情境因素决定了本土企业获取知识的渠道会更多地依赖于"熟人圈"，而嵌入于特定社会结构的知识难以被编码和文本化，并且具有网络边界。所以，一方面，本土制造企业应根据自己的实际情况，适度打破这种格局，适度嵌入外部知识网络，避免因"嵌入不足"导致创新资源匮乏，难以适应全球化的市场，所以需增加与其他网络成员的互动频率，搜寻、获取企业所需的知识和技术，达到降低外部交易成本、提高交易的互惠性，从而提高技术创新能力、提升创新绩效；另一方面，大多数本土制造企业在构建外部知识网络时，严重受资金、人力等资源的限制，如果过度注重与网络成员的互动频率，将增加企业管理、研发、时间等的各项成本，当构建关系强度的成本超过研发成本时，技术创新绩效将不升反降，不利于技术创新活动的开展。正如调研访谈中复洋光电总经理俞寅生先生所说的："跟大企业比，我们这样的企业在技术创新方面确实有一些困难，像资金、人才等，好在最近几年政府不断有扶持政策出台，现在情况好多了，我们的信心也提高不少。"资源的约束对于本土中小制造企业的技术创新是一个比较大的制约，同时也意味着企业如果投入资源过多，"嵌入过度"将影响企业技术创新绩效的提升。

因此，知识嵌入的复杂性，也意味着本土制造企业在融入全球制造网络过程中，要高效搜寻、获取所需知识、技术和信息，需把握与网络成员互动频率的度，注意知识网络关系嵌入的合理构建。同时，学者们的研究以及案例调研时发现，在与外部知识网络不同成员的不同互动效应对企业技术创新的效果具有较大差异，所以，本研究将关系强度也区分为：关系强度1，其网络成员为供应商、顾客和同行竞争者；关系强度2，网络成员为除供应商、顾客和同行竞争者以外的成员。根据上述外部知识网络关系强度与技术创新绩效关系的不同研究结论以及本书第3章的探索性案例研究，根据中国多数制造企业仍处全球价值链低端的实际情况，本书的研究倾向适度的关系强度构建，即外部知识网络关系强度1和关系强度2与技术创新绩效均呈非单调关系，是倒"U"型关系。

2. 外部知识网络嵌入的关系质量与技术创新绩效

外部知识网络嵌入的关系质量表征的是企业与其外部知识网络其他成员之间信任、共享和互助的程度，是网络成员间情感、互信以及互惠性服务等的综合（Granovetter，1973；周键等，2021）。

关于外部知识网络嵌入的关系质量对技术创新绩效的显著正向影响这一观点在学术界已达成共识。外部知识网络的关系质量影响网络成员相互交流合作的难易程度（Baum & Ingram，1998），相互的亲密关系对知识的创造和转移产生积极影响，而疏远的关系对知识的创造和转移的影响是消极的（Szulanski，1996）。

网络成员间的信任将减少机会主义行为发生的概率，降低对其的担忧（Gulati，1999；Zaheer et al.，1995）；并且对于网络成员的可靠度有信心时，成员将会主动承担相应的义务和责任，产生巩固的关系资本（Morgan & Hunt，1994；Kale et al.，2000），当网络成员认为知识源不可信赖时，知识转移将很难发生（Szulanski，1996，2000），网络成员间的信任是成功创新的关键因素（Levin & Cross，2004）。

网络成员间的信息共享对创新的产生和问题的解决很重要，网络成员间的信息共享帮助隐性知识的传递，从而提高企业的创新绩效；而网络成员间互惠的规范有助于企业自由共享信息、承担风险，进而积极投入创新活动。所以，企业与其外部知识网络成员在信任基础上的互动交流，不但促进知识转移、促进新知识的产生，而且减少技术和市场动荡带来的创新风险，从而提高企业的技术创新绩效。皮奥雷和萨贝尔（Piore & Sabel，1984）对意大利工业区企业、坎特（Kanter，1994）对 11 个国家的 40 家企业、戴尔（Dyer，1996）对日本的汽车企业、扎希尔等（Zaheer et al.，1998）对 107 家电子设备制造企业、卡帕尔罗（Capaldo，2007）对 3 家制造企业 30 多年的跟踪等的实证考察，都从不同角度验证了外部知识网络嵌入的关系质量对技术创新绩效的正向相关关系。

本书第 3 章的探索性案例研究也验证了关系质量和技术创新绩效的正向相关关系。敏实集团的下游客户是占全球汽车市场80%份额的知名品牌汽车制造商，和他们的"同步设计"的战略合作，对敏实集团的技术创新是一个极大的推动，如敏实集团的时任技术总监康齐正先生说的："我们现在和客户做的是同步设计，都是老客户了，像通用、丰田，如果他们准备推出新车型，会比较快地告诉我们，并把新车型所需的饰件要求，如规格、原材料要求、工艺要求、技术改良要求等，告诉我们，于是我们就要很快地投入新一轮的产品研制，并和对方反复沟通，遇到问题，他们也经常会伸出援手，提供一些必要的技术支持，毕竟人家的技术比我们还是要先进多了。我们也很配合，尽量做到质量上乘，大家互惠互利嘛，所以合作还是比较稳定的"。中淳高科和权威专家、国内外一流高校的紧密合作对中淳高科的技术创新帮助很大，中淳高科的"千人计划"人才——副总兼技术总监张日红先生[1]说："我本人经常跑日本、韩国、中国北京、中国上海，和他们的专家面对面商谈，主要就技术问题交流，都是同行，大家知根知底，交流起来没什么障碍，也不会有太多保留，收获还是蛮大的。大家也都知道，这是双赢的活儿，他们给我们技术支持，我们给他们在市场上实现了，都挺好的"。营销总监胡世清先生补充说："所以我们有

---

[1] 张日红先生本人毕业于日本东京大学，在日本留学、生活、工作 18 年。

了填补行业空白的静钻根植工法，得先谢张总监，再谢专家们。静钻根植工法正在推广，政府帮忙推广，他可是我们的大客户啊，我们接了不少政府工程，合作还是不错的。"

根据上述学者们的研究结论以及本书第3章的探索性案例研究，结合中国多数制造企业仍处于全球价值链低端的实际情况，本书的研究观点是：外部知识网络关系质量对技术创新绩效有显著的正向影响。

3. 外部知识网络关系嵌入性对技术创新绩效作用机制的理论假设

根据以上学者们的研究以及本书第3章探索性案例分析，本研究提出以下假设：

$M_2 - H_1$：外部知识网络的关系嵌入性对企业技术创新绩效作用的假设，具体描述如下：

$M_2 - H_{1a}$：外部知识网络嵌入的关系强度1与企业技术创新绩效呈倒"U"型关系；

$M_2 - H_{1b}$：外部知识网络嵌入的关系强度2与企业技术创新绩效呈倒"U"型关系；

$M_2 - H_{1c}$：外部知识网络嵌入的关系质量与企业技术创新绩效相关，关系质量越好，越有助于提升企业技术创新绩效。

4.2 知识搜索与技术创新绩效

知识搜索是对知识进行搜寻与获取的过程（Nelson & Winter，1982），企业通过搜索、获取外部知识源来解决不确定问题（Huber，1991），它赋予组织一种选择优势（Levinthal，1990）。而技术创新本身包含着搜寻所需新知识、寻找发明源，试验、生产新产品并投放市场实现商业价值等一系列过程（Knight，1967）。所以，广泛利用外部知识源，通过外部知识网络搜索具有商业潜能和市场价值的新思想和新知识，帮助企业实现创新，这是企业技术创新过程的核心部分（Laursen & Salter，2006；Chesbrough，2003a）。

因此，知识搜索是企业根据自身需求，以开发新产品新技术、创造新的业务流程、构筑相应技术管理模式及寻找新市场为目的，从企业外部知识源搜寻、获取新知识、新技术和有效信息，通过对所获取的知识、技术和有效信息重新整合并运用，以解决企业技术创新问题的活动（Laursen & Salter，2006；Katila & Ahuja，2002）。

全球化背景下，本土制造企业生存发展的内外环境变数剧增，技术创新过程越来越复杂，企业亟须从外部寻求知识源、获取新知识、新技术、新信息，来解决新问题、适应环境变革，从而提高企业绩效、赢得竞争优势（Dyer & Nobeoka，2000；Culati，1998，1999；Dyer&singh，1998；王元地等，2015；丁道韧等，2016；肖艳红等，2019；余传鹏等，2020），创新范式的网络化要求企业通过知识搜索过程更具渗透性地、牢牢地嵌入不同行动者联结的网络中（Chesbrougli，2003b），显然，企业通过与外部行动者如供应商、分销商、政府、研发机构以及研发中介的交流互动，建构知识网络并有效搜索所需的创新资源，是企业提升技术创新绩效的前提。

搜索宽度和搜索深度是知识搜索研究的两个经典构念维度。因为从技术创新过程的视角来看，知识搜索不仅通过它的横向通道——搜索宽度，而且包括它的纵向挖掘——搜索深度。诸多学者如卡蒂拉和阿胡贾（Katila & Ahuja，2002）、劳尔森和索尔特（Laursen & Salter，2004，2006）、黄和李（Hwang & Lee，2010）、曼努奇和永（Mannucci P. V. & Yong K.，2018）、丁树全（2007）、吴晓波、彭新敏和丁树全（2008）、高仕忠（2008）等运用这两个维度对知识搜索进行了理论和实证的深入探讨。

然而现有的研究对知识搜索宽度和深度是否能平衡使用、如何平衡未达成一致，还没有形成完整成熟的框架来实现平衡路径。本书将尝试引入搜索效率维度，探寻在技术、知识、资金等资源受到较大制约的前提下，本土制造企业如何运用有限资源，在知识搜索的宽度与深度之间寻求平衡路径，以更好地提升技术创新绩效，赢得国际竞争优势。

1. 搜索宽度与技术创新绩效

知识搜索的宽度表征组织企业通过外部知识网络搜寻、获取、整合与利用外部知识源的幅度和范围，即企业搜索外部知识领域的宽广程度、搜索的外部知识数量和使用搜索通道的数量水平，侧重于企业在知识搜索活动中利用的外部搜索渠道，如供应商、顾客、分销商、研发机构、中介机构、政府等的种类和数量，并把每一个搜索渠道都看作是一个单独的搜索空间，不关注渠道内的互动程度（Laursen & Salter，2006），反映了企业利用外部多样化创新源对于内部创新流程的重要性。

许多学者的研究表明，知识搜索宽度对技术创新绩效有显著的正向影响。市场类的供应商、客户、分销商、同行竞争企业、商业化实验室等；公共机构类的大学、科研机构、政府、公共创新服务机构等；综合信息类的交易会、博览会、专业论坛、标准化组织、非正式关系网络等的各类知识成为制造企业广泛的外部知识源，对这些领域的知识搜索，企业将会获取多样化的技术、知识和市场信息，有利于企业广泛地学习知识进而促进技术创新活动（Mannucci P. V. & Yong K.，2018；Von Hipple，1988；Freeman，1980；张昆等，2010；余传鹏等，2020）。搜索的外部知识数量多意味着知识的存量也在增加，将拓宽企业内部的知识集合（Van Wijk et al.，2003；March，1991），企业就越容易进行广泛化的内部知识学习，从而增加新产品的开发、提升技术创新绩效（Laursen & Salter，2006；Nelson & Winier，1982）。

少量的知识搜索通道给企业带来的只是可能有用的知识碎片（Winter，1984），而随着知识搜索通道数量的增加，往往能够增加所搜索知识的全面性和完整性，提高对所搜索知识整合利用的可能性（Katila & Ahuja，2002），有利于新旧技术的有效结合，从而提升技术创新绩效。

2. 搜索深度与技术创新绩效

知识搜索深度表征的是企业通过外部知识网络搜寻、获取、整合和利用外部知识源的纵深程度，即企业对外部知识的提取、利用的强度以及所使用外部知识搜索通道和外部知识源的密集程度，它反映了企业深入利用外部关键创新来源对于内部创新流程的重要性（Katila & Ahuja，2002）。

关于知识搜索深度对技术创新绩效的作用，有许多学者的研究成果是：知识搜索深度对技术创新绩效有显著的正向影响。密集而频繁地使用外部知识搜索通道将会增进对相同类别知识的重复搜索和利用，增加所获知识的可靠性，减少搜索错误的发生（Mannucci P. V. & Yong K.，2018；Levinthal & March，1981）；同时增加搜索经验，简化搜索步骤，提升搜索效率，提高企业对知识的识别能力，促进新知识和已有知识的有效整合重组（Eisenhardt & Tabrizi，1995；Katila & Ahuja，2002）；深度挖掘并加强知识的提取力度，对突破和降低对外部知识源中嵌入性知识的空间粘滞性起较大作用，从而保证所搜索知识的质量和数量（Lanrsen & Salter，2006；Hurley & Hult，1995；吴晓波、彭新敏和丁树全，2008；杨博旭，2019）。

企业通过对已有知识的深度利用，重复使用相同的知识要素，能够帮助企业识别错误，降低成本和创新风险，使搜索变得更为可靠，从而给企业带来稳定的收益和效率（Levinthal & March，1981）；同时重复使用一组给定的、熟悉的概念能够增强组织对这些概念的理解力，从而有能力鉴别知识要素的价值，从而做到合理利用。因此，企业从外部知识源所搜索的知识与企业内部原有知识的有机整合，并深度利用，这对企业的生存与持续发展以及技术创新都非常重要（Lanrsen & Salter，2006；Katila，2002；KoPut，1997；丁树全，2007）。

3. 搜索宽度与搜索深度的平衡问题

关于同时使用搜索宽度和搜索深度对企业技术创新绩效产生的作用，学者已有较多的研究结论。卡蒂拉和阿胡贾（Katila & Ahuja，2002）以欧洲、日本与北美机器人行业企业为样本，将知识搜索的深度和宽度以及两者之间的交互作用作为解释变量，将产品创新作为被解释变量，得出的研究结论是：搜索宽度对企业产品创新有显著的正向影响；搜索深度与产品创新呈倒"U"型关系；搜索深度与搜索宽度对产品创新共同作用时存在交互作用，搜索深度是前提；劳森和索尔特（Laursen & Salter，2006）对英国2707家制造企业的搜索水平的考察结果为：知识搜索宽度和搜索深度与企业技术创新绩效均呈倒"U"型关系，过度搜索或搜索宽度过宽对企业创新不利甚至起妨碍作用；卡蒂拉和劳森（Katila & Ahuja，2002）等学者的研究结果激起了同行的兴致，学者们从不同国别的情境展开对比研究。吴和尚利（Wu & Shanley，2009）在对美国电子医疗设备行业1990～2000年10年的专利数据进行分析研究，分析结果表明：探索性知识搜索宽度与创新绩效之间也存在倒"U"型关系；黄和李（Hwang & Lee，2010）以韩国123家信息与通信企业为研究样本进行调查研究，结论是：企业知识搜索宽度和渐进式创新绩效同样呈倒"U"型关系。

于是，学者们对搜索深度和宽度能否平衡、怎么平衡、其内隐机理是怎样的开始深入探讨，存在很多争议。例如，有学者认为增加知识搜索的宽度拓展了组织的知识基石，可实现知识的变异与重新组合，即"变异选择效应"（Katila & Ahuja，2002），从而提升企业技术创新绩效。但是，企业资源和能力是有限的，搜索宽度虽然可以实现差异化知识的有效利用，但过度扩大搜索范围，会增加企业的知识整合成本，甚至超过企业搜索所获得的收益，可靠性也可能降低，对企业创新将构成损害；搜索深度能够给企业带来稳定、可预期的收益和效率，但无法带来可以形成互补的新知识，尤其搜索过深，也可能使企业局限于沿着原有技术轨道改进，无法带来激进的创新，并形成"核心刚性"，堕入创新陷阱（Argyris & Schon，1978；Dosi，1988）。

有研究者认为，搜索宽度和搜索深度的平衡是很困难的，企业或者选择搜索宽度或者选择搜索深度，因为两者之间存在明显的竞争关系，不仅在风险和可能获得的收益等方面有不同的特征，而且组织结构、搜索过程、文化以及能力等的匹配度不同。而有些学者持相反的观点，他们的实证研究表明两者是可以同时进行的，是组织学习的两个方面，对企业技术创新而言，缺一不可。如果企业只进行宽度搜索而不进行深度利用，那么实验成本会太高，从而对技术创新将没有任何益处（March，1991）；组织要进行充分的深度利用；通过深度搜索确保当前的生存能力，同时也需要在搜索宽度上投入大量精力，以确保企业未来的可持续发展（Levinthal et al.，1993）。

那么，如何平衡呢？有学者认为企业因资源有限不可能在现有范围内同时挖掘搜索宽度和深度的所有潜力，更好的搜索策略应该是在两者间交替循环（Burgelman，2002）；另有学者则认为两者应该同时进行，搜索宽度和搜索深度的交互作用通过企业的吸收整合能力，可以增加知识重组的独特性，从而促进技术创新（Katila，2002）；而且同时进行深度搜索和宽度搜索，可以催生企业激进性创新（Katila，2000）。

4. 搜索效率与技术创新

对知识搜索的广度与深度平衡问题的探讨，现有研究尚未形成统一的认识，也未构建出一个完整的框架来明确实现平衡的具体路径。然而，一个不容忽视的客观事实是：当前企业正置身于全球化浪潮、市场竞争白热化以及技术革新迅猛推进的复杂环境中，企业不得不面对持续快速的变化与非均衡状态，这是所有企业均难以规避的外部条件（Schumpeter，1934）。在此背景下，企业获取竞争优势的关键在于如何高效地运用自身所掌握的知识，并迅速整合应用新获取的知识资源（Davenport & Prusak，1998）。因此，知识搜索过程中获取的有价值信息与新知识能否被直接、迅速且高效地运用，对于引导企业取得更优成果、规避无价值领域以及降低搜索成本而言至关重要，这同样凸显了提升知识搜索效率的重要性，因此知识搜索的效率同样值得关注（Fabrizio，2009）。

本书的研究倾向：搜索效率可以帮助企业在搜索宽度和搜索深度之间寻找平衡。搜索效率表征的是企业通过外部知识网络搜寻、获取、整合和利用外部知识源的可靠性、重要性以及快捷性的程度。有效而快速地搜寻、获取企业创新所需的可靠、重要的技术和知识，并快速整合应用新知识，降低搜索成本，避免涉及无价值的领域，对提升制造企业技术创新绩效而言非常重要。

5. 知识搜索对技术创新绩效作用的假设

基于上述梳理和讨论以及本书第3章的探索性案例研究，本章借鉴格林普和索夫卡（Grimpe & Sofka，2009）、弗兰克（Fabrizio，2009）、劳森和索尔特（Laursen & Salter，2006）、卡蒂拉和阿胡贾（Katila & Ahuja，2002）的研究，把知识搜索的宽度和深度作为知识搜索活动的两个重要维度，并加入搜索效率维度，尝试寻求深度和宽度之间的平衡路径。关于知识搜索对技术创新绩效作用的假设如下：

$M_1 - H_2$：知识搜索对企业技术创新绩效作用的假设，具体描述如下：

$M_1 - H_{2a}$：搜索宽度与企业技术创新绩效呈正向相关关系，企业搜索通道、搜索知识数量越多、搜索知识领域越宽，越有利于技术创新绩效的提升；

$M_1 - H_{2b}$：搜索效率与企业技术创新绩效呈正向相关关系，企业搜索的知识越重要可靠、搜索的速度越快，越有利于技术创新绩效的提升；

$M_1 - H_{2c}$：搜索深度与企业技术创新绩效呈正向相关关系，企业使用搜索通道越密集频繁、提取和利用搜索知识的强度越高，越有利于技术创新绩效的提升。

$M_1 - H_3$：在知识搜索宽度、搜索深度对企业技术创新绩效的作用机制中搜索效率的中介作用假设，具体描述如下：

$M_1 - H_{3a}$：在知识搜索宽度对企业技术创新绩效的作用机制中搜索效率起中介作用；

$M_1 - H_{3b}$：在知识搜索深度对企业技术创新绩效的作用机制中搜索效率起中介作用。

$M_2 - H_2$：同假设 $M_1 - H_2$。

$M_2 - H_3$：同假设 $M_1 - H_3$。

4.3　知识搜索的中介作用

本书在 4.1 节、4.2 节分别论证了外部知识网络嵌入性与技术创新绩效、知识搜索与技术创新绩效之间具有正向促进作用，那么外部知识网络嵌入性对于技术创新绩效的影响可能是由知识搜索这个变量间接作用实现的。如果只关注两个变量之间的线性关系，可能会影响事物之间本来面目，甚至误解研究对象的本质（卢谢峰等，2007）。因此，本节将进一步分析变量之间的作用机制，论述知识搜索在上述关系中的中介作用，即外部知识网络嵌入性对企业技术创新绩效的正向影响是通过企业知识搜索，进而提升企业技术创新绩效的机制实现的。

当一个变量在某种程度上能解释被解释变量（因变量）和解释变量

（自变量）之间的关系时，一般可认为它可能起到了中介效应（刘军，2008）。中介变量被认为是由解释变量（自变量）引起的，并影响了被解释变量（因变量）的变化（Kenny，Kashy & Bolger，1998）。即解释变量（自变量）的变化能显著地解释中介变量的变化（路径a）；中介变量的变化能显著地解释被解释变量（因变量）的变化（路径b）；当控制路径a和b时，自变量与因变量之间之前的显著作用（路径c）不再存在或减小了，就可以认为M在X与Y的关系之间起到了中介作用（温忠麟等，2006，2022）（见图4.1）。

图4.1　中介效应中的因果关系链

4.3.1　知识搜索在结构嵌入性与技术创新绩效关系中的中介作用

多数学者认为，外部知识网络结构嵌入的网络规模、网络中心度、网络异质性和网络开放度有利于提升企业知识搜索水平，进而整合利用所搜索的知识提升企业技术创新绩效（杨建君，2022）。

众多学者对企业的实证考察，例如，朱利安尼和贝尔（Giuliani & Bell，2005）通过对智利葡萄酒企业、吉尔辛等（Gilsing et al.，2008）对汽车制造、化工和制药行业企业、花木等（Hanaki et al.，2010）对美国IT产业1985～1995年的专利数据研究等，也充分验证了知识搜索在结构嵌入性与技术创新绩效关系中的中介作用，继续讨论如下所示。

1. 知识搜索在网络规模与技术创新绩效关系中的中介作用

网络规模在一定程度上反映了外部知识网络知识的丰裕程度，是衡量网络成员多样性的重要指标，对提高知识搜索的宽度、深度及效率水平均有积极作用。

网络规模越大，网络成员数量越多，其拥有和潜在的资源也就越丰富，从而有利于企业知识搜索。大的网络规模不但增加了企业搜索资源来源的广度，而且增加了企业搜索资源的多样化程度，企业就有更多深入搜索机会获取创新资源。在开放式创新中，丰富的网络资源不但可以帮助企业跨越创新活动的阈值限制，而且有利于企业进行宽泛而深入的外部搜索，提高知识搜索的宽度、深度水平，从而提高知识搜索的效率（Chesbrough，2003；Teece，2007），克服了信息不对称所带来的创新缺陷。当组织拥有的网络规模较大、网络结构中存在丰富的冗余资源时，管理者会放松对搜索行为的控制，允许组织拓展搜索宽度、拓宽搜索渠道并深度搜索新知识、新技术，从搜索宽度和搜索深度两个方面着手吸收、储备新知识，激励组织技术创新；并且网络联结的冗余性可以有效缓解搜索宽度和搜索深度之间的资源张力，实现组织在微观与总体搜索上的新平衡（March，1991）；同时冗余资源有助于企业高效、大范围、灵活地进行知识搜索，从而促进企业跨越认知、空间与技术边界搜索陌生的、远距离的知识，提升企业知识搜索的深度与宽度水平（Arora & Gambardella，1994），进而提高企业知识搜索的效率。

然而，也有学者认为，组织联结的冗余性并不能够提高组织知识搜索的水平，因为当组织冗余资源丰富时，企业可以将其储备以应对外部挑战，而且跨边界的、远距离的搜索有着诸多的不确定性，从稳定的角度出发，管理者反而不愿意搜索新知识进行创新（Nohria & Gulati，1996）；而丹尼尔斯（Danneels，2008）的实证研究结果也表明网络联结的冗余性对知识搜索绩效产生了滞后的倒"U"型影响。

目前，我国本土制造企业面临的实际情况是：市场体系正在完善，来自外部知识网络的资源比较匮乏，直接削弱了制造企业搜寻、获取知识资源的机会，导致创新乏力，而外部知识网络成员间的广泛合作有利于满足当前制造企业对创新资源的渴求。因此，根据上述学者们的研究成果和第3章探索性案例研究，以及本土制造企业的实际情况，结合本书 4.1.1 节的研究，本书研究倾向：知识搜索在网络规模 1 和网络规模 2 与技术创新绩效关系中均起中介作用。

2. 知识搜索在网络中心度与技术创新绩效关系中的中介作用

企业的网络中心度为其提升技术创新绩效带来的积极正向影响，是通过知识搜索范围（宽度）的拓宽、知识的深度挖掘和搜索效率的提高等知识搜索促成的，讨论如下所示。

位于网络中心位置的企业较容易拓宽知识搜索的范围（宽度）。与非中心位置的网络成员相比，居于网络中心位置的企业起着联结其他网络成员的作用，更可能得到网络其他成员的支持，增加与其联盟的机会（Wellman，1982）；因为非中心位置的企业为获取更多网络资源及网络中的合法地位，需要与声誉较好的中心企业建立良好关系的联结，这极大拓宽了中心位置企业的搜索宽度，提高了通过新的网络成员获取非冗余信息和新知识的可能性，并进一步增加其议价能力和操控信息的权力（Burt，2004；Krackhardt，1992），从而提高中心位置企业的知识搜索效率。

位于网络中心位置的企业更方便深度挖掘其所需的优质网络资源。处于外部知识网络中心位置的企业因与其他网络成员直接联结，拥有知识网络中的优质信息等资源，相比外部知识网络中的其他成员，更容易低成本地对所需知识进行深度挖掘，进而提高搜索效率（Cyert & March，1963；孙永磊等，2019）；同时会促进跨组织边界默会知识的转移，帮助企业解决问题。处于网络中心位置的企业因其在网络中的合法性和社会地位，能够有机会操控和利用有价值的商业信息，并引导网络资源向有利于其技术创新的方向流动，提高知识搜索的总体水平，提升技术创新绩效。

但是，当外部知识网络不能提供多样化和非冗余信息等资源时，有可能导致相反的效果（Uzzi，1996）；尤其是，当变革发生、需汲取新的不同类型信息跨入新的产业领域或产业转型时，处于网络中心位置的企业可能会增强和现有网络成员的联结，以应对这种变革，而不是寻求多样化的新伙伴构建新的网络关系，出现"网络锁定"现象，这将对此前知识搜索的努力和竞争位置产生消极影响（Koka & Prescott，2008）。

根据本土制造企业处于全球价值链底端的实际情况，依据上述学者们的研究成果和第3章探索性案例研究，以及结合本书4.1.1节的研究，本书研究倾向：知识搜索在网络中心度与技术创新绩效关系中起中介作用。

3. 知识搜索在网络异质性与技术创新绩效关系中的中介作用

网络异质性反映了外部知识网络中独特性资源、差异性资源的丰裕程度，是企业技术创新的价值源泉，异质性网络拥有的网络成员结构差异性和资源互补性促进了新知识的应用和技术创新的扩散，进而增强了企业的知识搜索水平。

网络的异质性拓宽了企业知识搜索的宽度，提高了知识搜索的效率。异质性网络蕴含着很多新颖而不重复的知识、技术以及市场信息等资源，异质性程度越高，新技术、新知识搜寻的范围就越大（辛勤，2011；孙永磊等，2019）；在全球化的背景下，为防止过度依赖于本地知识、避免锁定于陈旧技术轨道，企业需要超越区域边界，进行广泛联结，拓宽搜索范围（Eisingerich et al.，2010；Boschma & Ter Wal，2007；黄洁，2007；余传鹏等，2020），从而提高对所需技术知识的搜索效率，促进技术创新。

网络异质性提高了企业深度搜索互补性知识和异质信息的概率和机会。网络异质性带给企业非冗余性信息，为企业提供了更多的创新要素（Ozman，2009；Uzzi，1998），有助于企业对知识进行深度挖掘，同时提高企业把所搜寻的异质资源应用于新产品开发与生产的可能，从而促进技术创新绩效的提升。格兰诺维特（Granovetter，1973，1991）、黄和安东西奇（Hoang & Antoncic，2003）等的"弱联结理论"也间接支持了这一观点。约翰尼森等（Johannisson et al.，2002）对瑞典拉姆胡尔特产业区、鲍姆等（Baum et al.，2000）的实证考察充分支持并验证了网络异质性对知识搜索水平的影响。

也有学者提出异议，认为网络异质性带来的知识、技术和市场等信息的多样化，将极大增加了管理层筛选信息的时间成本，降低对信息的处理速度，不但增加企业运营成本，而且对技术创新绩效可能产生负作用（Cohen & Levinthal，1999）；甚至会导致对知识分享的敌对情绪，降低创新动力。

根据本土制造企业网络资源匮乏的实际情况，依据上述学者们的研究成果和第3章探索性案例研究，以及结合本书4.1.1节的研究，本书研究倾向：知识搜索在网络异质性与技术创新绩效关系中起中介作用。

4. 知识搜索在结构嵌入性与技术创新绩效关系中的中介作用假设

本书根据研究内容需要进行了以上基于假设基础的理论与案例实证的讨论分析，不仅讨论顺序与假设一致，而且内容也一致。现根据上述讨论，假设如下：

$M_1 - H_4$：搜索宽度在外部知识网络的结构嵌入性对技术创新绩效作用机制中的中介作用假设。

$M_1 - H_{4a}$：搜索宽度在网络规模1对技术创新绩效的作用机制中起中介作用；

$M_1 - H_{4b}$：搜索宽度在网络规模2对技术创新绩效的作用机制中起中介作用；

$M_1 - H_{4c}$：搜索宽度在网络中心度对技术创新绩效的作用机制中起中介作用；

$M_1 - H_{4d}$：搜索宽度在网络异质性对技术创新绩效的作用机制中起中介作用。

$M_1 - H_5$：搜索效率在外部知识网络的结构嵌入性对技术创新绩效的作用机制中的中介作用假设。

$M_1 - H_{5a}$：搜索效率在网络规模1对技术创新绩效的作用机制中起中介作用；

$M_1 - H_{5b}$：搜索效率在网络规模2对技术创新绩效的作用机制中起中介作用；

$M_1 - H_{5c}$：搜索效率在网络中心度对技术创新绩效的作用机制中起中介作用；

$M_1 - H_{5d}$：搜索效率在网络异质性对技术创新绩效的作用机制中起中介作用。

$M_1 - H_6$：搜索深度在外部知识网络的结构嵌入性对技术创新绩效的作用机制中的中介作用假设。

$M_1 - H_{6a}$：搜索深度在网络规模 1 对技术创新绩效的作用机制中起中介作用；

$M_1 - H_{6b}$：搜索深度在网络规模 2 对技术创新绩效的作用机制中起中介作用；

$M_1 - H_{6c}$：搜索深度在网络中心度对技术创新绩效的作用机制中起中介作用；

$M_1 - H_{6d}$：搜索深度在网络异质性对技术创新绩效的作用机制中起中介作用。

4.3.2 知识搜索在关系嵌入性与技术创新绩效关系中的中介作用

多数学者认为，外部知识网络关系嵌入的关系强度、关系质量和关系持久性有利于提升企业知识搜索水平，进而整合利用所搜索的知识提升企业技术创新绩效。

许多学者的实证研究，例如，罗森科普夫和阿尔梅达（Rosenkopf & Almeida，2003）对半导体企业、范哈弗贝克等（Vanhaverbeke et al.，2005）通过对汽车制造、化工和生物制药企业、弗兰克（Fabrizio，2009）对药品和生物技术公司面板数据的分析、提瓦纳（Tiwana，2008）基于对美国企业以及其与服务集团等知识网络中的 42 个创新项目联盟的调查分析、许（Hsu，1997）对中国台湾地区新竹的高技术企业、魏江（2003）通过对杭州市软件企业、陈学光等（2010）对浙江高新技术企业、魏江等（2015）对先声药业的纵向案例研究、郝生宾等（2022）从企业生命周期的视角探寻知识搜索驱动高技术企业成长研究等，充分验证了关于知识搜索在关系嵌入性与技术创新绩效关系的中介作用，继续讨论如下所示。

1. 知识搜索在关系强度与技术创新绩效关系中的中介作用

外部知识网络关系嵌入的关系强度反映网络成员间的互动水平，是影响知识搜索水平的重要指标，其对技术创新绩效的作用通过知识搜索的宽度、深度及效率来促进。

企业与外部知识网络的成员之间交互频率越高，表明相互的关系强度越高（Granovetter，1973），较强的关系联结对企业深度知识搜索有着积极的作用。知识本身具有复杂性、缄默性和模糊性的特性（Kogut et al.，2003），而外部知识网络关系的强联结帮助企业传递和获取默会知识和优质信息（Giuliani & Bell，2005），有利于企业搜索和获取深度的复杂知识，并进一步提高搜索效率，进而对企业的创新具有提升作用（Uzzi，1997），因为相比网络关系弱联结而言，复杂或默会的知识更可能在强联结中被传递（Hansen，1999），强联结为知识传递和交流、解决复杂问题和技术创新提供了一个更好的通道，强联结作为优质信息交换的机制起重要作用（Gulati，1998；Granovertter，1985）。网络成员间的频繁互动，彼此熟悉，有利于评估合作伙伴的资源和能力，有助于企业深度搜寻、挖掘、获取所需的互补性资源，并以协同效应最大化的方式相互达成交易（Bell et al.，2009；Gulati & Gargiulo，1999）。显然，较强的关系强度有助于通过对知识的深度搜索在网络中汲取互补性知识资源，促进其现有知识和新知识的整合利用，提高了知识搜索效率。

企业与外部知识网络的成员之间的弱联结则为企业提供了多样化的和非冗余的信息，有利于企业进行更为广泛的知识搜索，增加异质性资源获得的可能性，有助于提高企业在外部知识网络中的搜索效率。尤其在远程搜索方面，弱联结更可能搜索到并获得远程的他人所拥有的特有的崭新信息（Granovertter，1985）；同时网络成员间关系的弱联结受时间和资源的约束较少，其实际维持联结的合作伙伴数量有可能增多，进而容易延伸至不同的市场和技术领域。显然，较弱的关系强度有助于通过对知识的大范围搜索在网络中汲取异质性知识资源，促进其现有知识和新知识的整合利用，提高了知识搜索效率。

依据上述学者们的研究成果和第 3 章探索性案例研究，结合本书4.1.2 节的研究，本书研究倾向：知识搜索在外部知识网络嵌入的关系强度1、关系强度 2 与技术创新绩效的关系中均起中介作用。

2. 知识搜索在关系质量与技术创新绩效关系中的中介作用

外部知识网络嵌入的关系质量反映了企业与其外部知识网络其他成员之间信任、共享和互助的程度，是决定知识搜索水平的关键指标。

企业与网络成员之间的信任和亲密情感关系有利于企业搜索和获取深度的复杂知识，提高知识搜索的效率，进而对企业的创新具有提升作用（Uzzi，1997）。网络成员间的高亲密关系可能增加资源和默会复杂知识的转移，因为亲密关系使合作伙伴更愿意花时间去仔细地解释、详述或聆听崭新的或复杂的创意和思想，古拉蒂（Gulati，1998）把这种知识搜索行为称为二元关系的"情感嗡嗡（emotional buzz）"。这种"情感嗡嗡"使网络合作伙伴容易专注于某个方向，汲取多重资源，降低或屏蔽信息噪声，有助于获取某一特定创新的深层次交流和理解。所以，网络成员间高水平的密集互动培育了双方信任关系，对于隐性知识的搜索起着促进作用（Zaheer et al.，1999）。显然，较好的关系质量提高了网络成员间深度交流合作的愿望，也保证了企业从网络成员处获取优质信息和知识的可靠性，提高了知识搜索的效率。

企业与外部知识网络的成员之间信守承诺，愿意互助共享，有助于其提升业界声誉、提高社会声望，从而吸引更多有意愿的企业加入其网络，成为新的合作伙伴，或者现有网络的其他节点企业，在其需要时提供帮助，帮助企业结识新的合作伙伴，从而拓宽知识搜索的范围（宽度），提高搜索效率。

根据上述学者们的研究成果和第 3 章探索性案例研究，结合本书 4.1.2 节的研究，本书研究倾向：知识搜索在外部知识网络嵌入的关系质量与技术创新绩效关系中起中介作用。

3. 知识搜索在关系嵌入性与技术创新绩效关系中的中介作用假设

本书根据研究内容需要进行了以上基于假设基础的理论与案例实证的讨论分析，不仅讨论顺序与假设一致，而且内容也一致。现根据上述讨论，假设如下：

$M_2 - H_4$：搜索宽度在外部知识网络的关系嵌入性对技术创新绩效的作用机制中的中介作用假设。

$M_2 - H_{4a}$：搜索宽度在关系强度 1 对技术创新绩效的作用机制中起中介作用；

$M_2 - H_{4b}$：搜索宽度在关系强度 2 对技术创新绩效的作用机制中起中介作用；

$M_2 - H_{4c}$：搜索宽度在关系质量对技术创新绩效的作用机制中起中介作用。

$M_2 - H_5$：搜索效率在外部知识网络的关系嵌入性对技术创新绩效的作用机制中的中介作用假设。

$M_2 - H_{5a}$：搜索效率在关系强度 1 对技术创新绩效的作用机制中起中介作用；

$M_2 - H_{5b}$：搜索效率在关系强度 2 对技术创新绩效的作用机制中起中介作用；

$M_2 - H_{5c}$：搜索效率在关系质量对技术创新绩效的作用机制中起中介作用。

$M_2 - H_6$：搜索深度在外部知识网络的关系嵌入性对技术创新绩效的作用机制中的中介作用假设。

$M_2 - H_{6a}$：搜索深度在关系强度1对技术创新绩效的作用机制中起中介作用；

$M_2 - H_{6b}$：搜索深度在关系强度2对技术创新绩效的作用机制中起中介作用；

$M_2 - H_{6c}$：搜索深度在关系质量对技术创新绩效的作用机制中起中介作用。

4.4 概念模型与研究假设汇总

本章在第3章探索性案例研究14个初始假设命题的基础上，结合已有相关文献研究，进行了更为深入细致的分析，关于外部知识网络嵌入性对技术创新绩效作用机制的总模型如图4.2所示。

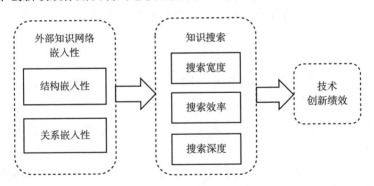

图4.2 外部知识网络嵌入性对技术创新绩效作用机制的主概念模型

此外，本研究在知识搜索的测量维度提炼上，在搜索宽度和搜索深度两个经典维度的基础上，加入搜索效率这一维度，研究目的有两个：一是目前关于搜索宽度和搜索深度在知识搜索过程中的平衡问题，一直争议不断，"如何平衡"至今还没有较为完整的分析框架，本研究尝试探讨这一纷争多年的问题，尝试探寻知识搜索在宽度和深度上的平衡问题；二是更为细致的分类可以从不同维度考察知识搜索在外部知识网络嵌入性对技术创新绩效的中介作用，深入探讨技术创新领域的这一重要命题。

为了更清晰、更全面地分析制造企业外部知识网络嵌入性对技术创新绩效的作用机制，基于外部知识网络嵌入性的经典分类，本书将研究划分为两个子研究分别展开后续的定量研究。

4.4.1 外部知识网络的结构嵌入性对技术创新绩效的作用机制

本研究运用网络规模、网络中心度、网络异质性表征外部知识网络的结构嵌入性特征，深入剖析结构嵌入性通过促进知识搜索进而提升企业技术创新绩效的作用机制。外部知识网络的结构嵌入性对技术创新绩效作用机制的概念模型如图4.3所示。

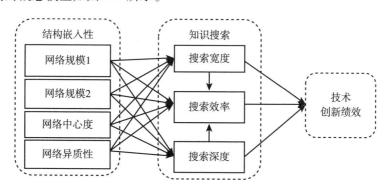

图4.3　外部知识网络的结构嵌入性对技术创新绩效作用机制的概念模型

研究假设汇总如表4.1所示。

表4.1　外部知识网络的结构嵌入性对技术创新绩效作用机制的研究假设

假设	具体描述
$M_1 - H_1$	外部知识网络的结构嵌入性对企业技术创新绩效作用的假设
$M_1 - H_{1a}$	外部知识网络嵌入的网络规模1与企业技术创新绩效呈正向相关，网络规模1越大，越有助于提升企业技术创新绩效
$M_1 - H_{1b}$	外部知识网络嵌入的网络规模2与企业技术创新绩效呈正向相关，网络规模2越大，越有助于提升企业技术创新绩效
$M_1 - H_{1c}$	外部知识网络嵌入的网络中心度与企业技术创新绩效呈正向相关，网络位置中心度越高，越有助于提升企业技术创新绩效
$M_1 - H_{1d}$	外部知识网络嵌入的网络异质性与企业技术创新绩效呈正向相关，异质性程度越高，越有助于提升企业技术创新绩效
$M_1 - H_2$	知识搜索对企业技术创新绩效作用的假设
$M_1 - H_{2a}$	搜索宽度与企业技术创新绩效呈正向相关关系，企业搜索通道、搜索知识数量越多、搜索知识领域越宽，越有利于技术创新绩效的提升

假设	具体描述
$M_1 - H_{2b}$	搜索效率与企业技术创新绩效呈正向相关关系，企业搜索的知识越重要可靠、搜索的速度越快，越有利于技术创新绩效的提升
$M_1 - H_{2c}$	搜索深度与企业技术创新绩效呈正向相关关系，企业使用搜索通道越密集频繁、提取和利用搜索知识的强度越高，越有利于技术创新绩效的提升
$M_1 - H_3$	在知识搜索宽度、搜索深度对企业技术创新绩效的作用机制中搜索效率的中介作用假设
$M_1 - H_{3a}$	在知识搜索宽度对企业技术创新绩效的作用机制中搜索效率起中介作用
$M_1 - H_{3b}$	在知识搜索深度对企业技术创新绩效的作用机制中搜索效率起中介作用
$M_1 - H_4$	搜索宽度在外部知识网络的结构嵌入性对技术创新绩效的作用机制中的中介作用假设
$M_1 - H_{4a}$	搜索宽度在网络规模1对技术创新绩效的作用机制中起中介作用
$M_1 - H_{4b}$	搜索宽度在网络规模2对技术创新绩效的作用机制中起中介作用
$M_1 - H_{4c}$	搜索宽度在网络中心度对技术创新绩效的作用机制中起中介作用
$M_1 - H_{4d}$	搜索宽度在网络异质性对技术创新绩效的作用机制中起中介作用
$M_1 - H_5$	搜索效率在外部知识网络的结构嵌入性对技术创新绩效的作用机制中的中介作用假设
$M_1 - H_{5a}$	搜索效率在网络规模1对技术创新绩效的作用机制中起中介作用
$M_1 - H_{5b}$	搜索效率在网络规模2对技术创新绩效的作用机制中起中介作用
$M_1 - H_{5c}$	搜索效率在网络中心度对技术创新绩效的作用机制中起中介作用
$M_1 - H_{5d}$	搜索效率在网络异质性对技术创新绩效的作用机制中起中介作用
$M_1 - H_6$	搜索深度在外部知识网络的结构嵌入性对技术创新绩效的作用机制中的中介作用假设
$M_1 - H_{6a}$	搜索深度在网络规模1对技术创新绩效的作用机制中起中介作用
$M_1 - H_{6b}$	搜索深度在网络规模2对技术创新绩效的作用机制中起中介作用
$M_1 - H_{6c}$	搜索深度在网络中心度对技术创新绩效的作用机制中起中介作用
$M_1 - H_{6d}$	搜索深度在网络异质性对技术创新绩效的作用机制中起中介作用

4.4.2 外部知识网络的关系嵌入性对技术创新绩效的作用机制

本研究运用关系强度、关系质量和关系持久度表征外部知识网络的关系嵌入性特征，深入剖析关系嵌入性通过促进知识搜索进而提升企业技术创新绩效的作用机制。外部知识网络的关系嵌入性对技术创新绩效作用机制的概念模型如下所示（见图4.4）。

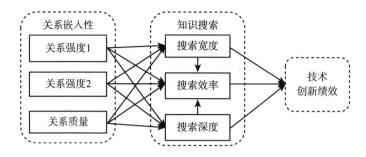

图 4.4 外部知识网络的关系嵌入性对技术创新绩效作用机制的概念模型

假设汇总如表4.2所示。

表 4.2   外部知识网络的关系嵌入性对技术创新绩效作用机制的研究假设

假设	具体描述
$M_2 - H_1$	外部知识网络的关系嵌入性对企业技术创新绩效作用的假设
$M_2 - H_{1a}$	外部知识网络嵌入的关系强度1与企业技术创新绩效呈倒"U"型关系
$M_2 - H_{1b}$	外部知识网络嵌入的关系强度2与企业技术创新绩效呈倒"U"型关系
$M_2 - H_{1c}$	外部知识网络嵌入的关系质量与企业技术创新绩效相关，关系质量越好，越有助于提升企业技术创新绩效
$M_2 - H_2$	同假设 $M_1 - H_2$
$M_2 - H_3$	同假设 $M_1 - H_3$
$M_2 - H_4$	搜索宽度在外部知识网络的关系嵌入性对技术创新绩效的作用机制中的中介作用假设
$M_2 - H_{4a}$	搜索宽度在关系强度1对技术创新绩效的作用机制中起中介作用
$M_2 - H_{4b}$	搜索宽度在关系强度2对技术创新绩效的作用机制中起中介作用
$M_2 - H_{4c}$	搜索宽度在关系质量对技术创新绩效的作用机制中起中介作用
$M_2 - H_5$	搜索效率在外部知识网络的关系嵌入性对技术创新绩效的作用机制中的中介作用假设
$M_2 - H_{5a}$	搜索效率在关系强度1对技术创新绩效的作用机制中起中介作用
$M_2 - H_{5b}$	搜索效率在关系强度2对技术创新绩效的作用机制中起中介作用
$M_2 - H_{5c}$	搜索效率在关系质量对技术创新绩效的作用机制中起中介作用
$M_2 - H_6$	搜索深度在外部知识网络的关系嵌入性对技术创新绩效的作用机制中的中介作用假设
$M_2 - H_{6a}$	搜索深度在关系强度1对技术创新绩效的作用机制中起中介作用
$M_2 - H_{6b}$	搜索深度在关系强度2对技术创新绩效的作用机制中起中介作用
$M_2 - H_{6c}$	搜索深度在关系质量对技术创新绩效的作用机制中起中介作用

第5章 研究设计

本章在第 4 章提出的本研究的 1 个主模型、2 个细化概念模型和 12 大类研究假设的基础上，将着重阐述"外部知识网络嵌入性对企业技术创新绩效的作用机制"的研究方法，主要说明"如何研究"这一问题。因研究对象的大量资料无法从公开途径获得，因此，本研究是通过对制造企业的大样本问卷调查的方式获取数据，在第 6 章将对获取的数据作详细实证分析。本章以下内容将从调查问卷设计、变量测度、数据收集与有效性控制、数据分析方法等方面对本书所采用的研究方法逐一加以说明。

5.1 问卷设计

在大量研读相关研究主题的国内外文献、形成初步的研究思路后，参阅已有研究量表，通过对十几位制造企业中高层管理人员的访谈，在听取学术专家和笔者导师建议的基础上，最后形成本研究的调查问卷。本部分主要说明本研究调查问卷的形成过程，包括问卷的构思与设计、问卷偏差的应对措施和问卷的结构和基本内容三个部分。

5.1.1 问卷的构思与设计

问卷作为管理学科收集数据从事研究的常用并且是最重要的工具之一，其合理科学与否是保证研究价值的重要前提，也是所收集数据的信度和效度的重要保证，问卷的深度决定了研究的深度（马庆国，2023）。而量表是问卷最重要的组成部分，它通过变量的测度题项来体现，在测度题项主题一致的情况下，多个关联题项信度更高（Churchill，1979），因此，本书的问卷采用多个关联题项来测度研究变量。根据丘吉尔（Churchill，1979）、王重鸣（1990）、马庆国（2023）等学者提出的问卷设计原则和建议，本书问卷设计的步骤与方法如下所示。

（1）通过文献研读形成初步的研究思路。在本研究的开始阶段，通过EBSCO（ASP和BSP）、Web of Science、Elsevier等外文数据库以及中国知网数据库，在具有影响力或影响因子较高的管理学科的期刊上大量检索、收集关于社会网络、创新网络、知识网络、嵌入理论、知识搜索、创新搜索、组织搜索、技术创新等研究主题的国内外文献，整理并认真研读，形成外部知识网络对技术创新影响的初步研究思路。

（2）调研访谈验证、修正初步的研究思路并形成问卷初稿。通过关系渠道，以电话或面谈的方式，采访了4位制造企业总经理、5位技术研发管理层人员和3位营销管理层人员，就即将展开的研究问题，和他们进行了多次探讨，一方面验证研究思路，另一方面希望挖掘、发现本土制造企业关于本研究主题面临的最实际问题，为下一步实证研究夯实基础；在文献研读梳理的基础上，结合已有文献的研究量表，设计变量的测度题项，形成问卷的第一稿。

（3）听取专家和导师建议修正变量及变量题项。就问卷变量的科学关系及变量测度题项设计问题，向导师以及技术创新学术专家进行了多次请教，并就题项表达和题项归类与本学院从事技术创新方向研究的博士们进行了多次交流探讨，对问卷的变量及题项进行修正，形成问卷的第二稿。

（4）再次向企业界人士征求意见修正变量测度题项。对上述4位制造企业总经理、5位技术研发管理层人员和3位营销管理层人员进行再一次的深入访谈，针对研究的主要变量：外部知识网络、外部知识网络嵌入性、知识搜索的理解问题征询意见，并对题项的"去学术化"表达进行探讨，减少对问卷的理解障碍，提高问卷的可接受程度，在此基础上，对问卷进行了再一次修正，形成问卷的第三稿。

（5）预测试纯化题项并形成问卷终稿。将问卷的第三稿发放给笔者授课的21级MBA春季班约20位从事制造行业的学员，进行问卷的预测试，根据他们的反馈和建议，对变量、变量的测度题项以及题项的语言表达进行了再次的修正，形成问卷终稿（见附录二）。

5.1.2 问卷偏差的应对措施

本研究的调查问卷采用的是Likert七级量表对变量题项进行测度的，为防止被调查人员的主观评价影响答卷的准确性和客观性，导致问卷的数据结果出现偏差，因此为避免这个问题，参考福勒（Fowler，2008）归纳的问卷偏差出现的主要原因：应答者不知道问题答案、无法回忆问题所涉及的信息、不想回答、不理解问题，借鉴彭新敏（2009）、许冠南（2008）、陈学光（2007）、马庆国（2023）等学者的研究成果，应对策略如下所示。

（1）问卷偏差出现的原因之一：应答者不知道问题答案。针对这种情况，本研究选择在制造企业工作并且工作3年以上、比较熟悉所在企业战略管理、营销及技术研发情况的管理人员填写问卷，确实不清楚的，可向知情者求助或放弃，避免盲目答题。

（2）问卷偏差出现的原因之二：应答者无法回忆问题所涉及的信息。针对这种情况，本研究的问卷题项限定在3年的时间范围内，题项尽可能贴近企业的实际情况，避免应答者因记忆久远而引致的答卷偏误。

（3）问卷偏差出现的原因之三：应答者知道但不愿意回答问题。针对这种情况，本研究在问卷的首页作出声明：本问卷只用作学术研究，不涉及任何商业机密，不做任何商业用途，并郑重承诺严格保密。

（4）问卷偏差出现的原因之四：应答者不理解问卷问题。针对这种情况，本研究在问卷设计过程中广泛听取了诸多学术专家、导师以及制造企业界人士的意见和建议，对问卷题项的语言表达进行了反复的修改，作了"去学术化"处理，尽可能贴近日常表达，尽量排除生僻、不好理解的学术用语，并留下联系方式，以便应答者在不理解问题时，能联系本人。

5.1.3 问卷的结构和基本内容

本研究主要围绕制造企业外部知识网络嵌入性、知识搜索与技术创新绩效关系及作用机制展开问卷设计，要求问卷内容能为本研究提供有效数据。运用SPSS 26.0统计软件进行变量之间的因子分析、相关分析及多元回归分析。依据第4章的理论研究假设和概念模型，确定量表中需要测度的相关变量，包括关于结构嵌入特征的网络规模、网络中心度、网络异质性和网络开放度；关系嵌入特征的关系强度、关系质量和关系持久度；关于知识搜索的搜索宽度、搜索效率和搜索深度；技术创新绩效以及企业的基本信息。涉及以下基本内容：

（1）承诺声明和情况说明。

（2）企业基本信息：包括企业名称、所在地、企业规模、所处行业、员工人数、研发投入等。

（3）外部知识网络嵌入性：包括外部知识网络结构嵌入特征的网络规模、网络中心度、网络异质性以及关系嵌入特征的关系强度和关系质量。

（4）知识搜索：搜索宽度、搜索效率和搜索深度。

（5）技术创新绩效。

（6）问卷回收方式。

5.2 变量测度

本研究所涉及的变量主要包括外部知识网络嵌入性、知识搜索、技术创新绩效和相关控制变量四个方面，具体是：外部知识网络结构嵌入性特征维度上的网络规模1、网络规模2、网络中心度和网络异质性（解释变量）；关系嵌入性特征维度上的关系强度1、关系强度2和关系质量（解释变量）；知识搜索特征维度上的搜索宽度、搜索效率和搜索深度（中介变量）；技术创新绩效以及相关控制变量。在测度题项主题一致性的情况下，多个关联题项信度更高（Churchill，1979），因此，本研究采用Likert七级量表对变量题项进行测度，数字评分1~7依次表示从非常完全不符合到完全符合，4表示中等水平，代表中间状态。

5.2.1 外部知识网络结构嵌入性的测度

本研究外部知识网络嵌入的结构嵌入性特征维度包括网络规模1、网络规模2、网络中心度和网络异质性四个维度，为本研究的解释变量之一。

1. 网络规模

外部知识网络嵌入的网络规模表征的是在企业创新过程中直接联系的不同外部知识源的种类和关系数量（Laursen & Salter，2006；Giuliani & Bell，2005），反映的是企业在技术创新活动中知识来源的多样化程度以及对企业创新的重要程度。

在全球化、开放创新的环境里，各种创新资源在全球范围内流动，而企业仅仅依靠自身内部的资源从事技术创新活动，不仅不现实而且对技术创新活动本身就是一个严重的制约。不同种类的外部知识源包括客户、竞争对手、科研院所和供应商等包含了不同的知识和技术资源，所以与外部知识网络的不同类型成员合作，更容易获取异质性资源，将显著提高企业的创新绩效（Tsai，2009；Lavie，2007；张永云等，2023）。

同时，不同的协同方式对企业创新产生不同的效应（Whitley，2002），而与顾客和供应商合作所形成的垂直网络，对企业的产品创新和过程创新的影响更为显著（Whitley，2002）。因此，为更深入细致地探究制造企业的网络规模效应及其对技术创新绩效的作用，本研究将网络规模细化为两部分，即企业类网络规模，涵盖与企业高度关联的供应商、顾客和同行竞争者，命名为网络规模 1；非企业类网络规模，涵盖除供应商、顾客、同行竞争者以外的网络成员，命名为网络规模 2。

本研究的网络规模 1 和网络规模 2 关于外部知识源的分类借鉴 OECD（国际经合组织）在 2005 年出版的奥斯陆手册（Oslo Manual）第三版的分类方式，其分类包括市场知识源、公共机构知识源和综合信息知识源三大类 18 小类，参阅劳尔森和索特（Laursen & Salter, 2006）、朱利安尼和贝尔（Giuliani & Bell, 2005）、王志玮（2010）等的研究成果，借鉴第 2 章文献综述及以上企业访谈和专家建议，采用 Likert 七级量表打分法，用 3 个题项对网络规模 1 和网络规模 2 进行测度，如表 5.1 所示。

表 5.1　　　　　　　　　网络规模 1 和网络规模 2 的测度题项[①]

构思变量	测度题项
网络规模 1（企业类）	1. 供应商
	2. 顾客/客户/分销商
	3. 同行竞争者
网络规模 2（非企业类）	1. 政府创新服务机构/部门
	2. 政府信息服务机构/部门
	3. 政府监管机构/部门
	4. 风险投资组织
	5. 技术中介机构（商业实验室、研发企业、咨询公司等）
	6. 技术市场（交易会、博览会等）
	7. 行业协会
	8. 研究机构（科研院所、设计院等）
	9. 大学
	10. 高职院校/技校
题项参考依据	格兰诺维特（Gtanovetter, 1992）；鲍威尔等（Powell et al., 1992）；OECD 奥斯陆手册（Oslo Manual）第三版，2005；朱利安尼和贝尔（Giuliani & Bell, 2005）；劳森和索尔特（Laursen & Salter, 2006）；吉森和杜伊斯特（Gilsing & Duysters, 2008）；邬爱其（2004）；王志玮（2010）；张红娟等（2022）；张永云等（2023）

---

① 以下题项的表述与问卷的语言表达会有一定的差异，这是因为问卷的应答者多数都是非学术人士，语言表达应"去学术化"，所以加入了通俗化的文字，便于理解，在撰写本书时，多余的话就显得没有必要，所以以下题项的表述作了精练化处理，内容与问卷一致。

2. 网络中心度

网络中心度表征的是企业在外部知识网络中占据位置的核心或中心程度，表明企业在外部知识网络中的重要性、业界声誉等，是衡量企业获取资源、掌控资源的难易程度和可能性的一个重要维度。

鲍威尔等（Powell et al.，1996）用程度中心度和接近中心度两个维度来测量企业在网络中的位置；巴特扎尔（Batjargal，2003）用企业家接触的广泛度来测度企业在网络内的中心位置；朱利安尼和贝尔（Giuliani & Bell，2005）则采用点入度中心度和点出度中心度两个维度来测量企业在外部知识网络中的中心程度；蔡（Tsai，2006）用控制信息流的能力、吉尔辛和杜伊斯堡（Gilsing & Duysters，2008）用网络集中的趋势和程度来测量企业的网络中心性；费里亚尼等（Ferriani et al.，2009）用特征向量中心度来测量企业的网络中心度，联结的合作伙伴越多，表明特征向量中心度越高。

国内学者中，邬爱其（2004）、马刚（2005）采用中心度、中间态中心性和紧密中心性三种方式衡量集群企业的中心性；嵇登科（2006）运用企业对外部知识源的依赖程度来测量企业在外部知识网络中的位置中心性；罗家德（2010）则用咨询网络中介性和情感网络中心性来测度个人在关系网络中的位置；黄洁（2007）、王晓娟（2008）、彭新敏（2009）、王志玮（2010）、洪茹燕（2012）、孙永磊等（2019）在他们的博士论文中，用李克特量表分别设计问卷题项，考察企业在知识网络中的网络中心度。

借鉴第 2 章文献综述及以上学者的研究成果，并结合访谈和专家意见和建议，采用 Likert 七级量表打分法，用 4 个题项对网络中心度进行测度，如表 5.2 所示。

表 5.2　　　　　　　　　　　　网络中心度的测度题项

构思变量	测度题项
网络中心度	1. 本企业在业内有很大的影响力
	2. 本企业比同行更容易获得技术信息
	3. 其他企业经常通过本企业进行技术交流
	4. 其他企业经常希望本企业提供技术帮助
题项参考依据	鲍威尔等（Powell et al.，1996）；朱利安尼和贝尔（Giuliani & Bell，2005）；蔡（Tsai，2006）；吉森等（Gilsing et al.，2008）；费里安等（Ferrian et al.，2009）；王晓娟（2008）；王志玮（2010）；洪茹燕（2012）；孙永磊等（2019）

3. 网络异质性

网络异质性表征的是企业在外部知识网络中合作伙伴的丰富程度和资源获取的多样化程度，是衡量网络的非冗余度以及网络成员某种特征上的差异情况的重要维度（McEvily & Zaheer, 1999；Burt, 1992；孙永磊等；2019）。

企业与不同类型、拥有不同资源的网络成员联结，意味着拥有多样化的异质性资源，而异质性资源的丰裕程度对于企业技术创新有着极大的促进。赫希曼—赫芬达尔指数（Hirschman—Heffindahl index, HHI）被较多用来测度网络异质性程度，这是最初一个反映产业集中度的指标。有学者如鲍姆等（Baum et al., 2000）、郑等（Zheng et al., 2009）、辛勤（2011）、吴俊杰（2013）等学者将 HHI 指数用来对研究中的网络异质性数据进行分析。

更多的学者则使用李克特量表或其他方法来进行网络数据收集并整理分析，如邬爱其（2004）用供应商和客户两类合作伙伴人数的差异来评价企业规模差异，通过企业规模差异来测度网络异质性；刘雪峰（2007）借鉴麦克维利和扎勒尔（McEvily & Zalleer, 1999）的研究通过相互联系的非冗余性得分来计算网络异质性；王志玮（2010）等用李克特量表来测度其研究中的网络异质性题项。

在第 3 章探索性案例研究的基础上，借鉴第 2 章文献综述及以上学者的研究成果，并结合访谈和专家意见和建议，采用 Likert 七级量表打分法，用 4 个题项对网络异质性进行测度，如表 5.3 所示。

表 5.3　　　　　　　　　　网络异质性测度题项

构思变量	测度题项
网络异质性	1. 本企业经常与不同类型的企业合作
	2. 本企业经常与不同类型的组织合作
	3. 本企业通常选择差异互补的合作伙伴
	4. 本企业通常选择同质的合作伙伴
题项依据	伯特（Burt, 1992）；麦克维利和扎希尔（McEvily & Zaheer, 1999）；科尔曼（Coleman, 1988）；鲍姆等（Baum et al., 2000）；郑等（Zheng et al., 2009）；辛晴（2011）；王志玮（2010）；吴俊杰（2013）；孙永磊等（2019）

5.2.2　外部知识网络关系嵌入性的测度

本研究外部知识网络嵌入的关系嵌入性特征维度包括关系强度、关系质量 2 个维度，为本研究的另一解释变量。

1. 关系强度

关系强度表征的是企业与其外部知识网络成员之间相互联结的强弱程度，可以用企业与其外部知识网络成员之间知识、技术和信息交流互动的频率来测量。当企业与其外部知识网络成员之间的交流频繁、互动频率高时，称为外部知识网络关系嵌入的强联结；反之，则为弱联结（Granovetter，1973，1991）。

大多数学者运用企业与网络成员的互动频率来测量关系强度（Van de Van & Ferrrry，1980；Kraatz，1998；Hoang & Rothaermel，2005；McEvily & Zaheer，1999；邬爱其，2007；彭新敏，2009；王志玮，2010；周键等，2021）。另有学者则从各自研究视角出发，构建了不同维度的题项，例如，乌兹（Uzzi，1997）从信任、共享和共同解决问题3个方面，卡帕尔多（Capaldo，2007）从时间维、资源维和社会维3个方面，莱文和柯若思（Levin & Cross，2004）从亲密程度、互动频率和互动程度3个方面分别构建了相应的题项对关系强度进行了测量。

同理，结合5.2.1节关于网络规模的阐述，考虑不同成员间的关系强度效应差异较大，为更深入细致地探究制造企业的关系强度效应及其对技术创新绩效的作用，本研究将关系强度细化为两部分，即企业类关系强度，涵盖与企业高度关联的供应商、顾客和同行竞争者，命名为关系强度1；非企业类关系强度，涵盖除供应商、顾客、同行竞争者以外的网络成员，命名为关系强度2。

本书采用多数学者的测度依据，用互动频率来测量企业与网络成员的关系强度，在第3章探索性案例研究的基础上，借鉴第2章文献综述及以上学者的研究成果，并结合访谈和专家建议，采用Likert七级量表打分法，用3个题项对关系强度进行测度，如表5.4所示。

表5.4　　　　　　　关系强度1和关系强度2测度题项[①]

构思变量	测度题项
关系强度1（企业类）	1. 供应商
	2. 顾客/客户/分销商
	3. 同行竞争者

① 以下题项的表述与问卷的语言表达会有一定的差异，这是因为问卷的应答者多数都是非学术人士，语言表达应"去学术化"，所以加进了通俗化的文字，便于理解，在撰写本书时，多余的话就显得没有必要，所以以下题项的表述作了精练化处理，内容与问卷一致。

构思变量	测度题项
关系强度 2 （非企业类）	1. 政府创新服务机构/部门
	2. 政府信息服务机构/部门
	3. 政府监管机构/部门
	4. 风险投资组织
	5. 技术中介机构（商业实验室、研发企业、咨询公司等）
	6. 技术市场（交易会、博览会等）
	7. 行业协会
	8. 研究机构（科研院所、设计院等）
	9. 大学
	10. 高职院校/技校
题项参考依据	格兰诺维特（Granovetter，1991）；乌兹（Uzzi，1997）；麦克维利和扎希尔（McEvily & Zaheer，1999）；朱利安尼和贝尔（Giuliani & Bell，2005）；劳森和萨尔特（Laursen & Salter，2006）；吉尔辛 & 杜伊斯特（Gilsing & Duysters，2008）；邬爱其（2004）；王志玮（2010）；周键等（2021）

2. 关系质量

关系质量表征的是企业与其外部知识网络其他成员之间信任、共享和互助的程度，是网络成员间情感、互信以及互惠性服务等的综合（Granovetter，1973）。

外部知识网络的关系质量影响网络成员相互交流合作的难易程度（Baum & Ingram，1998），相互的亲密关系对知识的创造和转移产生积极影响。黄和罗瑟梅尔（Hoang & Rothaermel，2005）用以往合作经验的丰富程度、伊利·连科（Yli-Renko，2001）用相互信守承诺、不损伤对方利益、不利用机会不当得利等来测量企业与外部知识网络的关系质量。

借鉴第 2 章文献综述及以上学者的研究成果，并结合访谈和专家意见和建议，采用 Likert 七级量表打分法，用 5 个题项对关系质量进行测度，如表 5.5 所示。

表 5.5 关系质量测度题项

构思变量	测度题项
关系质量	1. 创新合作伙伴与本企业都能信守承诺、履行合同
	2. 创新合作伙伴与本企业能互相帮助、共同解决问题
	3. 创新合作伙伴与本企业能够相互提供技术支持
	4. 创新合作伙伴与本企业都希望能长期合作
	5. 我们对目前的创新合作伙伴比较满意
题项参考依据	格兰诺维特（Granovetter，1991）；鲍姆和英格拉姆（Baum & Ingram，1998）；耶利－伦科（Yli－Renko，2001）；黄和罗瑟梅尔（Hoang & Roth-aermel，2005）；王志玮（2010）；周键等（2021）

5.2.3 知识搜索的测度

本研究的知识搜索包括搜索宽度、搜索效率和搜索深度 3 个维度，为本研究的中介变量。

1. 搜索宽度

搜索宽度反映了企业利用外部多样化创新源对于内部创新流程的重要性，表征的是企业通过外部知识网络搜寻、获取、整合与利用外部知识源的幅度和范围，即企业搜索外部知识领域的宽广程度、搜索的外部知识数量和使用搜索通道的数量水平（Mannucci P. V. & Yong K.，2018）。

侧重于企业在知识搜索活动中利用的外部搜索渠道（如供应商、顾客等）的种类和数量，并把每一个搜索渠道都看作是一个单独的搜索空间，不关注渠道内的互动程度（Laursen & Salter，2006）。西杜等（Sidhu et al.，2007）用关注所有应用同类技术的其他行业等题项测度供应端搜索的宽度；用了解本地、周边市场和国际市场同类产品 3 个题项测度企业跨界搜索的宽度；高仕忠（2008）则用"广泛使用了多个搜索与交流通道/媒介""综合采用了富余性与匮乏性知识交流通道""能搜索到技术、管理等多个方面的知识""能搜索到多个领域知识""获得了较多的知识数量" 5 个题项测度本土企业在国际旗舰企业的知识搜索宽度。

在第 2 章文献综述的基础上，借鉴以上学者的研究成果，并结合访谈和专家意见和建议，采用 Likert 七级量表打分法，用 3 个题项对知识搜索宽度进行测度，如表 5.6 所示。

表5.6	搜索宽度的题项测度
构思变量	测度题项
搜索宽度	1. 本企业广泛使用多个渠道/媒介获取知识和信息
	2. 本企业有多个合作伙伴提供所需的知识和信息
	3. 本企业能够比同行更多地获取多方面的知识和信息
题项参考依据	纳尔逊和温特（Nelson & Winter，1982）；玛驰（March，1991）；弗莱明和索伦森（Fleming & Sorenson，2001）；卡蒂拉和阿胡贾（Katila & Ahuja，2002）；阿胡贾（Ahuja，2002）；劳森和索尔特（Laursen & Salter，2006）；西杜等（Sidhu et al.，2007）；黄和李（Hwang & Lee，2010）；曼努奇和永（Mannucci P. V. & Yong K.，2018）；丁树全（2007）；高仕忠（2008）；吴晓波等（2008）

2. 搜索效率

搜索效率表征的是企业通过外部知识网络搜寻、获取、整合和利用外部知识源的可靠性、重要性以及快捷性的程度。

弗兰克（Fabrizio，2009）用专利或出版物与新发明之间的时间间隔、企业每年专利引用的平均数等、莱恩等（Lane et al.，2001）用新技术知识获取等6个题项、许冠南（2008）用"新技术获得""新原材料的信息获得"等5个题项等来测度知识搜索的效率。

在第2章文献综述的基础上，借鉴以上学者的研究成果，并结合访谈和专家意见和建议，采用 Likert 七级量表打分法，用4个题项对知识搜索效率进行测度，如表5.7所示。

表5.7	搜索效率的题项测度
构思变量	测度题项
搜索效率	1. 本企业能迅速地将获取的新技术知识用于产品研发
	2. 本企业能很快运用获取的技术/市场知识和信息开拓新市场
	3. 本企业能及时运用获取的新技术知识和信息进行工艺改进
	4. 本企业能很快将获取的新技术管理模式用于管理实践
题项参考依据	莱恩等（Lane et al.，2001）；卡蒂拉和阿胡贾（Katila & Ahuja，2002）；埃德加（Fabrizio，2009）；吴和尚利（Wu &Shanley，2009）；许冠南（2008）；洪茹燕（2012）

3. 搜索深度

搜索深度表征的是企业通过外部知识网络搜寻、获取、整合和利用外部知识源的纵深程度，即企业对外部知识的提取、利用的强度以及所使用外部知识搜索通道和外部知识源的密集程度，它反映了企业深入利用外部关键创新来源对于内部创新流程的重要性（Katila & Ahuja，2002；Mannucci P. V. & Yong K.，2018）。

西杜等（Sidhu et al.，2007）用"我们非常了解本行业的技术进展""我们关注所有应用同类技术的其他行业"和"我们密切关注技术上有关联的其他行业"3 个题项测度供应端的搜索深度；设计"我们非常了解提供同类产品的企业的市场销售动向""我们密切关注提供替代产品的企业的市场销售动向""我们密切关注提供互补产品的企业的市场销售动向"3 个题项测度需求方搜索深度；高仕忠（2008）用"本企业强烈而密集地使用一些特定的搜索通道进行知识搜索"等 6 个题项测度本土企业对国际旗舰企业（GPF）的搜索深度。

在第 2 章文献综述的基础上，借鉴以上学者的研究成果，并结合访谈和专家意见和建议，采用 Likert 七级量表打分法，用 4 个题项对知识搜索深度进行测度，如表 5.8 所示。

表 5.8 搜索深度的题项测度

构思变量	测度题项
搜索深度	1. 本企业密集地深度利用特定的渠道/媒介获取知识和信息
	2. 本企业密切关注创新合作伙伴的新产品开发/新市场开拓情况
	3. 本企业能深度挖掘并利用新的技术/市场知识和信息
	4. 本企业能深度探索并利用所获取的新技术管理模式
题项参考依据	尼尔森和温特（Nelson & Winter，1982）；玛驰（March，1991）；弗莱明和索伦森（Fleming & Sorenson，2001）；卡蒂拉和阿胡贾（Katila & Ahuja，2002）；劳森和萨尔特（Laursen & Salter，2006）；西杜等（Sidhu et al.，2007）；黄和李（Hwang & Lee，2010）；丁树全（2007）；高仕忠（2008）；吴晓波等（2008）；曼努奇和永（Mannucci P. V. & Yong K.，2018）

5.2.4 技术创新绩效的测度

技术创新绩效是表征企业创新活动的效果与效率的指标。关于对技术创新绩效的测度，学术界还没有一个一致认同的指标体系。学者们从单一维度或多维度视角评价企业的技术创新绩效（王瑶等，2023；解学梅等，2020）。

从单一维度视角，主要是通过专利和新产品开发表现来进行测量。蔡（Tsai，2001）用专利数量、哈根顿和克鲁特（Hagedoom & Cloodt，2003）用引用、申请专利数量、研发投入等、周等（Zhou et al.，2008）用专利水平、技术转换率等、卡蒂拉和阿胡贾（Katila & Ahuja，2002）用新产品数量、格林普和索夫卡（Grimpe & Sofka，2009）用新产品营业额、莱波宁和赫尔法特（Leiponen & Helfat，2010）用新技术引进和新产品占比等来测量企业的技术创新绩效。

然而，他们在研究最后都提出了这种测度的弊端，因为"大部分专利都没有被商业化，专利引用只能部分反映企业技术创新水平"（Laursen & Salte，2006）。于是，学者又从其他角度测量技术创新绩效，例如，哈蒙德等（Herrmann et al.，2007）、科斯塔和洛伦特（Costa & Lorente，2008）用研发投入的工时和产品创新的态度、黄等（Hoang et al.，2006）用产品创新的新颖程度、王立生（2007）用产品的市场竞争力提升、产品对客户的需求响应、金姆等（Kim et al.，2012）用设备设施的先进性等来测度企业技术创新绩效。

在第 2 章文献综述的基础上，借鉴以上学者的研究成果，并结合访谈和专家意见和建议，采用 Likert 七级量表打分法，用 8 个题项从产品创新和过程创新的视角对技术创新绩效进行测度，如表 5.9 所示。

表 5.9   技术创新绩效的题项测度

构思变量	测度题项
技术创新绩效	1. 与同行相比，我们企业开发了更多的产品
	2. 与同行相比，我们企业开发新产品的速度更快
	3. 我们企业开发的新产品与同行的同类新产品存在差异
	4. 与同行相比，我们企业产品的改进和创新有更好的市场反应
	5. 与同行相比，我们企业的生产设备更先进
	6. 与同行相比，我们企业的生产设备体现了一流的工艺技术
	7. 与同行相比，我们企业产品合格率和质量较高
	8. 与同行相比，我们企业的生产效率较高
题项参考依据	卡蒂拉和阿胡贾（Katila & Ahuja，2002）；黄等（Hoang et al.，2006）；哈蒙德等（Herrmann et al.，2007）；科斯塔和洛伦特（Costa & Lorente，2008）；莱波宁和赫尔法特（Leiponen & Helfat，2010）；金姆等（Kim et al.，2012）；王立生（2007）；解学梅等（2020）；王瑶等（2023）

5.2.5 控制变量

技术创新活动受企业内外多种因素影响，本身是一个非常复杂的过程，是多种因素共同作用的结果。因此，除了受上述各维度变量的影响作用外，企业本身的规模、主营业务收入、行业类型以及研发投入占主营业务收入的比例等变量也会对企业的知识搜索和技术创新绩效产生显著影响。本研究将对这些变量进行控制。

首先，关于行业类别。行业同样可以影响企业的新产品开发和服务的产出（McGahan & Porter，1997；Thornhill，2006），这是常见的控制变量。该项问卷的设定仍然依据《国民经济行业分类》（GB 4754—2017），但其分类太细，共有31类，不可能在问卷中完全体现，所以选择其中主要的8类加其他类共9个水平。

其次，关于企业规模。企业规模与技术创新绩效呈正向相关关系，规模越大，可获资源就越多，从而促进技术创新绩效实现高速增长（Dunne & Hughes，1994；Caloghirou et al.，2004；Leiponen & Helfat，2010）。企业规模可以用现有员工的数量来衡量（Tang & Murphy，2012）。本书的研究对象是制造企业，依据最新的《国民经济行业分类》（GB 4754—2017）和《统计上大中小型企业划分办法》，将企业规模按照员工人数对应大中小型工业企业划分标准分为：<20人、21~299人、300~1000人、1000人以上四个水平来测量。

最后，关于研发投入比例。这是一个测度技术创新绩效的常用指标，对技术创新的影响显著。研发投入比例指研发投入资金占当年主营业务收入的比例。

5.3 数据收集与有效性控制

数据的真实性、有效性是保证研究结果准确可靠的重要前提。为保证样本来源的真实性和可靠性、减少外部因素对研究结果的影响，使研究变量尽量客观科学反映其对因变量变化的影响，本研究对问卷的发放者、发放对象、发放区域以及发放途径进行了严格的控制。

关于问卷发放者和发放对象。本书的研究对象是制造企业，为确保问卷应答者来自制造企业，保证问卷的真实性和有效性，笔者采取了以下控制措施：第一，在笔者授课的商学院，有一定比例的本科生家长或本科学生的亲属拥有制造企业，笔者先向学院学工办或班主任了解学生情况，进行初步筛选，家里或亲属拥有制造加工厂的学生为400余人（笔者所在学院本科生人数为3000余人），而且办厂年限均在3年以上；然后分批进行集中动员，对问卷内容进行了充分的讲解，让这批学生结合商科教学的社会实践课程，带着问卷，实地考察自家企业，这批问卷大部分是以一对一方式完成，即每一个学生作为问卷的发放者，只对自己家或亲戚家发放一份问卷，而且对应答者身份做出了规定，必须是企业主本人或营销研发人员，结果是：完成情况良好。第二，笔者本人所带 MBA 在读和已毕业学生近百人，他们中有各类规模制造企业的管理层人员、有大型制造企业的营销总监、有中型企业的研发中心主任、有经济开发区管委会的中层管理人员、有街道办事处工作人员，下属若干家制造企业等。在他们有闲暇时间时，分次小规模集中，讲解问卷内容，让他们对所在企业的高层管理人员或营销研发骨干，以及熟悉的制造企业发放问卷，要求应答者在答卷时他们必须在场，必要时进行讲解，结果是：问卷情况良好。第三，借助已熟悉的政府有关部门、行业协会，让他们帮忙发放问卷，要求问卷应答者为制造企业中层以上管理人员且在该企业已工作 3 年以上。

关于问卷发放区域。关于问卷的发放区域未做特别规定，从回收的问卷来看，主要集中在上海、江苏、浙江、广东、山东、福建。

通过以上措施的控制，希望研究结果能尽量客观可靠。

整个问卷调研过程从 2022 年 8 月开始，持续到 2023 年 6 月结束。共发放问卷 1050 份，回收 811 份，剔除有残缺值、选项单一重复和非制造企业问卷，回收有效问卷 752 份，有效回收率 71.6%。本次问卷的大部分采取的是发放者和应答者一对一的方式，所以回收率高、有效率也高。

5.4　数据分析方法

恰当的数据分析工具是检验理论假设科学性的关键。本书的数据分析工具采用的是管理学科实证研究经典、使用且最为普及的多元回归检验方法，它综合运用了描述性统计以及推论统计中的各种原理与概念，适合实证客观的研究，并且运行的统计软件也比较成熟。本书将对所收集的数据进行描述性统计、信度与效度检验、相关性分析、多元回归分析等统计分析工作，具体如下所示。

1. 描述性统计分析

描述性统计分析有利于研究者把握数据的整体特征，有利于研究者对数据的客观认知。描述性统计主要对样本企业特征用数学语言表达，包括企业规模、行业类型、主营业务收入、研发投入等特征进行统计分析，说明各变量的均值、标准差等，用以描述样本类别、特征以及分布情况。

2. 因子分析

因子分析是指从研究指标相关矩阵内部的依赖关系出发将错综复杂关系的变量归结为少数几个不相关的综合因子的一种多元统计分析方法（范柏乃等，2008）。通过因子分析可以达到三个目的：首先，从预试问卷中筛选出载荷分散的测量条款进行剔除，由此对问卷进行完善；其次，检验各变量的结构效度；最后，对变量进行赋值，以体现出各观测变量对指标的不同贡献。

3. 信度与效度检验

在进行假设检验之前，应对测量结果进行信度和效度分析。信度衡量效果的一致性和稳定性程度，其有外在信度与内在信度这两大类，本研究涉及多题项测度量表，内在信度非常重要，主要利用 Cronbach's α 系数来衡量。

效度是指各测量题项能够正确测量出研究者想要衡量性质的程度，即概念和它的测量指标之间的关系，分内容效度与结构效度。内容效度旨在检测衡量该领域的专家对测量题项内容能够测度事物的认可程度，本研究已就问卷的合理有效性请教学术专家和企业界人士多次，内容效度有较好的保证；所谓结构效度是指量表测度出理论的概念与特征的程度，一般可以通过因子分析来检测结构效度。本研究将针对概念模型中涉及的外部知识网络嵌入性特征变量、知识搜索行为及技术创新绩效等变量进行探索性因子分析，以检验本研究变量中的题项是否具有结构效度。

4. 相关分析

本研究将运行概念模型中涉及的外部知识网络嵌入性、知识搜索、技术创新绩效及控制变量的相关系数矩阵，考察各研究变量之间是否有显著的相关性，作为进一步多元回归分析的基础。

5. 回归分析

本研究以多元回归分析探讨外部知识网络嵌入性与企业技术创新绩效、外部知识网络嵌入性与知识搜索、知识搜索与企业技术创新绩效三组变量之间的关系，检验本研究提出的假设。

本研究主要运用 SPSS 26.0 软件包对概念模型各变量之间进行因子分析，确定最终的要素构成。然后计算模型中各要素的均值、标准差以及相关系数，并以此得出描述性统计值。即针对假设检验主要运用多元回归分析方法进行分析。

第6章 实证分析和统计检验

本章将根据第5章阐述的研究方法对第4章提出的理论假设进行实证检验。首先，对变量的测量题项进行信度和效度检验；其次，在信度和效度检验的基础上进行相关分析、回归分析，检验理论假设是否成立；最后，对本部分的实证研究结果进行解释与讨论。

6.1 描述性统计分析

本研究通过问卷发放、回收和筛选，共回收有效样本752份，有效回收率为71.6%。为了从整体上进一步浓缩样本信息，便于从整体上显示样本特征，以下内容将对样本企业行业类型、企业规模、近3年主营业务收入、研发占比和所有权性质等进行描述性统计。

按照最新的《统计上大中小型企业划分办法（2017）》，从业人员是划型的指标之一，本问卷按此办法设计为四个水平。从按员工人数统计企业规模来看，问卷中20人以下的微型企业有68家，占9%；20~299人区间的小型企业有454家，占60.4%；300~1000人的中型企业有142家，占18.9%；1000人以上的大型企业有88家，占11.7%。其中中小微型企业占比达88.3%，这和我国制造企业以中小企业为主的特征相吻合。

从行业类型来看，按《国民行业分类标准》，制造企业共分为31大类，本研究样本企业涉及制造企业8+1类行业，涉及制造企业的主要类别，包括通信设备、计算机及其他电子设备制造业；交通运输设备制造业；医药制造业；塑料制品业；通用设备制造业；皮革、毛皮、羽毛（绒）及其制品业；农副食品加工业；纺织服装、鞋、帽制造业以及其他未列类别，分别有100家、68家、20家、64家、168家、50家、48家、104家和130家，分别占样本总数的13.3%、9%、2.7%、8.5%、22.3%、

6.7%、6.4%、13.8%和17.3%，样本分布比较广泛，其中通用设备制造业最多，约占样本比例的1/5。

按照最新的《统计上大中小型企业划分办法（2017）》，业务收入是划型的另一指标，本问卷按此办法设计为四个水平。问卷显示，300万元以下的微型企业190家，占25.3%；300万~2000万元的小型企业298家，占39.6%；业务收入在2000万元至4亿元的中型企业176家，占23.4%；4亿元以上的大型企业88家，占11.7%。从业务收入水平划分企业标准，问卷的中小微企业共计664家，占全部问卷企业的88.3%，契合了问卷按员工人数划型的比例。

2020~2022年研发投入占当年业务收入的比例中，研发占比在5%以下（含5%）的企业占74.4%，研发投入相对水平偏低。在所有权性质中，民营企业有624家，占83%，这和样本所在区域民营企业比较发达的现状一致（见表6.1）。

表6.1　　　　　　样本基本特征分布情况统计（N=752）

指标	类别	样本数	百分比（%）	累计百分比（%）
企业规模（员工人数）	20人以下	68	9.0	9.0
	20~299人	454	60.4	69.4
	300~1000人	142	18.9	88.3
	1000人以上	88	11.7	100.0
行业类型	通信设备、计算机及其他电子设备制造业	100	13.3	13.3
	交通运输设备制造业	68	9.0	22.3
	医药制造业	20	2.7	25.0
	塑料制品业	64	8.5	33.5
	通用设备制造业	168	22.3	55.8
	皮革、毛皮、羽毛（绒）及其制品业	50	6.7	62.5
	农副食品加工业	48	6.4	68.9
	纺织服装、鞋、帽制造业	104	13.8	82.7
	其他	130	17.3	100.0
近3年平均主营业务收入	300万元以下	190	25.3	25.3
	300万~2000万元	298	39.6	64.9
	2000万~4亿元	176	23.4	88.3
	4亿元以上	88	11.7	100.0

指标	类别	样本数	百分比（%）	累计百分比（%）
研发占主营业务收入比例	1%以下（含1%）	246	32.7	32.7
	1%~3%	174	23.1	55.8
	3%~5%（含5%）	140	18.6	74.4
	5%~10%（含10%）	112	14.9	89.3
	10%~15%（含15%）	42	5.6	94.9
	15%	38	5.1	100.0
所有权性质	民营	624	83.0	83.0
	三资企业	72	9.6	92.6
	国有（国有独资、国有控股）	12	1.6	94.2
	国有（国有参股）	12	1.6	95.8
	联营、集体	24	3.2	99.0
	其他	8	1.0	100.0

除样本分布特征变量外，研究涉及的其他变量如表 6.2 所示。

表 6.2　　　　　　　变量描述性统计分析（N＝752）

变量名称	极小值	极大值	均值	标准差
网络规模 1	1.87	4.56	3.11	1.09
网络规模 2	2.11	4.78	4.08	1.41
网络中心度	1.55	4.30	3.78	1.46
网络异质性	1.68	4.23	3.79	1.36
关系强度 1	2.89	3.98	3.68	1.25
关系强度 2	2.31	4.89	4.21	1.24
关系质量	2.99	5.51	4.99	1.49
搜索宽度	2.68	4.91	4.22	1.44
搜索效率	2.75	4.51	4.09	1.45
搜索深度	2.23	4.77	4.22	1.40
技术创新绩效	2.11	4.47	4.21	1.41

6.2　信度和效度检验

效度（validity）是指测量工具能够正确测量所要测量问题的程度，主要检验所收集数据能否得到所要得到的结论、判断所确定的潜变量是否合理。一般而言，测量工具的效度主要从内容效度（content validity）和建构效度（construct validity）两个方面进行度量。内容效度指测量工具内容的适合性，即问卷量表是否反映了想要测评的全部内容，本研究问卷量表是根据本书的研究目标和研究问题，在文献研究、实地调研和专家意见的基础上经过反复修改与完善后形成的，因此认为具有较高的内容效度。建构效度则是指测量题项测出潜变量的程度，较常采用的分析方法是因子分析。

信度（reliability）表示对于同一对象在不同情境下运用相同测量工具得出同样测量结果的可能性，用于衡量测量结果稳定性或一致性的程度，主要用来检验所收集数据的可靠性，常用稳定性、等值性和内部一致性等指标来进行测度。本研究主要检验建构信度（construct reliability），即一组可测变量共同说明某一潜变量的程度，它也是反映内部一致性的重要指标，具体采用 Cronbach's α 系数来评价潜变量的信度。α 系数介于 0 ~ 1，越接近于 1，信度越高。一般上，α 系数在 0.9 以上最佳；0.8 左右甚佳；0.7 是适中；0.5 以上可勉强接受；低于 0.5 表明至少有一半的观测变异来自随机误差，因而信度不高，不能接受（易丹辉，2008）。而在实际应用中，为保证潜变量的信度，通常认为：总量表的 α 系数最好在0.8 以上，若在 0.7 ~ 0.8 也可接受；分量表（构面）的 α 系数最好在 0.7 以上，若在 0.6 ~ 0.7 也可接受（吴明隆，2010）。此外，保留在量表中所有题项的题项 – 总体（item to total）的相关系数要求大于 0.35（李怀祖，2004）。

6.2.1　外部知识网络结构嵌入性

1. 效度检验

因子分析的前提是各变量之间存在相关性，只有相关性较高时才有公共因子析出，因子分析才有意义。因此，在因子分析之前需要检验各题项变量之间的相关性，通常相关性检验方法包括取样适切性量数和 Bartlett 球形检验。其中 KMO 值介于 0 ~ 1。一般认为，当样本数据的 KMO 值大于 0.7（KMO 值越接近于 1 越适合因子分析），且 Bartlett 统计值显著异于 0 时，问卷量表才有构建效度，题项变量间才可以进行因子分析。

根据上述分析要求，对本章所构建模型中的结构嵌入性进行了 KMO 样本测度和巴特利特球体检验，检验结果如表 6.3 所示。

表 6.3　　　　结构嵌入性 KMO 样本测度与 Bartlett 球形检验结果 （N = 752）

变量	KMO 样本测度值	KMO 参考值	Bartlett 球形检验		
			近似卡方	自由度（df）	Sig.
结构嵌入性	0.917		5302.237	210	0.000
网络规模 1	0.709		302.873	3	0.000
网络规模 2	0.898	> 0.7	2532.302	45	0.000
网络中心度	0.827		984.964	6	0.000
网络异质性	0.801		748.219	6	0.000

　　表 6.3 显示：结构嵌入性 KMO = 0.917，大于 0.9，各题项 KMO 值均大于 0.7；而且 Bartlett 球形检验值通过显著性检验，显著性概率值 p = 0.000 < 0.05，这说明数据具有相关性，非常适合做因子分析。

　　结构嵌入性因子分析得到的因子载荷系数如表 6.4 所示。

表 6.4　　　　外部知识网络结构嵌入性效度检验结果 （N = 752）

变量名称	测量题项（简写）	因子载荷			
		网络规模 1	网络规模 2	网络中心度	网络异质性
网络规模 1	供应商	0.704	0.184	0.298	0.261
	顾客/客户/分销商	0.767	0.093	0.152	0.292
	同行竞争者	0.742	0.089	-0.004	0.142
网络规模 2	政府创新服务机构/部门	0.216	0.711	0.254	0.109
	政府信息服务机构/部门	0.249	0.729	0.250	0.090
	政府监管机构/部门	0.364	0.664	0.186	0.142
	风险投资组织	0.003	0.728	0.067	0.197
	技术中介机构	0.092	0.750	0.204	0.178
	技术市场（交易会、博览会等）	0.281	0.585	0.111	0.359
	行业协会	0.167	0.698	0.044	0.372
	研究机构（科研院所、设计院等）	-0.006	0.806	0.021	0.249
	大学	-0.042	0.794	0.136	0.073
	高职院校/技校	-0.016	0.768	0.154	0.083
网络中心度	业内影响力大	0.195	0.247	0.764	0.309
	更容易获得技术信息	0.099	0.162	0.696	0.435
	技术交流通过本企业	0.110	0.288	0.778	0.340
	本企业提供技术帮助	0.113	0.231	0.768	0.366

变量名称	测量题项 （简写）	因子载荷			
		网络 规模1	网络 规模2	网络 中心度	网络 异质性
网络异质性	常与不同类型企业合作	0.266	0.181	0.298	0.685
	常与不同类型组织合作	0.190	0.307	0.152	0.769
	选择差异互补的合作伙伴	0.087	0.245	−0.004	0.749
	选择同质的合作伙伴	0.120	0.042	0.254	0.664

从表6.4可以看出，除技术市场因子载荷接近0.6（0.585）外，其余各因子载荷均大于0.6，且各题项按照预先的设计收缩为相应的因子，因子分析的结果与预期的模型设计一致，因子累计解释变差为65.437%，大于50%的最低要求，说明所构建模型中的研究变量的内部测度题项也具有相当的建构效度。

2. 信度检验

本研究采用SPSS 26.0软件检验，对量表信度检验的Cronbach's α系数如表6.5所示。表6.5表明，网络规模1的Cronbach's α系数为0.747，大于0.7，题项－总体相关系数大于0.35，三个题项删除该题项后Cronbach's α系数分别为0.618、0.558、0.745，可见外部知识网络结构嵌入性的网络规模1各变量的题项之间具有很好的一致性；网络规模2的Cronbach's α系数为0.924，大于0.9，题项－总体相关系数均大于0.35，10个题项删除该题项后Cronbach's α系数分别为0.916、0.915、0.917、0.918、0.915、0.920、0.915、0.914、0.917、0.918，可见网络规模2各变量的题项之间也具有较好的一致性；网络中心度Cronbach's α系数为0.905，大于0.9，题项－总体相关系数大于0.35，四个题项删除该题项后Cronbach's α系数分别为0.877、0.895、0.864、0.871，网络中心度各变量的题项之间也具有很好的一致性；网络异质性Cronbach's α系数为0.862，大于0.8，题项－总体相关系数大于0.35，第四项是个反向问向，删除该题项后Cronbach's α系数提高到0.874，提高幅度较大，考虑到该题项为反向问句，可能因为问卷应答者对所填写的问题认知模糊，故删除此题项。可见，结构嵌入性的四个维度：网络规模1、网络规模2、网络中心度和网络异质性的信度均属于较高水平，通过信度检验。

表 6.5　　　　外部知识网络结构嵌入性信度检验结果（N = 752）

变量名称	测量题项（简写）	题项 - 总体相关系数	删除该题项后Cronbach's α 系数	Cronbach's α系数
网络规模1	供应商	0.612	0.618	0.747
	顾客/客户/分销商	0.662	0.558	
	同行竞争者	0.458	0.745	
网络规模2	政府创新服务机构/部门	0.716	0.916	0.924
	政府信息服务机构/部门	0.741	0.915	
	政府监管机构/部门	0.695	0.917	
	风险投资组织	0.675	0.918	
	技术中介机构	0.746	0.915	
	技术市场（交易会、博览会等）	0.647	0.920	
	行业协会	0.729	0.915	
	研究机构（科研院所、设计院等）	0.759	0.914	
	大学	0.710	0.917	
	高职院校/技校	0.691	0.918	
网络中心度	业内影响力大	0.787	0.877	0.905
	更容易获得技术信息	0.734	0.895	
	技术交流通过本企业	0.824	0.864	
	本企业提供技术帮助	0.804	0.871	
网络异质性	常与不同类型企业合作	0.728	0.817	0.862
	常与不同类型组织合作	0.790	0.791	
	选择差异互补的合作伙伴	0.746	0.809	
	选择同质的合作伙伴	0.582	0.874	

6.2.2　外部知识网络关系嵌入性

1. 效度检验

外部知识网络关系嵌入性 KMO 样本测度和 Bartlett 球形检验结果如表 6.6 所示，关系嵌入性 KMO = 0.916，大于 0.9；而且 Bartlett 球形检验值通过显著性检验，显著性概率值 p = 0.000 < 0.05，这说明数据具有相关性，适合做因子分析。

表 6.6　　　关系嵌入性 KMO 样本测度与 Bartlett 球形检验结果（N = 752）

变量	KMO 样本测度值	KMO 参考值	Bartlett 球形检验		
			近似卡方	自由度（df）	Sig.
关系嵌入性	0.916	>0.7	6271.217	153	0.000
关系强度 1	0.702		459.516	3	0.000
关系强度 2	0.918		3299.558	45	0.000
关系质量	0.917		2131.985	10	0.000

　　因子分析得到的因子载荷系数如表 6.7 所示，各因子题项载荷均大于载荷系数参考 0.5，且各题项按照预先的设计收缩为相应的因子，因子分析的结果与预期的模型设计基本一致，因子累计解释变差为 70.305%，大于 50% 的最低要求，说明所构建模型中的研究变量的内部测度题项也具有相当的建构效度。

表 6.7　　　　　　　关系嵌入性效度检验结果（N = 752）

变量名称	测量题项（简写）	因子载荷		
		关系强度 1	关系强度 2	关系质量
关系强度 1	供应商	0.794	0.133	0.261
	顾客/客户/分销商	0.802	0.092	0.274
	同行竞争者	0.527	0.382	0.123
关系强度 2	政府创新服务机构/部门	0.205	0.823	0.067
	政府信息服务机构/部门	0.148	0.821	0.063
	政府监管机构/部门	0.178	0.807	0.068
	风险投资组织	−0.002	0.808	0.121
	技术中介机构	0.069	0.842	0.135
	技术市场（交易会、博览会等）	0.228	0.663	0.205
	行业协会	0.240	0.746	0.159
	研究机构（科研院所、设计院等）	0.117	0.839	0.085
	大学	0.035	0.837	0.032
	高职院校/技校	0.073	0.799	0.013
关系质量	合作伙伴都能信守承诺	0.330	0.070	0.841
	合作伙伴能相互帮助（除技术外）	0.305	0.112	0.891
	合作伙伴相互提供技术支持	0.250	0.170	0.877
	相互希望能长期合作	0.317	0.156	0.863
	对合作伙伴比较满意	0.265	0.163	0.876

2. 信度检验

表 6.8 表明，关系强度 1 的 Cronbach's α 系数为 0.793，大于 0.7，题项 - 总体相关系数大于 0.35，3 个题项删除该题项后 Cronbach's α 系数分别为 0.585、0.638、0.791，第三题项删除该题项后 Cronbach's α 系数后提高到 0.791，有一定增幅，考虑该题项为成熟题项，如果删除其他两个题项中任一个，信度值都将下降，且低于层面 Cronbach's α 系数 0.793，故保留；关系强度 2 的 Cronbach's α 系数为 0.946，大于 0.9，题项 - 总体相关系数大于 0.35，10 个题项删除该题项后 Cronbach's α 系数分别为 0.939、0.940、0.940、0.941、0.938、0.945、0.941、0.938、0.941、0.943，增幅不大，且均为成熟题项，故都保留；关系质量 Cronbach's α 系数为 0.960，大于 0.9，题项 - 总体相关系数大于 0.35，5 个题项删除该题项后 Cronbach's α 系数分别为 0.956、0.946、0.952、0.950、0.951，信度较好。可见外部知识网络关系嵌入性各变量的各题项之间具有很好的一致性，通过信度检验。

表 6.8　　　　　　外部知识网络关系嵌入性信度检验结果（N = 752）

变量名称	测量题项（简写）	题项 - 总体相关系数	删除该题项后 Cronbach's α 系数	Cronbach's α 系数
关系强度 1	供应商	0.750	0.585	0.793
	顾客/客户/分销商	0.712	0.638	
	同行竞争者	0.467	0.791	
关系强度 2	政府创新服务机构/部门	0.811	0.939	0.946
	政府信息服务机构/部门	0.796	0.940	
	政府监管机构/部门	0.789	0.940	
	风险投资组织	0.767	0.941	
	技术中介机构	0.829	0.938	
	技术市场（交易会、博览会等）	0.675	0.945	
	行业协会	0.761	0.941	
	研究机构（科研院所、设计院等）	0.823	0.938	
	大学	0.773	0.941	
	高职院校/技校	0.733	0.943	
关系质量	合作伙伴都能信守承诺	0.858	0.956	0.960
	合作伙伴能互相帮助（除技术外）	0.918	0.946	
	合作伙伴相互提供技术支持	0.880	0.952	
	相互希望能长期合作	0.897	0.950	
	对合作伙伴比较满意	0.888	0.951	

6.2.3 知识搜索

1. 效度检验

知识搜索 KMO 样本测度和 Bartlett 球形检验结果如表 6.9 所示，关系嵌入性 KMO=0.957，大于 0.9；而且 Bartlett 球形检验值通过显著性检验，显著性概率值 p=0.000<0.05，这说明数据具有相关性，非常适合做因子分析。

表 6.9　知识搜索 KMO 样本测度与 Bartlett 球形检验结果（N=752）

变量	KMO 样本测度值	KMO 参考值	Bartlett 球形检验		
			近似卡方	自由度（df）	Sig.
知识搜索	0.957		4536.257	66	0.000
搜索宽度	0.822	>0.7	1058.036	6	0.000
搜索效率	0.844		1251.740	6	0.000
搜索深度	0.852		1107.502	6	0.000

因子分析得到的因子载荷系数如表 6.10 所示，各因子题项载荷系数均大于 0.6，且各题项按照预先的设计收缩为相应的因子，因子分析的结果与预期的模型设计基本一致，因子累计解释变差为 81.940%，大于50%，说明内部测度题项也具有相当的建构效度。

表 6.10　知识搜索效度检验结果（N=752）

变量名称	测量题项（简写）	因子载荷		
		搜索宽度	搜索效率	搜索深度
搜索宽度	广泛使用多个渠道获取知识	0.831	0.316	0.296
	多个合作伙伴提供所需知识	0.837	0.277	0.303
	比同行获取更多方面知识	0.657	0.512	0.315
搜索效率	迅速将新技术知识用于研发	0.342	0.784	0.345
	很快运用新信息开拓新市场	0.361	0.759	0.364
	及时运用新技术进行工艺改进	0.322	0.762	0.428
	很快将新技术管理模式用于管理实践	0.320	0.640	0.495
搜索深度	密集地深度利用特定的渠道搜寻	0.532	0.310	0.657
	密切关注创新合作伙伴新动向	0.420	0.417	0.675
	深度挖掘并利用新的技术	0.331	0.511	0.681
	深度探索并利用所获取的新技术管理模式	0.263	0.430	0.761

2. 信度检验

知识搜索各变量的信度检验结果如表 6.11 所示，知识搜索各变量的 Cronbach's α 系数均大于高信度标准的 0.7，且各题项 – 总体相关系数大于 0.35，可见外部知识网络关系嵌入性各变量的各题项之间具有很好的一致性，处于高信度水平，通过信度检验。

表 6.11　　　　　　　知识搜索信度检验结果（N = 752）

变量名称	测量题项（简写）	题项 – 总体相关系数	删除该题项后 Cronbach's α 系数	Cronbach's α 系数
搜索宽度	广泛使用多个渠道获取知识	0.802	0.891	0.912
	多个合作伙伴提供所需知识	0.823	0.884	
	比同行获取更多方面知识	0.829	0.881	
搜索效率	迅速将新技术知识用于研发	0.835	0.911	0.931
	很快运用新信息开拓新市场	0.850	0.906	
	及时运用新技术进行工艺改进	0.874	0.897	
	很快将新技术管理模式用于管理实践	0.794	0.923	
搜索深度	密集地深度利用特定的渠道搜寻	0.798	0.904	0.921
	密切关注创新合作伙伴新动向	0.831	0.893	
	深度挖掘并利用新的技术	0.846	0.888	
	深度探索并利用所获取的新技术管理模式	0.797	0.904	

6.2.4　技术创新绩效

1. 效度检验

知识搜索 KMO 样本测度和 Bartlett 球形检验结果如表 6.12 所示，关系嵌入性 KMO = 0.906，大于 0.9；而且 Bartlett 球形检验值为 2604.556，通过显著性检验，显著性概率值 $p = 0.000 < 0.05$，这说明数据具有相关性，非常适合做因子分析。

因子分析得到的因子载荷系数如表 6.12 所示，各因子题项载荷系数均大于载荷系数参考 0.5，且各题项按照预先的设计收缩为相应的因子，因子分析的结果与预期的模型设计基本一致，因子累计解释变差为 70.998%，大于 50%，说明内部测度题项也具有相当的建构效度。

表 6.12   **知识搜索效度检验结果（N = 752）**

变量 名称	测量题项（简写）	因子载荷	KMO 值	Bartlett 球形检验及显著性
技术创新绩效	新产品多	0.851	0.906	2604.556 ***
	新产品的开发速度快	0.867		
	与同类新产品存在差异	0.809		
	市场反应好	0.852		
	生产设备先进	0.874		
	工艺技术一流	0.869		
	产品合格率和质量高	0.833		
	生产效率高	0.790		

注：*** 表示显著性水平 P < 0.001，因子累计解释变差为 70.998%。

2. 信度检验

如表 6.13 所示，技术创新绩效变量所有的题项 – 总体相关系数均大于 0.35，Cronbach's α 系数大于 0.9，题项删除后 α 系数没有高于总系数，各题项之间具有很好的一致性，处于高信度水平，通过信度检验。

表 6.13   **技术创新绩效信度检验结果（N = 752）**

变量 名称	测量题项（简写）	题项 – 总体 相关系数	删除该题项后 Cronbach's α 系数	Cronbach's α 系数
技术创新绩效	新产品多	0.802	0.933	0.941
	新产品的开发速度快	0.826	0.931	
	与同类新产品存在差异	0.751	0.936	
	市场反应好	0.802	0.933	
	生产设备先进	0.820	0.931	
	工艺技术一流	0.818	0.932	
	产品合格率和质量高	0.769	0.935	
	生产效率高	0.731	0.937	

6.3   相关分析

研究变量之间存在一定程度的相关关系是回归分析的前提，本研究在回归分析前，通过 SPSS 26.0 软件对本研究涉及的变量（包括控制变量）进行了相关分析。

6.3.1 外部知识网络结构嵌入性对技术创新绩效作用机制的变量相关分析

在进行回归分析之前，必须先考察各研究变量间的相关关系，通过 SPSS 软件对研究涉及的 11 个变量（包括控制变量）进行相关分析，结果如表 6.14 所示。表中 1~3 项为研究的控制变量，即行业类别、企业规模和研发投入。相比之下，研发投入比行业类别、企业规模对其他研究变量的影响要大。研发投入与网络规模 1（$r = 0.173$，$P < 0.01$）、网络规模 2（$r = 0.251$，$P < 0.01$）、网络中心度（$r = 0.271$，$P < 0.01$）、网络异质性（$r = 0.253$，$P < 0.01$）均呈显著正向相关关系，其中与网络中心度的相关关系相比而言更高；与搜索宽度（$r = 0.175$，$P < 0.01$）、搜索效率（$r = 0.332$，$P < 0.01$）、搜索深度（$r = 0.233$，$P < 0.01$）均呈显著正向相关关系，而与技术创新绩效呈显著正向相关关系（$r = 0.395$，$P < 0.01$）。这说明，企业研发投入越多，能帮助扩大网络范围，网络异质程度和位置中心度就越高；同时，研发投入越多，将帮助扩大企业知识搜索范围，加深搜索的纵深度，搜索效率也就越好，最终对技术创新绩效的影响也就越大。

表中 4~7 项为解释变量，即网络规模 1、网络规模 2、网络中心度和网络异质性。网络规模 1 与搜索宽度（$r = 0.186$，$P < 0.01$）、搜索深度（$r = 0.219$，$P < 0.01$）均呈显著的正向相关性，与技术创新绩效也呈正向相关关系（$r = 0.269$，$P < 0.05$）；网络规模 2 与搜索深度（$r = 0.184$，$P < 0.01$）、搜索效率（$r = 0.204$，$P < 0.01$）均呈显著的正向相关性，与技术创新绩效也呈正向相关关系（$r = 0.124$，$P < 0.05$），相对网络规模 1 而言偏弱；网络中心度与搜索宽度（$r = 0.286$，$P < 0.01$）、搜索效率（$r = 0.318$，$P < 0.01$）、搜索深度（$r = 0.369$，$P < 0.01$）、技术创新绩效（$r = 0.562$，$P < 0.01$）均呈显著的相关关系；网络异质性与搜索宽度（$r = 0.354$，$P < 0.01$）、搜索深度（$r = 0.215$，$P < 0.01$）、技术创新绩效（$r = 0.269$，$P < 0.01$）均呈显著的正向相关关系。说明解释变量网络规模 1、网络规模 2、网络中心度和网络异质性程度越高，越能促进企业的知识搜索，进而正向影响企业的技术创新绩效。

表中 8~10 项为中介变量，结果显示搜索宽度与技术创新绩效（$r = 0.442$，$P < 0.01$）、搜索效率与技术创新绩效（$r = 0.480$，$P < 0.01$）、搜索深度与技术创新绩效均呈显著的正向相关关系（$r = 0.490$，$P < 0.01$），

相比而言，搜索深度与技术创新绩效比搜索效率、搜索深度与技术创新绩效的相关程度略高，这和目前中国制造业的实际情况吻合，纵深挖掘技术（搜索深度）和更大的搜索范围对于中国制造企业都显得很重要。

从上述分析可以看到，解释变量（网络规模1、网络规模2、网络中心度和网络异质性）与中介变量（搜索宽度、搜索效率和搜索深度）和被解释变量（技术创新绩效）之间均存在显著的相关关系，中介变量（搜索宽度、搜索效率和搜索深度）与被解释变量（技术创新绩效）之间基本存在显著的相关关系，初步验证了本研究的预期假设，但相关关系并不一定表示变量间存在因果关系，后续将采用多元线性回归精确验证各研究变量之间的关系。

表6.14   变量间相关系数表（N=752）

	1	2	3	4	5	6	7	8	9	10	11
控制变量											
1. 行业类别	1										
2. 企业规模	-0.108	1									
3. 研发投入	0.305**	-0.174**	1								
解释变量											
4. 网络规模1	0.190**	-0.028	0.173**	1							
5. 网络规模2	0.372**	-0.146**	0.251**	0.408**	1						
6. 网络中心度	0.255**	-0.063	0.271**	0.426**	-0.040	1					
7. 网络异质性	0.043	-0.048	0.253**	0.136**	0.359**	0.312**	1				
中介变量											
8. 搜索宽度	0.164**	-0.032	0.175**	0.186**	0.003	0.286**	0.354**	1			
9. 搜索效率	0.225**	-0.069	0.332**	0.219**	0.204**	0.318**	0.087	0.173**			
10. 搜索深度	0.173**	-0.077	0.233**	0.015	0.184**	0.369**	0.215**	0.063	0.126*	1	
被解释变量											
11. 技术创新绩效	0.292**	-0.082	0.395**	0.269**	0.124*	0.562**	0.346**	0.442**	0.480**	0.490**	1

注：*表示显著性水平 $P<0.05$（双尾检验），**表示显著性水平 $P<0.01$（双尾检验）。

6.3.2　外部知识网络关系嵌入性对技术创新绩效作用机制的变量相关分析

研究涉及的10个变量（包括控制变量）间的相关关系结果如表6.15所示。表中4~6项为研究的解释变量：关系强度1、关系强度2和关系质量。关系强度1与搜索宽度（$r=0.234$，$P<0.01$）、搜索效率（$r=0.155$，$P<0.01$）、搜索深度（$r=0.111$，$P<0.05$）均呈正向相关关系，相比而言，关系强度1与搜索宽度的相关关系略为偏高，说明与供应商、

顾客和竞争对手的高频率互动更有助于对知识的宽度搜索，关系强度1与技术创新绩效呈显著的正向相关性（r=0.336，P<0.01）；关系强度2与搜索宽度（r=0.290，P<0.01）、搜索效率（r=0.342，P<0.01）、搜索深度（r=0.361，P<0.01）均呈正向相关关系，相比而言，关系强度2与搜索效率的相关关系最高，说明与政府、科研机构、中介机构的广泛合作，更有助于提高知识搜索的效率，关系强度2与技术创新绩效呈显著的正向相关性（r=0.469，P<0.01），其与技术创新绩效的相关程度高于关系强度1，说明与政府等非企业类成员的互动对企业技术创新作用要大一些；关系质量与搜索宽度（r=0.332，P<0.01）、搜索效率（r=0.150，P<0.01）、搜索深度（r=0.214，P<0.01）、技术创新绩效（r=0.375，P<0.01）均呈显著的相关关系，其中关系质量与搜索宽度更相关，说明关系质量影响知识搜索范围，验证了此前学者们的研究成果。

　　从上述分析可以看到，解释变量（关系强度1、关系强度2和关系质量）与中介变量（搜索宽度、搜索效率和搜索深度）和被解释变量（技术创新绩效）之间均存在显著的相关关系，后续将采用多元线性回归精确验证各研究变量之间的关系。

表6.15　　　　　　　　　　变量间相关系数表（N=752）

	1	2	3	4	5	6	7	8	9	10
控制变量										
1. 行业类别	1									
2. 企业规模	-0.108*	1								
3. 研发投入	0.305**	-0.174**	1							
解释变量										
4. 关系强度1	0.039	-0.029	0.112*	1						
5. 关系强度2	0.406**	-0.106*	0.416**	-0.024	1					
6. 关系质量	0.054	0.018	0.102*	-0.002	0.072*	1				
中介变量										
7. 搜索宽度	0.164**	-0.032	0.175**	0.234**	0.290**	0.332**	1			
8. 搜索效率	0.225**	-0.069	0.332**	0.155**	0.342**	0.150**	0.173*	1		
9. 搜索深度	0.173**	-0.077	0.233**	0.111*	0.361**	0.214**	0.063	0.126*	1	
被解释变量										
10. 技术创新绩效	0.292**	-0.082	0.395**	0.336**	0.469**	0.375**	0.442**	0.480**	0.490**	1

注：*表示显著性水平P<0.05（双尾检验），**表示显著性水平P<0.01（双尾检验）。

6.4 回归三大问题检验

为保证正确地使用模型并得出科学的结论，在进行多元线性回归前，需要对回归模型是否存在多重共线性、异方差和序列相关三大问题进行检验（马庆国，2002），以保证分析结果的准确性与可靠性。本研究的三大问题检验结果如表6.16~表6.18所示。

1. 多重共线性检验

多重共线性指解释变量之间以及控制变量之间存在严重的线性相关，可以用方差膨胀因子（VIF）和容忍度（TOL）来衡量，一般认为 TOL > 0.1，VIF < 10 则不存在多重共线性，否则需要采用主成分分析、回归等方法消除共线性，检验结果如表6.16和表6.17所示。

表6.16　　　　　解释变量与被解释变量多重共线检验性（N = 752）

变量名称		TOL 值	VIF 值
控制变量	企业规模	0.631	1.586
	行业类别	0.810	1.234
	研发投入	0.729	1.372
解释变量	网络规模1	0.797	1.255
	网络规模2	0.929	1.076
	网络中心度	0.877	1.141
	网络异质性	0.888	1.126

表6.17　　　　　解释变量与被解释变量多重共线检验性（N = 752）

变量名称		TOL 值	VIF 值
控制变量	企业规模	0.684	1.462
	行业类别	0.809	1.236
	研发投入	0.753	1.328
解释变量	关系强度1	0.717	1.395
	关系强度2	0.979	1.022
	关系质量	0.987	1.013

表 6.18　　　　中介变量与被解释变量多重共线检验性（N=752）

变量名称		TOL 值	VIF 值
控制变量	行业类别	0.812	1.232
	企业规模	0.712	1.405
	企业年龄	0.953	1.050
	研发投入	0.750	1.333
解释变量	搜索宽度	0.840	1.191
	搜索效率	0.956	1.046
	搜索深度	0.911	1.098

以上结果说明，本研究各变量 TOL 值均大于 0.5，VIF 值均小于 5，因而不存在多重共线性问题。

2. 异方差检验

异方差问题是指随着解释变量的变化，被解释变量的方差存在明显的变化趋势，即不具有常数方差的特征（马庆国，2002）。一般采用散点图的方式来加以判别，以标准化预测值为横轴，以标准化残差为纵轴，散点图无序则可认为不存在异方差，本研究检验后发现，本书各回归模型残差项散点图中的散点大致在 0 值上下呈水平随机分布，呈无序状态，这表明异方差性问题没有出现在本研究的各回归模型中（散点图略）。

3. 序列相关检验

序列相关即所指的时间序列相关，即自相关，指随着时间的变化与推移，不同时期的样本值（不同编号的样本值）之间存在相关关系。

在研究中，笔者没有分不同时期对数据进行收集，是特定的时点进行了一次性数据收集，不存在不同期的数据资料，从常识上判断不可能出现不同时期样本值之间的序列相关问题，且在研究的回归分析中，输出结果亦勾选了"Durbin-Watson"项，该项值介于 1.8~2.1，一般认为 DW 值接近于 2 则表明样本数据不存在序列相关问题。

6.5　外部知识网络嵌入性与技术创新绩效关系检验

外部知识网络嵌入性与技术创新绩效关系检验分两部分，即外部知识网络结构嵌入性与技术创新绩效关系检验；外部知识网络关系嵌入性与技术创新绩效关系检验。

6.5.1 外部知识网络结构嵌入性与技术创新绩效关系检验

为验证外部知识网络结构嵌入性各维度与技术创新绩效的关系，本研究以技术创新绩效为被解释变量，以网络规模1、网络规模2、网络中心度和网络异质性为解释变量，并控制企业行业类别、企业规模和研发投入影响，建立回归模型。回归分析结果如表6.19所示。

表6.19 结构嵌入性对技术创新绩效作用的回归系数 （N = 752）

变量	技术创新绩效					
	模型1	模型2	模型3	模型4	模型5	模型6
控制变量						
行业类别	0.189 ***	0.000	0.000	0.099 **	0.199 ***	0.036
企业规模	− 0.003	0.161 ***	0.201 ***	0.000	− 0.001	0.007
研发投入	0.336 ***	− 0.005	− 0.006	0.236 ***	0.265 ***	0.096 **
解释变量						
网络规模1		0.185 ***				0.246 ***
网络规模2			− 0.038			0.088 +
网络中心度				0.472 ***		0.527 ***
网络异质性					0.271 ***	0.321 ***
模型统计量						
R^2	0.188	0.241	0.189	0.387	0.257	0.532
调整后 R^2	0.182	0.237	0.181	0.381	0.249	0.523
F 统计值	28.743 ***	29.237 ***	21.666	58.630 ***	32.010 ***	59.741 ***
ΔR^2		0.053	0.001	0.199	0.069	0.344

注：+ 表示显著性水平 $P < 0.1$，** 表示显著性水平 $P < 0.01$，*** 表示显著性水平 $P < 0.001$，数值为标准化回归系数。

从表6.19可以看出，当回归方程中仅存在控制变量时（模型1），企业研发投入对企业技术创新绩效有显著的正向回归效应（$P < 0.001$），回归系数为0.336，表明企业研发投入越大，创新资源投入越多，越能促进企业技术创新绩效，这和企业创新理论研究结果基本一致。

模型2是在模型1的基础上加入外部知识网络结构嵌入性的网络规模1维度，数据显示模型2的整体效果相对模型1提升较为显著，可决系数 R^2 有显著的提高（$p < 0.001$，$\Delta R^2 = 0.053$），回归效果的 F 检验显著，说明网络规模1对技术创新绩效有较强的解释作用。具体而言，网络规模1的回归系数为正且显著（$p < 0.001$），说明网络规模1对技术创新绩效有

显著的正向影响，即网络规模1越大，企业技术创新绩效越好，假设M_1–H_{1a}得到支持。模型3是在模型1的基础上加入外部知识网络结构嵌入性的网络规模2维度，数据显示模型2的整体效果相对模型1整体提升效果不明显，R^2变动不大（$\Delta R^2 = 0.001$），且网络规模2的回归系数为负，M_1–H_{1b}未获通过。这可能与资源的稀缺性有关，受资金、人力等资源限制，随着网络规模构建的越来越大，需投入的时间、资金等成本就越大，与研发投入会形成竞争关系，从而制约技术创新绩效的提升。模型4则是在模型1的基础上加入外部知识网络结构嵌入性的网络中心度，模型4的R^2比模型1有显著提高（$p < 0.001$，$\Delta R^2 = 0.199$），F值显著，说明网络中心度对技术创新绩效有较强的解释作用，网络中心度的回归系数为0.472（$p < 0.001$），表明网络中心度对技术创新绩效有显著的正向影响，企业在外部知识网络中的位置中心度越高，对其技术创新绩效作用越大，假设M_1–H_{1c}得以支持。模型5则是在模型1的基础上加入外部知识网络结构嵌入性的网络异质性，模型5的R^2比模型1有显著提高（$p < 0.001$，$\Delta R^2 = 0.069$），说明网络异质性对技术创新绩效有重要的解释作用，网络异质性的回归系数为正且显著（$p < 0.001$），表明网络异质性对技术创新绩效有显著的正向影响，企业所处外部知识网络的异质程度越高，互补、异质资源越多，越能促进技术创新绩效的提升，假设M_1–H_{1d}获得通过。模型6在模型1的基础上结构嵌入的所有维度，即网络规模1、网络规模2、网络中心度和网络异质性，结果显示，模型6的R^2比模型1有显著提高（$p < 0.001$，$\Delta R^2 = 0.344$），说明结构嵌入性整体而言对技术创新绩效有较强的解释作用，除网络规模1以外的维度，回归系数均为正且显著。

6.5.2 外部知识网络关系嵌入性与技术创新绩效关系检验

本研究以关系强度1、关系强度2和关系质量为解释变量，以技术创新绩效为被解释变量，并控制企业行业类别、企业规模和研发投入影响，建立回归模型，验证外部知识网络关系嵌入性各维度与技术创新绩效的关系，回归分析结果如表6.20所示。

模型2是在模型1的基础上加入外部知识网络关系嵌入性的各维度，即关系强度1、关系强度2和关系质量，结果显示，模型2相对于模型1有了显著的提升（$\Delta R^2 = 0.308$），说明关系嵌入性各维度特征对技术创新绩效有很强的解释作用，关系强度1的回归系数为0.317（$p < 0.001$），关系强度2的回归系数为0.384（$p < 0.001$），关系质量回归系数为0.358

（p < 0.001），说明结构嵌入性各维度对技术创新绩效有显著的正向影响，$M_2 - H_{1c}$ 通过检验。模型 3 是为了验证关系强度 1 与技术创新绩效之间的倒"U"型关系假设，通过将关系强度 1 的平方项加入回归模型，结果表明，模型 3 的整体回归结果相对于模型 2 并没有显著提升（$\Delta R^2 =$ 0.002），关系强度 1 的平方项对技术创新绩效回归结果呈显著负相关关系，表明随着关系强度 1 的增大，也就是与供应商、顾客和竞争对手的互动越来越频繁，企业技术创新绩效也越来越高，但是超过一定临界点后，关系强度 1 再增大将带来企业技术创新绩效的降低，即关系强度 1 与企业技术创新绩效之间存在显著的倒"U"型关系，所以假设 $M_2 - H_{1a}$ 得到数据支持。同样，模型 4 是为了验证关系强度 2 与技术创新绩效之间的倒"U"型关系假设，通过将关系强度 2 的平方项加入回归模型，结果表明，模型 4 的整体回归结果相对于模型 2 并没有显著提升（$\Delta R^2 = 0.001$），回归系数为 0.004，变动不大，数据没有支持关系强度 2 与技术创新绩效的倒"U"型关系，$M_2 - H_{1b}$ 未获通过。模型 5 将关系强度 1、关系强度 2、关系质量以及关系强度 1 和关系强度 2 的平方全部放入回归模型，模型未获显著提升，结论与模型 2、模型 3、模型 4 没有太大差异。

表 6.20　　　　关系嵌入对技术创新绩效作用的回归系数 （N = 752）

变量	技术创新绩效				
	模型 1	模型 2	模型 3	模型 4	模型 5
控制变量					
行业类别	0.189 ***	0.060	0.041	0.059	0.060
企业规模	− 0.003	− 0.007	0.061	− 0.007	− 0.010
研发投入	0.336 ***	0.144 **	− 0.010	0.144 **	0.141 **
解释变量					
关系强度 1		0.317 ***	0.330 ***	0.318 ***	0.331 ***
关系强度 2		0.384 ***	0.393 ***	0.385 ***	0.395 ***
关系质量		0.358 ***	0.368 ***	0.358 ***	0.369 ***
关系强度 1 的平方			− 0.141 ***		− 0.142 ***
关系强度 2 的平方				0.004	0.007
模型统计量					
R^2	0.188	0.496	0.498	0.497	0.498
调整后 R^2	0.182	0.487	0.488	0.486	0.487
F 统计值	28.743 ***	60.424 ***	52.021 ***	51.657 ***	45.411 ***
ΔR^2		0.308	0.002	0.001	0.002

注：** 表示显著性水平 $P < 0.01$，*** 表示显著性水平 $P < 0.001$，数值为标准化回归系数。

6.6 知识搜索与技术创新绩效

1. 搜索宽度、搜索效率、搜索深度与技术创新绩效

本节以技术创新绩效为被解释变量，以搜索宽度、搜索效率和搜索深度为解释变量，并控制企业行业类别、企业规模和研发投入影响，建立回归模型，验证知识搜索各维度与技术创新绩效的关系，回归分析结果如表6.21所示。

表6.21　　　　知识搜索对技术创新绩效的回归系数（N = 752）

变量	技术创新绩效				
	模型1	模型2	模型3	模型4	模型5
控制变量					
行业类别	0.189 ***	0.144 **	0.138 **	0.144 **	0.022
企业规模	− 0.003	− 0.005	− 0.001	0.010	0.011
研发投入	0.336 ***	0.285 ***	0.229 ***	0.258 ***	0.052
解释变量					
搜索宽度		0.368 ***			0.458 ***
搜索效率			0.373 ***		0.430 ***
搜索深度				0.406 ***	0.475 ***
模型统计量					
R^2	0.188	0.318	0.309	0.496	0.668
调整后 R^2	0.182	0.311	0.302	0.487	0.663
F 统计值	28.743 ***	43.224 ***	41.545 ***	60.424 ***	123.970 ***
ΔR^2		0.130	0.121	0.308	0.300

注：** 代表 $P < 0.01$，*** 代表 $P < 0.001$，数值为标准化回归系数。

模型1是对控制变量的分析，模型2是在模型1的基础上加入搜索宽度特征维度，数据显示模型2的整体效果相对模型1有了显著提升（$\Delta R^2 = 0.130$，$p < 0.001$），搜索宽度的回归系数为0.368（$p < 0.001$），

F 统计值显著，说明搜索宽度对技术创新绩效有重要的解释作用，表明搜索宽度对技术创新绩效有显著的正向影响，企业对外部知识源的搜索范围越广，对其技术创新绩效作用越大，假设 $M_1 - H_{2a}$、$M_2 - H_{2a}$ 获得检验通过；模型 3 则是在模型 1 的基础上加入搜索效率特征维度，模型 3 的 R^2 比模型 1 有显著提高（$\Delta R^2 = 0.121$，$p < 0.001$），搜索效率对技术创新绩效有重要的解释作用，回归系数为 0.373（$p < 0.001$），F 统计值显著，搜索效率对企业技术创新绩效有显著的正向影响，表明搜索效率越好，企业技术创新绩效越高，假设 $M_1 - H_{2b}$、$M_2 - H_{2b}$ 得以检验通过；模型 4 则是在模型 3 的基础上加入搜索深度特征维度，模型 4 的 R^2 比模型 1 有显著提高（$\Delta R^2 = 0.308$，$p < 0.001$），搜索深度对技术创新绩效有重要的解释作用，回归系数为 0.406（$p < 0.001$），F 统计值显著，搜索深度对企业技术创新绩效有显著的正向影响，表明知识搜索纵深程度越高，越有利于企业技术创新绩效的提升，假设 $M_1 - H_{2c}$、$M_2 - H_{2c}$ 得以检验通过；模型 5 是将所有解释变量和控制变量同时放入回归模型，结果显示，相比于模型 1，R^2 有了显著意义的提高（$\Delta R^2 = 0.300$，$p < 0.001$），F 统计值显著，搜索宽度、搜索效率和搜索深度的回归系数分别为 0.458（$p < 0.001$）、0.430（$p < 0.001$）、0.475（$p < 0.001$），进一步说明，知识搜索各维度对技术创新绩效有显著的正向影响。

2. 搜索效率在搜索宽度、搜索深度与技术创新绩效关系中的中介检验

搜索效率在搜索宽度与技术创新绩效关系中的中介检验结果如表6.22所示。同样，模型 1 为控制变量的分析，模型 2 在模型 1 的基础上，考察解释变量搜索宽度对被解释变量技术创新绩效的回归效应，结果表明模型回归效果良好，搜索宽度对企业技术创新绩效具有显著的正向影响；模型 4 在模型 1 的基础上，考察中介变量搜索效率对被解释变量技术创新绩效的回归效应，结果表明模型回归效果良好，搜索效率对企业技术创新绩效具有显著的正向影响；模型 3 检验的是解释变量对中介变量的影响，结果表明解释变量搜索宽度对中介变量搜索效率的回归效应不显著，没有显著的解释作用，不存在显著的相关关系；模型 5 将控制变量、解释变量和中介变量同时加入回归模型，R^2 值有显著提高，$\Delta R^2 = 0.273$，$P < 0.001$，但解释变量的回归系数由模型 2 的 $\beta = 0.368$（$P < 0.001$）提高到了模型 5 的 $\beta = 0.406$（$P < 0.001$），进一步说明搜索效率在搜索宽度与技术创新绩效关系中不起中介作用，假设 $M_1 - H_{3a}$、$M_2 - H_{3a}$ 没有获得数据支持，检验未通过。

表 6.22   搜索效率在搜索宽度与技术创新绩效关系中的
中介检验结果（N = 752）

变量	技术创新绩效				搜索效率
	模型 1	模型 2	模型 4	模型 5	模型 3
控制变量					
行业类别	0.189 ***	0.144 **	0.138 **	0.085 +	0.134 +
企业规模	− 0.003	− 0.005	− 0.001	− 0.004	0.005
研发投入	0.336 ***	0.285 ***	0.229 ***	0.163 ***	0.164 **
解释变量					
搜索宽度		0.368 ***		0.406 ***	− 0.084
中介变量					
搜索效率			0.373 ***	0.400 ***	
模型统计量					
R^2	0.188	0.318	0.309	0.461	0.050
调整后 R^2	0.182	0.311	0.302	0.454	0.040
F 统计值	28.743 ***	43.224 ***	41.545 ***	63.275 ***	4.930 ***
ΔR^2		0.130	0.121	0.273	—

注：+ 代表 $P < 0.1$，** 代表 $P < 0.01$，*** 代表 $P < 0.001$，数值为标准化回归系数。

搜索效率在搜索深度与技术创新绩效关系中的中介检验结果如表 6.23
所示。同样，模型 1 为控制变量的分析，模型 2 在模型 1 的基础上，考察
解释变量搜索深度对被解释变量技术创新绩效的回归效应，结果表明模型
回归效果良好，搜索深度对企业技术创新绩效具有显著的正向影响；模型
4 在模型 1 的基础上，考察中介变量搜索效率对被解释变量技术创新绩效
的回归效应，结果表明模型回归效果良好，搜索效率对企业技术创新绩效
具有显著的正向影响；模型 3 检验的是解释变量搜索深度对中介变量搜索
效率的影响，结果表明解释变量搜索深度对中介变量搜索效率的回归效应
不显著，$\beta = -0.057$，没有显著的解释作用，不存在显著的相关关系；模
型 5 将控制变量、解释变量和中介变量同时加入回归模型，R^2 值有显著
提高，$\Delta R^2 = 0.300$，$P < 0.001$，虽然解释变量搜索深度的回归系数由模型
2 的 $\beta = 0.406$（$P < 0.001$）减小到了模型 5 的 $\beta = 0.392$（$P < 0.001$），但
因在模型 3 中显示，解释变量搜索深度对中介变量搜索效率不存在显著相
关关系，因此判定搜索效率在搜索深度与技术创新绩效关系中不起中介作
用，假设 $M_1 - H_{3b}$、$M_2 - H_{3b}$ 没有获得数据支持，检验未通过。

表 6. 23 **搜索效率在搜索深度与技术创新绩效关系中的**
中介检验结果 （N = 752）

变量	技术创新绩效				搜索效率
	模型 1	模型 2	模型 4	模型 5	模型 3
控制变量					
行业类别	0. 189 ***	0. 144 **	0. 138 **	0. 094 +	0. 129 +
企业规模	− 0. 003	0. 010	− 0. 001	0. 008	0. 004
研发投入	0. 336 ***	0. 258 ***	0. 229 ***	0. 199 ***	0. 150 **
解释变量					
搜索深度		0. 406 ***		0. 392 ***	− 0. 057
中介变量					
搜索效率			0. 373 ***	0. 428 ***	
模型统计量					
R²	0. 188	0. 496	0. 309	0. 488	0. 047
调整后 R²	0. 182	0. 487	0. 302	0. 481	0. 037
F 统计值	28. 743 ***	60. 424 ***	41. 545 ***	70. 606 ***	4. 610 ***
ΔR²		0. 308	0. 121	0. 300	—

注：＋代表 $P < 0.1$，＊＊代表 $P < 0.01$，＊＊＊代表 $P < 0.001$，数值为标准化回归系数。

6.7　知识搜索的中介效应检验

本节将根据温忠麟等（2004）提出的中介效应的经典检验步骤，用 SPSS 软件对知识搜索的中介效应进行统计检验。首先检验解释变量到被解释变量的回归系数的显著性，若显著则进入下一步，检验解释变量到中介变量、中介变量到被解释变量的回归系数是否显著，若显著则进入最后一步，检验将解释变量和中介变量同时放入与被解释变量回归，如果自变量对被解释变量的回归系数减小，则部分中介，不显著则完全中介。

6.7.1　知识搜索对结构嵌入性与技术创新绩效关系的中介作用检验

1. 搜索宽度对结构嵌入性与技术创新绩效关系的中介检验

按照上述介绍的检验步骤，搜索宽度对结构嵌入性与技术创新绩效关系的中介检验结果如表 6.24 所示，模型 1 是控制变量的分析，模型 2 在模型 1 的基础上，考察解释变量网络规模 1、网络规模 2、网络中心度和网络异质性对被解释变量技术创新绩效的回归效应，结果表明模型整体回归效果良好，$R^2 = 0.532$，$\Delta R^2 = 0.344$，F 统计检验显著，外部知识网络结构嵌入的四特征维度总体对企业技术创新绩效具有显著的正向影响，回归系数分别为 $\beta = 0.246$（$P < 0.001$）、$\beta = 0.088$（$P < 0.01$）、$\beta = 0.527$（$P < 0.001$）和 $\beta = 0.321$（$P < 0.001$）；进入中介效应检验的下一步，模型 3 检验的是解释变量对中介变量的影响，结果表明模型整体回归效果良好，$R^2 = 0.245$，F 统计检验显著，外部知识网络结构嵌入性对搜索宽度回归效应显著，回归系数分别为 $\beta = 0.182$（$P < 0.001$）、$\beta = -0.117$（$P < 0.05$）、$\beta = 0.282$（$P < 0.001$）和 $\beta = 0.362$（$P < 0.001$）；模型 4 检验中介变量对被解释变量的影响，结果表明模型整体回归效果良好，$R^2 = 0.318$，F 统计检验显著，搜索宽度与技术创新绩效存在显著回归效应，$\beta = 0.368$，$P < 0.001$；进入中介效应检验第三步，将解释变量和中介变量同时放入对被解释变量回归，结果表明模型整体回归效果良好，$R^2 = 0.548$，F 统计检验显著，其中，网络规模 1 在模型 2 中与企业技术创新绩效的回归显著（$\beta = 0.246$，$P < 0.001$），但是在模型 5 中加入搜索宽度后回归系数减小（$\beta = 0.220$，$P < 0.001$），说明网络规模 1 对企业技术创新绩效的影响是通过搜索宽度中介来完成的，故假设 $M_1 - H_{4a}$ 得到数据支持；网络规模 2 在模型 2 中与企业技术创新绩效的回归显著（$\beta = 0.088$，$P < 0.01$），但是在模型 5 中加入搜索宽度后回归系数上升（$\beta = 0.089$，$P < 0.001$），回归系数没有减小，说明将搜索宽度作为网络规模 2 与企业技术创新绩效的中介是不合适的，故假设 $M_1 - H_{4b}$ 没有得到数据支持；网络中心度在模型 2 中与企业技术创新绩效的回归显著（$\beta = 0.527$，$P < 0.001$），但是在模型 5 中加入搜索宽度后回归系数减小（$\beta = 0.486$，$P < 0.001$），说明网络中心度对企业技术创新绩效的影响是通过搜索宽度中介来完成的，故假设 $M_1 - H_{4c}$ 得到数据支持；同样，网络异质性在模型 2 中与企业技术创新绩效的回归显著（$\beta = 0.321$，$P < 0.001$），但是在模型 5 中加入搜索宽度后回归系数减小（$\beta = 0.268$，$P < 0.001$），说明网络异质性对企业技术创新绩效的影响是通过搜索宽度中介来完成的，故假设 $M_1 - H_{4d}$ 通过检验。

表6.24　　　　搜索宽度对结构嵌入性与技术创新绩效关系的
中介检验结果（N = 752）

变量	技术创新绩效				搜索宽度
	模型 1	模型 2	模型 4	模型 5	模型 3
控制变量					
行业类别	0.189 ***	0.036	0.144 **	0.028	0.057

变量	技术创新绩效				搜索宽度
	模型 1	模型 2	模型 4	模型 5	模型 3
企业规模	−0.003	0.007	−0.005	0.006	0.007
研发投入	0.336 ***	0.096 **	0.285 ***	0.101 *	−0.039
解释变量					
网络规模 1		0.246 ***		0.220 ***	0.182 ***
网络规模 2		0.088 **		0.089 *	−0.117 *
网络中心度		0.527 ***		0.486 ***	0.282 ***
网络异质性		0.321 ***		0.268 ***	0.362 ***
中介变量					
搜索宽度			0.368 ***	0.145 ***	
模型统计量					
R²	0.188	0.532	0.318	0.548	0.245
调整后 R²	0.182	0.523	0.311	0.538	0.231
F 统计值	28.743 ***	59.741 ***	43.224 ***	55.561 ***	17.076 ***
ΔR²		0.344	0.130	0.360	—

注：＊代表 $P < 0.05$，＊＊代表 $P < 0.01$，＊＊＊代表 $P < 0.001$，数值为标准化回归系数。

2. 搜索效率对结构嵌入性与技术创新绩效关系的中介检验

搜索效率对结构嵌入性与技术创新绩效关系的中介检验结果如表6.25所示，模型2在模型1的基础上，考察解释变量对被解释变量的回归效应，结果表明模型整体回归效果良好，$R^2 = 0.532$，$\Delta R^2 = 0.344$，F 统计检验显著，外部知识网络结构嵌入的四特征维度总体对企业技术创新绩效具有显著的正向影响，回归系数分别为 $\beta = 0.246$（$P < 0.001$）、$\beta = 0.088$（$P < 0.01$）、$\beta = 0.527$（$P < 0.001$）和 $\beta = 0.321$（$P < 0.001$）；进入中介效应检验的下一步，模型3检验的是解释变量对中介变量的影响，结果表明模型整体回归效果良好，$R^2 = 0.221$，F 统计检验显著，外部知识网络结构嵌入性整体对搜索效率回归效应显著，网络规模 1、网络规模 2、网络中心度和网络异质性四维的回归系数分别为 $\beta = 0.187$（$P < 0.001$）、$\beta = 0.158$（$P < 0.001$）、$\beta = 0.269$（$P < 0.001$）和 $\beta = 0.043$（$P < 0.05$），外部网络结构嵌入性对搜索效率呈显著的正向影响；模型4检验中介变量搜索效率对被解释变量技术创新绩效的影响，结果表明模型整体回归效果良好，$R^2 = 0.309$，R^2 变动显著，$\Delta R^2 = 0.121$，F 统计检验显著，搜索效率与技术创新绩效存在显著回归效应（$\beta = 0.373$，$P < 0.001$）；进入中介效应检

验第三步，将解释变量和中介变量同时放入对被解释变量回归，结果表明模型5整体回归效果良好，$R^2 = 0.570$，$\Delta R^2 = 0.382$，有显著的提高，F统计检验显著，中介变量搜索效率的回归系数为正且显著（$\beta = 0.222$，$P < 0.001$）。具体而言，网络规模1在模型2中与企业技术创新绩效的回归显著（$\beta = 0.246$，$P < 0.001$），但是在模型5中加入中介变量搜索效率后回归系数减小（$\beta = 0.205$，$P < 0.001$），说明搜索效率在网络规模1与企业技术创新绩效关系中起显著的中介作用，故假设 $M_1 - H_{5a}$ 得到数据支持；网络规模2在模型2中与企业技术创新绩效的回归显著（$\beta = 0.088$，$P < 0.01$），但是在模型5中加入中介变量搜索效率后，回归系数减小（$\beta = 0.052$，$P < 0.05$），说明搜索效率在网络规模2与企业技术创新绩效关系中起显著的中介作用，故假设 $M_1 - H_{5b}$ 得到数据支持；网络中心度在模型2中与企业技术创新绩效的回归显著（$\beta = 0.527$，$P < 0.001$），但是在模型5中加入中介变量搜索效率后，回归系数明显减小（$\beta = 0.467$，$P < 0.001$），说明搜索效率在网络中心度与企业技术创新绩效关系中起显著的中介作用，故假设 $M_1 - H_{5c}$ 检验通过；同样，网络异质性在模型2中与企业技术创新绩效的回归显著（$\beta = 0.321$，$P < 0.001$），但是在模型5中加入中介变量搜索效率后，回归系数减小（$\beta = 0.311$，$P < 0.001$），说明网络异质性对企业技术创新绩效的影响是通过搜索效率中介来完成的，故假设 $M_1 - H_{5d}$ 通过检验。

表 6.25　　　　搜索效率对结构嵌入性与技术创新绩效关系的
中介检验结果（N = 752）

变量	技术创新绩效				搜索效率
	模型1	模型2	模型4	模型5	模型3
控制变量					
行业类别	0.189 ***	0.036	0.138 **	0.034	0.008
企业规模	-0.003	0.007	-0.001	0.005	0.010
研发投入	0.336 ***	0.096 **	0.229 ***	0.057	0.175 **
解释变量					
网络规模1		0.246 ***		0.205 ***	0.187 ***
网络规模2		0.088 **		0.052	0.158 ***
网络中心度		0.527 ***		0.467 ***	0.269 ***
网络异质性		0.321 ***		0.311 ***	0.043 *

变量	技术创新绩效				搜索效率
	模型1	模型2	模型4	模型5	模型3
中介变量					
搜索效率			0.373 ***	0.222 ***	
模型统计量					
R^2	0.188	0.532	0.309	0.570	0.221
调整后 R^2	0.182	0.523	0.302	0.561	0.207
F 统计值	28.743 ***	59.741 ***	41.545 ***	60.924 ***	14.948 ***
ΔR^2		0.344	0.121	0.382	—

注：* 代表 $P<0.05$，** 代表 $P<0.01$，*** 代表 $P<0.001$，数值为标准化回归系数。

3. 搜索深度对结构嵌入性与技术创新绩效关系的中介检验

搜索深度对结构嵌入性与技术创新绩效关系的中介检验结果如表 6.26 所示，模型 2 在模型 1 的基础上，考察解释变量网络规模 1、网络规模 2、网络中心度和网络异质性对被解释变量技术创新绩效的回归效应，结果表明模型整体回归效果良好，$R^2 = 0.532$，$\Delta R^2 = 0.344$，F 统计检验显著，外部知识网络结构嵌入的四特征维度总体对企业技术创新绩效具有显著的正向影响，回归系数分别为 $\beta = 0.246$（$P<0.001$）、$\beta = 0.088$（$P<0.01$）、$\beta = 0.527$（$P<0.001$）和 $\beta = 0.321$（$P<0.001$）；进入中介效应检验的下一步，模型 3 检验的是解释变量对中介变量的影响，结果表明模型整体回归效果良好，$R^2 = 0.228$，F 统计检验显著，外部知识网络结构嵌入性对搜索深度回归效应显著，回归系数分别为 $\beta = 0.089$（$P<0.05$）、$\beta = 0.176$（$P<0.01$）、$\beta = 0.360$（$P<0.001$）和 $\beta = 0.206$（$P<0.001$）；模型 4 检验中介变量对被解释变量的影响，结果表明模型整体回归效果良好，$R^2 = 0.342$，R^2 值变动显著（$\Delta R^2 = 0.121$），F 统计检验显著，搜索深度与技术创新绩效存在显著回归效应，$\beta = 0.406$，$P<0.001$；进入中介效应检验第三步，将解释变量和中介变量同时放入对被解释变量的回归，结果表明模型 5 整体回归效果显著，$R^2 = 0.573$，F 统计检验显著，搜索深度为正且显著（$\beta = 0.228$，$P<0.001$），外部知识网络结构嵌入性各维度对企业技术创新绩效回归系数均减少，回归效应显著，各维度对技术创新绩效的影响均通过搜索深度中介来完成。假设 $M_1 - H_{6a}$、$M_1 - H_{6b}$、$M_1 - H_{6c}$、$M_1 - H_{6d}$ 成立。

表 6.26　　　　搜索深度对结构嵌入性与技术创新绩效关系的
中介检验结果（N = 752）

变量	技术创新绩效				搜索深度
	模型 1	模型 2	模型 4	模型 5	模型 3
控制变量					
行业类别	0.189 ***	0.036	0.144 **	0.038	− 0.008
企业规模	− 0.003	0.007	0.010	0.010	− 0.013
研发投入	0.336 ***	0.096 **	0.258 ***	0.087 *	0.038
解释变量					
网络规模 1		0.246 ***		0.244 ***	0.089 *
网络规模 2		0.088 **		0.047	0.176 **
网络中心度		0.527 ***		0.445 ***	0.360 ***
网络异质性		0.321 ***		0.274 ***	0.206 ***
中介变量					
搜索深度			0.406 ***	0.228 ***	
模型统计量					
R^2	0.188	0.532	0.342	0.573	0.228
调整后 R^2	0.182	0.523	0.335	0.563	0.203
F 统计值	28.743 ***	59.741 ***	48.149 ***	61.477 ***	14.666 ***
ΔR^2		0.344	0.121	0.385	—

注：* 代表 $P < 0.05$，** 代表 $P < 0.01$，*** 代表 $P < 0.001$，数值为标准化回归系数。

6.7.2　知识搜索对关系嵌入性与技术创新绩效关系的中介作用检验

1. 搜索宽度对关系嵌入性与技术创新绩效关系的中介检验

搜索宽度对关系嵌入性与技术创新绩效关系的中介检验结果如表 6.27
所示，模型 1 为控制变量分析，模型 2 在模型 1 的基础上，考察解释变量
关系强度 1、关系强度 2 和关系质量对被解释变量技术创新绩效的回归效
应，结果表明模型整体回归效果良好，$R^2 = 0.496$，$\Delta R^2 = 0.308$，F 统计
检验显著，外部知识网络关系嵌入的三特征维度整体对企业技术创新绩效
具有显著的正向影响，回归系数分别为 $\beta = 0.317(P < 0.001)$、$\beta = 0.384$
$(P < 0.001)$、$\beta = 0.358(P < 0.001)$；进入中介效应检验的下一步，模型 3
检验的是解释变量对中介变量的影响，结果表明模型整体回归效果良好，
$R^2 = 0.250$，F 统计检验显著，外部知识网络关系嵌入性对搜索宽度回归
效应显著，回归系数分别为 $\beta = 0.234(P < 0.001)$、$\beta = 0.284(P < 0.001)$、

$\beta = 0.331$（$P < 0.001$）；模型 4 检验中介变量对被解释变量的影响，结果表明模型整体回归效果良好，$R^2 = 0.318$，$\Delta R^2 = 0.130$，F 统计检验显著，搜索宽度与技术创新绩效存在显著回归效应（$\beta = 0.368$，$P < 0.001$）；进入中介效应检验第三步，将解释变量和中介变量同时放入对被解释变量回归，结果表明模型整体回归效果良好，$R^2 = 0.510$，$\Delta R^2 = 0.322$，F 统计检验显著，搜索宽度回归系数为正且显著（$\beta = 0.137$，$P < 0.001$）。关系强度 1 在模型 2 中与企业技术创新绩效的回归显著（$\beta = 0.317$，$P < 0.001$），但是在模型 5 中加入搜索宽度后回归系数减小（$\beta = 0.285$，$P < 0.001$），说明关系强度 1 对企业技术创新绩效的影响是通过搜索宽度中介来完成的，故假设 $M_2 - H_{4a}$ 得到数据支持；关系强度 2 在模型 2 中与企业技术创新绩效的回归显著（$\beta = 0.384$，$P < 0.001$），但是在模型 5 中加入搜索宽度后回归系数减小（$\beta = 0.345$，$P < 0.001$），说明关系强度 2 对企业技术创新绩效的影响是通过搜索宽度中介来完成的，故假设 $M_2 - H_{4b}$ 得到数据支持；关系质量在模型 2 中与企业技术创新绩效的回归显著（$\beta = 0.358$，$P < 0.001$），但是在模型 5 中加入搜索宽度后回归系数减小（$\beta = 0.312$，$P < 0.001$），说明关系质量对企业技术创新绩效的影响是通过搜索宽度中介来完成的，故假设 $M_2 - H_{4c}$ 得到数据支持。外部知识网络关系嵌入性各维度对企业技术创新绩效回归系数均减少，回归效应显著，各维度对技术创新绩效的影响通过搜索宽度来完成。假设 $M_2 - H_{4a}$、$M_2 - H_{4b}$、$M_2 - H_{4c}$ 均成立。

表 6.27　搜索宽度对关系嵌入性与技术创新绩效关系的
中介检验结果（$N = 752$）

变量	技术创新绩效				搜索宽度
	模型 1	模型 2	模型 4	模型 5	模型 3
控制变量					
行业类别	0.189 ***	0.060	0.144 **	0.053	0.025
企业规模	−0.003	−0.007	−0.005	0.015	0.000
研发投入	0.336 ***	0.144 **	0.285 ***	0.087	−0.010
解释变量					
关系强度 1		0.317 ***		0.285 ***	0.234 ***
关系强度 2		0.384 ***		0.345 ***	0.284 ***
关系质量		0.358 ***		0.312 ***	0.331 ***
中介变量					
搜索宽度			0.368 ***	0.137 ***	

变量	技术创新绩效				搜索宽度
	模型1	模型2	模型4	模型5	模型3
模型统计量					
R^2	0.188	0.496	0.318	0.510	0.250
调整后 R^2	0.182	0.487	0.311	0.500	0.237
F 统计值	28.743 ***	60.424 ***	43.224 ***	54.637 ***	20.446 ***
ΔR^2		0.308	0.130	0.322	—

注：** 代表 $P < 0.01$，*** 代表 $P < 0.001$，数值为标准化回归系数。

2. 搜索效率对关系嵌入性与技术创新绩效关系的中介检验

搜索效率对关系嵌入性与技术创新绩效关系的中介检验结果如表 6.28 所示，模型 2 在模型 1 的基础上，考察解释变量关系强度 1、关系强度 2 和关系质量对被解释变量技术创新绩效的回归效应，结果表明模型整体回归效果显著，$R^2 = 0.496$，$\Delta R^2 = 0.308$，F 统计检验显著，外部知识网络关系嵌入的三特征维度整体对企业技术创新绩效具有显著的正向影响，回归系数分别为 $\beta = 0.317$、$\beta = 0.384$、$\beta = 0.358$；进入中介效应检验的下一步，模型 3 检验的是解释变量对中介变量的影响，结果表明模型整体回归效果良好，$R^2 = 0.197$，F 统计检验显著，外部知识网络关系嵌入性对搜索效率回归效应显著，回归系数分别为 $\beta = 0.132$、$\beta = 0.241$、$\beta = 0.128$；模型 4 检验中介变量对被解释变量的影响，结果表明模型整体回归效果良好，$R^2 = 0.309$，F 统计检验显著，搜索效率与技术创新绩效存在显著回归效应（$\beta = 0.373$，$P < 0.001$）；进入中介效应检验第三步，将解释变量和中介变量同时放入对被解释变量回归，结果表明模型整体回归效果显著，$R^2 = 0.538$，R^2 值有显著意义的提高（$\Delta R^2 = 0.350$），F 统计检验显著，中介变量搜索效率的回归系数为正且显著（$\beta = 0.229$，$P < 0.001$）。具体而言，关系强度 1 在模型 2 中与企业技术创新绩效的回归显著（$\beta = 0.317$，$P < 0.001$），但是在模型 5 中加入搜索效率后回归系数减小（$\beta = 0.287$，$P < 0.001$），说明关系强度 1 对企业技术创新绩效的影响是通过搜索效率中介来完成的，故假设 $M_2 - H_{5a}$ 得到数据支持；关系强度 2 在模型 2 中与企业技术创新绩效的回归显著（$\beta = 0.384$，$P < 0.001$），但是在模型 5 中加入搜索宽度后回归系数减小（$\beta = 0.329$，$P < 0.001$），说明关系强度 2 对企业技术创新绩效的影响是通过搜索效率中介来完成的，故假设 $M_2 - H_{5b}$ 检验通过；关系质量在模型 2 中与企业技术创新绩效的回归显著（$\beta = 0.358$，$P < 0.001$），但是在模型 5 中加入中介变量搜索

效率后，回归系数减小（β = 0.328，P < 0.001），说明搜索效率对关系质量与企业技术创新绩效关系起显著的中介作用，故假设 $M_2 - H_{5c}$ 得到数据支持。外部知识网络关系嵌入性各维度对技术创新绩效的影响通过搜索效率来完成，假设 $M_2 - H_{5a}$、$M_2 - H_{5b}$、$M_2 - H_{5c}$ 均成立。

表6.28 搜索效率对关系嵌入性与技术创新绩效关系的中介检验结果（N = 752）

变量	技术创新绩效				搜索效率
	模型1	模型2	模型4	模型5	模型3
控制变量					
行业类别	0.189 ***	0.060	0.138 **	0.046	0.058
企业规模	-0.003	-0.007	-0.001	-0.006	-0.003
研发投入	0.336 ***	0.144 **	0.229 ***	0.101 *	0.186 **
解释变量					
关系强度1		0.317 ***		0.287 ***	0.132 **
关系强度2		0.384 ***		0.329 ***	0.241 ***
关系质量		0.358 ***		0.328 ***	0.128 **
中介变量					
搜索效率			0.373 ***	0.229 ***	
模型统计量					
R^2	0.188	0.496	0.309	0.538	0.197
调整后 R^2	0.182	0.487	0.302	0.529	0.184
F 统计值	28.743 ***	60.424 ***	41.545 ***	61.120 ***	15.090 ***
ΔR^2		0.308	0.121	0.350	—

注：* 代表 P < 0.05，** 代表 P < 0.01，*** 代表 P < 0.001，数值为标准化回归系数。

3. 搜索深度对关系嵌入性与技术创新绩效关系的中介检验

搜索深度对关系嵌入性与技术创新绩效关系的中介检验结果如表6.29所示，模型1是对控制变量的分析，模型2在模型1的基础上，考察解释变量关系强度1、关系强度2和关系质量对被解释变量技术创新绩效的回归效应，结果表明模型整体回归效果显著，$R^2 = 0.496$，$\Delta R^2 = 0.308$，F 统计检验显著，外部知识网络关系嵌入的三特征维度整体对企业技术创新绩效具有显著的正向影响，回归系数分别为 β = 0.317(P < 0.001)、β = 0.384(P < 0.001) 和 β = 0.358(P < 0.001)；进入中介效应检验的下一步，

模型 3 检验的是解释变量对中介变量的影响，结果表明模型整体回归效果良好，$R^2 = 0.193$，F 统计检验显著，外部知识网络关系嵌入性对搜索深度回归效应显著，关系强度 1、关系强度 2 和关系质量的回归系数分别为 $\beta = 0.104(P < 0.01)$、$\beta = 0.335(P < 0.001)$ 和 $\beta = 0.209(P < 0.001)$；模型 4 检验中介变量对被解释变量的影响，结果表明模型整体回归效果良好，$R^2 = 0.342$，R^2 有显著意义的提高（$\Delta R^2 = 0.154$），F 统计检验显著，中介变量和被解释变量存在显著回归效应（$\beta = 0.406$，$P < 0.001$），搜索深度对技术创新绩效有显著的正向影响；进入中介效应检验第三步，将解释变量和中介变量同时放入对被解释变量回归，结果表明模型整体回归效果显著，$R^2 = 0.543$，F 统计检验显著，搜索深度的回归系数为正且显著（$\beta = 0.241$，$P < 0.001$）。具体而言，关系强度 1 在模型 2 中与企业技术创新绩效的回归显著（$\beta = 0.317$，$P < 0.001$），但是在模型 5 中加入中介变量搜索深度后回归系数减小（$\beta = 0.292$，$P < 0.001$），说明关系强度 1 对企业技术创新绩效的影响是通过搜索深度中介来完成的，故假设 $M_2 - H_{6a}$ 得到数据支持；关系强度 2 在模型 2 中与企业技术创新绩效的回归显著（$\beta = 0.384$，$P < 0.001$），但是在模型 5 中加入搜索宽度后回归系数减小（$\beta = 0.303$，$P < 0.001$），说明关系强度 2 对企业技术创新绩效的影响是通过搜索深度中介来完成的，故假设 $M_2 - H_{6b}$ 检验通过；关系质量在模型 2 中与企业技术创新绩效的回归显著（$\beta = 0.358$，$P < 0.001$），但是在模型 5 中加入中介变量搜索深度后，回归系数减小（$\beta = 0.307$，$P < 0.001$），说明搜索深度对关系质量与企业技术创新绩效关系起显著的中介作用，故假设 $M_2 - H_{5c}$ 得到数据支持。外部知识网络关系嵌入性各维度在加入中介变量搜索深度后，对企业技术创新绩效回归系数均减少，回归效应显著，说明搜索深度在关系嵌入性各维度与技术创新绩效关系中起显著中介作用，假设 $M_2 - H_{6a}$、$M_2 - H_{6b}$、$M_2 - H_{6c}$ 均成立。

表 6.29　　　搜索深度对关系嵌入性与技术创新绩效关系的
中介效应结果（N = 752）

变量	技术创新绩效				搜索深度
	模型 1	模型 2	模型 4	模型 5	模型 3
控制变量					
行业类别	0.189 ***	0.060	0.144 **	0.059	0.001
企业规模	−0.003	−0.007	0.010	0.001	−0.033

变量	技术创新绩效				搜索深度
	模型1	模型2	模型4	模型5	模型3
研发投入	0.336 ***	0.144 **	0.258 ***	0.131 **	0.055
解释变量					
关系强度1		0.317 ***		0.292 ***	0.104 **
关系强度2		0.384 ***		0.303 ***	0.335 ***
关系质量		0.358 ***		0.307 ***	0.209 ***
中介变量					
搜索深度			0.406 ***	0.241 ***	
模型统计量					
R^2	0.188	0.496	0.342	0.543	0.193
调整后 R^2	0.182	0.487	0.335	0.534	0.180
F 统计值	28.743 ***	60.424 ***	48.149 ***	62.363 ***	14.697 ***
ΔR^2		0.308	0.154	0.355	—

注: ** 代表 $P < 0.01$, *** 代表 $P < 0.001$,数值为标准化回归系数。

6.8 分析和讨论

6.8.1 实证研究的整体结果

本研究以本土制造企业为研究对象,探讨在开放—协同创新背景下,我国制造企业外部知识网络嵌入性对技术创新绩效提升的作用机理。为更深入、详细地揭示其内在作用机理,本研究将外部知识网络嵌入性分为结构嵌入性和关系嵌入性两部分,从知识搜索的三个经典维度(搜索宽度、搜索效率和搜索深度)揭示其对外部知识网络嵌入性与制造企业技术创新绩效关系的中介作用,构建起了"外部知识网络嵌入性—知识搜索—技术创新绩效提升"的理论逻辑框架,并对来自制造企业的 752 份问卷,采用多元回归分析方法,考察变量之间的内在逻辑关系。实证结果显示,原先的研究假设大都得到了证实,即外部知识网络嵌入性是通过正向作用于企业知识搜索进而正向影响企业创新绩效的。各研究假设验证的情况汇总如表 6.30 和表 6.31 所示。

表 6.30　　　　　　　**结构嵌入性对技术创新绩效作用机制的**
假设验证结果汇总

假设	具体描述	验证结果
$M_1 - H_1$	外部知识网络的结构嵌入性对企业技术创新绩效作用的假设	—
$M_1 - H_{1a}$	网络规模 1 与企业技术创新绩效呈正向相关，网络规模 1 越大，越有助于提升企业技术创新绩效	通过
$M_1 - H_{1b}$	网络规模 2 与企业技术创新绩效呈正向相关，网络规模 2 越大，越有助于提升企业技术创新绩效	未通过
$M_1 - H_{1c}$	网络中心度与企业技术创新绩效呈正向相关，网络位置越中心，越有助于提升企业技术创新绩效	通过
$M_1 - H_{1d}$	网络异质性与企业技术创新绩效呈正向相关，异质性程度越高，越有助于提升企业技术创新绩效	通过
$M_1 - H_2$	知识搜索对企业技术创新绩效作用的假设	—
$M_1 - H_{2a}$	搜索宽度与企业技术创新绩效呈正向相关关系，企业搜索通道、搜索知识数量越多、搜索知识领域越宽，越有利于技术创新绩效的提升	通过
$M_1 - H_{2b}$	搜索效率与企业技术创新绩效呈正向相关关系，企业搜索的知识越重要可靠、搜索的速度越快，越有利于技术创新绩效的提升	通过
$M_1 - H_{2c}$	搜索深度与企业技术创新绩效呈正向相关关系，企业使用搜索通道越密集频繁、提取和利用搜索知识的强度越高，越有利于技术创新绩效的提升	通过
$M_1 - H_3$	在知识搜索宽度、搜索深度对企业技术创新绩效的作用机制中搜索效率的中介作用假设	—
$M_1 - H_{3a}$	在知识搜索宽度对企业技术创新绩效的作用机制中搜索效率起中介作用	未通过
$M_1 - H_{3b}$	在知识搜索深度对企业技术创新绩效的作用机制中搜索效率起中介作用	未通过
$M_1 - H_4$	搜索宽度在外部知识网络的结构嵌入性对技术创新绩效的作用机制中的中介作用假设	—
$M_1 - H_{4a}$	搜索宽度在网络规模 1 对技术创新绩效的作用机制中起中介作用	通过
$M_1 - H_{4b}$	搜索宽度在网络规模 2 对技术创新绩效的作用机制中起中介作用	未通过
$M_1 - H_{4c}$	搜索宽度在网络中心度对技术创新绩效的作用机制中起中介作用	通过

假设	具体描述	验证结果
$M_1 - H_{4d}$	搜索宽度在网络异质性对技术创新绩效的作用机制中起中介作用	通过
$M_1 - H_5$	搜索效率在外部知识网络的结构嵌入性对技术创新绩效的作用机制中的中介作用假设	—
$M_1 - H_{5a}$	搜索效率在网络规模1对技术创新绩效的作用机制中起中介作用	通过
$M_1 - H_{5b}$	搜索效率在网络规模2对技术创新绩效的作用机制中起中介作用	通过
$M_1 - H_{5c}$	搜索效率在网络中心度对技术创新绩效的作用机制中起中介作用	通过
$M_1 - H_{5d}$	搜索效率在网络异质性对技术创新绩效的作用机制中起中介作用	通过
$M_1 - H_6$	搜索深度在外部知识网络的结构嵌入性对技术创新绩效的作用机制的中介作用假设	—
$M_1 - H_{6a}$	搜索深度在网络规模1对技术创新绩效的作用机制中起中介作用	通过
$M_1 - H_{6b}$	搜索深度在网络规模2对技术创新绩效的作用机制中起中介作用	通过
$M_1 - H_{6c}$	搜索深度在网络中心度对技术创新绩效的作用机制中起中介作用	通过
$M_1 - H_{6d}$	搜索深度在网络异质性对技术创新绩效的作用机制中起中介作用	通过

表6.31　　关系嵌入性对技术创新绩效作用机制的假设验证结果汇总

假设	具体描述	验证结果
$M_2 - H_1$	外部知识网络的关系嵌入性对企业技术创新绩效的作用假设	—
$M_2 - H_{1a}$	外部知识网络嵌入的关系强度1与企业技术创新绩效呈倒"U"型关系	通过
$M_2 - H_{1b}$	关系强度2与企业技术创新绩效呈倒"U"型关系	未通过
$M_2 - H_{1c}$	关系质量与企业技术创新绩效相关，关系质量越好，越有助于提升企业技术创新绩效	通过
$M_2 - H_2$	同假设 $M_1 - H_2$	通过

假设	具体描述	验证结果
$M_2 - H_3$	同假设 $M_1 - H_3$	未通过
$M_2 - H_4$	搜索宽度在外部知识网络的关系嵌入性对技术创新绩效的作用机制中的中介作用假设	—
$M_2 - H_{4a}$	搜索宽度在关系强度 1 对技术创新绩效的作用机制中起中介作用	通过
$M_2 - H_{4b}$	搜索宽度在关系强度 2 对技术创新绩效的作用机制中起中介作用	通过
$M_2 - H_{4c}$	搜索宽度在关系质量对技术创新绩效的作用机制中起中介作用	通过
$M_2 - H_5$	搜索效率在外部知识网络的关系嵌入性对技术创新绩效的作用机制中的中介作用假设	—
$M_2 - H_{5a}$	搜索效率在关系强度 1 对技术创新绩效的作用机制中起中介作用	通过
$M_2 - H_{5b}$	搜索效率在关系强度 2 对技术创新绩效的作用机制中起中介作用	通过
$M_2 - H_{5c}$	搜索效率在关系质量对技术创新绩效的作用机制中起中介作用	通过
$M_2 - H_6$	搜索深度在外部知识网络的关系嵌入性对技术创新绩效的作用机制的中介作用假设	—
$M_2 - H_{6a}$	搜索深度在关系强度 1 对技术创新绩效的作用机制中起中介作用	通过
$M_2 - H_{6b}$	搜索深度在关系强度 2 对技术创新绩效的作用机制中起中介作用	通过
$M_2 - H_{6c}$	搜索深度在关系质量对技术创新绩效的作用机制中起中介作用	通过

6.8.2 外部知识网络嵌入性与技术创新绩效的关系

1. 外部知识网络结构嵌入性与技术创新绩效

研究结果表明，制造企业外部知识网络结构嵌入性对技术创新绩效作用的正向效应大部分得到了数据支持。具体而言，分析如下所示。

本研究验证了网络规模 1（企业类）正向影响制造企业技术创新绩效的作用过程，在最终多元回归的假设检验中，网络规模 1 的回归系数为 0.185（P < 0.001），R^2 有了显著提高，说明网络规模 1 对技术创新绩效的正向促进作用非常明显，验证结论契合了兰德里等（Landry et al., 2002）、弗里尔（Freel, 2000）、鲍威尔等（Powell et al., 1996）、蔡（Tsai, 2009）、

拉维（Lavie，2007）、博什马和特尔瓦尔（Boschma & Ter Wal，2007）、拉佩尔切（Laperche B.，2016）、汉斯等（Hans et al.，2020）、周荣等（2018）和张永云等（2023）学者的研究成果。这表明制造企业与供应商、顾客和同行竞争者等合作伙伴数量越多，其潜在的资源也就越丰富，不但增加了企业创新资源来源的广度，而且增加了企业资源的多样化程度，企业就有更多创新的识别机会，获取更多的异质信息和创新资源，从而促进创新的实现。因此，假设 $M_1 - H_{1a}$ 通过验证。

网络中心度正向影响制造企业技术创新绩效的作用过程也在数据检验中得到支持，在最终多元回归的假设检验中，网络中心度的回归系数为 0.472（P < 0.001），R^2 有了显著提高，说明网络中心度对技术创新绩效的正向促进作用非常明显，验证结论契合了威尔曼（Wellman，1982）、克拉克哈特（Krackhardt，1992）、乌兹（Uzzi，1996）、黄（Hoang，1997）、鲍威尔（Powell，1999）、约翰尼斯等（Johanniss et al.，2001）、贝克斯等（Bekkers et al.，2002）、蔡（Tsai，2006）、博世玛和沃尔（Boschma & Ter Wal，2007）、提瓦纳（Tiwana，2008）、厄尔斯等（Ehls D. et al.，2020）、孙永磊等（2019）、张红娟等（2022）学者的研究结论。这表明居于网络中心位置的制造企业起着联结其他网络成员的作用，更可能得到网络其他成员的支持，增加与其联盟的机会，与网络中非中心位置的企业相比，中心度高的企业有更多通道获取更可靠的技术、知识等资源，因此成功创新的可能性更大，创新绩效更好。因此，假设 $M_1 - H_{1c}$ 通过验证。

网络异质性对制造企业技术创新绩效具有显著的正向影响，这在实证数据检验中也得到支持，在最终多元回归的假设检验中，网络异质性的回归系数为 0.271（P < 0.001），R^2 有了显著提高，说明网络异质性对技术创新绩效的正向促进作用非常明显，验证结论契合了鲍姆等（Baum et al.，2000）、李等（Lee et al.，2001）、宋等（Song et al.，2003）、罗丹和加卢尼克（Rodan & Galunic，2004）、苏坦托和范根惠曾（Soetanto & Van Geenhuizen，2006）、奥兹曼（Ozman，2009）、拉佩尔切（Laperche B.，2016）、方刚等（2019）、孙永磊等（2019）学者的研究成果。这说明异质性网络蕴含着很多新颖而不重复的知识、技术以及市场信息等资源，异质性程度越高，新技术、新知识搜寻的范围就越大，对于外部知识的获得概率也在增加，并丰富企业的创新思想、激活网络成员的创新活力，同时提高新技术与原有技术结合的可能性，从而有利于企业开展技术创新活动、提升技术创新绩效。因此，假设 $M_1 - H_{1d}$ 通过验证。

网络规模 2（非企业类）对制造企业技术创新绩效的正向作用在本研

究中未得到证实，假设 $M_1 - H_{1b}$ 没有通过验证，可能存在以下原因：第一，我国制造企业处于全球制造网络的低端，正在全球价值链的向上攀升过程，可能更多关注企业的生存与发展，还没有太多精力构建与大学、科研机构、技术中介机构、行业协会等的外部知识网络，所以这方面的网络成员数量偏少，对技术创新绩效的作用还没有充分体现出来；第二，我国制造企业有60%以上为中小企业，受到资金、人力等资源的制约，较难有冗余资源投入网络规模2的构建；第三，产学研可能存在较大的脱节，大学、科研机构等的研究成果市场化效果不明显，较难对企业技术创新绩效起到较大的促进作用；第四，可能政府的公共服务平台更多倾向为大企业服务，造成创新的系统失灵、制度失衡，社会福利均衡受限，没有很好地在中小企业的技术创新绩效中得以体现。这是一个值得进一步研究的命题，为本研究的后续研究提供了空间。

2. 外部知识网络关系嵌入性与技术创新绩效

研究结果表明，制造企业外部知识网络关系嵌入性对技术创新绩效的影响大部分得到了数据支持。具体而言，分析如下所示。

本研究验证了关系质量正向影响制造企业技术创新绩效的作用过程，在最终多元回归的假设检验中，关系质量的回归系数为 0.358（P < 0.001），R^2 有了显著提高，说明关系质量对技术创新绩效的正向促进作用非常明显。验证结论契合了坎特（Kanter，1994）、扎希尔等（Zaheer et al.，1995）、鲍姆和英格拉姆（Baum & Ingram，1998）、古拉蒂（Gulati，1999）、苏兰斯基（Szulanski，2000）、卡帕尔多（Capaldo，2007）、厄尔斯等（Ehls D. et al.，2020）、杨博旭（2019）、周键等（2021）学者的研究成果。这表明外部知识网络的关系质量影响网络成员相互交流合作的难易程度，相互的亲密关系对知识的创造和转移将产生积极影响。因良好关系而构建的外部知识网络，成员间具有较高的信任和互惠，对于网络成员的可靠度有信心时，成员将会主动承担相应的义务和责任，产生巩固的关系资本，网络成员间的信任是成功创新的关键因素；网络成员间基于信任产生的信息共享帮助隐性知识的传递，而网络成员间互惠的规范有助于企业自由共享信息、承担风险，进而积极投入创新活动。所以，企业与其外部知识网络成员在信任基础上的互动交流，不但促进知识转移、促进新知识的产生，而且减少技术和市场动荡带来的创新风险，从而提高企业的技术创新绩效。因此，假设 $M_2 - H_{1c}$ 通过验证。

本研究同时验证了关系强度1（企业类）与制造企业技术创新绩效的倒"U"型关系，在最终多元回归的假设检验中，关系强度1的回归系数为 0.317（P < 0.001），R^2 有了显著提高，说明关系强度 1 对技术创新绩效的正向促进作用非常明显，而关系强度 1 平方的回归系数变成了负值，为 - 0.141（P < 0.001），R^2 有了显著提高，说明关系强度 1（企业类）与制造企业技术创新绩效呈倒"U"型关系。验证结论契合了乌兹（Uzzi，1997）、戈雅和莫拉加（Goyal & Moraga，2001）、莫利纳·莫拉莱斯等（Molina-morales et al.，2009）、山吉（Sanjeew，2010）、张红娟等（2022）学者的研究成果。

而关系强度 2（非企业类）与制造企业技术创新绩效的倒"U"型关系没有得到数据支持，在最终多元回归的假设检验中，关系强度 2 的回归系数为 0.384（P < 0.001），R^2 有了显著提高，说明关系强度 2 对技术创新绩效的正向促进作用非常明显，而关系强度 2 平方的回归系数则为 0.004，未显著异于 0（P > 0.1），说明关系强度 2（非企业类）与制造企业技术创新绩效的倒"U"型关系没有通过验证。

以上的研究结论表明，制造企业嵌入外部知识网络对技术创新绩效的提升有着非常重要而关键的作用，面对众多可能的网络成员，企业该如何更好地配置有限资源？结论给我国制造企业带来的启示是：一方面，本土制造企业应根据自己的实际情况，适度打破这种格局，适度嵌入外部知识网络，避免因"嵌入不足"导致创新资源匮乏，难以适应全球化的市场，所以需增加与其他网络成员的互动频率，搜寻、获取企业所需的知识和技术，达到降低外部交易成本、提高交易的互惠性的目的，从而提高技术创新能力、提升创新绩效；另一方面，大多数本土制造企业在构建外部知识网络时，严重受资金、人力等资源的限制，如果过度注重与网络成员的互动频率，将增加企业管理、研发、时间等的各项成本，当构建关系强度的成本超过研发成本时，技术创新绩效将不升反降，不利于技术创新活动的开展。因此，假设 $M_2 - H_{1a}$ 通过验证，假设 $M_2 - H_{1b}$ 没有通过验证。

6.8.3 知识搜索与技术创新绩效的关系

1. 搜索宽度、搜索效率、搜索深度与技术创新绩效的关系

研究结果表明，制造企业知识搜索对技术创新绩效作用的正向效应得到了数据支持，验证获得通过。具体而言，分析如下所示。

本研究验证了搜索宽度正向影响制造企业技术创新绩效的作用过程，在最终多元回归的假设检验中，搜索宽度的回归系数为 0.368（P < 0.001），R^2 有了显著提高，说明搜索宽度对技术创新绩效的正向促进作用非常明显。验证结论契合了弗里曼（Freeman，1980）、纳尔逊和温特

（Nelson & Winter, 1982）、冯·希伯尔（Von Hipple, 1988）、玛驰（March, 1991）、马勒巴（Malerba, 1992）、维基克等（Van Wijk et al., 2003）、劳森和索尔特（Laursen & Salter, 2006）、曼努奇和永（Mannucci P. V. & Yong K., 2018）、王元地等（2015）、肖艳红等（2019）学者的研究成果。这说明制造企业对广泛的外部知识源进行知识搜索，将会获取多样化的技术、知识和市场信息，有利于企业广泛地学习知识，搜索的外部知识数量多意味着知识的存量也在增加，随着知识搜索通道数量的增加，往往能够增加所搜索知识的全面性和完整性，提高对所搜索知识的整合利用的可能性，有利于新旧技术的有效结合，从而提升技术创新绩效。因此，假设 $M_1 - H_{2a}$、$M_2 - H_{2a}$ 通过验证。

本研究同时验证了搜索效率正向影响制造企业技术创新绩效的作用过程，在最终多元回归的假设检验中，搜索效率的回归系数为 0.373（P < 0.001），R^2 有了显著提高，说明搜索效率对技术创新绩效的正向促进作用非常明显。验证结论契合了达文波特和普鲁萨克（Davenport & Prusak, 1998）、弗兰克（Fabrizio, 2009）等学者的研究成果。这表明有效而快速地搜寻、获取企业创新所需的可靠、重要的技术和知识，并快速整合应用新知识，降低搜索成本，避免涉及无价值的领域，对于提升制造企业技术创新绩效而言非常重要。因此，假设 $M_1 - H_{2b}$、$M_2 - H_{2b}$ 通过验证。

本研究也验证了搜索深度正向影响制造企业技术创新绩效的作用过程，在最终多元回归的假设检验中，搜索深度的回归系数为 0.406（P < 0.001），R^2 有了显著提高，说明搜索效率对技术创新绩效的正向促进作用非常明显。验证结论契合了利文索尔和玛驰（Levinthal & March, 1981）、卡蒂拉和阿胡贾（Katila & Ahuja, 2002）、艾森哈特和塔布里兹（Eisenhardt & Tabrizi, 1995）、劳森和索尔特（Lanrsen & Salter, 2006）、曼努奇和永（Mannucci P. V. & Yong K., 2018）、陈等（Chen X. et al., 2022）、杨苗苗等（2020）学者的研究成果。验证结论说明密集而频繁地使用外部知识搜索通道将会增进对相同类别知识的重复搜索和利用，增加所获知识的可靠性，减少搜索错误的发生，提升搜索效率，提高企业对知识的识别能力，促进新知识和已有知识的有效整合重组。企业从外部知识源所搜索的知识与企业内部原有知识的有机整合，并深度利用，这对企业的生存与持续发展以及技术创新都非常重要。因此，假设 $M_1 - H_{2c}$、$M_2 - H_{2c}$ 通过验证。

2. 搜索效率与搜索宽度、搜索深度的关系

本研究尝试探讨搜索宽度和搜索深度的平衡问题，引入搜索效率这一维度，探讨其对搜索宽度、搜索深度与技术创新绩效的中介作用，遗憾的是未获得数据支持，假设 M_1-H_{3a}、M_1-H_{3b}（M_2-H_{3a}、M_2-H_{3b} 同 M_1-H_{3a}、M_1-H_{3b}）未通过检验，分析其原因，可能是：第一，搜索宽度和搜索深度的平衡是很困难的，企业或者选择搜索宽度或者选择搜索深度，因为两者之间存在明显的竞争关系，不仅在风险和可能获得的收益等方面有不同的特征，而且组织结构、搜索过程、文化以及能力等的匹配度都不相同。所以本土受资金等资源限制，在搜索宽度和搜索深度两种不同方向的搜索活动之间比较难进行平衡，可能首选有利于生存的方式。第二，本研究受问卷发放的区域限制，对本研究结论产生影响，这是一个值得本研究深入思索的问题。第三，也有学者认为知识搜索宽度和搜索深度与企业技术创新绩效均呈倒"U"型关系（Laursen & Salter，2006；Wu & Shanley，2009；Hwang & Lee，2010），那么这两者之间的平衡问题会显得更为复杂。总之，关于搜索宽度和搜索深度的平衡机制问题是一个值得深入探究的研究命题，本研究后续将继续努力。

6.8.4 知识搜索的中介作用

1. 知识搜索对结构嵌入性与技术创新绩效关系的中介作用

研究结果表明，知识搜索对结构嵌入性与技术创新绩效关系的中介作用大部分获得数据支持、通过验证。具体而言，分析如下所示。

本研究分别验证了搜索宽度、搜索效率和搜索深度对网络规模1（企业类）与技术创新绩效关系的中介作用，以及搜索效率、搜索深度对网络规模2（非企业类）与技术创新绩效的中介作用，契合了玛驰（March，1991）、阿罗拉和甘巴尔代拉（Arora & Gambardella，1994）、切斯布鲁（Chesbrough，2003）、蒂斯（Teece，2007）、曼努奇和永（Mannucci P. V. & Yong K.，2018）、刘洋等（2020）学者的研究成果。这表明大的网络规模不但增加了企业搜索资源来源的广度，而且增加了企业搜索资源的多样化程度，企业就有更多深入搜索机会获取创新资源，在开放式创新中，丰富的网络资源有利于企业进行宽泛而深入的外部搜索，提高知识搜索的宽度、深度水平，进一步提高知识搜索的效率；当组织拥有的网络规模较大、网络结构中存在丰富的冗余资源时，可以有效缓解搜索宽度和搜索深度之间的资源张力，实现组织在微观与总体搜索上的新平衡，同时有助于企业高效、大范围、灵活地进行知识搜索，提升企业知识搜索的深度与宽度水平，提高企业知识搜索的效率，从而进一步提升企业的技术创新绩效。目前我国本土制造企业面临的实际情况是：市场体系正在完善，来自外部知识网络的资源比较匮乏，直接削弱了制造企业搜寻、获取知识资源的机会，导致创新乏力，而外部知识网络成员间的广泛而深入的合作有利于满足当前制造企业对创新资源的渴求。因此，假设 $M_1 - H_{4a}$、$M_1 - H_{5a}$、$M_1 - H_{6a}$、$M_1 - H_{5b}$、$M_1 - H_{6b}$ 通过验证。

搜索宽度、搜索效率和搜索深度对网络中心度与技术创新绩效关系的中介作用在本实证研究中也获得了数据支持，通过验证。验证结论契合了西尔特和玛驰（Cyert & March，1963）、威尔曼（Wellman，1982）、克拉克哈特（Krackhardt，1992）、伯特（Burt，2004）、加泽拉等（Garzella S. et al.，2021）、杨建君（2022）学者的研究成果。这表明居于网络中心位置的企业起着联结其他网络成员的作用，更可能得到网络其他成员的支持，大大拓宽了中心位置企业的搜索宽度，提高了通过新的网络成员获取非冗余信息和新知识的可能性，并进一步提高中心位置企业的知识搜索效率；同时，处于外部知识网络中心位置的企业因与其他网络成员直接联结，拥有知识网络中的优质信息等资源，更容易低成本地对所需知识进行深度挖掘，并因其在网络中的合法性和社会地位，能够有机会操控和利用有价值的商业信息，并引导网络资源向有利于其技术创新的方向流动，提高知识搜索的总体水平，从而进一步提升技术创新绩效。因此，假设 $M_1 - H_{4c}$、$M_1 - H_{5c}$、$M_1 - H_{6c}$ 通过验证。

本研究进一步验证了搜索宽度、搜索效率和搜索深度对网络异质性与技术创新绩效关系的中介作用，契合了哈里奥森（Harriosn，1994）、乌兹（Uzzi，1998）、约翰尼森等（Johannisson et al.，2002）、博世玛和沃尔（Boschma & Ter Wal，2007）、奥兹曼（Ozman，2009）、艾辛格尼奇等（Eisingerich et al.，2010）、丹妮拉等（Daniela et al.，2012）、孙永磊等（2019）学者的研究成果。这表明异质性网络蕴含着很多新颖而不重复的知识、技术以及市场信息等资源，异质性程度越高，新技术、新知识搜寻的范围就越大；同时，网络异质性提高了企业深度搜索互补性知识和异质信息的概率和机会，带给企业非冗余性信息，为企业提供了更多的创新要素，有助于企业对知识进行深度挖掘，同时提高企业将所搜寻的异质资源应用于新产品开发与生产的可能性，从而促进技术创新绩效的提升。因此，假设 $M_1 - H_{4d}$、$M_1 - H_{5d}$、$M_1 - H_{6d}$ 通过验证。

然而，本研究的搜索宽度对网络规模 2（非企业类）与技术创新绩效关系的中介作用没有获得数据支持，假设 $M_1 - H_{4b}$ 未通过检验。究其原因，本研究认为这与前述网络规模 2（非企业类）对制造企业技术创新绩效的正向作用未得到证实的原因相同，在此不再赘述。

2. 知识搜索对关系嵌入性与技术创新绩效关系的中介作用

研究结果表明，知识搜索对关系嵌入性与技术创新绩效关系的中介作用大部分获得数据支持、通过验证。具体而言，分析如下所示。

本研究分别验证了搜索宽度、搜索效率和搜索深度对关系强度 1（企业类）与技术创新绩效关系的中介作用以及搜索效率、搜索深度对关系强度 2（非企业类）与技术创新绩效关系的中介作用，契合了乌兹（Uzzi，1997）、古拉蒂和加尔吉洛（Gulati & Gargiulo，1999）、科塔比等（Kotabe et al.，2003）、科古特等（Kogut et al.，2003）、朱利安尼和贝尔（Giuliani & Bell，2005）、贝尔等（Bell et al.，2009）、曼努奇和永（Mannucci P. V. & Yong K.，2018）、杨苗苗等（2020）学者的研究成果。这表明较强的关系联结对企业深度知识搜索有着积极的作用，强联结帮助企业传递和获取默会知识和优质信息，强联结为知识传递和交流、解决复杂问题和技术创新提供了一个更好的通道，有利于企业搜索和获取深度的复杂知识，并进一步提高搜索效率；同时，网络成员间的频繁互动，彼此熟悉，有利于评估合作伙伴的资源和能力，有助于企业深度搜寻、挖掘、获取所需的互补性资源，并以协同效应最大化的方式相互达成交易，较强的关系强度有助于企业通过对知识的深度搜索在网络中汲取互补性知识资源，促进其现有知识和新知识的整合利用，提高了知识搜索效率，进而提升企业的技术创新绩效。因此，假设 M_2-H_{4a}、M_2-H_{5a}、M_2-H_{6a}、M_2-H_{5b}、M_2-H_{6b} 通过验证。

搜索宽度、搜索效率和搜索深度对关系质量与技术创新绩效关系的中介作用在本研究中也获得了数据支持，通过验证，契合了乌兹（Uzzi，1997）、古拉蒂（Gulati，1998）、扎希尔等（Zaheer et al.，1999）学者的研究成果。进一步说明企业与外部知识网络成员之间基于信守承诺、互助共享形成良好关系，有助于其提升业界声誉、提高社会声望，从而吸引更多企业加入其网络，成为新的合作伙伴，或者现有网络的其他节点企业，在其需要时提供帮助，帮助企业结识新的合作伙伴，从而拓宽知识搜索的范围（宽度）；同时网络成员间高亲密关系可能增加资源和默会复杂知识的转移，有利于企业搜索和获取深度的复杂知识，使网络合作伙伴容易专注于某个方向，汲取多重资源，降低或屏蔽信息噪声，有助于获取某一特定创新的深层次交流和理解，进而提高搜索效率，进一步提升技术创新绩效。因此，假设 M_2-H_{4c}、M_2-H_{5c}、M_2-H_{6c} 通过验证。

然而，本研究的搜索宽度对关系强度 2（非企业类）与技术创新绩效关系的中介作用没有获得数据支持，假设 $M_2 - H_{4b}$ 未通过检验。究其原因，分析如下：第一，与前述关系强度2（非企业类）对制造企业技术创新绩效的正向作用未得到证实的原因相同，在此不再赘述；第二，也有学者认为，弱联结更有利于知识搜索活动（Granovertter，1985；Koka & Prescott，2008），因为弱联结为企业提供了多样化的和非冗余的信息，增加异质性资源获得的可能性，有助于提高企业在外部知识网络中的搜索效率，所以搜索宽度不一定在关系强度2与技术创新绩效间起中介作用；第三，可能与本研究发放问卷的区域有一定关系，这是本研究应该进一步探索的问题。

第7章 权变视角下外部知识网络嵌入性对企业技术创新绩效的影响机制

随着研究的不断深入，学者们发现网络效应是随着不同的情境发生变化的，在上述的研究中，本书从案例研究和问卷研究角度揭示在开放—协同创新环境下制造企业外部知识网络嵌入性对企业技术创新绩效作用的本质过程，本章探讨外部知识网络嵌入性与技术创新绩效的权变关系，进一步探析在不同的情境下，制造企业外部知识网络嵌入性对技术创新绩效的影响机制。

7.1 外部知识网络嵌入性与技术创新绩效的权变关系

随着社会网络、知识网络、创新网络等企业网络理论研究的不断深入，权变的思想在网络效应研究中日益得到了关注，权变（即情境方式）管理理论认为，由于组织不同、面对的情境也不尽相同，因此管理者的行动应当适合所处的情境，才更有效率（Gulati & Higgins，2003；刘思萌等，2019；叶祥松等，2020；张杰，2021；陶凤鸣等，2023；寇宗来等，2023）。

权变理论把管理理论和实践紧密地结合了起来，学者们关于外部知识网络嵌入性的研究有一部分已考察了网络与绩效权变的逻辑（奇达夫和蔡文彬，2007），梳理这些文献，主要围绕以下三个逻辑紧密相关的问题展开：一是外部知识网络嵌入性与技术创新绩效关系研究中引入了哪些具体权变因素或调节变量；二是他们与其他变量之间构建的权变模型是怎样的；三是这些情境变量对外部知识网络嵌入性与创新绩效关系的调节作用结果如何。

现有关于外部知识网络嵌入性与创新绩效权变关系研究分析框架主要有两类：一是围绕企业面临的外部特征引入环境调节变量（Yamakawa et al.，2011；Rowley et al.，2000）；二是基于企业自身的内部特征引入组织调节变量（Tsai & Wang，2009；Giuliani & Bell，2005）。目前，围绕企业面临的外部特征引入的环境调节变量主要包括环境动态性、环境不确定性、产业环境、政策环境和制度环境等；基于企业自身的内部特征引入的组织调节变量主要包括吸收能力、学习能力、研发投入、企业战略、企业年龄、内部凝聚力、所有权性质和资产类型等。

目前关于外部知识网络嵌入性与创新绩效权变关系研究，有的学者只引入环境变量，有的只从组织变量的视角来进行考察，而比较多的学者采用同时引入环境变量和组织变量两类变量来共同分析其对企业知识网络与技术创新绩效的调节效应。以下将对学者们的相关研究拆分为两个方面进行梳理。

7.1.1　组织变量对外部知识网络嵌入性与技术创新绩效关系的调节效应

企业自身的特性如吸收能力、企业年龄、规模和战略目标等对企业利用网络资源提高技术创新绩效也有着重要影响（Fabrizio，2009；Vissa & Chacar，2009；Boschma & Ter Wal，2007；Yi S. et al.，2016；刘思萌等，2019；陶凤鸣等，2023）。基于企业自身的内部特征引入的组织调节变量主要包括吸收能力、学习能力、研发投入、企业战略、企业年龄、内部凝聚力、所有权性质和资产类型等。

比较多的学者将知识的吸收或整合能力、组织间学习能力作为调节变量引入外部知识网络嵌入性和创新绩效关系研究，考察其调节效应。从科恩和利文索尔（Cohen & Levinthal，1990）将吸收能力概念引入知识管理研究领域之后，吸收能力对企业网络与创新绩效关系的权变影响一直受到学者们的关注，陈（Chen，2002）通过定性分析认为企业吸收能力对企业创新绩效的提升具有关键调节作用，吸收能力使企业获取外部新知识的同时，增加了企业内部共享新知识的效率，从而提升产品创新和服务创新的绩效；朱利安尼和贝尔（Giuliani & Bell，2005）考察了企业不同程度的吸收能力对企业内知识系统的运行、企业与外部知识来源的联结以及企业创新活动的影响；博世玛和沃尔（Boschma & Ter Wal，2007）考察了企业的吸收能力和网络位置对其创新绩效的影响；蔡（Tsai，2009）考察了企业吸收能力对企业网络与产品创新绩效之间关系的调节效应；黄和赖斯（Huang & Rice，2009）的实证结论认为企业自身吸收能力对组织间网络与企业绩效关系具有正向调节效应。而扎赫拉、爱尔兰和希特（Zahra、Ireland & Hitt，2000）将知识整合作为调节变量引入新创企业国际扩张、技术学习和新创企业绩效三者关系中，结论是知识整合能力在其中具有正向调节效应；哈梅尔（Hamel, 1991）通过对 9 个国际战略联盟的实证考察，提出网络合作伙伴在组织间学习的"熟练程度"会改变合作伙伴讨价还价的相对能力，从而影响创新绩效；鲍威尔等（Powell et al., 1992）认为企业通过组织间学习能够获取和使用外部知识资源，从而促进企业的技术创新。

学者们也将企业本身的其他特性作为调节变量引入企业网络与技术创新绩效关系研究中，例如，维萨和查卡尔（Vissa & Chacar, 2009）实证考察了企业凝聚力和战略共识对创业团队的外部网络结构与绩效的权变关系；蔡和王（Tsai & Wang, 2009）引入研发投入作为调节变量来考察企业外部合作网络对企业创新绩效的影响等。

学者们关于组织变量对外部知识网络嵌入性与技术创新绩效关系的调节效应的实证代表性研究成果如表 7.1 所示。

表 7.1　　　组织变量调节效应的代表性实证研究

研究者	研究对象	主要研究结论	组织调节变量
扎赫拉、爱尔兰和希特（Zahra, Ireland & Hitt, 2000）	新创企业	知识整合能力对新创企业国际扩张、技术学习和新创企业绩效三者关系中具有显著调节效应	知识整合能力
朱利安尼和贝尔（Giuliani & Bell, 2005）	智利葡萄酒企业	具有强吸收能力的企业更有可能与网络外知识源建立联结并学习与创新；强吸收能力的企业在网络中对知识的获取、创造和传播作出积极贡献	吸收能力
木和普莱斯考特（Koka & Prescott, 2008）	48 个国家的 422 个企业和 706 个联盟	居于突出或中介网络位置的企业运用分析型战略比运用防御型战略会呈现更好的绩效；当企业同时追求突出和中介的网络位置时，其绩效会下降	企业战略
李、凯文和周（Li, Kevin & Zhou, 2008）	中国 280 家企业	内资企业和外资企业利用管理层关系虽然是相似的，但是它们从这种关系中获取的收益存在差异；对于内资企业，管理层关系单调正向影响企业绩效，但是在外资企业中这种影响呈倒"U"型	企业所有权性质
古拉蒂、拉维和辛格（Gulati, Laive & Singh, 2009）	300 家跨行业的合资企业	企业与新合作者的资产差异程度越大，其专有合作经验对超额利润的正向效应越显著；企业合作经验对超额利润的贡献受制于企业的技术资源和财力	资产规模和类型

研究者	研究对象	主要研究结论	组织调节变量
蔡（Tsai，2009）	中国台湾地区 1346 家制造企业	吸收能力正向调节垂直合作网络对技术上新的或改进的产品绩效的影响；吸收能力对顾客合作网络与微小产品绩效的关系有着负向影响；吸收能力对研究组织合作网络与技术绩效的关系有着负向影响	吸收能力
林、杨和艾莉亚（Lin, Yang & Arya，2009）	美国 4 个产业跨 13 年的数据	与资深企业相比，年轻企业将更受益于其与合作伙伴之间较大的社会地位或网络地位上的不对称；企业与联盟伙伴之间较大的社会地位的不对称将更有益于低社会地位的企业，而在网络地位上较大的不对称将更有益于低网络地位的企业	企业年龄
黄和赖斯（Huang & Rice，2009）	澳大利亚中小制造企业	吸收能力越强，企业从网络中获取的外部资源能更有效地提升企业创新绩效	吸收能力
蔡和王（Tsai & Wang，2009）	753 家中低技术企业	内部研发投资负向调节研发外包对创新绩效的影响；从事更多内部研发投资的企业比从事更少内部研发活动的企业获得更高的创新收益	研发投入
维萨和查卡尔（Vissa & Chacar，2009）	印度 470 家软件企业	内部凝聚力越强，外部网络的结构洞对企业绩效的正向效应越强	内部凝聚力
山川、杨和林（Yamakawa, Yang & Lin，2011）	美国 95 家企业	在联盟组合中，年轻的企业受益于利用性联盟，资深的企业受益于探索性联盟；聚焦成本领先战略的企业受益于利用性联盟，聚焦差异化战略的企业受益于探索性联盟	企业年龄战略导向
吴晓冰（2009）	204 家集群企业	吸收能力在网络特征影响作用于创新绩效的过程中起到正向的调节作用	吸收能力
洪茹燕（2012）	256 家集群企业	吸收能力在联结强度对创新搜索质量和搜索速度、联结广度对创新搜索质量、位置中心度对创新搜索质量和搜索速度的关系中均呈显著的正向调节作用	吸收能力
陶凤鸣等（2023）	264 家新能源汽车企业	知识整合能力在信息共享、共同解决问题与惯例更新的关系中发挥中介作用；创新型企业文化在信任、信息共享与知识整合能力之间起显著正向调节作用	创新型企业文化

资料来源：笔者根据相关文献整理。

7.1.2 环境变量对外部知识网络嵌入性与技术创新绩效关系的调节效应

全球化背景下，政治、经济、文化等外部环境的变化引起的不确定性对企业不一定产生直接影响，但很多时候外部环境的动态性和不确定性给企业造成的影响却是巨大的。在稳定环境中有效的管理方法，不一定适用于快速变化的动态环境（Robbins & Coulter，2002），因此，外部环境很多时候被视作企业获利能力的关键影响因素（Porter，2008）。学者们围绕企业面临的外部特征引入的环境调节变量主要包括环境动态性、环境不确定性、产业环境、政策环境和制度环境等。

比较多的学者将环境动荡性或环境不确定性作为调节变量引入企业网络和创新绩效关系研究，考察其调节效应。组织对环境动荡的延迟或不充分反应会影响它的绩效。艾森哈特和大不里士（Eisenhardt & Tabrizi，1995）进一步论证，大型商业服务器企业因其行业的稳定性，高度规则化的企业能够实现高绩效，而个人电脑企业则因其行业的动态性，规则化程度低的企业反而能获取更好的创新绩效。艾辛格尼奇、贝尔和特蕾西（Eisingerich、Bell & Tracey，2010）、林、杨和艾莉亚（Lin、Yang & Arya，2009）、古柯和普雷斯科特（Koka & Prescottc，2008）和西杜、科芒德尔和沃尔伯达（Sidhu、Commandeur & Volberda，2007）等同样考察了环境动态性或环境不确定性在企业网络与技术创新绩效权变关系中的调节效应，具体如表 7.2 所示。

表 7.2　　　　　　　　　环境变量调节效应的实证代表性研究

研究者	考察对象	主要研究结论	环境调节变量
罗利、贝伦斯和克拉克哈特（Rowley、Behrens & Krackhardt，2000）	半导体和钢铁产业的战略联盟网络	较高探索性活动且环境高度不确定时，低密度的网络结构和弱联结与企业绩效呈正向关系，而强联结与企业绩效呈负向关系；高利用性活动且低不确定环境中，与直接合作者的强联结、关系密度和强联结数量与企业绩效正向关系，而弱联结与企业绩效呈负向关系	产业环境
西杜、科芒德尔和沃尔伯达（Sidhu，Commandeur & Volberda，2007）	荷兰金属和电气企业	动态环境中，跨边界的供应维搜索与创新存在正相关，相对稳定环境中，不利于创新；相对稳定环境跨边界的需求维搜索与创新存在正向变动关系，动态的环境中，则危害创新；环境动态性对跨边界的空间维搜索与创新关系的影响不显著	环境动态性

研究者	考察对象	主要研究结论	环境调节变量
李、凯文和周（Li, Kevin & Zhou, 2008）	中国的 280 家企业	当所在产业内的竞争加剧时，管理层关系对竞争优势的获取影响不大，当由经济结构引起的不确定性增加时，管理层关系会导致更高的组织绩效	产业环境
木和普莱斯考特（Koka & Prescott, 2008）	48 个国家 422 家企业	随着环境的变革，越居于中介网络位置的企业有更好的绩效，而居于突出网络位置的企业则遭受绩效下滑；当环境变革是激进型时，两类网络位置对企业绩效有负向影响	环境动荡性
林、杨和艾莉亚（Lin, Yang & Arya, 2009）	美国 4 个产业跨 13 年的数据	企业与联盟伙伴的高资产互补性在稳定环境中比在动态环境中更有利于提高企业绩效；企业在稳定环境中比在动态环境中将更受益于其与合作伙伴之间较大的社会地位或网络地位的不对称	环境动态性
艾辛格奇、贝尔和特蕾西（Eisingerich, Bell & Tracey, 2010）	加拿大和奥地利的 8 个产业集群	随着环境不确定性的增加，网络开放性对集群绩效有着正向影响；而网络强度对集群绩效的正向影响趋于下降	环境不确定
沙内尔和马兹涅夫斯基（Shaner & Maznevski, 2011）	某跨国公司的 54 个业务单位	欠发达的制度环境中，高密度的业务单位网络结构与高营业利润相关；较发达的制度环境下，低密度的业务单位网络结构与高营业利润相关；业务单位的网络联结组成与其营业利润之间存在显著的相关关系	制度环境
山川、杨和林（Yamakawa, Yang & Lin, 2011）	美国 95 家企业	在高速成长产业内的企业受益于探索性联盟，在低成长产业内的企业受益于利用性联盟	产业环境
任宗强（2012）	278 家大中型企业	环境动荡性对探索性和利用性创新能力有显著影响，但企业内外网络协同与创新能力的关系不受外部环境变动调节效应的影响	环境动荡性
洪茹燕（2012）	256 家集群企业	环境不确定性在网络联结广度对创新搜索质量的正向调节效应显著，而在网络联结强度和位置中心度对创新搜索质量、搜索速度的正向调节效应均不显著	环境不确定性
林青宁和毛世平（2023）	9959 家涉农企业	政府补助与创新政策均正向调节自主创新未超过阈值时对科技成果转化效率的正向影响。但创新政策有助于缓解自主创新超过阈值后对科技成果转化效率的负向影响，而政府补助却未起到相应的缓解作用	政府补助和创新政策

研究者	考察对象	主要研究结论	环境调节变量
寇宗来和孙瑞（2023）	上下游企业的假设	断供后，被断供下游零售商只能从本地制造商采购中间品，这种"绑定效应"部分内化了本地制造商的货币外部性，进而会提高其自主创新激励；但与此同时，技术断供也会提高外国制造商为阻止本地制造商技术追赶而实施人才圈定策略的激励和能力	政府创新政策

资料来源：笔者根据相关文献整理。

国内学者在探讨外部知识网络嵌入性与技术创新绩效权变关系研究中，也有相应的成果。例如，李剑力（2010）将环境动态性作为考察企业对外部网络的探索性学习、利用性学习与技术创新绩效的调节变量，发现环境动态性在探索性学习和创新绩效之间发挥正向调节效应，而在利用性学习和创新绩效之间虽然具有负面影响，但没有统计显著性。任宗强（2012）认为，环境动荡性对探索性和利用性创新能力有显著影响，但企业内外网络协同与创新能力的关系不受外部环境变动调节效应的影响。洪茹燕（2012）的研究结论认为，集群创新网络与创新搜索权变关系中，环境不确定性在网络联结广度对创新搜索质量的正向调节效应显著，而在网络联结强度和位置中心度对创新搜索质量、搜索速度的正向调节效应均不显著。林青宁和毛世平（2023）考察了9959家涉农企业的科技成果转化效率问题，其研究结论表明：政府补助与创新政策均正向调节自主创新未超过阈值时对科技成果转化效率的正向影响。但创新政策有助于缓解自主创新超过阈值后对科技成果转化效率的负向影响，而政府补助却未起到相应的缓解作用。寇宗来和孙瑞（2023）考察了在芯片断供背景下，技术断供对制造企业自主创新激励的影响，其研究结论表明：技术断供后，被断供下游零售商只能从本地制造商采购中间品，这种"绑定效应"部分内化了本地制造商的货币外部性，进而会提高其自主创新激励；但与此同时，技术断供也会提高外国制造商为阻止本地制造商技术追赶而实施人才圈定策略的激励和能力。所以，为破解外国制造商的"人才圈定"策略，需要以政府采购等方式对本地制造商进行有相当力度且有持续性的创新政策支持。

还有学者，例如，沙纳和马兹涅夫斯基（Shaner & Maznevski，2011）考察了一国的制度环境水平在外部商业网络、该业务单位的绩效和其所在的国外市场特有的制度特征之间关系的调节效应；罗利、贝伦斯和克拉克哈特（Rowley、Behrens & Krackhardt，2000）引入了产业环境作为调节变量，考察了企业网络关系嵌入和结构嵌入及其交互作用与企业创新绩效之间的权变关系；李、凯文和周（Li、Kevin & Zhou，2008）同时引入环境不确定性、企业所有权和产业环境，考察了其对中国企业管理层关系的利用与组织绩效间关系的影响。

学者们关于环境变量对企业网络与技术创新绩效关系的调节效应的实证代表性研究成果如表7.1所示。

7.1.3 外部知识网络嵌入性与技术创新绩效权变关系小结

通过上述文献的梳理，我们发现学者们基于不同的研究目的从不同的研究视角，考察了外部知识网络嵌入性与技术创新绩效关系的不同情境因素对其权变关系的影响，实证研究了环境变量，对外部知识网络嵌入性与技术创新绩效关系的调节作用（Rowley et al.，2000；Li et al.，2008；Eisingerich et al.，2010；Shaner & Maznevski，2011；任宗强，2012；洪茹燕，2012；叶祥松等，2020；张杰，2021；寇宗来等，2023；林青宁等，2023）和组织变量对外部知识网络嵌入性与技术创新绩效关系的调节作用（Zahra et al.，2000；Giuliani & Bell，2005；Gulati et al.，2009；Yamakawa et al.，2011；洪茹燕，2012；Yi S. et al.，2016；刘思萌等，2019；陶凤鸣等，2023），比较多的学者从两类变量同时考察，引入多个体现组织特性和外部环境特征的调节变量同时考察网络效应已成为研究的新趋势，这为本研究提供了新的思路。

综上所述，学者们已认识到权变因素对管理者的重要影响，但考察具体情境对网络配置的权变效应的研究仍然不多，关于情境因素的探讨仍有较大空间，因此，探讨网络在什么样的具体情境、以哪种具体方式发挥作用、发挥多大作用的研究仍是一个值得深入研究的内容，这给本书提供了一个继续深入研究的契机。因此本章以下将考察企业在什么情境下外部知识网络嵌入性不同特征对其技术创新绩效更有效。本书拟引入环境变量和组织变量作为外部知识网络嵌入性对技术创新绩效影响的调节变量，来探讨其权变效应。

7.2 概念模型和理论假设

7.2.1 两类调节变量的引入和概念模型的构建

1. 组织变量——知识整合能力调节变量的引入

知识整合能力是指企业整理、吸收和应用来自外部网络的知识、技术等资源，并在组织内成员间共享融合形成新知识的能力，表现在企业对知识、信息资源或关键技术具有较强的搜索、识别、筛选、匹配能力（Kogut & Zander，1992；Pisano，1994；Grant，1996；Yi S. et al.，2016；魏江，2008；徐蕾，2012；刘思萌等，2019；陶凤鸣等，2023）。

企业外部的知识需要企业利用其资源进行适应性调整才能为其所用，知识整合能力在识别、获取、吸收、整合和利用相关的外部知识源上发挥着关键作用（Tsai，2009；Giuliani & Bell，2005；Lane，Slak & Lyles，2001）。具有较好知识整合能力的企业才能更好利用与其他网络成员的知识联结，进行有效的组织间学习和组织内知识共享，才能形成新的创新思路，从而提升企业技术创新绩效（Grant，1996；Eisenhardt & Martin，2000；Singh，2008；Yi S. et al.，2016；刘思萌等，2019；陶凤鸣等，2023）。因此，知识整合能力是影响网络配置效应的重要情境因素。

目前，我国本土制造企业处在全球价值链的底端，在嵌入全球制造网络方面面临两难境地：一方面，迫切需要较好地嵌入全球制造网络，寻求与其他企业的合作，增强获取新知识的能力；另一方面，因为知识与技术积累与全球制造核心企业有着较大的悬殊，面临沟通和知识转移困难的困境。因此，根据企业知识整合能力的差异构建恰当的外部知识网络，是促进本土制造企业获取、整合新知识并用于技术创新的重要途径。本节拟引入知识整合能力作为调节变量，主要考察知识整合能力对制造企业外部知识网络嵌入性与技术创新绩效的调节作用。

2. 环境变量——政府创新政策调节变量的引入

政府创新政策目前在学术界还是一个比较新的概念，政府创新政策主要包含科技政策和产业政策两部分（Rothwell，1986），指一国政府为了提升技术创新的速度、引导技术创新的方向和扩大技术创新的规模而采取的一系列相关公共政策的总称（Rothwell，1986；Wegloop，1995；Martin & Scott，2000；Hobday et al.，2012；盛亚，2013；孙文祥等，2008；叶祥松等，2020；张杰，2021；寇宗来等，2023；林青宁等，2023）。从根本上说，创新政策的核心功能就是促进技术创新活动并形成技术创新成果与技术应用之间的良性循环。

学者们关于创新政策对企业技术创新绩效的影响进行了一些理论和实证的探讨，研究结果表明：创新政策能够直接指导创新活动，对于企业创新能力的提升起到极大的促进作用，创新政策加速了企业创新能力的提高，为企业提高自主创新能力提供了保障（宋丽思，2008；程华和王婉君，2013）。

美国、日本、欧盟等发达国家和地区的政府创新政策也表明，政府创新政策对企业技术创新起到了巨大的推动作用。基于以上讨论，本节拟引入政府创新政策作为环境调节变量，考察政府创新政策对制造企业外部知识网络嵌入性与技术创新绩效的调节作用。

3. 研究的概念模型

基于以上文献的梳理和讨论分析，本章关于知识整合能力和创新科技政策对外部知识网络嵌入性与技术创新绩效关系调节作用的研究分两部分。

研究一：知识整合能力和创新科技政策对外部知识网络结构嵌入性与技术创新绩效关系的调节作用，概念模型如图7.1所示。

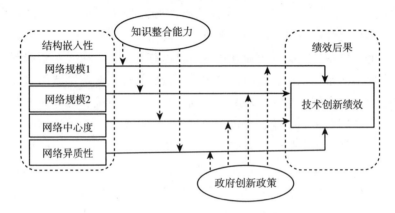

图7.1　引入调节变量后结构嵌入性与技术创新绩效权变关系的概念模型

研究二：知识整合能力和政府创新政策对外部知识网络关系嵌入性与技术创新绩效关系的调节作用，概念模型如图7.2所示。

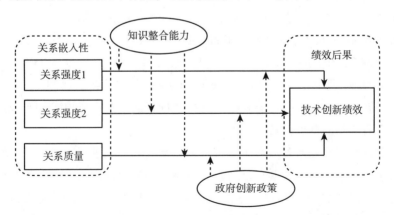

图7.2　引入调节变量后关系嵌入性与技术创新绩效权变关系的概念模型

7.2.2　知识整合能力调节作用的理论假设

1. 知识整合能力对结构嵌入性与技术创新绩效关系的调节作用假设

具有较好知识整合能力的企业更倾向构建更大规模的网络联结，通过扩大外部知识网络的规模获取更多的企业自身所需的新技术和新知识，并加以很好地吸收应用，从而促进创新绩效的提升。相比于较低整合能力的企业，高整合能力的企业与其外部知识源之间有着更高的认知邻近程度或较小的认知距离（Giuliani & Bell，2005），能够及时吸收、应用来自多样化知识源、多样化的新知识，并利用它们从事技术创新活动，开发新产品开拓新市场（Cohen & Levinthal，1990）。

处于中心位置的企业因其较高的声誉、地位和信息控制权，因此有更多的机会、更多的渠道搜寻、获取所需的新技术和新知识，用于企业技术创新活动。为较好地提升技术创新绩效、提高技术创新的成功系数，位于中心位置的企业自然会通过各种学习和路径提高自身的知识整合能力。同时，正是因为处于中心位置，企业需处理更多复杂信息，无形之中提高筛选、识别、获取知识的时间成本，耗费大量资源并承担较高的认知压力（Gnyawali et al.，2001；Dodds et al.，2003），并且提高了信息的检测成本、增加了错误决策的风险（Schwartz，2004）。因此，处于中心位置的企业亟须提高知识整合能力，通过对资源的合理配置，及时有效地获取、吸收、应用来自外部知识网络的新技术和新知识，降低决策风险，提升技术创新绩效。

较好的知识整合能力能够促进企业对来自外部知识网络的异质性资源的搜寻、获取、吸收和应用，因为知识整合能够融合不同类型、不同来源、不同性质的知识和技术，并形成新构思、新概念或新工艺，为企业创新活动提供所需的技术和知识，从而提升技术创新绩效。学者们的研究也证实了这一论断，例如，辛格（Singh，2008）对大样本跨区域企业的研究等，充分证明了知识整合能力对于获取异质性资源从而提升技术创新绩效的作用。学者们的研究表明，企业要想提升技术创新绩效、获得持续的竞争力，既需要利用组织学习机制从外部知识网络获取异质性知识，同时也需要将这些知识与企业内部其他知识融合应用，形成有机的知识整体来促进创新活动。

基于以上梳理，本研究提出知识整合能力对外部知识网络结构嵌入性（网络规模1、网络规模2、网络中心度和网络异质性）与技术创新绩效关系起调节作用的以下假设：

假设 $M_1 - H_7$：知识整合能力对外部知识网络结构嵌入性与技术创新绩效关系的调节作用假设，具体描述如下：

$M_1 - H_{7a}$：知识整合能力越强，网络规模 1 对企业技术创新绩效的正向影响越显著；

$M_1 - H_{7b}$：知识整合能力越强，网络规模 2 对企业技术创新绩效的正向影响越显著；

$M_1 - H_{7c}$：知识整合能力越强，网络中心度对企业技术创新绩效的正向影响越显著；

$M_1 - H_{7d}$：知识整合能力越强，网络异质性对企业技术创新绩效的正向影响越显著。

2. 知识整合能力对关系嵌入性与技术创新绩效关系的调节作用假设

较好的知识整合能力能够帮助企业构建具有恰当关系强度的外部知识网络。知识整合能力有助于企业准确识别、获取外部知识源中的新知识，提高对新知识的追赶速度，增加企业的知识积累，并进一步在企业内部共享消化、吸收应用这些新知识（Chen，2002），从而更好地促进企业技术创新活动。关系的强联结可以克服在知识外部整合过程中的敌对与封闭，有助于降低外部整合成本；并且关系互动频率高的网络成员之间容易就知识规划活动达成共识，有利于知识整合过程中系统化能力的提升（Hansen，1998）。然而，这些来自强联结基础上的外部知识源的新知识，只有通过企业较好的知识整合能力，才能利用现有的知识存量去重识、吸收和应用（Grimpe & Sofka，2009）。学者们的研究也充分证实了这一观点。

同时，高知识整合能力的企业有助于提高其与外部知识网络成员的关系质量，较好的关系质量有助于进一步提升知识整合能力。较好知识整合能力有助于提升网络成员间的知识转移意愿，最大限度地实现知识共享，可以从外部成员那里学习到关键技术和能力，达成关键问题的共识，有助于伙伴成员应对市场风险、提高知识应用（Simonin，1999），从而进一步增进成员间相互的信任、互惠和认同，提高彼此的关系质量，有利于组织成员的彼此沟通、相互适应和协调（Tsai & Ghoshal，1998），并反过来提升企业的知识整合能力，提高技术创新绩效。

根据以上讨论，本研究提出知识整合能力对外部知识网络关系嵌入性（关系强度 1、关系强度 2、关系质量）与技术创新绩效关系调节作用的以下假设：

假设 $M_2 - H_7$：知识整合能力越强，外部知识网络关系嵌入性对企业技术创新绩效的调节作用假设，具体描述如下：

$M_2 - H_{7a}$：知识整合能力越强，关系强度 1 对企业技术创新绩效的正向影响越显著；

$M_2 - H_{7b}$：知识整合能力越强，关系强度 2 对企业技术创新绩效的正向影响越显著；

$M_2 - H_{7c}$：知识整合能力越强，关系质量对企业技术创新绩效的正向影响越显著。

7.2.3 政府创新政策调节作用的理论假设

波特的创新系统理论认为，要提升企业创新能力，就必须构建起科学合理的创新系统，而政府应该成为这一系统良性运转的重要保障。

1. 政府创新政策对结构嵌入性与技术创新绩效关系的调节作用假设

政府创新政策有利于促进和支持企业与其他创新系统的外部联系，扩大外部知识网络的规模，为搜寻、获取多样化知识来源提供路径。这是因为技术创新本身是相互作用、非线性的复杂过程，成功创新需要外部知识网络成员间的多样化、多种方式的合作，而很多相关企业和公共机构可能在区域外，而通过用多样化的政策和政策组合来支持不同潜在发展道路可以帮助企业拓展知识网络规模，有效寻求企业所需的合作伙伴（金雪军和杨晓兰，2005），准确识别、有效搜寻吸收企业所需的新知识、新技术，从而促进技术创新绩效的提升。政府作为创新活动的组织者和协调者，以创新政策为导向，可以帮助在企业界和学术界之间建立联结，协调产学研合作创新，吸引更多产、学、研、金、介各方加入"政产学研金介"战略联盟中来，对增大外部知识网络的规模效应起到较大的推动作用。例如，美国通过以下一系列创新政策如：不断推出大型的科技发展计划，包括技术伙伴计划、先进技术计划、制造业推广合作计划、未来产业计划，促进政府、企业和科研机构之间的创新活动，成果是已有 2500 所大学为企业建立了 350 个研究中心；开放政府信息，改善政府采购工作等一系列的创新政策（刘景江和许庆瑞，2001），促进企业与外部广泛联系，推动企业自主创新，其企业创新绩效是世界瞩目的。韩国在推动企业外部知识网络构建上，也采取了加强国际科技合作、推进技术研究开发国际化、同外国有关研究开发机构建立良好的国际研究开发协作关系、在国外设立研究与开发机构、聘请当地高科技人员开展研究与开发等政策，日本则采取政府出面组织大学、研究机构、企业进行一些重大项目的技术研究与开发等政策，来扩大企业的外部知识源，从而促进企业绩效创新。

有效的政府创新政策支持企业学习和发展认知能力（盛亚，2013），并可能帮助企业识别、鉴定不同类型的创新失灵，从而推动企业接近或成为外部知识网络的中心位置企业。企业创新过程会出现创新的演化失灵现象，例如，学习失灵、锁定、功能失调、认知障碍、缺乏多样性（Nill & Kemp，2009），针对这类现象，学者们提出创新政策的演化政策方法来规避创新的演化失灵，创新的演化政策方法考虑了创新的轨迹和不同特点，能为技术提供一个更广泛的视角，关注不同机构的学习和认知能力，识别何种环境下现有技术能够继续存在（盛亚，2013），通过不同的组合、不同的着重点和实施方式，比如，研发补贴、通过税收激励研发的具体政策用来支持学习和发展认知能力；建立公共研发和技术机构，作为促进特定地区和部门适应新知识的一个机制等。通过一系列的演化创新政策，帮助企业准确识别创新源，提高学习和认知能力，减少锁定的路径依赖，进一步集聚资源进行有效创新活动，不断接近外部知识网络的中心位置，从而利用网络的中心地位，提升创新绩效。日本通过以下创新政策：采取财政、金融和税制等手段支持企业获得高新技术；聘请外国年轻的优秀科学家，允许大学教授和国立科研机构的科学家相互流动，建立流动性研发制度，进一步加强科技情报服务；产学研的经费全部由国库支出，而企业几乎是无偿地分享高新技术的所有权；韩国采取的是完善科技信息流通体制、成立研究开发信息中心、对技术集约性产业给予税收优惠措施、对科技工作者采取一系列优先措施等政策鼓励企业学习和发展认知能力，努力成为外部知识网络中的中心企业。

较好的政府创新政策同时也会抑制企业对创新所需的差异性和非冗余信息的获取动力，因为高度共享的规范和价值限定了企业行为，并影响企业对创新压力的感知水平（邬爱其，2004），从而影响企业在外部知识网络嵌入的异质性程度，进一步影响企业的创新活动。网络异质性是企业知识网络中弱联结的一个代理变量（Hoang & Antoncic，2003），在异质程度较高的外部知识网络中，网络成员间的规模差异大，相互熟悉程度低，知识等资源的拥有差别较大，拥有完全不同的信息（王志玮，2010）。而良好的创新政策会帮助减少企业对知识等资源获取的障碍，增加资源获取的机会和便捷程度，正因为创新政策丰裕的资源供给，一方面，企业会因为知识等资源获取的便捷性，因而不愿意投入更多的资金、人力等寻求差异大、熟悉程度低的高异质性合作伙伴，从而降低外部知识网络的异质程度；另一方面，掌握更多政策资源的企业，处于小范围网络的中心位置，容易形成网络的齐美尔联结，对创新压力的感知水平下降，将缺乏"创造性破坏"的潜力，容易产生技术锁定效应（Burgelman，2002）。美国"128 公路地区"由盛而衰的历程也能说明这一点。20 世纪 70 年代初，"128 公路地区"成为全美国最主要的电子产品革新中心。但从 20 世纪 80 年代开始，"128 号公路地区"经济严重滑坡，走向了长期的衰落。这和美国当时给予"128 公路地区"的创新政策进而影响其外部知识网络的构建模式有关，其外部知识网络构建模式有以下几个特点：整个"128 公路地区"企业将大部分精力用于游说政府税和地方税的削减上，致力于与大企业和政府建立合作关系，产、学、研相互脱节，风险投资机构偏少，受等级制度制约，科研机构思想保守等。因此，好的创新政策对企业在外部知识网络中异质程度的提高会产生不利影响。

$M_1 - H_8$：政府创新政策在外部知识网络结构嵌入性与技术创新绩效关系的调节作用假设，具体描述如下：

$M_1 - H_{8a}$：政府创新政策供给越丰裕，网络规模 1 对企业技术创新绩效的正向影响越显著；

$M_1 - H_{8b}$：政府创新政策供给越丰裕，网络规模 2 对企业技术创新绩效的正向影响越显著；

$M_1 - H_{8c}$：政府创新政策供给越丰裕，网络中心度对企业技术创新绩效的正向影响越显著；

$M_1 - H_{8d}$：政府创新政策供给越丰裕，网络异质性对企业技术创新绩效的正向影响越不显著。

2. 政府创新政策对关系嵌入性与技术创新绩效关系的调节作用假设

创新系统失灵导向的政府创新政策，更关注系统内成员的互动，进而提高网络成员间的关系强度，以进一步促进成功创新。技术创新的系统失灵包括缺乏基础设施支持的基础失灵、制度缺失引致的制度失灵、互动太多或太少引起的互动失灵以及缺乏能力和资源导致的能力失灵（Klein，2005），创新政策对这些系统失灵的干预，不仅强调企业内部的研发投入，更关注企业和其他相关机构间的技术合作和互动（Klein，2005；Godoe，2006；Dodgson，2011），企业通过与外部知识网络成员间的高互动，能够帮助企业减少沟通障碍，更能增进相互间的了解，增加创新合作的可能性，同时，也更能搜寻、获取有效的信息和知识，有利于企业的技术创新活动。例如，英国政府出台"充分发挥数字技术在技术创新中的作用""实施企业信息社会计划"以及"确保人力资源满足企业创新的需要""成立法拉第伙伴关系的全国网络"等；美国政府则推出"建成大型、昂贵的实验设施有偿供给企业使用；巩固和加强研究中心的基础设施；国家信息基础设施保证所有美国人以负担得起的价格获得资源"，创新政策为解决企业创新的基础设施失灵、互动失灵、制度失灵和能力失灵等创新系统失灵问题提供了强有力的支持，减少了企业与网络成员互动的障碍，提高了互动频率，进而推进企业的技术创新活动。

政府通过实施一系列的规范保障创新政策，有利于企业与网络成员间构建稳定关系，增进相互之间的信任与互惠，提高外部知识网络成员间的关系质量，进而提升技术创新绩效。成功创新需要一套完善的市场交易规则来约束，政府作为创新政策的制定者，组织、实施一整套富有效率的创新政策，可以为众多企业提供基于创新活动的博弈基本规则，增进彼此之间的信任、承诺与互惠，降低创新活动和交易的各项成本，从而提高创新收益。例如，基于知识产权保护的科技成果产权制度、以多种优惠政策体现的科技成果产业化政策、基于完善市场竞争的科技成果交易制度等创新政策的制定和实施，为构建公平的技术市场提供基本规则和良好保障，从制度和法律层面为合作伙伴间的信任与承诺夯实基础，降低信任构建的时间和情感成本，进而在规则框架下提升网络成员间的关系质量，促进技术创新的成功实现。发达国家的相关创新政策，如日本的"成立系统的政策性金融机构""政府为长期信用银行对风险企业的贷款提供80%的担保"、制定《科学技术基本法》、"在金融、税制、人才培训和信息咨询提供等方面帮助中小企业，制定《中小企业基本法》""设立专门的中介机构促进技术转让和科技成果的产业化"等创新政策，为企业与外部知识网络成员良好的关系质量提供制度保障，进一步激励企业自主创新，提升技术创新绩效。

同时，也有学者认为，制定合理的创新政策是一项非常复杂的任务，有很多难以解决的冲突（Korres & George, 2007），许多政策预期的目标没有达到，并且在执行政策过程中产生了负面后果（Bennis, 2006）；过细的创新政策会抑制或诱导某些行业的中小企业发展，应淡化创新政策的影响，让市场去检验；政府补贴没有对企业进行差别对待，这导致了某些企业的过度研发和社会福利损失。

根据以上文献和发达国家创新政策的梳理，本研究提出政府创新政策对外部知识网络关系嵌入性（关系强度 1、关系强度 2 和关系质量）与技术创新绩效关系调节作用的以下假设：

假设 $M_2 - H_8$：政府创新政策在外部知识网络关系嵌入性与技术创新绩效关系中的调节作用假设，具体描述如下：

$M_2 - H_{8a}$：政府创新政策供给越丰裕，关系强度 1 对企业技术创新绩效的正向影响越显著；

M₂－H₈ᵦ：政府创新政策供给越丰裕，关系强度 2 对企业技术创新绩效的正向影响越显著；

M₂－H₈ᵪ：政府创新政策供给越丰裕，关系质量对企业技术创新绩效的正向影响越显著。

7.3 变量测度和数据分析方法

本章引入知识整合能力（组织变量）和政策环境（环境变量）两个调节变量，考察其对外部知识网络嵌入性与技术创新绩效关系的影响，所涉及的相关变量说明如下所示。

研究一：考察知识整合能力和政策环境对外部知识网络结构嵌入性与技术创新绩效关系的调节作用。被解释变量为技术创新绩效，解释变量分别为结构嵌入性的网络规模 1、网络规模 2、网络中心度和网络异质性，调节变量分别是知识整合能力和政策环境，控制变量为企业规模、行业类型和研发投入。

研究二：考察知识整合能力和政策环境对外部知识网络关系嵌入性与技术创新绩效关系的调节作用。被解释变量为技术创新绩效，解释变量分别为关系嵌入性的关系强度 1、关系强度 2 和关系质量，调节变量分别是知识整合能力和政策环境，控制变量为企业规模、行业类型和研发投入。

上述被解释变量、解释变量和控制变量的测度方法已在第 5 章中阐述，不再重复，以下内容分别对两个调节变量进行测度。

7.3.1 知识整合能力测度

知识整合能力是指企业整理、吸收和应用来自外部网络的知识、技术等资源，并在组织内成员间共享融合形成新知识的能力，主要包括知识的整理、吸收和应用三个部分的动态能力（Kogut & Zander，1992；Grant，1996；Zahra et al.，2000；Collins & Smith，2006；魏江，2008；徐蕾，2012），学者们对知识整合能力是一种多维度动态能力的认识基本达成一致，但是对知识整合能力的维度划分、题项设计还没有形成统一认识，例如，科古特等（Kogut et al.，1992）和蒂斯（Teece，1997）从系统化、社会化、合作化三个维度设计题项考察知识整合能力；朱利安尼和贝尔（Giuliani & Bell，2005）从技术人员的受教育程度、专业人员的经验和企业试验活动的强度三个方面进行测度；范志刚（2010）从知识获取能力和知识应用能力两个方面分别采用3个题项进行测度；陈勇（2011）以"部门间协调程度""新知识整合分享""新战略应用"和"资源整合"四个题项测度知识整合能力。

根据以上文献，结合调研实际和专家建议，对知识整合能力采用以下题项进行测度（见表7.3）。

表7.3 知识整合能力测度题项

变量名称	题项内容
知识 整合 能力	与同行相比，本企业能很快获取外部知识与信息 与同行相比，本企业能准确评估新知识、新信息的功效 本企业鼓励员工从创新伙伴处获取新的知识和技能 与同行相比，本企业能很快分享、应用从外部获取的知识与信息 与同行相比，本企业能更好地将新旧技术融合并用于新产品开发 与同行相比，本企业各部门、团队之间协调程度较高
题项依据	罗利等（Rowley et al.，2000）；艾辛格奇等（Eisingerich et al.，2010）；许冠南（2008）；陈勇（2011）；洪茹燕（2012）；易等（Yi S. et al.，2016）；刘思萌等（2019）；陶凤鸣等（2023）

7.3.2 政府创新政策测度

目前，关于政府创新政策的实证研究比较少，大多从经济学或公共管理学等学科视角，对政府创新政策进行理论的探讨。国内外的自主创新政策工具主要包括产业政策、科技政策、财政投入、税收优惠、政府采购、知识产权保护、产学研合作等政策工具。

从政府创新政策有限的实证研究看，罗斯威尔和泽格维尔德（Rothwell & Zegveld，1981）认为，创新科技政策包含对技术职业教育、专利系统，以及在科学技术基础建设内的基础科学研究与应用研究的支持；罗斯威尔（Rothewell，1992）将创新政策工具分为供给政策工具、需求政策工具与环境政策工具三类；李伟铭等（2008）从技术创新政策的重视程度、支持力度、落实程度三个维度来实证研究技术创新政策与中小企业创新绩效的关系；程华和王婉君（2013）从供给政策和环境政策两个维度考察了创新政策与企业绩效。解雪梅（2010）以"科技创新政策""信息服务、监督或监管服务机构或相关政策"来测度政府创新政策，考察企业与政府的协同创新网络；卢秋艳和张公（2010）以政府投入和政府政策两个维度8个题项来测度跨国技术联盟创新网络中的政府作用。

根据以上文献，结合调研实际和专家建议，对政府创新政策采用以下题项进行测度（见表7.4）。

表7.4 政府创新政策测度题项

变量名称	题项内容
政策供给	政府逐年增加 R&D 投入比例，鼓励企业自主创新 政府提供科技项目开发贴息贷款等，帮助企业缓解创新融资压力 政府通过科技计划项目、政府采购等，扶持企业自主创新 建立各类公共服务平台，推动信息技术的应用 政府通过税收优惠政策，鼓励技术开发、人才培养 制定科技成果的引导和推广政策等，鼓励技术引进吸收 政府设立开发区，促进企业创新发展 政府保护知识产权，鼓励专利申请
题项依据	罗斯威尔（Rothewell，1992）；卢秋艳和张公（2010）；程华和王婉君（2013）；叶祥松等（2020）；张杰（2021）；林青宁等（2023）；本研究调研

7.3.3 数据分析方法

本研究运用统计软件 SPSS 26.0 对回收的有效问卷数据进行统计分析，问卷设计、数据收集方法与有效性控制、数据分析方法同第 5 章内容，涉及效度与信度分析以及在此基础上的多元线性回归分析，这里不再重复。

7.4 数据分析

7.4.1 效度和信度检验

为保证实证分析以及实证结果的合理性与可靠性，本书将对研究中所涉及的相关变量进行效度与信度分析，其中，外部知识网络结构嵌入性、外部知识网络关系嵌入性和技术创新绩效等变量的效度与信度已在第 6 章进行了分析，不再重复。本小节主要针对两类调节变量进行效度与信度的检验。

1. 效度检验

本研究首先对所构建的知识整合能力和政府创新政策两个变量的各题项是否适合因子分析进行了判别，结果显示：KMO = 0.939 > 0.7；Bartlett

球形检验值为 5182.998，自由度为 91，显著性概率值 p = 0.000 < 0.05，拒绝虚无假设，即拒绝变量间的净相关矩阵不是单元矩阵的假设，这均表明题项变量间有公共因子存在，非常适合因子分析。

然后，本研究采用主成分分析的因子提取方法和最大方差转轴法，分别对知识整合能力和政府创新政策各题项变量进行因子分析，以检验其效度。表 7.5 显示，各测度题项的因子载荷系数均大于 0.5，且都较好地负载到其预期测度的因子构念上，被提取的两个因子累积解释变差为 76.323%，大于 50%，表示保留提取的两个因子具有良好的建构效度。

表 7.5　　　　知识整合能力和政府创新政策的效度检验（N = 752）

变量名称	测量题项（简写）	均值	标准差	因子载荷	
				知识整合能力	政府创新政策
知识整合能力	迅速掌握新知识	4.42	1.462	0.863	0.275
	准确评估新知识	4.36	1.446	0.862	0.269
	鼓励员工获取新的知识	4.53	1.588	0.837	0.277
	迅速整合新知识并共享	4.44	1.472	0.848	0.331
	较好融合新技术	4.41	1.510	0.872	0.297
	团队协调程度高	4.67	1.550	0.836	0.191
政府创新政策	提高 R&D 投入比例	3.84	1.743	0.372	0.752
	提供政策缓解融资压力	3.65	1.667	0.218	0.851
	扶持企业自主创新	3.63	1.726	0.234	0.842
	推动新知识应用	3.81	1.691	0.319	0.788
	鼓励技术开发、人才培养	3.88	1.691	0.232	0.845
	鼓励技术引进	4.00	1.596	0.252	0.840
	设立开发区等	4.09	1.765	0.204	0.814
	保护知识产权、鼓励专利申请	4.27	1.784	0.303	0.750

2. 信度检验

知识整合能力和政府创新政策的信度检验如表 7.6 所示，结果显示，所有的题项 – 总体相关系数均高于 0.35，同时各层面构念的 Cronbach's α 系数均大于 0.9；题项删除后 α 系数均未高于各层面的 α 系数。可见，知识整合能力和政府创新政策各量表的内部一致性较好，整体信度较高。

表 7.6 知识整合能力和政府创新政策的信度检验 (N = 752)

变量名称	测量题项（简写）	题项 – 总体相关系数	删除该题项后 Cronbach's α 系数	Cronbach's α 系数
知识整合能力	迅速掌握新知识	0.861	0.939	0.950
	准确评估新知识	0.855	0.940	
	鼓励员工获取新的知识	0.830	0.943	
	迅速整合新知识并共享	0.867	0.939	
	较好融合新技术	0.884	0.937	
	团队协调程度高	0.789	0.948	
政府创新政策	提高 R&D 投入比例	0.781	0.941	0.947
	提供政策缓解融资压力	0.832	0.937	
	扶持企业自主创新	0.828	0.937	
	推动新知识应用	0.800	0.939	
	鼓励技术开发、人才培养	0.829	0.937	
	鼓励技术引进	0.833	0.937	
	设立开发区等	0.782	0.940	
	保护知识产权、鼓励专利申请	0.752	0.943	

基于上述分析，本研究所构建的知识整合能力和政府创新政策量表的效度与信度都较好，为后续多元回归分析奠定了较好的基础。

7.4.2 相关分析

1. 子研究一（结构嵌入性）各变量相关关系

在进行回归分析之前，必须先考察各研究变量间的相关关系，通过 SPSS 软件对子研究一涉及的 10 个变量（包括控制变量）进行相关分析，结果如表 7.7 所示。表 7.7 显示了进行简单相关分析后的各变量间的相关系数，其中控制变量为行业类别、企业规模和研发投入；解释变量为网络规模 1、网络规模 2、网络中心度和网络异质性，调节变量为知识整合能力和政府创新政策，解释变量和被解释变量的相关系数均为正，且显著；解释变量和调节变量的相关系数均为正，且显著；调节变量与被解释变量的相关系数均为正，且显著；子研究一的相关假设得到了初步验证。下一步将运用多元线性回归模型进一步验证这些变量之间的影响机制。

2. 子研究二（关系嵌入性）各变量相关关系

子研究二各变量的相关关系结果如表 7.8 所示。表 7.8 显示了进行简单相关分析后的各变量间的相关系数，其中控制变量为行业类别、企业规模和研发投入；解释变量为关系强度 1、关系强度 2 和关系质量，调节变量为知识整合能力和政府创新政策，解释变量和被解释变量的相关系数均为正，且显著；解释变量和调节变量的相关系数均为正，且显著；调节变量与被解释变量的相关系数均为正，且显著；子研究二的相关假设得到了初步验证。下一步将运用多元线性回归模型进一步验证这些变量之间的影响机制。

表 7.7　　子研究一（结构嵌入性）各变量间相关关系（N = 752）

	1	2	3	4	5	6	7	8	9	10
控制变量										
1. 行业类别	1									
2. 企业规模	-0.108	1								
3. 研发投入	0.305**	-0.174**	1							
解释变量										
4. 网络规模 1	0.190**	-0.028	0.173**	1						
5. 网络规模 2	0.372**	-0.146**	0.251**	0.408**	1					
6. 网络中心度	0.255**	-0.063	0.271**	0.426**	-0.040	1				
7. 网络异质性	0.043	-0.048	0.253**	0.136**	0.359**	0.312**	1			
调节变量										
8. 知识整合能力	0.229**	-0.041	0.357**	0.249**	0.097*	0.527**	0.317**	1		
9. 政府创新政策	0.352**	-0.148**	0.354**	0.163**	0.314**	0.376**	0.363**	0.587**	1	
被解释变量										
10. 技术创新绩效	0.292**	-0.082	0.395**	0.336**	0.469**	0.375**	0.442**	0.480**	0.490**	1

注：* 表示显著性水平 $p < 0.05$（双尾检验），** 表示显著性水平 $p < 0.01$（双尾检验）。

表 7.8　　子研究二（关系嵌入性）各变量间相关关系（N = 752）

	1	2	3	4	5	6	7	8	9
控制变量									
1. 行业类别	1								
2. 企业规模	-0.108	1							
3. 研发投入	0.305**	-0.174**	1						
解释变量									
4. 关系强度 1	0.039	-0.029	0.112*	1					
5. 关系强度 2	0.406**	-0.106*	0.416**	-0.024	1				
6. 关系质量	0.054	0.018	0.102*	-0.002	0.072*	1			
调节变量									
7. 知识整合能力	0.229**	-0.041	0.357**	0.340**	0.430**	0.426**	1		
8. 政府创新政策	0.352**	-0.148**	0.354**	0.112*	0.616**	0.223**	0.587**	1	
被解释变量									
9. 技术创新绩效	0.292**	-0.082	0.395**	0.336**	0.469**	0.375**	0.835**	0.590**	1

注：* 表示显著性水平 $p < 0.05$（双尾检验），** 表示显著性水平 $p < 0.01$（双尾检验）。

7.4.3 三大问题检验

本小节对回归模型的准确性与可靠性进行检验，即检验模型是否存在多重共线性、异方差性和序列相关性三大基本问题，检验结果如下所示。

1. 多重共线性检验

多重共线性（multicollinearity）是指解释变量之间和控制变量之间存在严重的线性相关，可以用方差膨胀因子（VIF）和容忍度（TOL）来衡量，一般认为 TOL > 0.1，VIF < 10 则不存在多重共线性，否则需要采用主成分分析、回归等方法消除共线性。本研究各变量 TOL 值均大于 0.5，VIF 值均介于 0 ~ 10，因而各解释变量（包括控制变量）之间没有多重共线性问题。

2. 异方差性检验

异方差性（heteroscedasticity）是指随着解释变量的变化，被解释变量的方差存在明显的变化趋势，即不具有常数方差的特征（马庆国，2002）。一般采用散点图的方式来加以判别，以标准化预测值为横轴，以标准化残差为纵轴，散点图无序则可认为不存在异方差，本研究检验后发现，各回归模型残差项散点图中的散点大致在 0 值上下呈水平随机分布，呈无序状态，这表明异方差性问题没有出现在本研究的各回归模型中。

3. 序列相关性检验

序列相关性（serial correlation）即所指的时间序列相关，即自相关，指随着时间的变化与推移，不同时期的样本值（不同编号的样本值）之间存在相关关系。

在研究中，笔者没有分不同时期对数据进行收集，是在特定的时点进行了一次性数据收集，不存在不同期的数据资料，从常识上判断不可能出现不同时期样本值之间的序列相关问题，且在研究的回归分析中，输出结果亦勾选了"Durbin-Watson"项，该项值介于 1.8 ~ 2.1，一般认为 DW 值接近于 2 则表明样本数据不存在序列相关问题。

7.4.4 模型回归分析

本小节将进一步分析检验组织变量——知识整合能力和环境变量——政府创新政策这两类调节变量对外部知识网络嵌入性与技术创新绩效之间关系的调节作用。在对变量间调节效应做回归检验之前，需对解释变量和调节变量进行中心化处理，为的是消除原始数据因量纲、变化幅度等不同影响（温忠麟、侯杰泰和张雷，2005）。从研究的严谨性出发，本研究将所涉及的所有变量，包括控制变量、解释变量（预测变量）、调节变量的各题项首先进行了中心化处理，然后将变换后的解释变量分别与变换后的各调节变量两两相乘，由此得到交互项。接下来，采用多元线性回归分析方法讨论上述的调节作用。

1. 两类变量对结构嵌入性与技术创新绩效关系的调节效应检验

表7.9表明了知识整合能力和政府创新政策对外部知识网络结构嵌入性与技术创新绩效关系的调节作用结果，其中各模型的被解释变量为技术创新绩效，解释变量为结构嵌入性的网络规模1（企业类）、网络规模2（非企业类）、网络中心度和网络异质性，调节变量为知识整合能力和政府创新政策，控制变量为行业类别、企业规模和研发投入。

表7.9　两类变量对结构嵌入性与技术创新绩效关系的调节作用（N=752）

变量	模型1 主效应	模型2 知识整合能力	模型3 政府创新政策	模型4 全模型
控制变量				
行业类别	0.035	0.033	0.032	0.033
企业规模	−0.014	−0.020	−0.007	−0.009
研发投入	0.035	0.028	0.049	0.045
解释变量				
网络规模1	0.058 +	0.056 +	0.047	0.051
网络规模2	−0.060 +	−0.053	−0.082 *	−0.072 *
网络中心度	0.192 ***	0.178 ***	0.188 ***	0.166 ***
网络异质性	0.072 +	0.087 *	0.069 +	0.078 +
调节变量				
知识整合能力	0.606 ***	0.601 ***	0.609 ***	0.610 ***
政府创新政策	0.072 **	0.072 **	0.082 *	0.080 *
交互项				
网络规模1×知识整合能力		−0.037		−0.060
网络规模2×知识整合能力		−0.004		−0.068
网络中心度×知识整合能力		0.068 *		0.072 +
网络异质性×知识整合能力		−0.063		−0.014
网络规模1×政府创新政策			0.002	0.038
网络规模2×政府创新政策			0.058 *	0.089 *
网络中心度×政府创新政策			0.049	0.041
网络异质性×政府创新政策			−0.099 **	−0.105 *
模型统计量				
R^2	0.752	0.765	0.767	0.773

变量	模型 1 主效应	模型 2 知识整合能力	模型 3 政府创新政策	模型 4 全模型
调整后 R^2	0.746	0.756	0.758	0.759
F 统计值	123.086 ***	85.717 ***	86.786 ***	70.939 ***
ΔR^2		0.013	0.015	0.021
ΔF		1.858 +	2.021 *	1.789 *

注：+表示显著性水平 $P < 0.1$（双尾检验），∗ 表示显著性水平 $P < 0.05$（双尾检验），∗∗ 表示显著性水平 $P < 0.01$（双尾检验），∗∗∗ 表示显著性水平 $P < 0.001$（双尾检验），表中各模型的被解释变量为技术创新绩效，各回归系数为标准化回归系数。

模型 1 用来分析网络规模 1（企业类）、网络规模 2（非企业类）、网络中心度、网络异质性、知识整合能力和政府创新政策对技术创新绩效的主效应，包括控制变量、解释变量和调节变量。表 7.9 显示，网络规模 1（企业类）、网络规模 2（非企业类）、网络中心度、网络异质性对技术创新绩效均有显著性影响，回归系数分别为 0.058（$P < 0.1$）、−0.060（$P < 0.1$）、0.192（$P < 0.001$）、0.072（$P < 0.1$），知识整合能力和政府创新政策对技术创新绩效有显著性影响，回归系数分别为 0.606（$P < 0.001$）和 0.072（$P < 0.01$）。模型 1 为下面的交互效应对比分析提供了基础。

模型 2 在模型 1 的基础上，增加了表征知识整合能力调节作用的 4 个交互项（网络规模 1×知识整合能力、网络规模 2×知识整合能力、网络中心度×知识整合能力和网络异质性×知识整合能力）；模型 3 在模型 1 的基础上，增加了表征政府创新政策调节作用的 4 个交互项（网络规模 1×政府创新政策、网络规模 2×政府创新政策、网络中心度×政府创新政策和网络异质性×政府创新政策）；模型 2 和模型 3 分别用来分析知识整合能力和政府创新政策的调节作用；模型 4 包含了所有变量和交互项，是个全模型，用以比较于其他各模型，模型 4 整体解释变异量 R^2 达到 77.3%，有显著意义的提高（R^2 变动 0.021，$P < 0.05$），F 统计值变动显著（F 值变动为 1.689，$P < 0.05$），说明全模型 4 能更好地解释各变量对被解释变量技术创新绩效的影响。

模型 2 在模型 1 的基础上，增加了知识整合能力与结构嵌入性各变量的交互项。数据显示，模型 2 的整体解释变异量 R^2 达到 76.5%，相比于比模型 1，R^2 值有了显著意义的提高（$\Delta R^2 = 0.013$，$P < 0.1$），F 统计值变动显著（$\Delta F = 1.858$，$P < 0.1$），说明知识整合能力对外部知识网络结构嵌入性与技术创新绩效关系的调节作用显著。具体地，交互项"网络中

心度×知识整合能力"的回归系数为 0.068，且显著异于 0（P < 0.05），在全模型 4 中这种关系同样得到支持（回归系数 = 0.072，P < 0.05），这表明知识整合能力正向调节网络中心度对技术创新绩效的影响过程，假设 M_1 – H_{7c} 得到数据支持，验证通过；交互项"网络规模 1×知识整合能力"的回归系数为负值（回归系数 = – 0.037），且未显著异于 0（P > 0.1），在模型 4 中这种关系也未得到支持（回归系数 = – 0.060，P > 0.1），说明知识整合能力对网络规模 1 与技术创新绩效的调节作用没有获得数据支持，假设 M_1 – H_{7a} 没有通过检验；同样，交互项"网络规模 2×知识整合能力"的回归系数也为负值（回归系数 = – 0.004），且未显著异于 0（P > 0.1），在模型 4 中这种关系也未得到支持（回归系数 = – 0.068，P > 0.1），说明知识整合能力对网络规模 2 与技术创新绩效的调节作用没有获得数据支持，假设 M_1 – H_{7b} 没有通过检验；交互项"网络异质性×知识整合能力"的回归系数也为负值（回归系数 = – 0.063），且未显著异于 0（P > 0.1），在模型 4 中这种关系也未得到支持（回归系数 = – 0.014，P > 0.1），说明知识整合能力对网络异质性与技术创新绩效的调节作用没有获得数据支持，假设 M_1 – H_{7d} 没有通过检验。

模型 3 在模型 1 的基础上，增加了政府创新政策与结构嵌入性各变量的交互项。数据显示，模型 3 的整体解释变异量 R^2 达到 76.7%，相比于模型 1，R^2 值有了显著意义的提高（ΔR^2 = 0.015，P < 0.1），F 统计值变动显著（ΔF = 2.021，P < 0.05），说明政府创新政策对外部知识网络结构嵌入性与技术创新绩效关系的调节作用显著。具体地，交互项"网络规模 2×政府创新政策"的回归系数为 0.058，且显著异于 0（P < 0.05），在全模型 4 中这种关系同样得到支持（回归系数 = 0.089，P < 0.05），这表明政府创新政策正向调节网络规模 2 对技术创新绩效的影响过程，假设 M_1 – H_{8b} 得到数据支持，验证通过；交互项"网络异质性×政府创新政策"的回归系数为负值（回归系数 = – 0.099），且显著异于 0（P < 0.01），在模型 4 中这种关系也得到支持（回归系数 = – 0.105，P < 0.05），说明政府创新政策对网络异质性与技术创新绩效的调节作用获得数据支持，并且起负向调节效应，即政府创新政策供给越丰裕，网络异质性对技术创新绩效的影响越不显著，假设 M_1 – H_{8d} 通过验证；然而，交互项"网络规模 1×政府创新政策"的回归系数为正，但不显著（回归系数 = 0.002，P > 0.1），在模型 4 中这种关系也未得到支持（回归系数 = 0.038，P > 0.1），说明政府创新政策对网络规模 1 与技术创新绩效的调节作用没有获得数据支持，假设 M_1 – H_{8a} 没有通过检验；交互项"网络中心度×政府创新政策"的回归系数为正，但不显著（回归系数＝0.049，P＞0.1），在模型4中这种关系也未得到支持（回归系数＝0.041，P＞0.1），说明政府创新政策对网络中心度与技术创新绩效的调节作用没有获得数据支持，假设 $M_1 - H_{8c}$ 没有通过检验。

2. 两类变量对关系嵌入性与技术创新绩效关系的调节效应检验

表7.10表明了知识整合能力和政府创新政策对外部知识网络关系嵌入性与技术创新绩效关系的调节作用结果，其中各模型的被解释变量为技术创新绩效，解释变量为关系嵌入性的关系强度1（企业类）、关系强度2（非企业类）和关系质量，调节变量为知识整合能力和政府创新政策，控制变量为行业类别、企业规模和研发投入。

表7.10　　两类变量对关系嵌入性与技术创新绩效关系的调节作用（N＝752）

变量	模型1 主效应	模型2 知识整合能力	模型3 政府创新政策	模型4 全模型
控制变量				
行业类别	0.048	0.048 +	0.048	0.049
企业规模	− 0.016	− 0.014	− 0.014	− 0.013
研发投入	0.058 +	0.056 +	0.056 +	0.057 +
解释变量				
关系强度1	0.085 *	0.064 +	0.075 *	0.063 +
关系强度2	0.070 +	0.078 +	0.070 +	0.075 +
关系质量	0.031 +	0.058	0.061 +	0.067 +
调节变量				
知识整合能力	0.652 ***	0.665 ***	0.648 ***	0.659 ***
政府创新政策	0.086 *	0.072 *	0.085 *	0.063 *
交互项				
关系强度1×知识整合能力		0.064		0.069
关系强度2×知识整合能力		0.008		− 0.026
关系质量×知识整合能力		0.081 *		0.032 *
关系强度1×政府创新政策			− 0.058	− 0.011
关系强度2×政府创新政策			0.024	0.041
关系质量×政府创新政策			0.096 **	0.088 *
模型统计量				
R^2	0.733	0.747	0.749	0.751
调整后 R^2	0.727	0.739	0.741	0.735

变量	模型 1 主效应	模型 2 知识整合能力	模型 3 政府创新政策	模型 4 全模型
F 统计值	125.796 ***	92.755 ***	93.525 ***	73.711 ***
ΔR² (与模型 1 比较)		0.014	0.016	0.018
ΔF (与模型 1 比较)		1.974 +	2.729 *	1.872 +

注：+表示显著性水平 P<0.1（双尾检验），* 表示显著性水平 P<0.05（双尾检验），** 表示显著性水平 P<0.01（双尾检验），*** 表示显著性水平 P<0.001（双尾检验），表中各模型的被解释变量为技术创新绩效，各回归系数为标准化回归系数。

模型 1 用来分析关系强度 1（企业类）、关系强度 2（非企业类）、关系质量、知识整合能力和政府创新政策对技术创新绩效的主效应，包括控制变量、解释变量和调节变量。表 7.10 显示，关系强度 1（企业类）、关系强度 2（非企业类）、关系质量对技术创新绩效均有显著性影响，回归系数分别为 0.085（P<0.05）、0.070（P<0.1）、0.031（P<0.1），知识整合能力和政府创新政策对技术创新绩效有显著性影响，回归系数分别为 0.652（P<0.001）和 0.086（P<0.05）。模型 1 为下面的交互效应对比分析提供了基础。

模型 2 在模型 1 的基础上，增加了表征知识整合能力调节作用的 3 个交互项（关系强度 1×知识整合能力、关系强度 2×知识整合能力、关系质量×知识整合能力）；模型 3 在模型 1 基础上，增加了表征政府创新政策调节作用的 3 个交互项（关系强度 1×政府创新政策、关系强度 2×政府创新政策、关系质量×政府创新政策）；模型 2 和模型 3 分别用来分析知识整合能力和政府创新政策的调节作用；模型 4 包含了所有变量和交互项，是个全模型，用于和其他模型相比较，模型 4 整体解释变异量 R² 达到 75.1%，有显著意义的提高（ΔR²=0.018），F 统计值变动显著（ΔF=1.872，P<0.1），说明全模型 4 能更好地解释各变量对被解释变量技术创新绩效的影响。

模型 2 在模型 1 的基础上，增加了知识整合能力与关系嵌入性各变量的交互项。数据显示，模型 2 的整体解释变异量 R² 达到 74.7%，相比于模型 1，R² 值有了显著意义的提高（ΔR²=0.014），F 统计值变动显著（ΔF=1.974，P<0.1），说明知识整合能力对外部知识网络关系嵌入性与技术创新绩效关系的调节作用显著。具体地，交互项"关系强度 1×知识整合能力"的回归系数为 0.064，未显著异于 0（P>0.1），在全模型 4 中这种关系同样得到体现（回归系数=0.069，P>0.1），这表明知识整合能力负向调节关系强度 1 对技术创新绩效的影响过程，假设 M_2 – H_{7a} 没有得到数据支持，验证未通过；交互项 "关系强度 2 × 知识整合能力" 的回归系数为正（回归系数 = 0.008），但未显著异于 0（P > 0.1），在模型 4 中这种关系也未得到支持（回归系数 = – 0.026，P > 0.1），说明知识整合能力对关系强度 2 与技术创新绩效的调节作用没有获得数据支持，假设 M_2 – H_{7b} 没有通过检验；交互项 "关系质量 × 知识整合能力" 的回归系数为正且显著（回归系数 = 0.081，P < 0.05），表明知识整合能力对关系质量与技术创新绩效的调节作用获得数据支持，在模型 4 中这种关系也得到支持（回归系数 = 0.032，P < 0.05），假设 M_2 – H_{7c} 通过检验。

模型 3 在模型 1 的基础上，增加了政府创新政策与关系嵌入性各变量的交互项。数据显示，模型 3 的整体解释变异量 R^2 达到 74.9%，相比于模型 1，R^2 值有了显著意义的提高（ΔR^2 = 0.016），F 统计值变动显著（ΔF = 2.729，P < 0.05），说明政府创新政策对外部知识网络关系嵌入性与技术创新绩效关系的调节作用显著。具体地，交互项 "关系强度 1 × 政府创新政策" 的回归系数为 – 0.058，且未显著异于 0（P > 0.1），在全模型 4 中这种关系也没有得到支持（回归系数 = – 0.011，P > 0.1），这表明政府创新政策对关系强度 1 与技术创新绩效不存在调节作用，假设 M_2 – H_{8a} 未得到数据支持，没有通过验证；交互项 "关系强度 2 × 政府创新政策" 的回归系数为正（回归系数 = 0.024），但未显著异于 0（P > 0.1），在模型 4 中调节关系也未得到支持（回归系数 = 0.041，P > 0.1），说明政府创新政策对关系强度 2 与技术创新绩效没有调节作用，假设 M_2 – H_{8b} 未得到数据支持，没有通过验证；交互项 "关系质量 × 政府创新政策" 的回归系数为正且显著（回归系数 = 0.096，P < 0.01），在模型 4 中这种关系同样得到支持（回归系数 = 0.088，P < 0.05），说明政府创新政策对关系质量与技术创新绩效的调节作用获得数据支持，假设 M_2 – H_{8c} 通过检验。

7.5 结果讨论

7.5.1 实证研究结果

本章引入组织调节变量——知识整合能力和环境调节变量——政府创新政策两类变量，深入探讨了其对外部知识网络嵌入性与技术创新绩效关系的调节效应，实证结果表明，部分研究假设得到支持，进一步说明全球化背景下制造企业技术创新的复杂性，其影响机制更需一步探讨，这也给本研究今后的研究提供空间和挑战性。知识整合能力和政府创新政策的调节作用各假设汇总如表7.11和表7.12所示。

表7.11 两类变量对结构嵌入性与技术创新绩效关系的调节效应假设结果汇总

假设	具体描述	验证结果
$M_1 - H_7$	知识整合能力对外部知识网络结构嵌入性与技术创新绩效关系的调节作用假设	
$M_1 - H_{7a}$	知识整合能力越强，网络规模1对企业技术创新绩效的正向影响越显著	未通过
$M_1 - H_{7b}$	知识整合能力越强，网络规模2对企业技术创新绩效的正向影响越显著	未通过
$M_1 - H_{7c}$	知识整合能力越强，网络中心度对企业技术创新绩效的正向影响越显著	通过
$M_1 - H_{7d}$	知识整合能力越强，网络异质性对企业技术创新绩效的正向影响越显著	未通过
$M_1 - H_8$	政府创新政策对外部知识网络结构嵌入性与技术创新绩效关系的调节作用假设	
$M_1 - H_{8a}$	政府创新政策供给越丰裕，网络规模1对企业技术创新绩效的正向影响越显著	未通过
$M_1 - H_{8b}$	政府创新政策供给越丰裕，网络规模2对企业技术创新绩效的正向影响越显著	通过
$M_1 - H_{8c}$	政府创新政策供给越丰裕，网络中心度对企业技术创新绩效的正向影响越显著	未通过
$M_1 - H_{8d}$	政府创新政策供给越丰裕，网络异质性对企业技术创新绩效的正向影响越不显著	通过

表7.12 两类变量对关系嵌入性与技术创新绩效关系的调节效应假设结果汇总

假设	具体描述	验证结果
$M_2 - H_7$	知识整合能力对外部知识网络关系嵌入性与技术创新绩效关系的调节作用假设	
$M_2 - H_{7a}$	知识整合能力越强，关系强度1对企业技术创新绩效的正向影响越显著	未通过
$M_2 - H_{7b}$	知识整合能力越强，关系强度1对企业技术创新绩效的正向影响越显著	未通过

假设	具体描述	验证结果
$M_2 - H_{7c}$	知识整合能力越强，关系质量对企业技术创新绩效的正向影响越显著	通过
$M_2 - H_8$	政府创新政策对外部知识网络关系嵌入性与技术创新绩效关系的调节作用假设	
$M_2 - H_{8a}$	政府创新政策供给越丰裕，关系强度1对企业技术创新绩效的正向影响越显著	未通过
$M_2 - H_{8b}$	政府创新政策供给越丰裕，关系强度1对企业技术创新绩效的正向影响越显著	未通过
$M_2 - H_{8c}$	政府创新政策供给越丰裕，关系质量对企业技术创新绩效的正向影响越显著	通过

7.5.2 知识整合能力的调节效应讨论

1. 知识整合能力对结构嵌入性与技术创新绩效关系的调节效应

从上述实证的结果可以看到，本研究的假设 $M_1 - H_{7c}$（回归系数 = 0.068，$P < 0.05$）通过了检验，说明制造企业的知识整合能力越强，网络中心度对企业技术创新绩效的正向影响越显著。这一验证结果表明，具有较好知识整合能力的企业，更能通过对资源的合理配置，利用网络的中心位置及时有效地获取、吸收、应用来自外部知识网络的新技术和新知识，并有效甄别无用信息，降低决策风险，也更能接近或成为位置中心企业，由此形成良性循环，提升技术创新绩效。这个结论也契合了吉尔辛等（Gilsing et al.，2008）、朱利安尼和贝尔（Giuliani & Bell，2005）、易等（Yi S. et al.，2016）、刘思萌等（2019）、陶凤鸣等（2023）学者的研究结论。

从上述实证结果可知，知识整合能力本身对技术创新绩效有显著的正向效应（回归系数 = 0.606，$P < 0.001$），而本研究的假设 $M_1 - H_{7a}$（回归系数 = -0.037，$P > 0.1$）和 $M_1 - H_{7b}$（回归系数 = -0.004，$P > 0.1$），均未获得数据支持，没有通过检验，说明知识整合能力对网络规模与技术创新绩效关系的正向调节作用不明显。可能的原因在于：第一，本土制造企业在全球制造网络中还处于低端，对新技术、新知识的获取本身有限，更谈不上更好地吸收整合用以研发创新，也就是知识整合能力还处于较弱时期；第二，可能与我国传统的差序格局传承有关，习惯构建熟人间的网络，网络规模构建受限，知识整合能力因此受到制约；第三，可能与本研究发放问卷的区域或样本问题设计有关，研究结论因此受到限制，这是本研究今后需进一步探讨的地方。

另外，本研究假设 $M_1 - H_{7d}$ （回归系数 = -0.063，P > 0.1）也未获得数据支持，没有通过检验，说明知识整合能力对网络异质性与技术创新绩效关系的调节作用不明显。网络异质性是弱联结的一个代理变量，高异质性的外部知识网络意味着成员规模、拥有知识信息等资源的差异比较大，网络成员相互间熟悉程度不高，假设未获通过的原因与上述知识整合能力对网络规模与技术创新绩效关系的调节作用的分析具有高度关联性，也是值得本研究继续探讨的研究命题。

2. 知识整合能力对关系嵌入性与技术创新绩效关系的调节效应

从上述实证的结果可以看到，本研究的假设 $M_2 - H_{7c}$ （回归系数 = 0.081，P < 0.05）通过了检验，说明制造企业的知识整合能力越强，关系质量对企业技术创新绩效的正向影响越显著。这一验证结果表明，较好的知识整合能力有助于提升网络成员间知识转移的意愿，最大限度地实现知识共享，可以从外部成员那里学习到关键技术和能力，达成关键问题的共识，有助于伙伴成员应对市场风险、提高知识应用（Simonin，1999），从而进一步增进成员间相互的信任、互惠和认同，提高彼此的关系质量，有利于组织成员的彼此沟通、相互适应和协调（Tsai & Ghoshal，1998），并反过来提升企业的知识整合能力，提高技术创新绩效。

本研究的假设 $M_2 - H_{7a}$ （回归系数 = 0.064，P > 0.1）和 $M_2 - H_{7b}$ （回归系数 = 0.008，P > 0.1），均未获得数据支持，没有通过检验，说明知识整合能力对关系强度与技术创新绩效关系的正向调节作用不明显，可能的原因在于上述知识整合能力对网络规模与技术创新绩效关系的调节作用的分析相似，主要与本土制造企业在全球制造网络的位置、特有的文化背景有关。

7.5.3 政府创新政策的调节效应讨论

作为环境变量的政府创新政策对技术创新绩效影响的调节作用，对于本研究来说是一次尝试，目前的文献极少有政府创新政策与知识网络、技术创新关系的研究，实证研究就更缺乏了，可能有诸多的不足，若能略微提供一定的参考价值，就是对本研究的鼓励。实证结果现分析如下所示。

1. 政府创新政策对结构嵌入性与技术创新绩效关系的调节效应

从上述实证的结果可以看到，本研究的假设 $M_1 - H_{8b}$ （回归系数 = 0.058，P < 0.05）通过了检验，说明政府创新政策供给越充裕，网络规模2（非企业类）对企业技术创新绩效的正向影响越显著。网络规模2探讨

的是制造企业除供应商、顾客和同行竞争者以外的外部知识网络，本研究的这一验证结果表明，政府创新政策更多的是提供创新的公共服务平台和各类科技计划，通过相关创新政策，如税收的优惠、政府的研发投入、知识产权保护制度的规范、鼓励"产、学、研、金"的合作、人才引进等，引导、鼓励企业从事技术创新活动，较好的政府创新政策，意味着为企业营造了良好的创新环境，同时也带动企业与大学、科研机构、技术市场、风投资金以及各类行业协会的密切合作，扩大了企业的创新合作伙伴，促进外部知识网络的构建，进一步影响企业的技术创新绩效。这一结论也契合了朱利安尼和贝尔（Giuliani & Bell，2005）、蔡（Tsai，2009）、蔡和王（Tsai & Wang，2009）、黄和赖斯（Huang & Rice，2009）、叶祥松等（2020）、张杰（2021）、寇宗来等（2023）、林青宁等（2023）学者的研究结论。

本研究的假设 $M_1 - H_{8d}$（回归系数 = -0.099，P < 0.01）通过了检验，说明政府创新政策供给越充裕，网络异质性对企业技术创新绩效的正向影响越不显著。这一研究结果表明，良好的创新政策意味着丰裕的创新资源的供给，将帮助企业减少对知识等资源获取的障碍，增加资源获取的机会和便捷程度。所以，对于制造企业来说，一方面，会因为知识等资源获取的便捷性，因而不愿意投入更多的资金、人力等寻求差异大、熟悉程度低的高异质性合作伙伴，从而降低外部知识网络的异质程度；另一方面，掌握更多政策资源的企业，处于小范围网络的中心位置，容易形成网络的齐美尔联结，对创新压力的感知水平下降，将缺乏"创造性破坏"的潜力，容易产生技术锁定效应，从而对技术创新产生负向影响。

从上述实证结果还可以看到，政府创新政策本身对技术创新绩效有显著的正向效应（回归系数 = 0.072，P < 0.05），而本研究的假设 $M_1 - H_{7c}$（回归系数 = 0.049，P > 0.1）未获得数据支持，没有通过检验，政府创新政策在对网络中心度与技术创新绩效关系的正向调节作用不明显。究其原因，可能在于：本土多数制造企业正在嵌入全球制造网络，还处于全球价值链的低端，受技术薄弱、技术引进受限、战略隔绝机制、创新复杂性等因素影响，制造企业在其所处的外部知识网络中的位置中心度还比较低，政府创新政策还很难在较短时间给予企业迅速支撑，成为中心企业还需时间，政府创新政策对网络中心度与技术创新绩效的正向调节作用还未显示或还未被企业感知，政府创新政策如何提升企业在外部知识网络的中心度，进而提高技术创新绩效，这是一个值得继续探讨的命题。

另外，本研究的假设 $M_1 - H_{7a}$（回归系数 = 0.002，P > 0.1）未获得数据支持，没有通过检验，政府创新政策在对网络规模1（企业类）与技术创新绩效关系的正向调节作用不明显。网络规模 1 指与企业的供应商、顾客和同行竞争者构建的外部知识网络，主要是制造企业的垂直网络，属于完全市场类的合作伙伴，对于竞争市场，政府无法做到、也不能做到直接干预，所以此研究结论有一定的现实依据。

2. 政府创新政策对关系嵌入性与技术创新绩效关系的调节效应

从上述实证的结果可以看到，本研究的假设 M_2 – H_{8c}（回归系数 = 0.096，P < 0.05）通过了检验，说明政府创新政策供给越充裕，关系质量对企业技术创新绩效的正向影响越显著。这一研究结论表明，政府通过实施一系列的规范保障创新政策，有利于企业与网络成员间构建稳定关系，增进相互之间的信任与互惠，提高外部知识网络成员间的关系质量，进而提升技术创新绩效。成功创新需要一套完善的市场交易规则来约束，政府作为创新政策的制定者，组织、实施一整套富有效率的创新政策，可以为众多企业提供基于创新活动的博弈基本规则，增进彼此之间的信任、承诺与互惠，降低创新活动和交易的各项成本，从而提高创新收益。

而本研究的假设 M_2 – H_{8a}（回归系数 = – 0.058，P > 0.1）和 M_2 – H_{8b}（回归系数 = – 0.024，P > 0.1），均未获得数据支持，没有通过检验，说明政府创新政策对关系强度与技术创新绩效关系的正向调节作用不明显。这一研究结论契合了克莱因（Klein，2005）、本尼斯（Bennis，2006）、科雷斯和乔治（Korres & George，2007）、陈立勇和曾德明（2003）、江小涓等（2004）、叶祥松等（2020）、张杰（2021）、寇宗来等（2023）、林青宁等（2023）学者的研究结论，产生的原因可能在于：第一，源于技术创新本身引致的系统失灵，包括缺乏基础设施支持的基础失灵、制度缺失引致的制度失灵、互动太多或太少引起的互动失灵以及缺乏能力和资源导致的能力失灵，创新政策对这些系统失灵的有效干预还需进一步探讨，因为制定合理的创新政策是一项非常复杂的任务，有很多难以解决的冲突；第二，许多政策预期的目标没有达到，并且在执行政策过程中产生了负面后果，过细的创新政策会抑制或诱导某些行业的中小企业发展；第三，政府补贴可能没有对企业进行差别对待，导致了大企业过度重视与政府的关系，存在过度研发的情况，同时社会福利遭到损失，中小企业发展受限。

第8章 结论与展望

通过前面7章逐层深入的分析和阐述，本书较为系统地分析与验证了外部知识网络嵌入性通过影响知识搜索进而影响技术创新绩效的作用机制。本章将对前文的研究内容进行总结，对本书的主要研究结论、理论贡献以及实践启示进行阐述，并在此基础之上提出本研究存在的局限以及未来的研究方向。

8.1　主要研究结论

全球化和开放—协同创新的背景下，竞争加剧和技术创新加速，给我国制造企业带来艰难挑战的同时，也带来了技术追赶、融入全球制造网络、攀升全球价值链的重大机遇。在此背景下，能够给我国制造企业带来竞争优势的就是从组织外部获取创新所需技术知识并快速整合利用，提升企业自身的技术创新能力。而随着组织的网络化发展和创新过程的日趋复杂，制造企业必须融入外部知识网络，与网络成员进行必要而有效的互动，通过对新技术、新知识的搜索活动，实现新知识的有效获取、整合和利用，最终提升企业的技术创新绩效，赢得竞争优势。因此，全球化背景下如何构建并嵌入以制造企业自我为中心的外部知识网络进行有效知识搜索，进一步提高企业自主创新能力，从而实现战略升级是我国制造企业面临的一个重大战略问题，具有理论和实践的重大意义。

在此大背景下，本书以我国本土制造企业为研究样本，遵循"结构—行为—结果"的分析逻辑，围绕"外部知识网络嵌入性如何影响企业技术创新绩效"这一基本问题，探寻制造企业如何主动构建、管理和维护与外部知识源之间的联结关系，如何通过嵌入外部知识网络的交易制度安排，通过有效的知识搜索，快速识别、获取、吸收、利用并整合有价值的外部知识源，进而提升企业技术创新绩效。本书综合运用理论研究、探索性案例研究、大样本统计、多元回归分析等研究方法及 SPSS 26.0 统计软件，建立了"外部知识网络嵌入性—知识搜索—技术创新绩效"的分析框架，并逐步回答了以下三个逻辑紧密相关的研究问题：（1）制造企业构建并嵌入的外部知识网络与其自身的技术创新绩效有何关系？（2）制造企业嵌入的外部知识网络是如何作用于技术创新绩效的？（3）不同的知识整合能力和政府创新政策对上述作用机制有何影响？主要研究结论如下所示。

1. 制造企业外部知识网络嵌入性对技术创新绩效的影响作用

为更深入详细地探讨制造企业外部知识网络嵌入性对技术创新绩效的影响作用，本书通过对 4 家典型的本土制造企业的实地访谈调研以及对 376 家以长三角地区为主的企业进行问卷调研，并将本研究分为两个子研究，分别探讨了外部知识网络的结构嵌入性对技术创新绩效的影响作用和关系嵌入性对技术创新绩效的影响作用，结论如下所示。

（1）结构嵌入性对技术创新绩效的影响作用。

研究结论表明：制造企业外部知识网络结构嵌入的企业类网络规模（网络规模 1）、网络中心度和网络异质性对其技术创新绩效均有正向的影响。制造企业与供应商、顾客和同行竞争者等合作伙伴数量越多，其潜在的资源也就越丰富，能够帮助企业增加创新资源来源的广度以及企业资源的多样化程度，带来更多的创新机会，进而提升企业技术创新绩效，这与兰德里等（Landry et al., 2002）、弗里尔（Freel, 2000）、鲍威尔等（Powell et al., 1996）、蔡（Tsai, 2009）、拉维（Lavie, 2007）、波斯玛和特尔瓦尔（Boschma & Ter Wal, 2007）等学者的研究结论一致。与网络中非中心位置的企业相比，中心度高的企业有更多通道获取更可靠的技术、知识等资源，因此成功创新的可能性更大，创新绩效也更好，契合了威尔曼（Wellman, 1982）、克拉克哈特（Krackhardt, 1992）、乌兹（Uzzi, 1996）、黄（Hoang, 1997）、鲍威尔（Powell, 1999）、约翰尼斯等（Johanniss et al., 2001）、贝克尔斯等（Bekkers et al., 2002）、蔡（Tsai, 2006）、波斯玛和特尔瓦尔（Boschma& Ter Wal, 2007）、蒂瓦纳（Tiwana, 2008）、拉佩尔切（Laperche B., 2016）、厄尔斯等（Ehls D. et al., 2020）、加泽拉等（Garzella S. et al., 2021）、黄鲁成等（2019）、张红娟等（2022）和张永云等（2023）学者的研究结论。网络异质性程度越高，新技术、新知识搜寻的范围就越大，对于外部知识的获得概率也在增加，并丰富企业的创新思想、激活网络成员的创新活力，同时提高新技术与原有技术结合的可能性，从而有利于企业技术创新活动、提升技术创新绩效，这与鲍姆等（Baum et al., 2000）、里特等（Lee et al., 2001）、宋等

（Song et al.，2003）、罗丹和加卢尼奇（Rodan & Galunic，2004）、索坦托和范·吉恩惠前（Soetanto & Van Geenhuizen，2006）、奥兹曼（Ozman，2009）等学者的研究观点一致。

（2）关系嵌入性对技术创新绩效的影响作用。

研究结论显示：制造企业外部知识网络关系嵌入的关系质量有助于企业技术创新绩效的提升，而企业类关系强度（关系强度1）与技术创新绩效呈倒"U"型关系。企业与其外部知识网络成员在信任基础上的互动交流，不但促进知识转移、促进新知识的产生，而且减少技术和市场动荡带来的创新风险，从而提高企业的技术创新绩效。这与坎特（Kanter，1994）、扎希尔等（Zaheer et al.，1995）、鲍姆和英格拉姆（Baum & Ingram，1998）、古拉蒂（Gulati，1999）、苏兰斯基（Szulanski，2000）、卡帕尔多（Capaldo，2007）、拉佩尔切（Laperche B.，2016）、厄尔斯等（Ehls D. et al.，2020）、加泽拉等（Garzella S. et al.，2021）、黄鲁成等（2019）、张红娟等（2022）和张永云等（2023）学者的观点一致。而随着企业与网络成员交往次数的上升，技术创新绩效先升后降，所以"过度嵌入"或"嵌入不足"都不利于企业绩效的提升，企业类关系强度与技术创新绩效之间呈倒"U"型关系，这契合了乌兹（Uzzi，1997）、戈亚尔和莫拉（Goyal & Moraga，2001）、莫利纳-莫拉莱斯等（Molina-morales et al.，2009）、山吉（Sanjeew，2010）等学者的研究成果。

2. 知识搜索对技术创新绩效具有正向影响

通过探索性案例研究，并结合文献梳理和理论推演以及半结构式访谈，本研究将知识搜索划分为搜索宽度、搜索效率和搜索深度三个搜索行为，剖析了知识搜索对制造企业技术创新绩效的影响。研究结论表明：搜索宽度、搜索效率和搜索深度均有助于企业技术创新绩效的提升。制造企业对广泛的外部知识源进行知识搜索，将会获取多样化的技术、知识和市场信息，随着知识搜索通道数量的增加，往往能够增强所搜索知识的全面性和完整性，提高对所搜索知识整合利用的可能性，有利于新旧技术的有效结合，从而提升技术创新绩效。这契合了弗里曼（Freeman，1980）、纳尔逊和温特（Nelson & Winter，1982）、冯·希普尔（Von Hipple，1988）、玛驰（March，1991）、马莱尔巴（Malerba，1992）、范维克等（Van Wijk et al.，2003）、劳森和索尔特（Laursen & Salter，2006）、厄尔斯等（Ehls D. et al.，2020）、加泽拉等（Garzella S. et al.，2021）、杨苗苗等（2020）、杨建君（2022）学者的研究观点。有效而快速地搜寻、获取企业创新所需的可靠、重要的技术和知识，并快速整合应用新知识，降低搜索成本，避免涉及无价值的领域，对于提升制造企业技术创新绩效而言非常重要。这与达文波特和普鲁萨克（Davenport & Prusak，1998）、法布里齐奥（Fabrizio，2009）等学者的研究结论一致。密集而频繁地使用外部知识搜索通道将会增进对相同类别知识的重复搜索和利用，增加所获知识的可靠性，减少搜索错误的发生，提升搜索效率，提高企业对知识的识别能力，促进新知识和已有知识的有效整合重组，这对企业的生存与持续发展以及技术创新都非常重要。这契合了莱文塔尔和玛驰（Levinthal & March，1981）、卡蒂拉和阿胡贾（Katila & Ahuja，2002）、艾森哈特和塔布里兹（Eisenhardt & Tabrizi，1995）、兰森和索尔特（Lanrsen & Salter，2006）的研究结论。

3. 制造企业外部知识网络嵌入通过影响知识搜索进而作用于技术创新绩效

知识搜索意味着对重要的企业所需信息、新知识和新技术的搜寻、获取、整合及快速应用，在竞争加剧和技术创新日益加速的当今，知识搜索对于本土制造企业提升和获取持续竞争优势发挥着非常重要的作用，是制造企业外部知识网络嵌入性促进企业创新绩效的关键中介因素。本研究通过探索性案例研究，结合文献梳理、理论推演和半结构式访谈，以及 376 家制造企业的问卷调研，探讨了开放—协同创新背景下制造企业外部知识网络嵌入性通过知识搜索活动对技术创新绩效提升的作用机理，并参照温忠麟（2020）的中介效应验证步骤观点，实证检验了知识搜索对外部知识网络嵌入性与技术创新绩效关系的中介效应，主要结论如下所示。

（1）知识搜索对外部知识网络结构嵌入性与技术创新绩效关系的中介效应。

研究结论表明：制造企业外部知识结构嵌入的企业类网络规模（网络规模1）、网络中心度和网络异质性均通过知识搜索（搜索宽度、搜索效率和搜索深度）对技术创新绩效产生正向的积极影响；非企业类网络规模（网络规模2）通过搜索效率、搜索深度对技术创新绩效产生显著的正向影响。这与玛驰（March，1991）、阿罗拉和甘巴德拉（Arora & Gambardella，1994）、切斯伯勒（Chesbrough，2003）、蒂斯（Teece，2007）、赛尔特和玛驰（Cyert & March，1963）、威尔曼（Wellman，1982）、克拉克哈特（Krackhardt，1992）、伯特（Burt，2004）、哈里奥森（Harriosn，1994）、乌兹（Uzzi，1998）、约翰尼森等（Johannisson et al.，2002）、波斯玛和特尔瓦尔（Boschma & Ter Wal，2007）、奥兹曼（Ozman，2009）、艾辛格奇等（Eisingerich et al.，2010）、丹妮拉等（Daniela et al.，2012）、厄尔斯等（Ehls D. et al.，2020）、加泽拉等（Garzella S. et al.，2021）、杨苗苗等（2020）、刘洋等（2020）、杨建君（2022）学者的观点一致。

（2）知识搜索对外部知识网络关系嵌入性与技术创新绩效关系的中介效应。

本研究的结论表明：制造企业外部知识关系嵌入的企业类关系强度（关系强度1）和关系质量均通过知识搜索（搜索宽度、搜索效率和搜索深度）对技术创新绩效产生正向的积极影响；非企业类关系强度（关系强度2）通过搜索效率、搜索深度对技术创新绩效产生显著的正向影响，这契合了乌兹（Uzzi，1997）、古拉蒂和伽吉罗（Gulati & Gargiulo，1999）、科塔比等（Kotabe et al.，2003）、科古特等（Kogut et al.，2003）、朱利安尼和贝尔（Giuliani & Bell，2005）、贝尔等（Bell et al.，2009）、乌兹（Uzzi，1997）、古拉蒂（Gulati，1998）、扎希尔等（Zaheer et al.，1999）、厄尔斯等（Ehls D. et al.，2020）、加泽拉等（Garzella S. et al.，2021）、杨苗苗等（2020）、刘洋等（2020）、杨建君（2022）学者的研究成果。

4. 知识整合能力和政府创新政策在外部知识网络嵌入性对技术创新绩效作用机制中的调节作用

在当前企业网络研究中，权变思想日益得到重视，学者们已认识到网络效应的发挥还取决于重要的情境因素。因此，本研究尝试引入组织特性调节变量——知识整合能力和环境特征调节变量——政府创新政策，共同考察制造企业外部知识网络嵌入性对技术创新绩效的权变效应。实证研究结果显示：知识整合能力越强，网络中心度、关系质量对制造企业技术创新绩效的促进作用越显著；政府创新政策供给越充裕，非企业类网络规模、关系质量对制造企业技术创新绩效的正向作用越显著；政府创新政策供给越充裕，网络异质性对制造企业技术创新绩效的作用越不显著。

8.2　学术价值和实践启示

本研究以本土制造企业为研究对象，以提升企业技术创新绩效为导向，引入知识搜索这一中介变量，综合运用规范分析方法和实证分析方法逐层深入剖析了外部知识网络嵌入性对技术创新绩效的作用机制，尝试在知识网络理论、网络嵌入性理论、知识搜索理论和创新理论之间构建联系，对相关理论进行了拓展和深化，具有一定的理论贡献和管理启示，总结如下所示。

8.2.1 学术价值

1. 对外部知识网络嵌入性的探讨丰富了知识网络理论和嵌入性理论

本书借鉴社会网络理论和嵌入理论对网络嵌入性的探讨，从结构嵌入性和关系嵌入性视角分析以企业为中心的外部知识网络，探讨企业通过嵌入组织外部知识网络的机制，即通过嵌入知识网络的交易制度安排，来搜寻、获取、整合、利用企业与外部网络的知识资源。本书基于外部知识网络结构嵌入性与关系嵌入性的分析与探讨，丰富了知识网络理论和嵌入性理论。

在以往的网络研究中，大多数研究都将外部知识源的供应商、顾客、同行竞争者、大学、科研机构、行业协会、公共服务机构、技术市场等划归为一类，用于关于企业网络规模以及企业间关系强度的研究，也有少数将供应商、顾客归为垂直网络一类的，在案例调研中发现，外部知识网络的成员间是具有较大差异的，企业与企业类成员和非企业类成员的互动联结对技术创新绩效影响具有较大差异，因此，本研究将企业外部知识网络的成员划归为两类：企业类和非企业类，其中企业外部知识网络企业类成员包括供应商、顾客和同行竞争者，其他网络成员划为非企业类，用于网络规模和关系强度的研究，以更为深入详细探讨不同网络成员构成的网络对企业技术创新绩效的影响，具体命名为网络规模1和网络规模2、关系强度1和关系强度2。基于此的探讨，丰富了知识网络理论和嵌入性理论。

2. 拓展和深化了知识网络对技术创新绩效作用机制的研究

国内与知识网络有关的研究较多，从学科领域来看，较多地集中在区域经济学、产业经济学和图书情报学等，研究的对象多以集群产业、区域层面、图书管理为主，产业和区域特征明显。但从微观层面关注其对企业绩效影响的研究非常缺乏，尤其从外部知识网络的视角研究其对企业绩效作用机理的文献极少，本书的研究拓展了知识网络的研究领域。

同时，社会网络、创新网络对企业技术创新绩效的提升有着重要影响，这一点已基本达成共识，但研究结果仍然存在较大争议，有学者认为强联结有助于提升企业技术创新绩效，也有学者认为弱联结比强联结更利于异质性资源的获取，对技术创新绩效提升更具有意义，"嵌入性"悖论一直在持续；有学者认为网络规模、关系强度对技术创新绩效有显著正向影响，另有学者则认为网络规模、关系强度与技术创新绩效均呈倒"U"型关系；有学者认为网络中心度对创新绩效产生显著正向影响，另有学者则认为过低或过高的位置中心度都对企业不利，最好处于某种中间状态等。学者们至今仍未解释清楚社会网络或创新网络与技术创新绩效的因果关联，说明有待进一步揭开知识网络影响企业创新结果作用机制的"黑箱"。本书以本土制造企业为研究样本，借鉴社会网络和嵌入理论的相关研究，引入知识搜索理论，以知识搜索宽度、搜索效率和搜索深度为中介变量，同时融入权变思想，考察了外部知识网络结构嵌入和关系嵌入的不同维度特征通过影响知识搜索进而影响企业技术创新绩效的作用机理，在一定程度上有效解决了这些"悖论"难题，拓展、深化和延伸了企业知识网络与技术创新绩效关系的研究。

3. 拓展了知识搜索理论的相关研究并尝试探索知识搜索的平衡机制

本书将制造企业对外部知识源的搜索活动纳入同一分析框架，指出知识搜索是企业解决创新问题的重要活动，包含技术构念的创造以及知识的搜寻、获取、整合和利用，涉及知识搜索的范围和纵深程度，同时引入知识搜索的经典维度——搜索宽度和搜索深度，深入探讨知识搜索在制造企业网络化创新中的内涵与作用。在文献研究与探索性案例研究的基础上，构建了知识搜索测度量表，并通过多元回归分析方法，深入探究了知识搜索在制造企业网络化创新中的作用机制，证实了知识搜索对制造企业外部知识网络与技术创新绩效关系的中介效应，对莱文塔尔和玛驰（Levinthal & March，1981）、纳尔逊和温特（Nelson & Winter，1982）、弗莱明和索伦森（Fleming & Sorenson，2001）、卡蒂拉和阿胡贾（Katila & Ahuja，2002）、劳森和索尔特（Laursen & Salter，2004，2006）、黄和李（Hwang & Lee，2010）、拉维等（Lavie et al.，2011）学者关于知识搜索有助于企业实现创新成功和获取持续竞争优势的研究做了有益的补充与拓展，并进一步深化和延伸拓展了对知识搜索理论的认识和理解。

同时，鉴于知识搜索理论中，关于搜索宽度和搜索深度的平衡机制问题一直争论不休，有的学者认为两者可以平衡，但怎么平衡还没有结论；有的学者则认为两者的平衡十分困难，企业或者选择搜索宽度或者选择搜索深度。在以上争议的启发下，本研究引入搜索效率这一维度，尝试探讨其与搜索宽度和搜索深度的平衡问题，尽管研究的结论没有达到预期，搜索效率在搜索宽度、搜索深度与技术创新绩效关系的中介效应未获得数据支持，但对此研究的尝试可为其他学者的研究提供参考，探讨还在继续。

4. 填补、丰富了知识网络效应作用情境的相关研究

本书系统地梳理和整合了已有的研究成果，从权变视角引入组织特性调节变量——知识整合能力和环境特性调节变量——政府创新政策，通过实证研究，深入探讨其对外部知识网络嵌入性与技术创新绩效的调节效应，识别了在不同知识整合能力和不同创新政策丰裕度下，制造企业外部知识网络嵌入对企业技术创新绩效影响程度的差异，从而为制造企业根据其自身的能力和条件以恰当方式构建或参与外部知识网络、有效选择战略突破口提供新的管理思维。因此，本书这一研究发现丰富了外部知识网络嵌入对企业技术创新绩效作用情境的相关研究，拓宽了两者作用机制的权变视角，尤其是政府创新政策的调节作用研究，填补了知识网络对技术创新绩效权变思想研究的空白。

8.2.2 实践启示

本研究以制造企业作为研究对象，采用理论与实际紧密结合的研究方法，针对企业如何通过嵌入外部知识网络以提升企业技术创新绩效的问题展开了深入系统的研究，在获取一些理论结论意义的同时，也得到一些有利于制造企业甚至是其他类型的企业提升创新绩效的管理启示。

1. 主动构建并培育高质量的外部知识网络关系

在全球化和开放—协同创新的背景下，面对丰富的外部知识源，制造企业应当善于利用来自外部的资源，充分把握和利用全球知识网络，把它作为企业获取创新源泉的重要平台，重点关注并主动构建以企业为中心的外部知识网络，根据自身需求，管理和维护与外部知识源之间的联结关系，与各类外部知识源之间形成一种基于知识资源获取共享与创造的、动态开放的网络关系。制造企业可以通过结构性的嵌入或关系性的嵌入外部知识网络，调整外部知识网络规模，提升在外部知识网络中的重要程度；调整外部知识网络关系强度，改善并提高外部知识网络的关系质量，促进与外部知识网络成员的信任和互惠关系，以共同解决创新问题。培养企业与其外部知识网络合作伙伴之间的信任，为组织间的知识共享、知识转移提供必备的基础条件。高质量的知识网络可以通过共同解决问题来进行隐性知识的传递与共享，如形成知识联盟、研发联盟、战略合作等，构建较高层次、较好关系质量的外部知识网络。

2. 促进以提升企业自主创新能力为目的的知识搜索活动

在经济全球化背景下，为改变我国制造企业在全球制造网络中低成本、低技术和低附加值的格局，提高技术水平和自主创新能力，亟须从企业外部积极搜寻具有商业潜力的可靠信息和新知识、新思想以及新机会来帮助组织解决创新问题，而知识搜索将发挥着越来越重要的作用，它要求企业更具渗透性并牢牢地嵌入不同行动者联结的网络之中。所以，企业需通过促进知识搜索活动进而来提高其自身创新能力，在未来网络化创新过程中，优化适合于知识搜索的组织内部环境，培育和提升企业知识整合能力，加强知识搜索，通过对重要的有用信息或新知识的获取与快速应用，最终实现自主创新能力的提升。

3. 平衡资源动态嵌入外部知识网络

在当前背景下，企业所处环境经常处于不确定性状态，而外部知识网络也在动态调整当中。尤其是，我国本土多数制造企业还处于成长时期，资金、人力、技术、知识等资源相对匮乏，因此，在嵌入外部知识网络时，应依据自身资源和条件，有选择地嵌入不同成员的外部知识网络；并且，知识搜索本身也是动态变化的，制造企业应依据自身需求，平衡好资金等资源，选择适合自身发展需要的知识搜索活动，将有限资源利用最大化。因而，在全球竞争日益激烈的环境下，我国本土制造企业应不断根据自身资源能力条件以及所处环境特点，动态调整其外部知识网络中的联结机制以及知识搜索的重心，将资源配置到更有利于提高创新搜索效率的方向上来，以持续提升其技术创新绩效和竞争力。

4. 通过创新政策发挥政府引导作用

在本书研究中发现，政府是制造企业外部知识网络的重要成员，同时也是创新环境的重要营造者，政府应发挥其在制造企业技术创新活动中的重要引导作用，通过政府创新政策帮助企业克服因创新引致的系统失灵、市场失灵等问题，同时避免因创新政策过度倾向大企业而引致的社会福利失衡问题，加强构建各类基于创新的服务公共平台，营造企业创新的良好环境。同时搭建多种渠道和途径，帮助制造企业和各类创新主体建立广泛联系，并鼓励企业开展开放式创新，从而为企业持续健康地发展不断注入新的活力。

8.3 局限和展望

当今，网络化创新及企业战略升级的研究日益受到学术界和企业界的广泛关注，已取得了较为丰硕的研究成果。本书在综合运用已有研究成果及分析方法的基础上，结合中国本土制造企业的现实情况，构建了制造企业外部知识网络如何作用于企业创新绩效的作用机制模型，并通过大样本统计分析研究，对理论观点的正确性与有效性进行了验证与修正，在一定程度上得出有意义的研究结论。但鉴于所研究问题的复杂性以及笔者个人时间、精力和能力的限制，本研究还存在诸多不足，主要有以下三个方面。

（1）样本选择方面。

尽管本研究花费大量的精力进行问卷调查，获得的有效问卷数量满足了大样本研究的要求，问卷兼顾了在不同行业类别、具有不同产权性质、不同年龄、不同规模的本土制造企业。但是，由于问卷发放的区域限制，样本数据主要源自长三角地区，因此较难排除该区域产业集群及集群企业内在特性的影响，可能在一定程度上会影响本书研究结果的普适性。所以，未来的研究需要在更广的区域范围内对本书所得的研究结论进行验证。

（2）变量测度方面。

受部分文献来源的限制，如关于政府创新政策变量，目前相关文献十分有限，加上受数据收集条件的制约，部分变量的测度指标体系仍有待改进。尽管本书根据现有研究已有的量表，结合企业实地访谈以及专家意见来设计调查问卷，且调查所得数据也通过了效度与信度检验，尽量保证了变量测度的有效性与可靠性，然而所收集数据来源于应答者对 Likert 7 级量表的主观评分，这种方法仍不可避免地存有测度偏差和缺陷。未来的研究中，应该结合使用多种研究方法如客观数据，对上述变量进行测度，以进一步提高研究效度。

（3）样本企业方面。

受时间与精力制约，本书尚未根据制造企业所处行业类别、创新不同阶段和价值链不同环节做进一步细分研究。行业类别不同，技术机会、所处的生命周期阶段也各不相同，这些因素都可能对制造企业、知识搜索及创新绩效的作用机制产生影响。在本书的研究中，主要考虑了行业类别、企业规模和研发投入三个控制变量，尚未将制造企业所处的创新阶段和价值环节做细分处理，这有待在后续研究中做进一步的深入研究。

在充分认识到本书所存在研究局限性的基础上，笔者在得出研究结论时都强调了其所适用的情境。另外，通过本研究，笔者也更加确信制造企业有效利用其外部知识网络的创新资源，是提升其创新绩效、实现升级的重要途径，对于其具体实现机制的研究将成为未来研究中一个重要而有挑战的研究领域。因此，笔者认为后续研究工作可从以下方面展开。

（1）对外部知识网络的考察维度可以再全面一些。本研究尽管将外部知识网络分为结构嵌入和关系嵌入共 7 个维度特征来考察制造企业的外部知识网络，但没有进一步考察制造企业外部知识网络的其他特征，如网络密度、网络开放度、关系持久度等指标，也未综合考虑不同网络特征的交互影响。因此，在未来研究中，可通过使用更加成熟的方法和测量工具，更为全面地探讨企业外部知识网络的多个不同特征及其交互作用对知识搜索及创新绩效的影响。

（2）关于搜索宽度和搜索深度的平衡问题。

本研究尽管引入搜索效率维度，尝试探讨知识搜索宽度和搜索深度的平衡问题，考察结果不尽如人意，如何将有限资源平衡利用、提高搜索的质量和速度是本研究后续研究需进一步深入探讨的问题。

（3）关于政府创新政策的调节效应。本书尝试引入制造企业技术创新的环境调节变量——政府创新政策，探索其对外部知识网络与技术创新绩效关系的影响，但相关文献非常有限，这对本研究有一定的制约，关于创新活动中的政府作用将是本研究后续研究进一步探讨的问题。

（4）应更多地从动态演化的视角进行纵向研究。本研究总体上假定制造企业创新活动处于相对稳定的知识网络中，没有考虑企业作为主体在构建创新网络方面的能动性以及知识网络的易变性和暂时性。因此，未来研究可从复杂适应系统视角，运用纵向大样本数据，深入细致地考察组织和环境要素对其知识网络动态演进的作用机制。

参考文献

［1］2022 年工业和制造业为全球经济贡献价值 16.3 亿美元 ［EB/OL］. 每日经济网，2023 – 11 – 10.

［2］2022 年国民经济顶住压力再上新台阶 ［EB/OL］. 中华人民共和国中央人民政府网，2023 – 01 – 17.

［3］2022 年中国工业增加值突破 40 万亿元大关 ［EB/OL］. 中国新闻网，2023 – 03 – 01.

［4］安琳. 基于知识转化的企业竞争情报能力模型研究 ［J］. 情报杂志，2010，29（8）：152 – 157.

［5］白鸥，魏江. 技术型与专业型服务业创新网络治理机制研究［J］. 科研管理，2016，37（1）：11 – 19.

［6］蔡建新，田文颖. 科技创新平台产学研合作对企业双元创新绩效的影响：基于广东省工程技术中心动态评估数据的研究 ［J］. 科技管理研究，2022（11）：102 – 107.

［7］蔡绍洪，彭长生，俞立平. 企业规模对创新政策绩效的影响研究：以高技术产业为例 ［J］. 中国软科学，2019（9）：37 – 50.

［8］蔡媛青，王文娟，欧阳雁玲. 社会网络对中国公共部门知识共享的影响机制：基于混合方法的研究 ［J］. 中国软科学，2022（4）：55 – 66.

［9］曹兴，孙绮悦. 新兴技术知识网络跨界融合的机理与实证研究［J］. 科学学研究，2021，39（5）：854 – 866.

［10］陈德球，孙颖，王丹. 关系网络嵌入、联合创业投资与企业创新效率 ［J］. 经济研究，2021，56（11）：67 – 83.

［11］陈菲琼. 企业创新联盟：理论与实证研究 ［M］. 北京：商务印书馆，2003.

［12］陈宏晨，伊长生. 考虑社会网络信任关系的多属性群决策方法［J/OL］. 重庆工商大学学报（自然科学版），2022 – 04 – 21.

［13］陈剑，黄朔，刘运辉. 从赋能到使能：数字化环境下的企业运

营管理 [J]. 管理世界，2020，36（2）：117-128，222.

［14］陈劲，陈钰芬. 开放创新体系与企业技术创新资源配置 [J].
科研管理，2006（3）：1-8.

［15］陈劲，陈钰芬. 企业技术创新绩效评价指标体系研究 [J]. 科
学学与科学技术管理，2006（3）：86-91.

［16］陈劲，阳镇. 融通创新视角下关键核心技术的突破：理论框架
与实现路径 [J]. 社会科学，2021（5）：58-69.

［17］陈君达，邬爱其. 国外创新搜寻研究综述 [J]. 外国经济与管
理，2011，33（2）：58-65.

［18］陈力田，许庆瑞，吴志岩. 战略构想、创新搜寻与技术创新能
力演化：基于系统动力学的理论建模与仿真研究 [J]. 系统工程理论与实
践，2014，34（7）：1705-1719.

［19］陈培祯，曾德明. 网络位置、知识基础对企业新产品开发绩效
的影响 [J]. 管理评论，2019，31（11）：128-138.

［20］陈晓萍，徐淑英，樊景立. 组织与管理研究的实证方法 [M].
北京：北京大学出版社，2008.

［21］陈学光. 企业网络能力：网络能力、创新网络及创新绩效关系
研究 [M]. 北京：经济管理出版社，2008.

［22］陈雪颂，王志玮，陈劲. 创新网络嵌入性对企业设计创新绩效
的影响机制 [J]. 技术经济，2016（7）：27-31.

［23］成伟，王安正. 基于产业集群创新网络的研究 [J]. 经济理论
研究，2006（8）：119-121.

［24］程恩富，彭文兵. 社会关系网络：企业新的资源配置形式 [J].
上海行政学院学报，2002（2）：79-89.

［25］程华，王婉君. 创新政策与企业绩效研究 [J]. 中国科技论坛，
2013（2）：11.

［26］程慧平，孙建军. 社会网络与创新网络之比较 [J]. 情报资料
工作，2011（1）：52-54.

［27］池仁勇. 区域中小企业创新网络的结点联接及其效率评价研究
[J]. 管理世界，2007（1）：105-113.

［28］崔芳，孙笑明，熊旺，等. 关键研发者自我中心网络变化对企
业创新绩效的影响：以整体网络为中介变量 [J]. 科技进步与对策，
2017，34（17）：80-90.

［29］崔伟奇，程倩春. 论科技创新公共价值的认识基础 [J]. 自然

辩证法研究, 2020, 36 (12): 47 - 53.

[30] 戴万亮, 路文玲, 徐可, 等. 产业集群环境下企业网络权力、知识获取与技术创新 [J]. 科技进步与对策, 2019, 36 (24): 109 - 117.

[31] 党兴华, 刘立. 技术创新网络中企业知识权力测度研究 [J]. 管理评论, 2014, 26 (6): 67 - 73.

[32] 党兴华, 王幼林. 技术创新网络中核心企业合作伙伴选择过程研究 [J]. 科学学与科学技术管理, 2007 (1): 139 - 144.

[33] 丁道韧, 陈万明. 知识网络关系特征对创新绩效的作用: 考虑远程创新搜寻的中介作用 [J]. 技术经济与管理研究, 2016 (5): 31 - 35.

[34] 丁道韧, 陈万明. 知识网络结构维对于创新绩效的作用机制: 远程创新搜寻的中介作用 [J]. 管理现代化, 2016, 36 (3): 70 - 72.

[35] 丁树全. 制造企业外部创新源搜索策略影响因素研究 [D]. 杭州: 浙江大学, 2007.

[36] 杜华. 社会网络支持、制度环境嵌入与中小企业创新绩效: 基于 128 家企业的实证研究 [J]. 河南师范大学学报 (哲学社会科学版), 2018 (11): 25 - 29.

[37] 杜玉申, 刘梓毓. 技术多元化、协作研发网络中心度与企业创新绩效 [J]. 科技进步与对策, 2021, 38 (15): 74 - 81.

[38] 杜元伟, 段熠, 段万春. 创新网络国内外研究述评与发展动态分析 [J]. 情报杂志, 2013 (3): 78 - 84.

[39] 段万春, 曹勤伟, 杜凤娇. 知识网络视角下产学研协同创新任务管理研究述评 [J]. 情报杂志, 2016, 35 (12): 195 - 201.

[40] 多兹, 哈默尔. 联盟优势 [M]. 北京: 机械工业出版社, 2004.

[41] 樊霞, 陈娅, 贾建林. 区域创新政策协同: 基于长三角与珠三角的比较研究 [J]. 软科学, 2019, 33 (3): 70 - 74, 105.

[42] 樊霞, 任畅翔, 刘炜. 产学研合作与企业独立研发关系的进一步检验: 基于企业 R&D 投入门槛效应的分析 [J]. 科学学研究, 2013, 31 (1): 85 - 91.

[43] 范群林, 邵云飞, 唐小我, 等. 结构嵌入性对集群企业创新绩效影响的实证研究 [J]. 科学学研究, 2010 (12): 1891 - 1900.

[44] 范太胜. 基于产业集群创新网络的协同创新机制研究 [J]. 中国科技论坛, 2008 (7): 26 - 30.

[45] 方刚, 陈佳媛, 周青. 基于知识基和网络嵌入性的企业微创新

类型选择：多案例探索分析 [J]. 管理案例研究与评论, 2019, 12 (2): 152 – 165.

[46] 费孝通. 乡土中国 [M]. 北京: 北京大学出版社, 1998.

[47] 奉小斌, 李华华, 马晓书. 平行搜索对后发企业协同追赶的影响研究 [J]. 科学学研究, 2021, 39 (11): 2013 – 2023.

[48] 奉小斌, 张晶. 数字化转型对后发追赶的影响研究: 基于知识搜索的调节作用 [J]. 技术经济, 2023, 42 (8): 99 – 111.

[49] 高长春, 刘诗雨, 黄昕蕾. 创意产业集群知识网络知识转移行为仿真分析: 基于知识刚性及知识异质性视角 [J]. 科学管理研究, 2019, 37 (4): 79 – 86.

[50] 高继平, 丁堃, 潘云涛, 等. 国内外知识网络研究现状分析 [J]. 情报理论与实践, 2015, 38 (9): 120 – 125.

[51] 高忠仕. 创新转移、外部创新搜寻及组织学习绩效关系研究 [D]. 杭州: 浙江大学, 2008.

[52] 郭国庆, 吴剑峰. 企业创新库, 技术探索与创新绩效关系研究: 基于美国电子医疗设备行业的实证分析 [J]. 南开管理评论, 2007, 10 (3), 87 – 93.

[53] 郭丕斌, 刘宇民. 创新政策效果评价: 基于行业和区域层面的分析 [J]. 中国软科学, 2019 (9): 143 – 149.

[54] 过聚荣, 茅宁. 基于进入权理论的技术创新网络治理分析 [J]. 中国软科学, 2005 (2): 73 – 79.

[55] 韩斌, 冯筱伟, 苏屹, 等. 中国新能源汽车上市公司创新效率测度及影响因素研究: 基于三阶段 DEA 与 Tobit 面板模型 [J]. 科技进步与对策, 2023, 40 (6): 110 – 120.

[56] 郝生宾, 卢衡. 企业生命周期视角下知识搜索驱动高技术企业成长研究 [J]. 工业技术经济, 2022 (2): 33 – 40.

[57] 郝云宏, 李文博. 国外创新网络的研究及其新进展 [J]. 浙江工商大学学报, 2007 (6): 70 – 75.

[58] 贺德方, 汤富强, 刘辉. 科技改革十年回顾与未来走向 [J]. 中国科学院院刊, 2022, 37 (5): 578 – 588.

[59] 洪茹燕. 国外组织创新搜索研究述评 [J]. 重庆大学学报 (社会科学版), 2012 (6): 46 – 54.

[60] 洪茹燕. 集群企业创新网络、创新搜索及创新绩效关系研究 [D]. 杭州: 浙江大学, 2012.

［61］侯吉刚，刘益，李西鑫．基于企业网络结构属性的创新管理研究［J］．科学管理研究，2008，26（1）：74－77．

［62］侯仁勇，严庆，孙骞，等．双重网络嵌入与企业创新绩效：结构视角的实证研究［J］．科技进步与对策，2019，36（12）：98－104．

［63］胡欣悦，汤勇力，王国庆，等．研发国际化、跨国知识网络与研发单元创新绩效：基于华为 PCT 专利（2002－2013 年）的面板数据分析［J］．系统工程理论与实践，2018，38（12）：3124－3139．

［64］黄晗，张金隆，熊杰．创新政策对我国制造业转型升级的影响：基于政策组合的政策文本研究［J］．科技进步与对策，2020，37（16）：111－119．

［65］黄嘉文．企业社会网络总是有用吗？：一个文献综述［J］．科研管理，2019（9）：57－64．

［66］黄鲁成，米兰，吴菲菲．国外产业创新生态系统研究现状与趋势分析［J］．科研管理，2019（5）：1－12．

［67］黄鲁成，米兰，吴菲菲．国外创新政策研究现状与趋势分析［J］．科学学研究，2018，36（7）：1284－1293．

［68］黄玮强，庄新田，姚爽．企业创新网络的自组织演化模型［J］．科学学研究，2009，27（5）：793－800．

［69］黄幸婷．创新政策的历史变迁与未来趋势研究：基于协同演化视角［J］．管理现代化，2020，40（1）：21－25．

［70］嵇登科．企业网络对企业技术创新绩效的影响研究［D］．杭州：浙江大学，2006．

［71］纪慧生，卢凤君．企业创新网络研究综述［J］．现代商业，2007（21）：130－133．

［72］纪慧生，陆强．基于创新网络的团队研发能力增长研究［J］．科学学与科学技术管理，2010，31（1）：83－178．

［73］贾卫峰，楼旭明，党兴华，等．基于创新匹配视角的技术创新网络中核心企业成长研究［J］．管报学报，22018（3）：375－381．

［74］姜红，刘文韬，孙舒榆．知识整合能力、联盟管理能力与标准联盟绩效［J］．科学学研究，2019，37（9）：1617－1625．

［75］姜照华，隆连堂，张米尔．产业集群条件下创新供应链与创新网络的动力学模型探讨［J］．科学学与科学技术管理，2004，25（7）：55－60．

［76］蒋恩尧，侯东．基于 MIS 平台的企业创新网络的组建［J］．商

业研究，2002（17）：36 – 37.

［77］金雪军，杨晓兰．基于演化范式的技术创新政策理论［J］．科研管理，2005（2）：55 – 60.

［78］寇宗来，孙瑞．技术断供与自主创新激励：纵向结构的视角［J］．经济研究，2023（2）：57 – 73.

［79］兰建平，苗文斌．嵌入性理论研究综述［J］．技术经济，2009（1）：104 – 108.

［80］兰建平．集群嵌入性对企业合作创新绩效的影响研究［D］．杭州：浙江大学，2008.

［81］雷志柱，雷育生．国外外部创新搜寻理论研究进展综述［J］．图书情报工作，2011（1）：33 – 36.

［82］李丹，俞竹超，樊治平．创新网络的构建过程分析［J］．科学学研究，2002（12）：620 – 623.

［83］李懂晴，潘昱丞，彭浚豪．政策感知与企业协同创新绩效关系的实证研究：以企业家创新精神为中介变量［J］．商业经济研究，2020（12）：129 – 133.

［84］李飞，陈岩，王海智．海外资源整合、全球网络嵌入路径与知识溢出［J］．科学学研究，2019，37（4）：679 – 688.

［85］李健，余悦．合作网络结构洞、知识网络凝聚性与探索式创新绩效：基于我国汽车产业的实证研究［J］．南开管理评论，2018，21（6）：121 – 130.

［86］李江．基于创新网络的企业网络化创新能力研究：以软件产业为例［D］．天津：天津大学，2008.

［87］李锦玲，李延喜，栾庆伟．关系融资、银行信贷与新创企业绩效的关系研究［J］．国际金融研究，2011（6）：66 – 75.

［88］李靖华，庞学卿．组织文化、知识转移与新服务开发绩效：城市商业银行案例［J］．管理工程学报，2011，25（4）：163 – 171.

［89］李妹兰．创新网络与哈耶克的创新观［J］．农业图书情报学刊，2005（1）：87 – 88.

［90］李生校．外部创新搜寻战略对新创企业创新绩效的影响研究［J］．管理学报，2013，10（8）：1185 – 1193.

［91］李伟铭，崔毅，陈泽鹏，等．技术创新政策对中小企业创新绩效影响的实证研究：以企业资源投入和组织激励为中介变量［J］．科学学与科学技术管理，2008，29（9）：61 – 65.

［92］李昕．网络嵌入、创新联盟选择与企业创新绩效研究［D］．沈阳：辽宁大学，2019.

［93］李艳飞．创新联盟互动机制、知识整合能力与创新绩效［J］．科学管理研究，2016，34（3）：84－87.

［94］李毅，时秀梅．基于嵌入性理论的产业集群概念框架及其作用机制研究［J］．科技管理研究，2015，35（13）：163－169.

［95］李胤奇，李柏洲．知识网络环境下企业技术创新自主性与协同性比较研究：基于空间杜宾模型的实证［J］．科技进步与对策，2017，34（3）：69－75.

［96］李勇，史占中，屠梅曾．创新网络与企业动态能力［J］．情报科学，2006，24（3）：434－437.

［97］李贞，张体勤．基于技术创新的企业创新网络演化研究［J］．山东社会科学，2010（6）：140－143.

［98］李贞．企业创新网络能力对技术创新绩效的影响研究［D］．济南：山东大学，2011.

［99］梁杰，谢恩，邵鹏．多类型伙伴研发合作对企业双元创新绩效影响的比较研究［J］．中国科技论坛，2020（4）：103－110.

［100］梁凯丽，郑强国，傲萍萍．创新网络研究述评与展望［J］．现代商贸工业，2018（31）：180－181.

［101］梁鲁晋．结构洞理论综述及应用研究探析［J］．管理学家学术版，2011（4）：52－62.

［102］林栋，雍维薇．2000－2007年创新网络研究分析：基于SCIE的定量研究［J］．科技情报开发与经济，2008，18（17）：98－100.

［103］林青宁，毛世平．自主创新与企业科技成果转化：补助亦或政策［J］．科学学研究，2023（1）：70－79.

［104］林曦．网络视角下的利益相关者管理：结构嵌入及其拓展［J］．现代管理科学，2011（9）：110－112.

［105］刘国巍．产学研合作创新网络时空演化模型及实证研究：基于广西2000－2013年的专利数据分析［J］．科学学与科学技术管理，2015，36（4）：64－74.

［106］刘锦英．核心企业自主创新网络演化机理研究：以鸽瑞公司"冷轧钢带"自主创新为例［J］．管理评论，2014，26（2）：157－164.

［107］刘景江，许庆瑞．美英日韩政府技术创新推动作用的比较分析及启示［J］．科技管理研究，2001（1）：60－61.

［108］刘兰．教育、搜寻模型与中国城市就业问题［D］．武汉：武汉大学，2004．

［109］刘娜，武宪云，毛荐其．发明者自我网络动态对知识搜索的影响［J］．科学学研究，2019，37（4）：689－700．

［110］刘思萌，吕扬．创业企业的网络嵌入性、知识整合和创新绩效的影响研究［J］．科技管理研究，2019（24）：85－90．

［111］刘雪峰．网络嵌入性与差异化战略及企业绩效关系研究［D］．杭州：浙江大学，2007．

［112］刘雪锋．网络嵌入性影响企业绩效的机制案例研究［J］．管理世界，2009（S1）：3－12，129－130．

［113］刘岩，蔡虹，裴云龙．企业技术知识基础多元度对独立创新与合作创新平衡互补效应的影响［J］．科技进步与对策，2022，39（2）：111－120．

［114］刘岩，沈聪，裴云龙，等．技术知识基础对企业成为关键研发者的影响研究：一个被中介的调节模型［J］．科技管理研究，2021，41（5）：61－73．

［115］刘岩，苏可蒙．专利战略情境下企业技术知识基础多元度对创新绩效的影响效应［J/OL］．科技进步与对策：1－9［2022－07－06］．

［116］刘洋，董久钰，魏江．数字创新管理：理论框架与未来研究［J］．管理世界，2020，36（7）：198－217，219．

［117］刘洋．动态能力视角下网络嵌入影响中小零售企业供应链融资绩效的机理［J］．商业经济研究，2023（19）：37－42．

［118］鲁若愚，周阳，丁奕文，等．企业创新网络：溯源、演化与研究展望［J］．管理世界，2021（1）：217－233．

［119］吕鹏辉，刘盛博．学科知识网络实证研究（Ⅳ）合作网络的结构与特征分析［J］．情报学报，2014，33（4）：367－374．

［120］罗家德，王竞．圈子理论：以社会网的视角分析中国人的组织行为［J］．战略管理，2010，2（1）：12－24．

［121］罗珉，高强．中国网络组织：网络封闭和结构洞的悖论［J］．中国工业经济，2011（11）：90－99．

［122］罗珉．企业战略行为研究述评［J］．外国经济与管理，2012，34（5）：35－44．

［123］骆大进，王海峰，李垣．基于社会网络效应的创新政策绩效研究［J］．科学学与科学技术管理，2017，38（11）：10－19．

[124] 马德辉，包昌火．论企业创新网络能力的培养［J］．情报理论与实践，2008，31（1）：9-56．

[125] 马费成，刘旻璇．知识网络的结构、演化及热点探测：CSSCI（1998-2011）经济学文献计量分析［J］．情报科学，2014，32（7）：3-8．

[126] 马晶梅，张海燕，陈亚楠．中日韩制造业全球竞争优势研究：基于社会网络方法［J］．亚太经济，2022（1）：70-80．

[127] 马庆国．管理统计：数据获取、统计原理、SPSS工具与应用研究［M］．北京：科学出版社，2002．

[128] 马庆国．应用统计学：数理统计方法、数据获取与SPSS应用［M］．北京：科学出版社，2006．

[129] 马如飞．跨界搜索对企业绩效的影响机制研究［D］．杭州：浙江大学，2009．

[130] 马汀，奇达夫，蔡文琳．社会网络与组织［M］．王凤彬，朱超威等，译．北京：中国人民大学出版社，2007．

[131] 马永红，张帆，周文，等．新进企业合作伙伴搜寻模式、网络结构与创新扩散效率［J］．系统管理学报，2016，25（6）：1051-1057，1065．

[132] 马玉新，吴爱萍，李华，等．中国企业技术创新政策演变过程：基于扎根理论与加权共词分析法［J］．科学学与科学技术管理，2018，39（9）：61-72．

[133] 毛基业，张霞．案例研究方法的规范性及现状评估：中国企业管理案例论坛（2007）综述［J］．管理世界，2008（4）：115-121．

[134] 茅宁莹．企业创新吸收能力的分析框架与发展方向探析［J］．现代管理科学，2005（9）：45-47．

[135] 孟添天，柴菁敏，郑敏钰．知识异质性对研发团队创造力的影响：知识整合能力的中介作用和主观关系体验的调节作用［J］．技术经济与管理研究，2022（4）：41-45．

[136] 缪根红，陈万明，唐朝永．外部创新搜寻、知识整合与创新绩效关系研究［J］．科技进步与对策，2014，31（1）：130-135．

[137] 倪渊．核心企业网络能力与集群协同创新：一个具有中介的双调节效应模型［J］．管理评论，2019，31（12）：85-99．

[138] 彭伟，朱晴雯，符正平．双重网络嵌入均衡对海归创业企业绩效的影响［J］．科学学研究，2017，35（9）：1359-1369．

[139] 彭新敏．企业网络对技术创新绩效的作用机制研究：利用性探索性学习的中介效应［D］．杭州：浙江大学，2009．

[140] 邱均平，刘宁．国内知识网络发展述评及演化分析［J］．图书馆学研究，2016（10）：10-16．

[141] 任慧，王彦博．企业知识网络利弊问题研究综述［J］．情报理论与实践，2014，37（11）：134-13．

[142] 任慧．企业创新网络内涵述评［J］．情报理论与实践，2013，36（10）：124-128．

[143] 任宗强，吴海萍．以创新网络提升中小企业技术创新能力［J］．管理工程学报，2009，23（S1）：54-58．

[144] 芮正云，罗瑾琏．企业创新搜寻策略的作用机理及其平衡：一个中国情境下的分析框架与经验证据［J］．科学学研究，2016，34（5）：771-780．

[145] 芮正云，罗瑾琏．企业平衡式创新搜寻及其阶段效应：间断性平衡还是同时性平衡？［J］．科研管理，2018，39（1）：9-17．

[146] 申光龙．知识管理时代的知识信息网络［J］．南开管理评论，1999（1）：35-40．

[147] 沈立新，陈燕，崔春雷，等．基于创新网络的虚拟物流企业运行机制［J］．科技管理研究，2005（5）：110-112．

[148] 沈梓鑫，江飞涛．美国产业政策的真相：历史透视、理论探讨与现实追踪［J］．经济社会体制比较，2019（6）：92-103．

[149] 盛小平．基于创新网络的创新管理研究［J］．图书情报工作，2004（2）：25-29．

[150] 盛亚，范栋梁．结构洞分类理论及其在创新网络中的应用［J］．科学学研究，2009，27（9）：1407-1411．

[151] 盛亚，朱柯杰．创新失灵与政策干预理论研究综述［J］．科技进步与对策，2013（6）：157-160．

[152] 盛永祥，周潇，吴洁，等．产学研协同创新网络的耦合强度：协同创新中心的视角［J］．系统工程，2018，36（3）：141-145．

[153] 寿柯炎，魏江．后发企业如何构建创新网络：基于创新架构的视角［J］．管理科学学报，2018（9）：23-37．

[154] 苏敬勤，李召敏，吕一博．管理创新过程的关键影响因素探析：理性视角［J］．管理学报，2011，8（8）：1174-1182．

[155] 孙林杰，丁瑞文，王佳梅，等．基于创新网络的民营企业创新

能力提升路径研究［J］．科学学研究，2017，35（10）：1587－1593.

［156］孙雯，刘人境．我国大科学工程协同创新参研人员的网络嵌入性前因机制研究［J］．管理学报，2021，18（12）：1763－1771.

［157］孙笑明，刘偲，苏屹，等．预研情境下关键研发者创新绩效提升：知识网络与合作网络的组合视角［J］．管理评论，2023，35（2）：135－146.

［158］孙永磊，宋晶，陈劲．组织调节定向、网络位置与创新搜寻［J］．科研管理，2019，40（12）：192－201.

［159］孙忠娟，范合君，李纪珍．何种创新政策更有效？：基于企业规模的异质性分析［J］．经济管理，2022，44（2）：73－87.

［160］索传军，戎军涛．知识元理论研究述评［J］．图书情报工作，2021，65（11）：133－142.

［161］唐朝永，陈万明，彭灿．外部创新搜寻、失败学习与组织创新绩效［J］．研究与发展管理，2014，26（5）：73－81.

［162］陶凤鸣，陆颖，汪涛．关系嵌入、知识整合能力与惯例更新：创新型企业文化的调节作用［J］．工业技术经济，2023（9）：92－101.

［163］田红云，刘艺玲，贾瑞．中小企业创新网络嵌入性与知识吸收能力的关系［J］．科技管理研究，2016，36（15）：186－191，196.

［164］童心，于丽英．知识网络演进视角下企业技术创新能力进化及政策建议［J］．科技进步与对策，2015，32（8）：95－100.

［165］汪琦，钟昌标．美国中小制造业创新政策体系构建、运作机制及其启示［J］．经济社会体制比较，2018（1）：160－169.

［166］汪涛，任瑞芳，曾刚．创新网络结构特征及其对创新流动的影响［J］．科学学与科学技术管理，2010（5）：150－155.

［167］王斌，郭清琳．知识网络断裂带形成演化过程研究：以郑州汽车工业知识网络为例［J］．华东经济管理，2019，33（10）：177－184.

［168］王崇锋，崔运周，杨箫．合作网络、知识网络对论文被引量的影响：基于我国管理案例研究论文的统计分析［J］．管理案例研究与评论，2020，13（3）：356－367.

［169］王传征，葛玉辉．TMT如何驱动探索式创新？：基于社会网络和认知交互的视角［J］．管理工程学报，2022（4）：27－33.

［170］王大洲．企业创新网络：进化与治理［M］．北京：创新产权出版社，2006.

［171］王大洲．企业创新网络的进化与治理：一个文献综述［J］．科

研管理，2001，22（5）：96 – 103.

[172] 王国顺，郑准. 战略联盟内企业组织学习绩效的影响因素分析 [J]. 现代管理科学，2007（4）：10 – 12.

[173] 王海花，谢富纪. 企业外部知识网络能力的影响因素：基于扎根方法的探索性研究 [J]. 系统管理学报，2015，24（1）：130 – 137，152.

[174] 王缉慈. 超越集群：中国产业集群的理论探索 [M]. 北京：科学出版社，2010，6 – 85.

[175] 王缉慈，等. 创新的空间：企业集群与区域发展 [M]. 北京：北京大学出版社，2001，1 – 76.

[176] 王京，高长元. 软件产业虚拟集群创新网络演化模型及拓扑结构特征研究 [J]. 管理评论，2014，26（12）：29 – 37.

[177] 王炯. 全球制造网络中网络嵌入性对企业绩效的影响研究 [D]. 杭州：浙江大学，2006.

[178] 王娟茹，赵高正，杨瑾. 基于创新溢出和吸收能力的创新联盟动态模型 [J]. 中国管理科学，2005，13（1）：107 – 110.

[179] 王君，管国红，刘玲燕. 基于创新网络系统的企业创新管理过程支持模型 [J]. 计算机集成制造系统，2009，15（1）：37 – 46.

[180] 王晓娟. 创新网络与集群企业创新绩效：浙江黄岩模具产业集群的实证研究 [J]. 科学学研究，2008，26（4）：874 – 879.

[181] 王晓娟. 创新网络与集群企业竞争优势研究 [D]. 杭州：浙江大学，2007.

[182] 王瑶，曾德明，李健，等. 桥接科学家创始人与企业技术创新绩效：基于专精特新"小巨人"企业的分析 [J]. 科学学研究，2023，42（9）：1691 – 1701.

[183] 王钰，胡海青，张琅. 知识产权保护、社会网络及新创企业创新绩效 [J]. 管理评论，2021（3）：129 – 137.

[184] 王元地，杜红平，陈劲，等. 企业技术创新搜寻研究综述 [J]. 科技进步与对策，2015，32（11）：149 – 154.

[185] 王月琴，许治. 产业创新网络中企业技术学习研究 [J]. 中国软科学，2012（6）：120 – 128.

[186] 王韵. 知识网络动态性对企业双元创新绩效的影响：理论机制与实证检验 [J]. 现代管理科学，2023（3）：114 – 123.

[187] 王志玮. 企业创新网络嵌入性对破坏性创新绩效的影响机制研

究［D］. 杭州：浙江大学，2012.

［188］韦影. 企业社会资本对技术创新绩效的影响：基于吸收能力视角［D］. 杭州：浙江大学，2005.

［189］魏江，张妍，应瑛. 战略前瞻性、创新搜寻与创新绩效之间的演化：先声药业 1995 - 2012 年纵向案例研究［J］. 自然辩证法通讯，2015，37（4）：88 - 95.

［190］魏江. 产业集群：创新系统与技术学习［M］. 北京：科学出版社，2003：1 - 32.

［191］温忠麟，方杰，谢晋艳，等. 国内中介效应的方法学研究［J/OL］. 心理科学进展：1 - 11［2022 - 07 - 30］.

［192］温忠麟，张雷，侯杰泰. 有中介的调节变量和有调节的中介变量［J］. 心理学报，2006（3）：448 - 452.

［193］文庭孝，汪全莉，王丙炎，等. 创新网络及其测度研究［J］. 图书馆，2009（1）：1 - 6.

［194］邬爱其，李生校. 从"到哪里学习"转向"向谁学习"：专业知识搜寻战略对新创集群企业创新绩效的影响［J］. 科学学研究，2011，29（12）：1906 - 1913.

［195］邬爱其，李生校. 外部创新搜寻战略与新创集群企业产品创新［J］. 科研管理，2012，33（7）：1 - 7.

［196］邬雨航，刘雯雯. 企业网络嵌入如何影响价值共创？：荔枝的单案例研究［J］. 管理案例研究与评论，2022，15（3）.

［197］吴松强，曹新雨，蔡婷婷. 网络嵌入性、知识搜索与企业创新能力关系研究：基于江苏先进制造业集群的实证检验［J］. 科技进步与对策，2020，37（22）：99 - 105.

［198］吴晓波，刘雪锋. 全球制造网络及其对发展中国家的意义［J］. 西安电子科技大学学报（社会科学版），2006，16（2）：1 - 6.

［199］吴晓波，彭新敏，丁树全. 我国企业外部创新源搜索策略的影响因素［J］. 科学学研究，2008，26（2）：364 - 372.

［200］吴晓波，韦影. 制药企业技术创新战略网络中的关系性嵌入［J］. 科学学研究，2005，23（4）：561 - 565.

［201］吴晓波，许冠南，杜健. 网络嵌入性：组织学习与创新［M］. 北京：科学出版社，2011.

［202］吴玉宁. 网络嵌入性对产业集群中物流企业竞争力的影响测度［J］. 商业经济研究，2021（10）：99 - 102.

［203］席运江，党延忠，廖开际．组织创新系统的创新超网络模型及应用［J］．管理科学学报，2009，12（3）：12 – 21.

［204］席运江，党延忠．基于加权超网络模型的创新网络鲁棒性分析及应用［J］．系统工程理论与实践，2007，27（4）：40 – 134.

［205］夏保华．关于建立健全企业技术创新体系的理论思考［J］．科学学研究，2002（6）：659 – 662.

［206］夏清华，胡姝川．欧洲三国创新政策的实践及对中国的启示［J］．经济体制改革，2021（3）：166 – 173.

［207］项保华，张建东．案例研究方法和战略管理研究［J］．自然辩证法通讯，2005（5）：62 – 66.

［208］肖冬平，顾新．创新的嵌入性原理与创新网络的形成［J］．情报科学，2009（9）：1311 – 1317.

［209］肖冬平．创新网络研究综述［J］．重庆工商大学学报（自然科学版），2006（6）：617 – 623.

［210］肖玲诺，周浩．基于创新网络的我国高技术企业国际竞争力研究［J］．求是学刊，2008，35（4）：66 – 70.

［211］肖艳红，高宇琳，朱微．数字经济下基于双重网络的信息搜寻模型构建研究：社会网络与知识网络视角［J］．情报理论与实践，2021，44（4）：169 – 175.

［212］肖艳红，朱微，孙凯．基于创新网络的外部知识搜索模型构建研究［J］．情报理论与实践，2019，42（6）：131 – 137.

［213］解学梅，王宏伟．网络嵌入对企业创新绩效的影响机理：一个基于非研发创新的有调节中介模型［J］．管理工程学报，2020，34（6）．

［214］谢永平，孙永磊，张浩淼．资源依赖、关系治理与技术创新网络企业核心影响力形成［J］．管理评论，2014，26（8）：117 – 126.

［215］辛晴．创新网络对企业创新的影响：基于动态能力视角［D］．济南：山东大学，2011.

［216］邢小强，仝允桓．创新视角下的企业网络能力与技术能力关系研究［J］．科学学与科学技术管理，2007（12）：182 – 186.

［217］熊德勇，和金生．SECI 过程与创新发酵模型［J］．研究与发展管理，2004，16（2）：9 – 14.

［218］徐建中，朱晓亚．社会网络嵌入情境下 R&D 团队内部知识转移影响机理：基于制造企业的实证研究［J］．系统管理学报，2018（5）：422 – 451.

[219] 徐金发，许强，顾惊雷．企业知识转移的情境分析模型 [J]．科研管理，2003（2）：54－60．

[220] 徐雷，潘珺．知识网络等相关概念比较分析 [J]．情报科学，2017，35（12）：10－15．

[221] 徐蕾．集群创新网络内涵、运行机制与研究展望 [J]．情报杂志，2012，31（5）：202－207．

[222] 徐露允，龚红．协作研发伙伴多元化、知识网络凝聚性与企业新产品开发绩效 [J]．南开管理评论，2021，24（3）：160－172．

[223] 徐露允，曾德明，李健．知识网络中心势、知识多元化对企业二元式创新绩效的影响 [J]．管理学报，2017，14（2）：221－228．

[224] 徐露允，曾德明，张运生．知识聚集、协作研发模式与探索式创新绩效：基于我国汽车产业的实证研究 [J]．管理评论，2019，31（6）：68－76．

[225] 许冠南，方梦媛，周源．新兴产业政策与创新生态系统演化研究：以增材制造产业为例 [J]．中国工程科学，2020，22（2）：108－119．

[226] 许冠南．关系嵌入性对技术创新绩效的影响研究：基于探索型学习的中介机制 [D]．杭州：浙江大学，2008．

[227] 许小虎，项保华．企业网络理论发展脉络与研究内容综述 [J]．科研管理，2006，27（1）：114－121．

[228] 薛捷．知识网络双重异质性对于科技型企业产品创新的影响研究 [J]．中国科技论坛，2015（8）：28－34．

[229] 阳志梅．基于创新网络与企业创新能力的高技术集群企业成长研究 [D]．长沙：中南大学，2009．

[230] 杨博旭，王玉荣，李兴光．“厚此薄彼”还是“雨露均沾”：组织如何有效利用网络嵌入资源提高创新绩效 [J]．南开管理评论，2019，22（3）：201－213．

[231] 杨博旭．网络嵌入对创新绩效影响的机制与路径研究 [D]．北京：对外经济贸易大学，2019．

[232] 杨红雄，陈俊树．区块链技术、网络嵌入性与供应链金融绩效：模糊集定性比较分析 [J]．大连理工大学学报（社会科学版），2022，43（2）：13－23．

[233] 杨建君，邓程，赵宇馨，等．效果逻辑、知识搜寻与新产品开发优势 [J]．科学学研究，2022，40（4）：674－683．

[234] 杨柳，杨曦．校企专利技术转移网络的结构特征及演化研究：

以"双一流建设"高校为例［J］．科学学研究，2022（1）：123-138．

［235］杨苗苗，王娟茹．跨界搜索，知识整合与企业可持续竞争优势［J］．科学学研究，2020，13（4）：696-704．

［236］杨瑞龙，冯健．企业间网络的效率边界：经济组织逻辑的重新审视［J］．中国工业经济，2003（10）：5-13．

［237］杨瑞龙，刘刚．企业的异质性假设和企业竞争优势的内生性分析［J］．中国工业经济，2002（1）：88-95．

［238］杨雪，顾新，张省．基于知识网络的集群创新演化研究：以成都高新技术产业开发区为例［J］．软科学，2014，28（4）：83-87．

［239］杨莹．从组织二元性视角探寻图书馆外部技术搜寻平衡机制［J］．图书馆学研究，2014（9）：42-45．

［240］姚小涛，席酉民．企业联盟中的创新获取机制：基于高层管理人员个人社会关系资源的理论分析框架［J］．科学学与科学技术管理，2008（6）：98-102．

［241］叶堂林，刘莹，李国梁．创新政策、创新要素与城市群创新能力提升［J］．统计与决策，2022，38（12）：170-174．

［242］叶祥松，刘敬．政府支持与市场化程度对制造业科技进步的影响［J］．经济研究，2020（5）．

［243］于惊涛，贾桂红，苏敬勤．后发企业采用外源性创新提升技术能力分析：以制造业为背景的实证研究［J］．财经问题研究，2007（8）：90-96．

［244］于伟，张彦．基于创新网络视角的企业绩效形成机理分析［J］．图书情报工作网刊，2011（6）：18-21．

［245］余传鹏，林春培，张振刚，等．专业化知识搜寻、管理创新与企业绩效：认知评价的调节作用［J］．管理世界，2020，36（1）：146-166，240．

［246］余光胜．企业创新理论导向下的创新管理研究新进展［J］．研究与发展管理，2005，17（3）：70-76．

［247］余光胜．企业竞争优势根源的理论演进［J］．外国经济与管理，2002，10．

［248］余光胜．一种全新的企业理论（上）：企业知识理论［J］．外国经济与管理，2000（2）：8-10．

［249］余光胜．一种全新的企业理论（下）：企业知识理论［J］．外国经济与管理，2000（3）：10-13，21．

［250］余光胜.以创新为基础的企业理论的产生及其演进过程［J］.上海管理科学，2005（2）：26－29.

［251］余琨岳，赵长轶.后发企业技术链升级研究：基于知识网络演化视角［J］.软科学，2017，31（2）：1－4，23.

［252］俞立平，沈洁.创新政策与创新水平的时空演变及协调关系［J］.科技管理研究，2021，41（24）：35－42.

［253］俞立平，钟昌标.创新政策、研发补贴对企业研发投入的影响研究：机理、大小、规律［J］.数理统计与管理，2020，39（6）：1060－1072.

［254］喻登科，周荣.知识网络视角的产业集群研究述评［J］.情报杂志，2015，34（12）：200－206.

［255］袁健红，李慧华.开放式创新对企业创新新颖程度的影响［J］.科学学研究，2009，27（12）：1892－1899.

［256］约翰·H.霍兰.隐秩序：适应性造就复杂性［M］.周晓牧，韩晖，译.上海：上海科技教育出版社，2011：40－89.

［257］约翰·H.霍兰.涌现：从混沌到有序［M］.陈禹，译.上海：上海科技教育出版社，2006：35－116.

［258］岳振明，赵树宽.国外创新网络研究回顾与展望［J］.科技管理研究，2020（21）：31－45.

［259］岳振明，赵树宽.我国创新网络研究现状与趋势分析［J］.科研管理，2022（5）：141－152.

［260］臧维，赵联东，徐磊，等.团队跨界行为、知识整合能力与团队创造力［J］.管理学报，2019，16（7）：1063－1071.

［261］詹勇飞，和金生.基于创新整合的创新网络研究［J］.研究与发展管理，2009，21（3）：28－32.

［262］张宝建，裴梦丹，陈劲，等.价值共创行为、网络嵌入与创新绩效：组织距离的调节效应［J］.经济管理，2021，43（5）.

［263］张保胜.创新源学习与创新之间的递进关系分析［J］.工业技术经济，2007，26（11）：138－140.

［264］张斌，李亚婷.知识网络演化模型研究述评［J］.中国图书馆学报，2016，42（5）：85－101.

［265］张海娜，曾刚，朱贻文.德国创新政策及其对区域发展的影响研究［J］.世界地理研究，2019，28（3）：104－112.

［266］张红娟，申宇，赵晓阳，等.企业外部研发合作、内部知识网

络与创新绩效［J］. 科学学研究, 2022（4）：704 – 712.

［267］张杰：中国政府创新政策的混合激励效应研究［J］. 经济研究, 2021（8）.

［268］张洁梅. 知识整合理论研究的前沿及未来［J］. 经济问题探索, 2013（7）：15 – 19.

［269］张昆, 汪涛. 创新网络演化的驱动力研究评述［J］. 中国科技论坛, 2010（12）：87 – 93.

［270］张丽妮. 基于 Know – net 的创新管理研究［J］. 现代情报, 2004（5）：201 – 293.

［271］张秋明, 顾新, 杨雪. 产学研协同创新网络视角下创新资源禀赋对城市创新能力提升的影响研究［J/OL］. 软科学：1 – 13［2022 – 07 – 06］.

［272］张群祥, 熊伟, 奉小斌. 国外外部创新搜寻研究回顾与展望［J］. 情报科学, 2012（10）：1579 – 1583.

［273］张伟峰, 慕继丰, 万威武. 基于企业创新网络的技术路径创造［J］. 科学学研究, 2003（6）：657 – 661.

［274］张文红. 创新中的组织搜索：概念的重新架构［J］. 管理学报, 2011（8）9：1387 – 1392.

［275］张晓棠, 安立仁. 双元创新搜寻、竞争强度与企业创新绩效关系研究［J］. 经济与社会发展, 2016, 14（2）：8 – 12.

［276］张永云, 刘杜娟. 外部研发合作对企业创新绩效的影响：基于知识网络视角［J］. 华东经济管理, 2023, 37（4）：110 – 119.

［277］张玉志, 唐晓嘉. 对社会网络中知识流动的逻辑研究［J］. 湖北大学学报（哲学社会科学版）, 2019（3）：50 – 56.

［278］张志勇, 刘益. 基于网络视角的企业间创新转移研究［J］情报杂志, 2007（11）：70 – 72.

［279］章威. 基于创新的企业动态能力研究：嵌入性前因及创新绩效结果［D］. 杭州：浙江大学, 2009.

［280］赵航. 基于知识管理的高校教学管理创新［J］. 廊坊师范学院学报（自然科学版）, 2011, 11（2）：125 – 128.

［281］赵坤, 郭东强, 刘闲月. 众创式创新网络的共生演化机理研究［J］. 中国软科学, 2017（8）：74 – 81.

［282］赵立龙, 刘洋, 魏江, 等. 制造企业服务创新战略与竞争优势获取：机制与权变情境［J］. 科研管理, 2017（5）：20 – 29.

[283] 赵凌云. 结构洞与政治精英的控制优势: 一个分化型村庄的个案研究 [J]. 社会学研究, 2006 (5): 165-167.

[284] 赵蓉英, 邱均平. 创新网络的类型学探究 [J]. 图书情报工作, 2007 (9): 11-15, 24.

[285] 赵睿, 李艳茹, 程翔. 社会网络特征对科技成果转化创业投资子基金绩效的影响: 来自20家基金公司的证据 [J]. 科技进步与对策, 2021 (5): 26-32.

[286] 赵树宽, 岳振明, 胡玮璇. 创新网络领域知识主题研究述评 [J]. 科技进步与对策, 2021 (6): 151-160.

[287] 赵晓庆. 我国企业技术能力提高的外部创新源研究 [J]. 科学学研究, 2004, 22 (4): 399-404.

[288] 赵炎, 邓心怡, 韩笑. 网络闭合对企业创新绩效的影响: 知识流动的中介作用 [J]. 科学学研究, 2021 (6): 1144-1152.

[289] 郑爱琳, 蓝海林. 多重制度逻辑、企业异质性与技术创新绩效: 来自125家上市新能源汽车企业的模糊集定性比较分析 [J]. 科技进步与对策, 2023, 40 (17).

[290] 郑刚, 邓宛如, 胡珊. 创新者的 "模仿"?: 在位企业反应型知识搜寻 [J]. 科学学研究, 2021, 39 (4): 652-661.

[291] 郑小勇. 知识网络密度、地理分散性与产品创新能力: 基于商业集团内部整体知识网络的实证研究 [J]. 科研管理, 2021 (12): 175-184.

[292] 郑小勇. 知识网络中心势越高, 越有产品创新能力吗?: 基于商业集团成员企业间知识网络的研究 [J]. 研究与发展管理, 2019, 31 (6): 104-114.

[293] 周键, 杨鹏, 刘玉波. 新创企业何以达成商业模式创新?: 基于内外部关系嵌入和资源拼凑视角 [J]. 软科学, 2021, 38 (5): 93-98.

[294] 周青, 曾德明, 秦吉波. 高新技术企业创新网络的控制模式及其选择机制 [J]. 管理评论, 2006 (8): 15-20, 63.

[295] 周荣, 涂国平, 喻登科. 统计分析视角的国内知识网络研究现状与发展趋势 [J]. 情报科学, 2015, 33 (10): 147-153.

[296] 周荣, 喻登科. 知识网络研究述评: 结构、行为、演化与绩效 [J]. 现代情报, 2018, 38 (4): 170-176.

[297] 周雪光. 组织社会学十讲 [M]. 北京: 社会科学文献出版社, 2003.

［298］朱斌，陈艳华．创新演进过程导向的企业主流与新流创新政策研究：基于 164 家科技型企业的问卷调查［J］．科技进步与对策，2019，36（5）：116 - 122.

［299］朱瑾，许智颖，肖丁丁．在线品牌社群对企业双元创新的影响路径：资源、组织与领导的三维组态分析［J］．商业经济与管理，2021（1）：48 - 58.

［300］朱晋伟，原梦．发明人网络特征、知识重组能力与企业技术创新绩效关系研究［J］．科技进步与对策，2023，40（21）：129 - 138.

［301］朱婧祎，李北伟，季忠洋．基于区域创新网络的企业知识管理模型研究［J］．情报理论与实践，2020，43（2）：48 - 54.

［302］朱学彦．基于嵌入性关系和组织间学习的产学创新联盟研究［D］．杭州：浙江大学，2009.

［303］庄彩云，陈国宏．产业集群知识网络多维嵌入性与创新绩效研究：基于企业双元学习能力的中介作用［J］．华东经济管理，2017，31（12）：53 - 59.

［304］Afuah A. How much do your co - opetitors' matter in the face of technological change［J］. Strategic Management Journal, 2000, 21: 387 - 404.

［305］Ahuja G, KatiJa R. Where do resources come from?: The role of idiosyncratic situations［J］. Strategic Management Journal, 2004, 25: 887 - 907.

［306］Ahuja G. Collaboration networks, structural holes, and innovation: A longitudinal study［J］. Administrative Science Quarterly, 2000, 45（3）: 425 - 455

［307］Ahuja G. The duality of collaboration: Inducements and opportunities in the formation of interfirm linkages［J］. Strategic Management Journal, 2000, 21（3）317 - 343.

［308］Ahuja G., Lampert C. M. Entrepreneurship in the large corporation: A longitudinal study of how established firms create break through inventions［J］. Strategic Management Journal, 2001, 22: 521 - 543.

［309］Aken J. E., Weggeman M. P. Managing learning in informal innovation networks: Overcoming the Daphne - dilemma［J］. R&D Management, 2000, 9（30）: 204 - 237.

［310］Albort - Morant G., Leal - Millan A., Cepeda - Carrio G., et al.

Developing green innovation performance by fostering of organizational knowledge and competitive relations [J]. Review of Managerial Science, 2017, 12 (2): 499 –517.

[311] Alex V. , Erwin D. Technological distance and breakthrough inventions in multi – cluster teams: How intra – and inter – location ties bridge the gap [J]. Administrative Science Quarterly, 2022, 67 (1): 1 –40.

[312] Amit R. , Shoemaker P. J. H. Strategic assets and organizational rent [J]. Strategic Management Journal, 1993, 14 (1): 33 –46.

[313] Andersson U. , Forsgren M. , Holm U. The strategic impact of external networks: Subsidiary performance and competence development in the multinational corporation [J]. Strategic Management Journal, 2002, 23: 979 – 996.

[314] Andrew Johnston , Robert Huggins. Networks. SMEs. and the University [M]. Edward Elgar Publishing. number 19078. 2021.

[315] Andrew V. Shipilov, INSEAD. Network strategies and performance of Canadian investment banks [J]. Academy of Management Journal, 2006, 49 (3): 590 –604.

[316] Andrews S. , Knoke D. Research in the sociology of organizations [M]. Network in and around organizations, Greenwich, CT, JAI Press, 1999.

[317] Argyris C. , Schon D. Organizational learning: A theory of action perspective [J]. Reading, Mass; Addison Wesley, 1978: 15 –90.

[318] Asheim B. T. , Isaksen A. Regional innovation systems: The integration of local 'sticky' and global 'ubiquitous' knowledge [J]. Journal of Technology Transfer, 2002, 27 (1): 77 –86.

[319] Asheim B. T. Industrial districts, inter – firm cooperation and endogenous technological development: The experience of developed countries [J]. In: UNCTAD, Technological dynamism in industrial districts: An alternative approach to industrialization in developing countries? United Nations, New York and Geneva, 1994: 91 – 142.

[320] Ashish Arora, Gambardella. The changing technology of technological change: General and abstract knowledge and the division of innovative labour [J]. Research Policy, 1994, 23 (5): 523 – 532.

[321] Athanasios Hadjimanolis. Types of networks and their effect on innovation in a developing country (cyprus) [J]. International Journal of Innova-

tion Management (ijim) . World Scientific Publishing Co. Pte. Ltd. 1999, 3 (0): 209 – 232.

[322] Atul Nerkar. Old is gold?: The value of temporal exploration in the creation of new knowledge [J]. Management Science, 2003, 49 (2): 211 – 229.

[323] Augier Mie , Kreiner. Kristian. Rationality, Imagination and intelligence: Some boundaries in human decision – making. Industrial and Corporate Change [M]. Oxford University Press, 2000, 9 (4): 659 – 681.

[324] Barber B. All economies are "embedded": The career of a concept, and beyond [J]. Social Research, 1995, 62: 387 – 413.

[325] Barber B. The logic and limits of trust [M]. New Brunswick: Rutgers University Press, 1983: 60 – 175.

[326] Barnes J. A. Network analysis: Orienting notion, rigorous technique or substantive field of study? In Holland, P. W. & Leinhardt, S. (eds.) . Perspectives on social network research [M]. New York: Academic Press, 1979: 403 – 423.

[327] Barney J. B. Firm resources and sustained competitive advantage [J]. Journal of Management, 1991, 17: 99 – 120.

[328] Bat Batjargal. Entrepreneurial Versatility. Resources and firm performance in Russia: A panel study [R]. William Davidson Institute Working Papers Series 351. William Davidson Institute at the University of Michigan, 2000.

[329] Baum J. A. C. , Cowan R. , Jonard N. Network – independent partner election and the evolution of innovation [J] Net-works. Management Science, 2010, 56 (11): 2094 – 2110.

[330] Baum J. A. C. Rowley T. , Shipilov A. V. , Chuang Y. T. Dancing with strangers: Aspiration performance and the search for underwriting syndicate partners [J]. Administrative Science Quarterly, 2005, 50 (4): 536 – 575.

[331] Baum J. A. C. , Calabrese T. , Silverman B. Don't go it alone: Alliance network composition and startups' performance in Canadian biotechnology [J]. Strategic Management Journal, 2000, 21 (3): 267 – 294.

[332] Beckman C. M. , Haunschild P. R. , Phillips D. J. Friends or strangers?: Firm – specific uncertainty, market uncertainty, and network partner

selection [J]. Organization Science, 2004, 15 (3): 259 –275.

[333] Beckmann M. J. Economic models of knowledge networks, in net-works in action [M]. Springer – Verlag Berlin Herdelberg New York Tokyo, 1995: 159 –174.

[334] Bell G. G. Clusters, networks, and firm innovativeness [J]. Strategic Management Journal, 2005, 26 (3): 287 –295.

[335] Bell M. , Giuliani E. Catching up in the global wine industry: Innovation systems, cluster knowledge networks and firm – level capabilities in Italy and Chile [J]. International Journal of Technology and Globalization, 2007, 3: 97 –223.

[336] Bell M. , Albu M. Knowledge systems and technological dynamism in industrial clusters in developing countries [J]. World Development, 1999, 27 (9): 1715 –1734.

[337] Bell S. J. , Tracey P. , Heide J. B. The organization of regional clusters [J]. Academy of Management Review, 2009, 34 (4): 623 –642.

[338] Bengt Johannisson, Marcela Ramírez – Pasillas, Gösta Karlsson. The institutional embeddedness of local inter – firm networks: A leverage for business creation [J]. Entrepreneurship & Regional Development. Taylor & Francis Journals, 2002, 14 (4): 297 –315.

[339] Bennis Wai Yip So. Reassessment of the state role in the development of high – techindustry: A case study of Taiwan's Hsinchu Science Park [J]. East Asia, 2006 (23): 61 –86.

[340] Beryl A. Radin. Beyond machiavelli: Policy analysis comes of age [M]. Washington, D C: Georgetown University Press, 2000.

[341] Bian Yanjie. The comparative significance of guanxi [J]. Management and Organization Review. Cambridge University Press, 2017, 13 (2): 261 –267.

[342] Bob Jessop. National enterprises, national states and labour relations after the end of globalization [J]. International Journal of Urban and Regional Research. Wiley Blackwell, 2001, 25 (2): 439 –444.

[343] Boer M. , Bosch F. A. J. , Volberda H. W. Management organizational knowledge integration in the emerging multimedia complex [J]. Journal of Management Studies, 1999, 36 (3): 379 –398.

[344] Boschma R. A. , Ter Wal A. L. J. Knowledge networks and inno-

vative performance in an industrial district: The case of a footwear district in the south of Italy [J]. Industry and Innovation, 2007, 14 (2): 177 – 199.

[345] Bourdieu P. "The forms of capital", in Richardson, J. G. (Ed.), Handbook of Theory and Research For the Sociology of Education. Greenwood [M]. New York, NY, 1985: 241 – 258.

[346] Brennecke J. , Rank O. The firm's knowledge network and the transfer of advice among corporate inventor: A multilevel network study [J]. Research Policy, 2016: 46.

[347] Brown J. S. , Duguid P. The social life of information [M]. Boston: Harvard Business School Press, MA, 2000.

[348] Buchel, Felix. The effects of overeducation on productivity in Germany: The firms' viewpoint [J]. Economics of Education Review. Elsevier, 2002, 21 (3): 263 – 275.

[349] Burgelman R. A. Intraorganizational ecology of strategy making and organizational adaptation: Theory and field research [J]. Organization Science, 1991 (2): 239 – 262.

[350] Burt R. S. Social origins of good ideas [M]. Working paper, University of Chicago, Chicago, IL, 2003.

[351] Burt R. S. Structural holes and good ideas [J]. American Journal of Sociology, 2004, 110 (2): 349 – 399.

[352] Burt R. S. Structural holes: The social structure of competition [M]. Cambridge, MA: Harvard University Press, 1992.

[353] Burt R. S. The contingent value of social capital [J]. Administrative Science Quarterly, 1997, 42 (2): 339 – 365.

[354] Burt R. S. The differential impact of social integration on participation in the diffusion of innovations [J]. Social Science Research, 1973, 2 (2): 125 – 144.

[355] Burt R. S. The network structure of social capital [J]. Research in Organizational Behavior, 2000, 22: 345 – 423.

[356] Burt R. S. , Ronchi D. Measuring a large network quickly [J]. Social Networks, 1994, 16: 91 – 135.

[357] Byosiere P. , Luethge D. J. , Vas A. , Paz Salmador M. . Diffusion of organisational innovation: Knowledge transfer through social networks [J]. International Journal of Technology Management, 2010, 49 (4): 401 – 420.

[358] Campbell D. Blind variation and selective retention in creative thought as in other knowledge processes [J]. Psychological Review, 1960, 67: 380 – 400.

[359] Capaldo A. Network governance: A cross – level study of social mechanisms, knowledge benefits, and strategic out- comes in joint – design alliances [J]. Industrial Marketing Management, 2014, 43 (4): 685 – 703.

[360] Capaldo A. Network structure and innovation: The leveraging of a dual network as a distinctive relational capability [J]. Strategic management Journal, 2007, 28 (6): 585 – 608.

[361] Catherine Beaudry, Entry. Growth and patenting in industrial clusters: A study of the aerospace industry in the UK [J]. International Journal of the Economics of Business. Taylor & Francis Journals, 2001, 8 (3): 405 – 436.

[362] Ceechh W. W, Koput K. W. , Smith – Doerr L. Interorganizational collaboration and the locus of innovation: Networks of learning in biotechnology [J]. Administrative Science Quarterly, 1996, 41: 116 – 145.

[363] Chanias S. , Myers M. D. , HESS T. Digital transformation strategy making in pre – digital organizations: The case of a financial services provider [J]. The Journal of Strategic Information Systems, 2019, 28 (1): 17 – 33.

[364] Chen X. , Guo B. , Guo J. , et al. Technology decomposition and technology recombination in industrial catch – up for large emerging economies: Evidence from Chinese manufacturing industries [J]. Management and Organization Review, 2022, 18 (1): 167 – 202.

[365] Chen Y. , Rong K. , Xue L. , Luo L. Evolution of collaborative innovation network in China' s wind turbine manufacturing industry [J]. International Journal of Technology Management, 2014, 65 (1 – 4): 262 – 299.

[366] Cheng Y. T. , Van de Ven A. H. Learning the innovation journey: Order out of chaos?[J]. Organization Science, 1996, 7 (6): 593 – 614.

[367] Chesbrough H. Open innovation [M]. Cambridge: Harvard University Press, MA, 2003a.

[368] Chesbrough H. The era of open innovation [J]. Sloan Management Review, 2003b, Summer: 35 – 41.

[369] Child D. The essentials of factor analysis [M]. London: Cassel Educational Limited, 1990.

[370] Child J. , Faulkner D. Strategies of cooperation: Managing alliances, networks & joint ventures [M]. New York: Oxford University Press, 1998.

[371] Christensen. Clayton. Patterns in the evolution of product competition [J]. European Management Journal. Elsevier, 1997, 15 (2): 117 – 127.

[372] Chung S. , Singh H. , Lee K. Complementarity, status similarity and social capital as drivers of alliance formation [J]. Strategic Management Journal, 2000, 21: 1 – 22.

[373] Coase R. H. The nature of the firm [J]. Economica, 1937, 4: 386 – 405.

[374] Cohen W. M. , Levinthal D. A. Innovation and learning: The two faces of R&D [J]. Economic Journal, 1989, 99 (September): 569 – 596.

[375] Cohen W. M. , Levinthal D. A. Absorptive capacity: A new perspective on learning and innovation [J]. Administrative Science Quarterly, 1990, 35 (1): 128 – 152.

[376] Coleman J. S. Foundation of social theory [M]. Cambridge: Belknap Press of Harvard University Press, 1990.

[377] Coleman J. S. Social capital in the creation of human capital [J]. American Journal of Sociology, 1988, 94: 95 – 120.

[378] Coskun – Setirek A. , Tanrikulu Z. Digital innovations – driven business model regeneration: A process model [J]. Technology in Society, 2021, 64: 101416.

[379] Cowan R. , Jonard N. , Zimmermann J. Bilateral collaboration and the emergence of innovation networks [J]. Management Science, 2007, 53 (7): 1051 – 1067.

[380] Crossman M. M, Lane W. , White E. , An organizational learning framework: From intuition to institution [J]. Academy of Management Review, 1999, 24 (3): 22 – 53.

[381] Cyert R. M. , March J. G. A behavioral theory of the firm [M]. Englewood Cliffs, NJ: Prentice – Hall, 1963.

[382] Czepiel J. A. Patterns of interorganizational communications and the diffusion of a major technological innovation in a competitive industrial community [J]. Academy of Management Journal, 1975, 18 (1): 6 – 24.

[383] Dacin T. M. , Ventresca M. J. , Beal B. D. The embeddedness of

organizations: Dialogue and direction [J]. Journal of Management, 1999, 25 (3): 317 – 356.

[384] Danneels E. The dynamics of product innovation and firm competences [J]. Strategic Management Journal, 2002, 23: 1095 – 1121.

[385] Davenport T. H. , Prusak L. Working knowledge: How organizations manage what they know [M]. Boston, MA: Harvard Business School Press, 1998.

[386] Day D. L. Raising radicals: Different processes for championing innovative corporate ventures [J]. Organization Science, 1994, 5 (2): 148 – 172.

[387] De Jong J. , Freel M. S. Absorptive capacity and the reach of collaboration in high technology small firms [J]. Research Policy, 2010, 39 (1): 47 – 54.

[388] De Noni I. , Orsi L. , Belussi F. The role of collaborative networks in supporting the innovation performances of lagging – behind european regions [J]. Research Policy, 2018, 47 (1): 1 – 13.

[389] Dickson P. , Weaver K. M. Environmental determinants and individual level moderators of alliance use [J]. Academy of Management Journal, 1997, 40: 404 – 425.

[390] Dimaggio P. , Powell W. The iron cage revisited: Institutional isomorphism and collective rationality [J]. American Sociological Review, 1983, 48: 147 – 160.

[391] Dixon N. M. The organizational learning cycle: How we can learn collectively [M]. New York: McGraw – Hill, 1994.

[392] Dodgson M. Organizational learning: A review of some literatures [J]. Organization Studies, 1993, 14 (3): 375 – 394.

[393] Dorothy Leonard – Barton. A dual methodology for case studies: Synergistic use of a longitudinal single site with replicated multiple sites [J]. Organization Science. INFORMS, 1990, 1 (3): 248 – 266.

[394] Dorothy Leonard – Barton. Management of technology and moose on tables [J]. Organization Science. INFORMS, 1992, 3 (4): 556 – 558.

[395] Dosi G. , Orsenigo L. Coordination and transformation: An overview of structures, behaviors and change in evolutionary environments [M] In: Dosi, etal. Technical change and economic theory. London; Printer, 1988:

13 – 37.

[396] Dosi G. Sources, procedures, and microeconomic effects of innovation [J]. Journal of Economic Literature, 1988, 26 (3): 1120 – 1171.

[397] Dosi G. Technological paradigms and technological trajectories [J]. Research Policy, 1982, 11 (3): 147 – 162.

[398] Dowling J. , Pfeffer J. Organizational legitimacy: Social values and organizational behavior [J]. Pacific Sociological Review, 1975, 18: 122 – 136.

[399] Doz Y. The evolution of cooperation in strategic alliances: Initial conditions or learning Processes? [J]. Strategic Management Journal, Summer Special Issue, 1996, 17: 55 – 83.

[400] Dussauge P. , Garrete B. , Mitehell W. Learning from competing partners: Outcomes and durations of scale and link alliance in European, North America and Asia [J]. Strategic Management Journal, 2000, 21 (1): 99 – 126.

[401] Dyer J. H. , Chu W. J. The role of trustworthiness in reducing transaction costs and improving performance: Empirical evidence from the United States, Japan, and Korea [J]. Organization Science, 2003, 14 (1): 57 – 68.

[402] Dyer J. H. , Nobeoka K. Creating and managing a high – performance knowledge – sharing network: The toyota case [J]. Strategic Management Journal, 2000, 21 (3): 345 – 367.

[403] Dyer J. H. , Hatch N. W. Relation – specific capabilities and barriers to knowledge transfers: Creating competitive advantage through network relationships [J]. Strategic Management Journal, 2006, 27 (8): 701 – 719.

[404] Dyer J. H. , Singh H. Relational capabilities of firms [M]. Working Paper, Wharton School, University of Pennsylvania, 1997.

[405] Dyer J. H. , Nobeoka K. Creating and managing a high Performance knowledge – sharing network: The Toyota case [J]. Strategic Management Journal, 2000, 21: 345 – 367.

[406] Dyer J. H. , Singh H. The relational view: Cooperative strategy and sources of interorganizational competitive advantage [J]. Academy of Management Review, 1998, 23 (4): 660 – 679.

[407] Dyer W. G. , Wilkins A. L. , Better stories, not better constructs, to generate better theory: A rejoinder to Eisenhardt [J]. Academy of Manage-

ment Review, 1989, 16 (3): 613 – 619.

[408] Ehls D. , Polier S. , Herstatt C. Reviewing the field of external knowledge search for innovation: Theoretical underpinnings and future research directions [J]. Journal of Product Innovation Management, 2020, 37 (5): 405 – 430.

[409] Eisehnardt K. M. , Bhatia L. Organizational computation and complexity [M]. In Baum, J. A. C. Companion to organizations. Oxford: Blackwell, 2002: 442 – 466.

[410] Eisenhardt K. M. , Schoonhoven C. B. Resource – based view of strategic alliance formation: Strategic and social effects in entrepreneurial firms [J]. Organizational Science, 1996, 7: 136 – 150.

[411] Eisenhardt K. M. Building theories from case study research [J]. Academy of Management Review, 1989, 14 (4): 532 – 550.

[412] Eisingerich A. B. , Bell S. J. , Tracey P. How can clusters sustain performance?: The role of network strength, network openness, and environmental uncertainty [J]. Research Policy, 2010, 39 (2): 239 – 253.

[413] Elizabeth Bott Family and social network: Roles, norms, and external relationships in ordinary urban families [M]. London: Free Press, 1971.

[414] Evita Paraskevopoulou. Non – technological regulatory effects: Implications for innovation and innovation policy [J]. Research Policy Special Section on Sustainability Transitions, 2012, 41 (6): 1058 – 1071.

[415] Fabrizio K. Absorptive capacity and the search for innovation [J]. Research Policy, 2009, 38: 255 – 267.

[416] Ferriani, Simone, Cattani, Gino, Baden – Fuller, Charles. The relational antecedents of project – entrepreneurship: Network centrality. team composition and project performance [J]. Research Policy. Elsevier. 2009, 38 (10): 1545 – 1558.

[417] Fiedler M. , Welpe I. M. Commercialisation of technology innovations: An empirical study on the influence of clus- ters and innovation [J]. Networks. International Journal of Technology Management, 2011, 54 (4): 410 – 437.

[418] Fleming L. , Sorenson O. Science as a map in technological search [J]. Strategic Management Journal, 2004, 25: 909 – 928.

[419] Fleming L. , Sorenson O. Technology as a complex adaptive system:

Evidence from patent data [J]. Research Policy, 2001, 30: 1019 - 1039.

[420] Fletcher G. , Griffiths M. Digital transformation during a lockdown [J]. International Journal of Information Management, 2020, 55: 102185.

[421] Foss N. J. , Laursen K. , Pedersen T. Organizing to gain from interaction with consumers: The role of organizational practices for absorptive and innovative capacity [J]. Working Paper. Geroski, P. , S. Machin, J. Van Reenen. 1993. The Profitability of innovating firms. The RAND Journal of Economics, 2006, 24 (2): 198 - 211.

[422] Foss N. J. Knowledge and organization in the theory of the multinational enterprise [J]. Journal of Management and Governance, 2006, 10: 3 - 20.

[423] Foss N. J. , Pedersen T. Organizing knowledge processes in the multinational corporation: An introduction [J]. Joural of International Business Studies, 2004, 35: 340 - 349.

[424] Frank Fischer, Gerald J. Miller, Mara S. , Sydney. Handbook of public policy analysis: Theory, politics, and methods [M]. New York: CRC Press, 2007.

[425] Freeman C. , Soete L. The economics of industrial innovation [M]. MIT Press: Cambridge, MA, 1997.

[426] Freeman C. Networks of innovators: A synthesis of research issues [J]. Research Policy, 1991.

[427] Freeman L. C. , Roeder D. , Mulholland R. R. Centrality in social networks: Ⅱ. Experimental results [J]. Social Networks, 1979, 2 (2): 119 - 141.

[428] Funk R. J. Making the most of where you are: Geography、 networks、 and innovation in organizations [J]. Academy of Management Journal, 2014, 57 (1): 193 - 222.

[429] Gary Hamel. Competition for competence and interpartner learning within international strategic alliances [J]. Strategic Management Journal, 1991, 12 (S1): 83 - 103.

[430] Garzella S. , Fiorentino R. , Caputo A. , et al. Business model innovation in SMEs: The role of boundaries in the digital era [J]. Technology Analysis & Strategic Management, 2021, 33 (1): 31 - 43.

[431] Gemunden H. G. , Ritter T. , Heydebreck P. Network configura-

tion and innovation success: An empirical analysis in German high – tech indus-
tries [J]. International Journal of Research in Marketing, 1996, 13 (5): 449 –
462.

[432] Georg Simmel. The web of group – affiliations [M]. New York:
Free Press, 1922.

[433] Gilsing V. , Nooteboom B. Density and strength of ties in innova-
tion networks: An analysis of multimedia and biotechnology. European Manage-
ment Review, 2005, 2: 179 – 197.

[434] Gilsing V. , Nooteboom B. , VanHaverbeke W. , Duysters G. ,
Oord A. v. d. Network embeddedness and the exploration of novel technologies:
Technological distance, betweenness centrality and density [J]. Research Poli-
cy, 2008, 37: 1717 – 1731.

[435] Giuliani E. , Bell M. The micro – determinants of meso – level
learning and innovation – evidence from a Chilean wine cluster [J]. Research
Policy, 2005, 34: 47 – 68.

[436] Godoe, Helge, Nygaard, Stian. System failure, innovation policy
and patents: Fuel cells and related hydrogen technology in Norway 1990 – 2002
[J]. Energy Policy, 2006, 34 (13): 1697 – 1708.

[437] Gomes – Casseres B. Ownership structures of foreign subsidiaries:
Theory and evidence [J]. Journal of Economic Behavior & Organization, 1989,
11 (1): 1 – 25.

[438] Granovetter M. S. The strength of weak ties [J]. American Jour-
nal of Sociology, 1973, 78 (6): 1360 – 1380.

[439] Granovetter, M S. Economic action and social structure: The
problem of embeddedness [J]. American Journal of Sociology, 1985, 91
(3): 481 – 510.

[440] Grant R. M. , Baden – Fuller C. A knowledge – based theory of in-
ter – firm collaboration [J]. Academy of Management Best Paper Proceedings,
1995: 17 – 21.

[441] Grant R. M. Contemporary strategy analysis: Concepts, tech-
niques, applications [M]. (4th edn) . Blackwell: Maiden, MA, 2002.

[442] Grant R. M. Toward a knowledge – based theory of the firm [J].
Strategic Management Journal, 1996, 17: 109 – 122.

[443] Greve A. , Salaff J. W, Social networks and entrepreneurship

[J]. Entrepreneurship Theory and Practice, 2003, 28: 1 -22.

[444] Greve H. R. Exploration and exploitation in product innovation [J]. Industrial and Corporate Change, 2007, 16 (5): 945 -975.

[445] Griffith, David A. , Harvey, Michael G. The influence of individual and firm level social capital of marketing managers in a firm's global network [J]. Journal of World Business. Elsevier, 2004, 39 (3): 244 -254.

[446] Grimpe C. , Sofka W. Search patterns and absorptive capacity: Low - and high - technology sectors in European countries [J]. Research Policy, 2009, 38: 495 -506.

[447] Gulati R. , Gargiulo M. Where do interorganizational networks come from [J]. American Journal of Sociology, 1999, 104 (5): 1439 -1493.

[448] Gulati R. , Sytch M. Dependence asymmetry and joint dependence in interorganizational relationships; effects of embeddedness on a manufacturer's performance in procurement relationships [J]. Administrative Science Quarterly, 2007, 52: 32 -69.

[449] Gulati R. Alliances and networks [J]. Strategic Management Journal, 1998, 19 (4): 293 -317.

[450] Gulati R. Social structure and alliance formation pattern: A longitudinal analysis [J]. American Science Quarterly, 1995, 40: 619 -652.

[451] Gulati R. , Higgins M. C. Which ties matter when?: The contingent effects of interorganizational partnerships on IPO success [J]. Strategic Management Journal, 2003, 24 (2): 127 -144.

[452] Gulati R. , Laive D. , Singh H. The nature of partnering experience and the gains from alliances [J]. Strategic Management Journal, 2009, 30: 1213 -1233.

[453] Gulati R. , Nohria N. , Zaheer A. Guest editors' introduction to the special issue: Strategic networks [J]. Strategic Management Journal, 2000a, 21 (3): 199 -201.

[454] Gulati R. , Nohria N. , Zaheer A. Strategic networks [J]. Strategic Management Journal, 2000, March Special Issue 21: 203 -215.

[455] Guo L, Zhang M. Y. , Dodgson M. , et al. Seizing windows of opportunity by using technology - building and market - seeking strategies in tandem: Huawei's sustained catch - up in the global market [J]. Asia Pacific Journal of Management, 2019, 36 (3): 849 -879.

[456] GuPta A. K. , Govindarajan V. Knowledge flows within the multi-national corporation [J]. Strategic Management Journal, 2000, 21: 473 – 496.

[457] Hagan B. O. , Green M. B. Tacit knowledge transfer via interlocking directorates: A comparison of Canana and The United States [J]. Geografiska Annaler, 2002 (1): 49 –63.

[458] Hagedoom J. Understanding the cross – level embeddedness of interfirm Partnership formation [J]. Academy of Management Review, 2006, 31 (3): 670 –680.

[459] Hagedoom J. , Cloodt M. Measuring innovative performance: Is there an advantage in using multiple indicators? [J]. Research Policy, 2003, 32 (8): 1365 – 1379.

[460] Hajhashem M. , Khorasani A. Demystifying the dynamic of disruptive innovations in markets with complex adoption networks: From encroachment to disruption [J]. International Journal of Innovation and Technology Management, 2015, 12 (5): 1550022.

[461] Hakansson. Industry technological development: A network approach [M]. London, 1987.

[462] Halinen A. , Tornroos J. The role of embeddedness in the evolution of business networks [J]. Scandinavian Journal Management, 1998, 14 (3): 187 –205.

[463] Hanaki, Nobuyuki , Nakajima, Ryo , Ogura, Yoshiaki. The dynamics of R&D network in the IT industry [J]. Research Policy. Elsevier, 2010, 39 (3): 386 –399. April.

[464] Hans, Lyuy, Jir, et al. Open innovation, network emeddedness and incremental innovation ability [J]. Management Decision, 2020, 58 (12): 2655 –2680.

[465] Hansen M. T. The search – transfer problem: The role of weak ties in sharing knowledge across organization subunits [J]. Administrative Science Quarterly, 1999, 44: 82 – 111.

[466] Hansen M. T. , Lovas B. How do multinational companies leverage technological competancies?: Moving from single to interdependent explanations [J]. Strategic Management Journal, 2004, Special Issue 25 (8 –9): 801 – 822.

[467] Harrison B. Concentrated economic power and Silicon Valley [J]. Environment and Planning - A, 1994, 26 (2): 307 -328.

[468] Harrison B. Industrial districts: Old wine in new bottles? [J]. Regional Studies, 1992, 26 (5): 469 -483.

[469] Helena Yli - renko, Erkko Autio, Harry J. Sapienza. Social capital, knowledge acquisition, and knowledge exploitation in young technology - based firms [J]. Strategic Management Journal, 2001, 22 (6): 587 -613.

[470] Helfat C. E. Evolutionary trajectories in petroleum firm R&D [J]. Management Science, 1994, 40 (12): 1720 -1747.

[471] HESS. "Spatial" relationship?: Towards a conception on embedness [J]. Progress in Human Grography, 2004, 28 (2): 165 -186.

[472] Hoang, Ha, Antoncic, Bostjan . Network - based research in entrepreneurship: A critical review [J]. Journal of Business Venturing. Elsevier, 2003, 18 (2): 165 -187.

[473] Huber G. P. Organizational learning: The contributing process and the literatures [J]. Organization Seience, 1991 (1): 88 -115.

[474] Hwang K. K. Face and favor: The Chinese power game [J]. American Journal of Sociology, 1987, 92: 944 -974.

[475] Isabel Maria Bodas Freitas, Nick von Tunzelmann. Mapping public support for innovation: A comparison of policy alignment in the UK and France [J] Research Policy, 2008, 37 (9): 1446 -1464.

[476] Jan Nill, René Kemp. Evolutionary approaches for sustainable innovation policies: From niche to paradigm? [J]. Research Policy, 2009, 38 (4): 668 -680.

[477] Jarillo J. C. On strategic networks [J]. Strategic Management Journal, 1988, 9: 31 -41.

[478] Jessp B. J. Regulationist and autopoieticist reflection on Polanyi's account of market economies and the market society [J]. New Political Economy, 2001 (6): 213 -232.

[479] Joel A. C. Baum, Paul Ingram. Survival - enhancing learning in the manhattan hotel industry. 1898—1980 [J]. Management Science. INFORMS, 1998, 44 (7): 996 -1016.

[480] John Cantwell, Simona Iammarino. Multinational corporations and the location of technological innovation in the UK regions [J]. Regional Stud-

ies. Taylor & Francis Journals, 2000, 34 (4): 317 - 332.

[481] Johnson J. B, Cullen T. , Sakano H. Takenouchi. Setting the stage for trust and strategic: Integration International Business in Japanese – U. S cooperative alliances [J]. Journal 1996, 27 (5): 981 - 1004.

[482] Junseok Hwang, Youngjin Lee. External knowledge search, innovative performance and productivity in the Korean ICT sector [J]. Telecommunication Policy, 2010 (34): 562 - 571.

[483] Karhu K. , Ritala P. Slicing the cake without baking it: Opportunistic platform entry strategies in digital markets [J]. Long Range Planning, 2021, 54 (5): 101988.

[484] Katila R. New product search over time: Past ideas in their prime? [J]. Academy of Management Journal, 2002, 45 (5): 995 - 1010.

[485] Katila R. , Ahuja G Something old, something new: A longitudinal study of search behavior and new product introduction [J]. Academy of Management Journal, 2002, 45 (6): 1183 - 1194.

[486] Kevin Steensma, Acquiring technological competencies through inter – organizational collaboration: An organizational learning perspective [J]. Journal of Engineering and Technology Management, 1996, 12 (4): 267 - 286.

[487] Kim L. Crisis construction and organizational learning capability building in catching – up at hyundai motor [J]. Organization Science, 1998, 9 (4): 506 - 521.

[488] Kim L. The dynamics of technological learning in industrialization [J]. International Social Science Journal, 2001, 53 (168): 297 - 308.

[489] Kim Y. , Lui S. S. The impacts of external network and business group on innovation: Do the types of innovation matter? [J]. Journal of Business Research, 2015, 68 (9): 1964 - 1973.

[490] Knight L. Network learning [J]. Human Relations, 2002 (4): 427 - 454.

[491] Kobayashi K. Knowledge network and market structure: Analytical perspective [J]. Net – works in Action: Communication, Economics, and Human Knowledge, 1995, 16 (2): 41 - 46.

[492] Kogut B. The network as knowledge: Generative rules and the emergence of structure [J]. Strategic Management Journal, 2000, 21 (3):

405 - 425.

[493] Kogut B. , Zander U. Knowledge of the firm, combinative capabilities, and the replication of technology [J]. Organization Science, 1992, 3 (3): 383 - 397.

[494] Koka B. R. , Prescott J. E. Strategic alliances as social capital: A multidimensional view [J]. Strategic Management Journal, 2002, 3 (9): 795 - 816.

[495] Koka B. R. , Madhavan R. , Prescott J. E. The evolution of inter-firm networks: Environmental effects on patterns of network change [J]. Academy of Management Review, 2006, 31 (3): 721 - 737.

[496] Kokshagina O. , Gillier T. , Cogez P. , et al. Using innovation contests to promote the development of generic technologies [J]. Technological Forecasting & Social Change, 2017, 114: 152 - 164.

[497] Koput K. W. A chaotic model of innovative search: Some answers, many questions [J]. Organization Science, 1997, 8 (5): 528 - 542.

[498] Korres, George M. Industrial and innovation policy in europe: The effects on growth and sustainability . Bulletin of Science, Technology & Society, Apr. 2007 (27): Issue 2.

[499] Kraatz M. Learning by association?: Interorganizational networks and adaptation to environmental change [J]. Academy of Management Journal, 1998, 41 (6): 621 - 643.

[500] Krackhardt D. The strength of strong ties: The importance of philos in organizations. In Nohira, N. & Eccles, R. (eds.), Networks and Organizations: structure, form, and action [M]. Boston: Harvard Business School Press, MA, 1992: 216 - 239.

[501] Kyung - Nam Kang, Hayoung Park. Influence of government R&D support and inter - firm collaborations on innovation in Korean biotechnology - SMEs [J]. Technovation, 2012, 32 (1): 67 - 78.

[502] K. Matthias Weber, Harald Rohracher. Legitimizing research, technology and innovation policies for transformative change: Combining insights from innovation systems and multi - level perspective in a comprehensive 'failures' framework [J]. Research Policy Special Section on Sustainability Transitions, 2012, 41 (6): 1037 - 1047.

[503] Landini F. , Lee K. , Malerba F. A history - friendly model of the

successive changes in industrial leadership and the catch – up by latecomers [J]. Research Policy, 2017, 46 (2): 431 –446.

[504] Lane P. J. , Lubatkin M. L. Relative absorptive capacity and inter-organizational learning [J]. Strategic Management Journal, 1998, 19 (5): 461 –477.

[505] Lane P. J. , Slak J. E. , Lyles M. A. Absorptive capacity, learning, and performance in international joint ventures [J]. Strategic Management Journal, 2001, 22 (10): 1139 –1161.

[506] Laperche B. Large firms' knowledge capital and innovation networks [J]. Journal of the Knowledge Economy, 2016, 12 (8): 1 –18.

[507] Laursen K. , Salter A. Open for innovation: The role of openness in explaining innovation performance among UK manufacturing firms [J]. Strategic Management Journal, 2006, 27: 131 –150.

[508] Lavie D, Rosenkopf L. Balancing exploration and exploitation in alliance formation [J]. Academy of Management Journal, 2006, 49 (4): 797 –818.

[509] Lavie D. Alliance portfolios and firm performance: A study of value creation and appropriation in the U. S. software industry [J]. Strategic Management Journal, 2007, 28: 1187 –1212.

[510] Lavie D. , Kang J. , Rosenkopf L. Balance within and across domains: The performance implications of exploration and exploitation in alliances [J]. Organization Science, 2011, 22 (6): 1517 –1538.

[511] Lawrence P. , Lorsch J. Organizations and environments (revised edition) [M]. Cambridge, MA: Harvard University Press, 1967.

[512] Leao P. , Silva M. M. Impacts of digital transformation on firms' competitive advantages: A systematic literature review [J]. Strategic Change – Briefings in Entrepreneurial Finance, 2021, 30 (5): 421 –441.

[513] Leiponen A. , Helfat C. E. Innovation objectives, knowledge sources, and the benefits of breadth [J]. Strategic Management Journal, 2010, 31: 224 –236.

[514] Levin D. , Cross R. The strength of weak ties you can trust: The mediating role of trust in effective knowledge transfer [J]. Management Science, 2004, 50: 1477 –1490.

[515] Levinthal D. A. , March J. G. The myopia of learning [J]. Stra-

tegic Management Journal, 1993, 14 (Winter Special Issue): 95 – 112.

[516] Levinthal D. A. Organizational adaptation, environmental selection, and random walks [M]. In Singh J. (ed.), Organizational Evolution: New Directions. Sage, Newbury Park, CA, 1990: 201 – 223.

[517] Levinthal D. A., March J. G. A model of adaptive organizational search [J]. Journal of Economic Behavior and Organization, 1981, 2: 307 – 333.

[518] Levitt B., March J. G. Organizational learning [J]. Annual Review of Sociology, 1988, 14: 319 – 340.

[519] Li J. J., Poppo L., Zhou K. Z. Relational mechanisms, formal contracts, and local knowledge acquisition by international subsidiaries [J]. Strategic Management Journal, 2010, 31: 349 – 370.

[520] Li J. J., Kevin L. P., Zhou Z. Do managerial ties in china always produce value?: Competition, uncertainty, and domestic vs. foreign firms [J]. Strategic Management Journal, 2008, 29 (4): 383 – 400.

[521] Li T., Calantone R. J. The impact of market knowledge competence on new product advantage: Conceptualization and empirical evidence [J]. Journal of Marketing, 1998, 62: 13 – 29.

[522] Li Y., Vanhaverbeke W., Schoenmakers W. Exploration and exploitation in innovation: Reframing the interpretation [J]. Creativity and Innovation Management, 2008, 17 (2): 107 – 126.

[523] Lin Nan. Social capital: A theory of social structure and action [M]. Cambridge: Cambridge University Press, 2001.

[524] Lin N. Social resources and instrumental action, in Marsden, R V. & Lin, N. Social structure and network analysis. Beverly Hills, CA: Sage, 1982: 131 – 145.

[525] Lin Z., Yang H., Arya B. Alliance partners and firm performance: Resource complementarity and status association [J]. Strategic Management Journal, 2009, 30: 921 – 940.

[526] Lundvall B. Innovation as an interactive process: From user producer interaction to national systems of innovation [M]. London; New York, NY: Anthem Press, 1988.

[527] Luo, Jar – Der. Particularistic trust and general trust: A network analysis in Chinese organizations [J]. Management and Organizational Review,

2005a, 3: 437 –458.

[528] Mahmood I. P. , Zhu H. , Zajac E. J. Where can capabilities come from?: Network ties and capability acquisition in business groups [J]. Strategic Management Journal, 2011, 32 (8): 820 –848.

[529] Mannucci P. V. , Yong K. The differential impact of knowledge depth and knowledge breadth on creativity over individual careers [J]. Academy of Management Journal, 2018, 61 (5): 1741 –1763.

[530] March J. G Exploration and exploitation in organizational learning [J]. Organization Science, 1991, 2 (1): 71 –87.

[531] March J. G. Footnotes to organizational change [J]. Administrative Science Quarterly, 1981, 26: 563 –577.

[532] March J. G. The technology of foolishness [J]. Civil konomer (Copenhagen), 1971, 18 (4): 4 –12.

[533] Marina Geenhuizen. Modelling dynamics of knowledge networks and local connectedness: A case study of urban high – tech companies in the Netherlands [C]. The Annals of Regional Science. Springer; Western Regional Science Association, 2007, 41 (4): 813 –833.

[534] Marjolein C. J. , Caniëls, Henny A. , Romijn. Strategic niche management: Towards a policy tool for sustainable development, 2008 (20): 245 – 266.

[535] Mark Dodgson, Alan Hughes, John Foster, Stan Metcalfe. Systems thinking, market failure, and the development of innovation policy: The case of Australia [J]. Research Policy, 2011, 40 (9): 1145 –1156.

[536] Marsden P. V. , Campbell K. E. Measuring ties strength [J]. Social Forces, 1984, 63 (2): 482 –501.

[537] Marsden P. V. , Hurlbert J. Social resources and mobility outcomes: A replication and extension [J]. 1988, 66 (4): 1038 –1059.

[538] Martin Gargiulo , Mario Benassi. Trapped in your own net? Network cohesion, Structural Holes, and the adaptation of social capital [J]. Organization Science. INFORMS, 2000, 11 (2): 183 –196.

[539] Martinez – Costa, Micaela , Martinez – Lorente, Angel R. , Choi, Thomas Y. Simultaneous consideration of TQM and ISO 9000 on performance and motivation: An empirical study of Spanish companies [J]. International Journal of Production Economics. Elsevier, 2008, 113 (1): 23 –39.

[540] McEvily B. , Zaheer A. Bridging ties: A source of firm heterogeneity in competitive capabilities [J]. Strategic Management Journal, 1999, 20 (12): 1133 –1156.

[541] McEvily B. , Marcus A. Embedded ties and the acquisition of competitive capabilities [J]. Strategic Management Journal, 2005, 26: 1033 – 1055.

[542] Mentzas G. , APostolou D. , Young R. , Abeeher A. Knowledge networking: A holistic solution for leveraging corporate knowledge [J]. Journal of Knowledge management, 2001, 5 (1): 94 –107.

[543] Mike Hobday, Anne Boddington, Andrew Grantham. Policies for design and policies for innovation: Contrasting perspectives and remaining challenges [J]. Technovation, 2012, 32 (5): 272 –281.

[544] Miles M. B. , Huberman A. M. Qualitative data analysis: An expanded sourcebook [M]. (2nd ed) . Thousand Oaks, CA; Sage, 1994.

[545] Miner A. S. , Bassoff P. , Moorman C. Organizational improvisation and learning: A field study [J]. Administrative Science Quarterly, 2001, 46 (2): 304 –337.

[546] Moretti A. Network Governance, Berlin, Springer International Publishing, 2017.

[547] Mowery D. C. , Oxley J. , Silverman B. Strategic alliances and interfirm knowledge transfer [J]. Strategic Management Journal, 1996, 17 (1): 77 –91.

[548] M. J. Piore C. F. Sabel. Italian small business development lessons for U. S. industrial policy [R]. Working papers 288. Massachusetts Institute of Technology (MIT) . Department of Economics, 1981.

[549] M. Ozman. Inter – firm networks and innovation: A survey of literature [J]. Economics of Innovation and New Technology. Taylor & Francis Journals, 2009, 18 (1): 39 –67.

[550] Nan G. , Wei J. , Hu. H. Analysis of the multi – agent's relationship in ollaborative innovation network for science and technology sems based on evolutionary game theory [J] International Journal of Information Technology and Management, 2019, 18 (1): 1 –15.

[551] Nelson R. , Winter S. An evolutionary theory of economic change [M]. Belknap: Cambridge, MA, 1982: 1 –120.

[552] Nerkar A. Old is gold?: The value of temporal exploration in the creation of new knowledge [J]. Management Science, 2003, 49 (2): 211.

[553] Nonaka I. The knowledge – creating company [M]. New York: Oxford University Press, 1995.

[554] Nooteboom B. Learning and innovation in organizations and economies [M]. Oxford: Oxford University Press, 2000.

[555] Nooteboom B. Towards a dynamic theory of transactions [J]. Journal of Evolutionary Economics, 1992, 2: 281 –299.

[556] Nooteboom B. , Vanhaverbeke W. , Duysters G. , Gilsing V. , Oord A. v. d. Optimal cognitive distance and absorptive capacity [J]. Research Policy, 2007, 36: 1016 –1034.

[557] Ocasio W. Towards an attention – based view of the firm [J]. Strategic Management Journal, 1997, Summer Special Issue 18: 187 –206.

[558] Oliver C. Sustainable competitive advantage: Combining institutional and resource – based views [J]. Strategic Management Journal, 1997, 18: 697 –714.

[559] Owen – Smith J. , Powell W. W. Knowledge network as channels and conduits: The effects of spillovers in the Boston biotechnology community [J]. Organization Science, 2004, 15 (1): 5 –21.

[560] Patel P. , Pavitt K. L. R. The technological competencies of the world's largest firms: Complex and path dependent, but not much variety [J]. Research Policy, 1997, 26 (2): 141 –156.

[561] Penrose E. T. The theory of the growth of the firm [M]. Oxford: Oxford University Press, 1959.

[562] Peteraf M. A. The cornerstones of competitive advantage: A resource – based view [J]. Strategic Management Journal, 1993, 14 (3): 179 – 191.

[563] Pfeffer J. , Salanick G. R. The external control of organizations – A resource dependence perspective. New York: Harper & Row, 1978.

[564] Philip Wegloop. Linking firm strategy and government action: Towards a resource – based perspective on innovation and technology policy [J]. Technology in Society, 1995, 17 (4): 413 –428.

[565] Podolny J. M. . Networks as the pipes and prisms of the market [J]. American Journal of Sociology, 2001, 107 (1): 33 –60.

[566] Polanyi K. The great transformation: The political and economic origins of our time [M]. Boston, MA: Beacon Press, 1944.

[567] Polanyi M. Personal Knowledge [M]. Chicago: University of Chicago Press, 1962.

[568] Porter M. E. Competitive strategy [M]. New York: Free Press, 1980.

[569] Porter M. E. The five competitive forces that shape strategy [J]. Harvard Business Review, 2008, 86 (1): 78 – 93.

[570] Porter M. E. Clusters and the new economics of competition [J]. Harvard Business Review, 1998, 76 (6): 77 – 90.

[571] Portes A. , Sensenbrenner J. Embeddedness and immigration: Notes on the social determinants of economic action [J]. American Journal of Sociology, 1993, 98: 1320 – 1350.

[572] Powell W. W. Neither market nor hierarchy: Network forms of organization [J]. Research in organizational behavior, 1990, 12: 295 – 336.

[573] Prahalad C. K. , Hamel G. The core competence of the corporation [J]. Harvard Business Review, 1990, May – June: 79 – 91.

[574] Provan K. G. , Kenis P. Modes of network governance: Structure, management, and effectiveness [J]. Journal of Public Administration Research and Theory, 2008, 18 (2): 229 – 252.

[575] Radcliffe – Brown, Alfred R. "Preface. " In: M. Fortes and E. E. Evans – Pritchard, eds. , African political systems, pp. ix – xxiii [M]. London: Oxford University Press, 1940.

[576] Reed R. , DeFilliPPi R. Causal ambiguity, barriers to imitation & sustainable competitive advantage [J]. Academy of Management Review, 1990, 15 (1): 88 – 102.

[577] Rese A. , Baier D. Success factors for innovation management in networks of small and medium enterprises [J]. R&D Management, 2011, 41 (2): 138 – 155.

[578] Richard Whitley. Developing innovative competences: The role of institutional frameworks. Industrial and Corporate Change [M]. Oxford University Press, 2002, 11 (3): 497 – 528.

[579] Ritter T. , Gemlinden H. G. Network competence: Its impact on innovation success and its antecedents [J]. Journal of Business Research,

2003, 56 (9): 745 -755.

[580] Robert Huggins. Local business co - operation and training and enterprise councils: The development of inter - firm networks [J]. Regional Studies. Taylor & Francis Journals, 1998, 32 (9): 813 -826.

[581] Robert M. , Weiss A. The innovation formula [M]. Cambridge, MA: Ballinger, 1988: 75 -200.

[582] Roles of Ego - network Dynamics [J]. Technological Forecasting and Social Change, 2018 (126): 244 -258.

[583] Rosalinde Klein Woolthuis, Maureen Lankhuizen Victor Gilsing. A system failure framework for innovation policy design [J]. Technovation, 2005, 25: 609 -619.

[584] Rosenkopf L. , Almeida P. Overcoming local search through alliance and mobility [J]. Management Science, 2003, 49 (6): 751 -766.

[585] Rosenkopf L. , Nerkar A. Beyond local search: Boundary spanning, exploration and impact in the optical disk industry [J]. Strategic Management Journal, 2001, 22: 287 -306.

[586] Rothwell R. , Dodgson M. European technology policy evolution: Convergence towards SME and regional technology transfer [J]. Technovation, 1992 (4): 223 -238.

[587] Rowley T. , Behrens D. , Krackhardt D. Redundant governance structures: An analysis of structural and relational embeddedness in the steel and semiconductor industries [J]. Strategic Management Journal, 2000, March Special Issue 21: 369 -386.

[588] Roy Rothwell. Public innovation policy: To have or to have not [J]. R&D Management, 1986, 16 (1): 25 -36.

[589] R. Edward Freeman. Strategic management: A stakeholder approach [M]. Boston: Pitman, 1984.

[590] Sanderfur R . L, Laumann E. O, A paradigm for social capital [J]. Rationality and Society, 1998, 10 (4): 451 -501.

[591] Saxenian A. Regional networks and the resurgence of silicon valley [J]. California Management Review, 1990, 33 (1): 89 -112.

[592] Schoenmakers W. , Duysters G. Learning in strategic technology alliances [J]. Technology Analysis & Strategic Management, 2006, 18 (2): 245 -264.

[593] Schrader S. Informal technology transfer between firms: Cooperation through information trading [J]. Research Policy, 1991, 20 (2): 153 – 170.

[594] Schumpeter J. A. The theory of economic development [M]. Cambridge. MA: Harvard University Press, 1934.

[595] Scott Morton, Michael. Emerging organizational forms: Work and organization in the 21st century [J]. European Management Journal. Elsevier, 1995, 13 (4): 339 – 345.

[596] Seufert A. , Von Krogh G. , Bach A. Towards knowledge networking [J]. Journal of Knowledge Management, 1999, 3 (3): 180 – 190.

[597] Shane S. A. Prior knowledge and discovery of entrepreneurial opportunities [J]. Organization Science, 2000, 11: 448 – 469.

[598] Shaner J. , Maznevski M. The relationship between networks, institutional development, and performance in foreign investments [J]. Strategic Management Journal, 2011, 32: 556 – 568.

[599] Sidhu J. S, Commandeur H. R. , Volberda H. W. The multifaceted nature of exploration and exploitation: Value of supply, demand, and spatial search for innovation [J]. Organization Science, 2007, 18 (1): 20 – 38.

[600] Simmel, Georg. Conflict and the web of group – affiliations [M]. New York and London: Free Press, 1955.

[601] Simonin B. Ambiguity and the process of knowledge transfer in strategic alliances [J]. Strategic Management Journal, 1999b, 20 (7): 595 – 623.

[602] Simonin B. Transfer of marketing know – how in international strategic alliances: An empirical investigation of the role and antecedents of knowledge ambiguity [J]. Journal of International Business Studies, 1999a, 30 (3): 463 – 490.

[603] Singh H. , Kryscynski D. , Li X. , et al. Pipes, pools, and filters: How collaboration networks affect innovative performance [J]. Strategic Management Journal, 2016, 37 (8): 1649 – 1666.

[604] Sorenson O. Social network and industrial geography [J]. Evolutionary Economics, 2003, 13: 513 – 527.

[605] Spender J. C, Grant R. M. Knowledge and the firm: Overview [J]. Strategic Management Journal, 1996, 17: 5 – 9.

[606] Steiner M. , Gil J. A. , Ehret O. , Ploder M. , Wink R. European

medium - technology innovation networks: A multimethodological multi - regional approach [J]. International Journal of Technology Management, 2010, 50 (3/4): 229 - 262.

[607] Stuart T. E. , Sorenson O. Strategic networks and entrepreneurial ventures [J]. Strategic Management Journal, 2007, 28 (2): 211 - 227.

[608] Stuart T. E. Interorganizational alliance and the performance of firms: A study of growth and innovation rates in a high - technology industry [J]. Strategic Management Journal, 2000, 21: 53 - 62.

[609] Stuart T. E. , Podolny J. Local search and the evolution of technological capabilities [J]. Strategic Management Journal, 1996, Summer Special Issue 17: 21 - 38.

[610] Stuart T. E. , Hoang H. , Hybels R. Interorganizational endorsements and the performance of entrepreneurial venture [J]. Administrative Science Quarterly, 1999, 44 (2): 315 - 349.

[611] Szulanski G. Exploring internal stickiness: Impediments to the transfer of best practice within the firm [J]. Strategic Management Journal, 1996, 17: 27 - 44.

[612] Szulanski G. The process of knowledge transfer: A diachronicanalysis of stickiness [J]. Organizational Behavior and Human Decision Processes, 2000, 82 (1): 9 - 27.

[613] Teece D. J. Profiting from technological innovation: Implications for integration, collaboration, licensing and public policy [J]. Research Policy, 1986, 15 (6): 285 - 305.

[614] Teece D. J. , Pisano G. A. , Shuen. Dynamic capabilities and strategic management [J]. Strategic Management Journal, 1997 (18): 509 - 533.

[615] Thoreli H. B. Networks: Between markets and hierarchies [J]. Strategic management Journal, 1986, 7: 37 - 51.

[616] Thye S. R. A status value theory of power in exchange relations [J]. American Sociological Review, 2000, 65: 407 - 432.

[617] Tiwana A. Do bridging ties complement strong ties?: An empirical examination of alliance ambidexterity [J]. Strategic Management Journal, 2008, 29 (3): 251 - 272.

[618] Todeva, Emanuela. Governance, control and coordination in net-

work context: The cases of Japanese Keiretsu and Sogo Shosha [J]. Journal of International Management. Elsevier, 2005, 11 (1): 87 – 109.

[619] Tortoriello M. , Krackhardt D. Activating cross – boundary knowledge: The role of simmelian ties in the generation of innovations [J]. Academy of Management Journal, 2010, 53 (1): 167 – 181.

[620] Tsai K. H. Collaborative networks and product innovation performance: Toward a contingency perspective [J]. Research Policy, 2009, 38: 765 – 778.

[621] Tsai K. H. , Wang J. C. External technology sourcing and innovation performance in LMT sectors: An analysis based on the Taiwanese Technological Innovation Survey [J]. Research Policy, 2009, 38: 518 – 526.

[622] Tsai W. Knowledge transfer in intraorganizational networks: Effects of network position and absorptive capacity on business unit innovation and performance [J]. Academy of Management Journal, 2001, 44: 996 – 1004.

[623] Tsang E. W. K. A preliminary typology of learning in international strategic alliances [J]. Journal of world Business, 1999, 34: 211 – 229.

[624] Uzzi B. Social structure and competition in interfirm networks: The paradox of embeddedness [J]. Administrative Science Quarterly, 1997, 42 (1): 35 – 67.

[625] Uzzi B. The source and consequences of embeddedness for the economic performance of organizations: The network effect [J]. American Sociological Review, 1996, 61 (4): 674 – 698.

[626] Van de Ven A. H. Central problems in the management of innovation [J]. Management Science, 1986, 32 (5): 590 – 607.

[627] Van Dijk, Michiel Bell, Martin. Rapid growth with limited learning: Industrial policy and indonesia's pulp and paper industry . Oxford Development Studies, Jun 2007 (35): Issue 2.

[628] Veugelers R, Cassiman B. R&D cooperation between firms and universities: Some empirical evidence from Belgian manufacturing [J]. International Journal of Industrial Organization, 2005, 23 (5): 355 – 379.

[629] Vissa B . Chacar A. S. Leveraging ties: The contingent value of entrepreneurial teams' external advice networks on Indian software venture performance [J]. Strategic Management Journal, 2009, 30: 1179 – 1191.

[630] Washington M. , Zajac E. J. Status evolution and competition:

Theory and evidence [J]. Academy of Management Journal, 2005, 48: 282 – 296.

[631] Wellman B. , Frank K. A. Network capital in a multilevel word: Getting support from personal communities. In: Lin, N. , Cook, K. & Burt, R. S. (Eds.), Social capital: Theory and research [M]. New York: Aldine de Gruyter, 2001: 233 – 274.

[632] Wellman B. "Structural analysis: From method and metaphor to theory and substance. " pp. 19 – 61 in B. Wellman and S. D. Berkowitz (eds.) Social Structures: A Netwo Kale k Approach [M]. Cambridge: Cambridge University Press, 1988.

[633] Wernerfelt B. A resource – based view of the firm [J]. Strategic Management Journal, 1984, 5 (2): 171 – 180.

[634] Whiteman G. , Cooper W. H. Ecological embeddedness [J]. Academy of Management Journal, 2000, 43 (6): 1265 – 1282.

[635] Williamson O. E. Markets and hierarchies: Analysis and antitrust implications [M]. New York: Free Press, 1975: 160 – 196.

[636] Williamson O. E. The economic institutions of capitalism [M]. New York: Free Press, 1985: 62 – 90.

[637] Williamson O. E. The economics of organization: The transaction cost approach [J]. The American Journal of Sociology, 1981, 87 (3): 548 – 577.

[638] Williamson O. E. Transaction cost economics: The governance of contractual relations [J]. Journal of Law and Economics, 1979, 22: 233 – 261.

[639] Xie X. , Fang L. , Zeng S. Collaborative innovation network and knowledge transfer performance: A fsqca ap-proach [J]. Journal of Business Research, 2016, 69 (11): 5210 – 5215.

[640] Yamakawa Y. , Yang H. , Lin Z. Exploration versus exploitation in alliance portfolio: Performance implications of organizational, strategic, and environmental fit [J]. Research Policy, 2011, 40: 287 – 296.

[641] Yi S. , Knudsen T. , Bec ker M C. Inertia in routines: A hidden source of organizational variation [J]. Organization Science, 2016, 27 (3): 782 – 800.

[642] Yin R. Case study research: Design and methods (3rd edition)

[M]. Thousands Oaks: Sage Publications, 2003: 1 – 170.

[643] Zaheer A. , Bell G. Benefiting from network position: Firm capabilities, structural holes and performance [J]. Strategic Management Journal, 2005, 26 (9): 809 – 825.

[644] Zaheer A. , McEvily B. , Perrone V. Does trust matter?: Exploring the effects of interorganizational and interpersonal trust on performance [J]. Organizational Science, 1998, 9 (2): 141 – 159.

[645] Zaltman G. , Duncan R. , Holbek J. Innovations and organizations [M]. New York: Wiley, 1973: 1 – 80.

[646] Zhang J. , Jiang H. , Wu R. , Li J. Reconciling the dilemma of knowledge sharing: A network pluralism framework of firms' R&D alliance network and innovation performance [J]. Journal of Management, 2019, 45 (7): 2635 – 2665.

[647] Zucker Lynne G. The role of institutionalization in cultural persistence [J]. American Sociological Review, 1977, 42: 726 – 743.

[648] Zukin S. , DiMaggio P. Introduction?: Structures of capital. The social organization of the economy [M]. Cambridge: Cambridge University Press, 1990.

附录一：访谈提纲

一、请您简要介绍一下贵公司的基本情况

1. 贵公司的主营业务
2. 贵公司的员工总人数以及近 3 年的主营业务收入和资产状况

二、请您谈谈贵公司主营业务所属行业的概况

1. 该行业领域的技术发展变化速度
2. 该行业领域的市场需求变动情况
3. 市场需求动向和技术发展方向的可预测程度
4. 该行业领域内竞争对手之间竞争的激烈程度（竞争强度）

三、请您谈谈贵公司搜索外部知识和信息用以解决技术创新问题的情况

1. 贵公司汲取的信息与新知识的重要性与可靠性程度
2. 贵公司把重要的信息与新知识应用于产品创新和工艺创新的速度

四、请您谈谈贵公司与其他企业或机构的创新合作情况

1. 近 3 年与贵公司有技术合作的本地和外地的企业或机构的情况
2. 贵公司寻找这些创新伙伴使用的方法或途径
3. 贵公司接纳新创新伙伴开展合作的意愿或容易程度
4. 与创新伙伴合作给贵公司带来的收益以及负面影响

五、请您谈谈创新合作关系对贵公司技术创新的影响

1. 与同行相比，贵公司的技术发展水平
2. 贵公司的技术创新产出情况
3. 贵公司的工艺流程或设备的技术改进情况

附录二：调查问卷

尊敬的先生/女士：   No. _____

　　您好！非常感谢您在百忙之中抽出时间来参与此次问卷调查！

　　本问卷是由 ** 大学开展的一项学术科研活动，本问卷旨在调查与研究制造企业通过与创新网络互动对自身绩效的作用机理，为促进制造业创新发展提供对策建议。文中所有题项的答案没有对与错，若您对某些题项答案不清楚，请求助贵公司相关人员协助完成。若某个题项答案未能完全表达您的意见，请选择最接近您看法的答案。您的填写将对此研究有非常大的贡献。

　　我们郑重承诺：

　　本问卷纯属学术研究目的，内容不涉及贵企业的商业机密，所获信息也绝不用于任何商业目的，在未征得同意前，本研究所产生的报告（或论文）不会提及具体的企业及个人名称，敬请您根据个人的真实感受和想法安心作答！非常感谢您的合作！祝您身体健康，工作顺心如意！祝贵企业事业蒸蒸日上！

** 大学

2022 年 8 月

第一部分　企业基本信息

　　以下是基本信息。请依据您所在企业的情况填入信息或在相应"□"上打√。

A1 贵企业名称：_____

A2 贵企业所在地：_____省_____市_____市/县/区

A3 贵企业成立时间：

□5 年以下　□6～10 年　□11～15 年　□16～20 年　□21～25 年

□25～30 年　□30 年以上

A4 贵企业当前员工数：

□20 人以下　□20～299 人　□300～1000 人　□1000 人以上

A5 贵企业主导业务所处行业（单选）：

□通信设备、计算机及其他电子设备制造业　□交通运输设备制造业

□医药制造业　□塑料制品业　□通用设备制造业

□皮革、毛皮、羽毛（绒）及其制品业　□农副食品加工业

□纺织服装业　□其他，请注明＿＿＿＿＿＿＿＿

A6 贵企业近 3 年年均销售总额为（元）：

□300 万元以下　□300 万～2000 万元　□2000 万～4 亿元

□4 亿元以上

A7 2011～2012 年贵企业研发投入占当年销售总额的比例：

□0.5% 以下　□0.5%～1%　□1%～2%　□3%～5%

□6%～10%　□10%～15%　□15% 以上

A8 贵企业所有制性质：

□民营　□三资 - 外资控股　□三资 - 内资控股　□联营、集体

□国有独资、国有控股　□国有参股　□其他＿＿＿＿＿＿＿（请填写）

第二部分　外部知识网络

近 3 年来，与同行平均水平相比，对本企业与创新伙伴之间的关系情况进行打分，其中：1 分 = 完全不符合、2 分 = 比较不符合、3 分 = 稍微不符合、4 分 = 中等水平、5 分 = 稍微符合、6 分 = 比较符合、7 分 = 完全符合。请在表格中相应的位置打√。

（创新伙伴是指对贵企业的技术创新有帮助的企业和机构，包括供应商、客户、同行企业、科研院校、政府部门、中介机构和行业协会等。）

量表项目	合作数量 数量少↔数量多							互动频率 频率低↔频率高						
	1	2	3	4	5	6	7	1	2	3	4	5	6	7
BC1－1 供应商（下游企业）														
BC1－2 顾客/客户/分销商														
BC1－3 同行竞争者														

量表项目	合作数量 数量少↔数量多							互动频率 频率低↔频率高						
	1	2	3	4	5	6	7	1	2	3	4	5	6	7
BC1-4 政府创新服务机构/部门（孵化器、科技园区、生产力促进中心等）														
BC1-5 政府信息服务机构/部门														
BC1-6 政府监管机构/部门														
BC1-7 风险投资组织														
BC1-8 技术中介机构（商业实验室、研发企业、咨询公司等）														
BC1-9 技术市场（交易会、博览会等）														
BC1-10 行业协会														
BC1-11 研究机构（科研院所、设计院等）														
BC1-12 大学														
BC1-13 高职院校/技校														

■网络中心度 以下题项中1~7的分值表示从非常不符合向非常符合依次渐进，请在表格中相应的位置打√		完全不符合↔完全符合						
		1	2	3	4	5	6	7
B2-1	我们企业在创新合作伙伴中影响力较大，同行业的很多企业都曾尝试与我们建立知识、技术交流与合作关系							
B2-2	与同行企业相比，我们更容易从外部网络获得更多的技术、知识等信息							
B2-3	其他企业经常通过我们企业进行知识、技术或经验的交流							
B2-4	创新合作伙伴非常希望我们企业能提供知识、技术等帮助							

■网络异质性		完全不符合↔完全符合						
		1	2	3	4	5	6	7
B3-1	我们企业经常与具有不同规模、技术水平和产业类型的企业进行合作							
B3-2	我们企业经常与各种不同类型的组织进行合作							

■网络异质性		完全不符合↔完全符合						
		1	2	3	4	5	6	7
B3 – 3	我们企业通常选择与我们差异较大或互补的创新合作伙伴进行合作							
B3 – 4	我们企业通常选择与我们规模相当、产业相似的合作伙伴进行合作							

■网络关系质量		完全不符合↔完全符合						
		1	2	3	4	5	6	7
C2 – 1	创新合作伙伴与本企业都能信守承诺、履行合同							
C2 – 2	创新合作伙伴与本企业能互相帮助、共同解决问题							
C2 – 3	创新合作伙伴与本企业可以尽可能地提供相互所需的知识、技术和信息							
C2 – 4	创新合作伙伴与本企业都希望能长期合作							
C2 – 5	我们对目前的创新合作伙伴比较满意							

■关系持久度		完全不符合↔完全符合						
		1	2	3	4	5	6	7
C3 – 1	和同行平均水平相比，我们与本企业的供应商之间交往时间比较长							
C3 – 2	和同行平均水平相比，我们与本企业的顾客/客户之间交往时间比较长							
C3 – 3	和同行平均水平相比，我们与本企业的同行竞争者之间交往时间比较长							
C3 – 4	我们企业与政府各相关部门之间交往时间比较长							
C3 – 5	我们企业与技术中介机构、行业协会等交往时间比较长							
C3 – 6	我们企业与相关大学、科研院所等交往时间比较长							

第三部分　知识搜索

近3年，与行业内企业的平均水平相比，本企业的知识搜索情况：

（知识搜索是指企业对外部现有知识与新知识搜寻、获取、整合与利用的活动过程，既是一种发现机会、解决问题的活动，也是企业的一种学习过程，对企业的创新绩效有重要影响。）

■搜索宽度 以下题项中1~7的分值表示从完全不符合向完全符合依次渐进，请在表格中相应的位置打√		完全不符合↔完全符合						
		1	2	3	4	5	6	7
D1-1	本企业广泛使用多个渠道/媒介来获取我们所需的技术/市场的知识和信息							
D1-2	在需要汲取有关技术/市场的知识和信息时，本企业有多个创新合作伙伴可以提供帮助							
D1-3	本企业能更多地获取研发、制造和营销（市场）等多方面的知识和信息							
■搜索效率		完全不符合↔完全符合						
		1	2	3	4	5	6	7
D2-1	本企业能迅速地将获取的新技术知识用于产品研发							
D2-2	本企业能很快运用获取的技术/市场知识和信息开拓新市场							
D2-3	本企业能及时运用获取的新技术知识和信息进行业务流程改造							
D2-4	本企业能很快将获取的新技术管理模式用于管理实践							
■搜索深度		完全不符合↔完全符合						
		1	2	3	4	5	6	7
D3-1	本企业密集地深度利用特定的渠道/媒介来获取我们所需的技术/市场的知识和信息							
D3-2	本企业密切关注创新合作伙伴的新产品开发/新市场开拓情况							
D3-3	本企业能深度挖掘并利用研发、制造和营销（市场）等新的技术/市场知识和信息							
D3-4	本企业能深度探索并利用所获取的新技术管理模式							

第四部分　创新绩效

近3年，与行业内企业的平均水平相比，本企业的创新绩效情况：

以下题项中1~7的分值表示从完全不符合向完全符合依次渐进，请在表格中相应的位置打√		完全不符合↔完全符合						
		1	2	3	4	5	6	7
E1-1	与同行相比，我们企业开发了更多的产品							
E1-2	与同行相比，我们企业开发新产品的速度更快							

以下题项中1~7的分值表示从完全不符合向完全符合依次渐进，请在表格中相应的位置打√		完全不符合↔完全符合						
		1	2	3	4	5	6	7
E1-3	我们企业开发的新产品与同行的同类新产品存在差异							
E1-4	与同行相比，我们企业产品的改进和创新有更好的市场反应							
E1-5	与同行相比，我们企业的生产设备更先进							
E1-6	与同行相比，我们企业的生产设备体现了一流的工艺技术							
E1-7	与同行相比，我们企业产品的合格率和质量较高							
E1-8	与同行相比，我们企业的生产效率较高							

第五部分　知识整合能力

以下题项中1~7的分值表示从完全不符合向完全符合依次渐进，请在表格中相应的位置打√		完全不符合↔完全符合						
		1	2	3	4	5	6	7
F1-1	与同行相比，本企业能很快了解并掌握从外部获取的知识与信息							
F1-2	与同行相比，本企业能准确评估新知识、新信息可能给企业带来的变化							
F1-3	本企业鼓励员工从创新伙伴处获取新的知识和技能							
F1-4	与同行相比，本企业能很快将从外部获取的知识与信息整合并在企业内部分享							
F1-5	与同行相比，本企业能更好地将已消化的新技术与其他技术融合							
F1-6	与同行相比，本企业各部门、团队之间协调程度较高							

第六部分　政府行为

以下题项中1~7的分值表示从完全不符合向完全符合依次渐进，请在表格中相应的位置打√		完全不符合↔完全符合						
		1	2	3	4	5	6	7
G1-1	政府逐年增加R&D投入比例，鼓励企业自主创新							
G1-2	政府提供科技项目开发贴息贷款等，帮助企业缓解创新融资压力							

以下题项中1~7的分值表示从完全不符合向完全符合依次渐进，请在表格中相应的位置打√		完全不符合↔完全符合						
		1	2	3	4	5	6	7
G1-3	政府通过科技计划项目、政府采购等，扶持企业自主创新							
G1-4	建立各类公共服务平台，推动信息技术的应用							
G1-5	政府通过税收优惠政策，鼓励技术开发、人才培养							
G1-6	制定科技成果的引导和推广政策等，鼓励技术引进吸收							
G1-7	政府设立开发区，促进企业创新发展							
G1-8	政府保护知识产权，鼓励专利申请							

问卷填写完成后，请您采取以下三种方式之一返还结果：

1. 直接返还给问卷发放人；

2. E-mail 至 ***@163.com；

3. 寄至：

××市 ×××路 邮编：××××××

再次谢谢您的合作，祝您工作愉快！

后　记

　　当本专著撰写进入尾声时，似乎没有收获预想中的喜悦和轻松，反而增添了更多的迷茫与彷徨，我们知道，这种感觉来自科研探索之路的漫长与艰辛，所谓学无止境吧。撰写本专著的这几年间，得到了很多同仁、同学和朋友的帮助，还有亲人的理解和支持，回想起来历历在目。

　　感谢案例企业的总经理、技术总监、营销总监等中高层管理人员，他们在百忙之中接受我们的访谈，给了我们很多的实践启示，特别感谢敏实集团有限公司时任技术总监康齐正先生、中淳高科有限公司副总裁兼技术总监张日红先生和营销总监胡世清先生、宁波韵升弹性元件有限公司技术总监王庆忠先生、复洋光电有限公司董事长兼总经理俞寅生先生。

　　感谢百忙中应答问卷的企业人士，谢谢他们为我们的著作撰写提供了翔实的数据支持；感谢我们的同仁们，与他们的学术探讨与碰撞，拓展和加深了我们对著作研究主题的理解；感谢帮忙发放问卷的我们的研究生和本科生们，谢谢他们的辛苦付出。

　　感谢我们的家人！感谢所有帮助过我们的人！

徐卫星　姜和忠

2023 年 9 月 2 日晚

于宁波　北岸琴森云琴苑